NATURZEIT MIT KINDERN

FRÄNKISCHE ALB

Lisa Edelhäußer

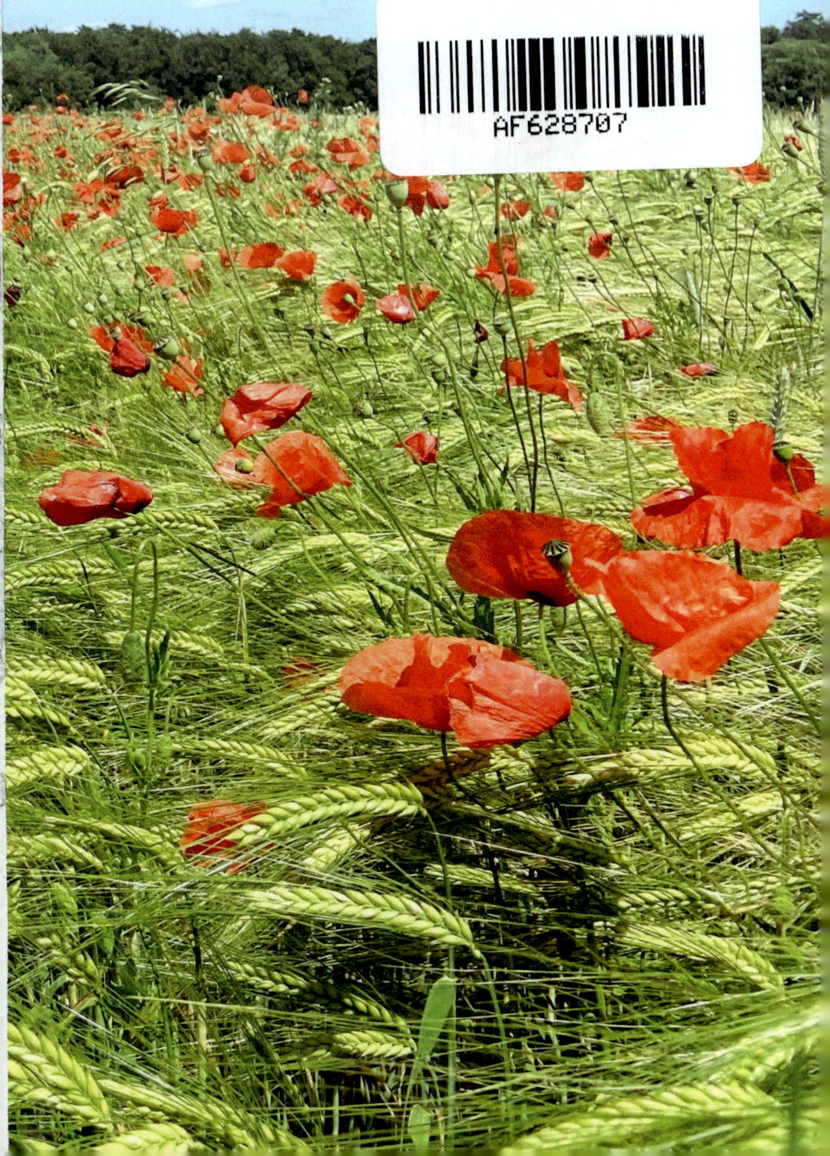

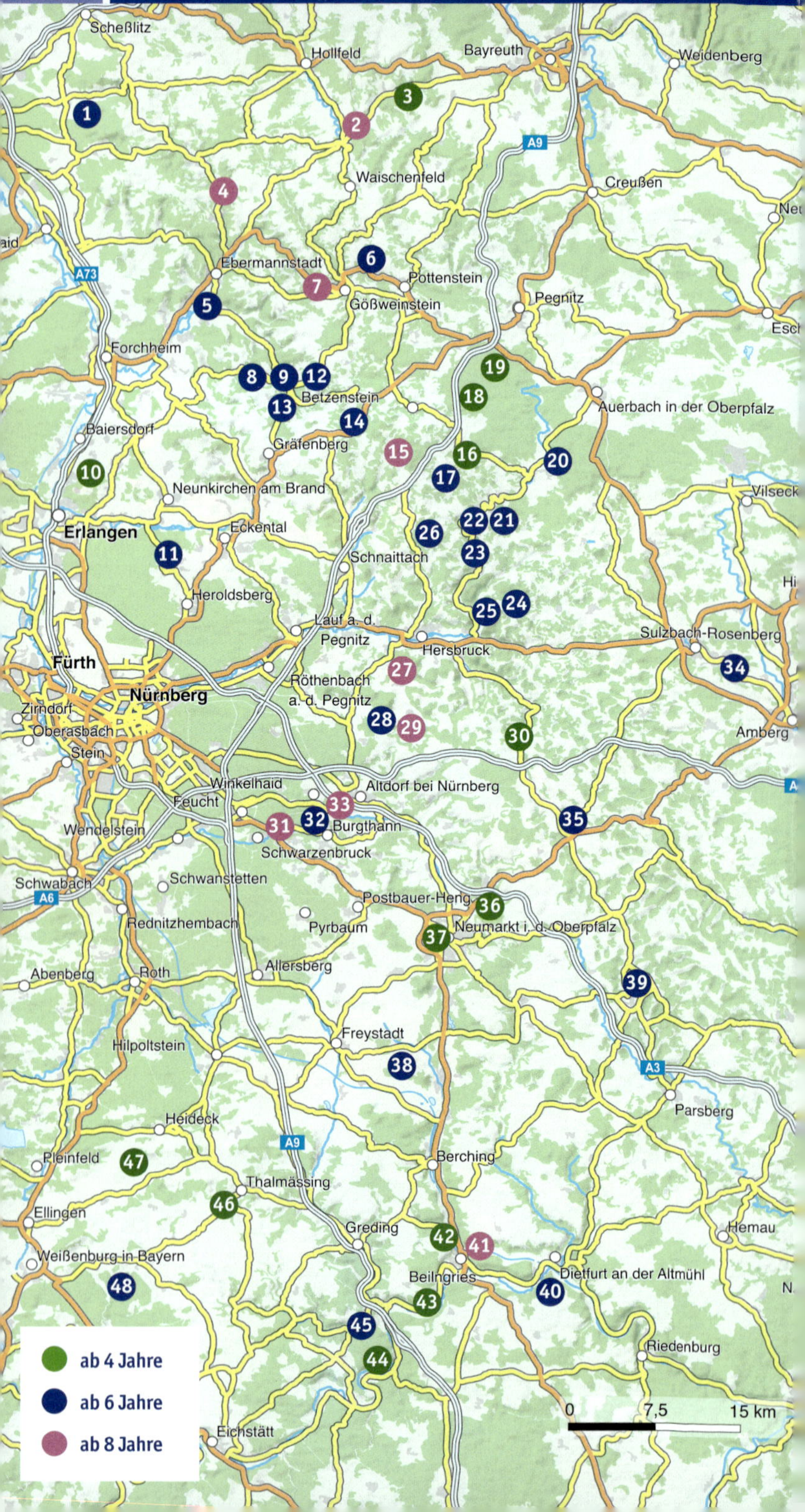
Scheßlitz
Hollfeld
Bayreuth
Weidenberg
Waischenfeld
Creußen
A9
A73
Ebermannstadt
Pottenstein
Gößweinstein
Pegnitz
Forchheim
Betzenstein
Auerbach in der Oberpfalz
Baiersdorf
Gräfenberg
Neunkirchen am Brand
Vilseck
Erlangen
Eckental
Schnaittach
Heroldsberg
Lauf a. d. Pegnitz
Hersbruck
Sulzbach-Rosenberg
Fürth
Nürnberg
Röthenbach a. d. Pegnitz
Zirndorf
Oberasbach
Stein
Amberg
Winkelhaid
Feucht
Altdorf bei Nürnberg
Wendelstein
Burgthann
Schwarzenbruck
Schwabach
A6
Schwanstetten
Postbauer-Heng
Rednitzhembach
Pyrbaum
Neumarkt i. d. Oberpfalz
Abenberg
Roth
Allersberg
Freystadt
Hilpoltstein
A3
Parsberg
Heideck
Pleinfeld
Berching
Thalmässing
Ellingen
Greding
Hemau
Weißenburg in Bayern
Beilngries
Dietfurt an der Altmühl
Riedenburg
Eichstätt
1
2
3
4
5
6
7
8
9
10
11
12
13
14
15
16
17
18
19
20
21
22
23
24
25
26
27
28
29
30
31
32
33
34
35
36
37
38
39
40
41
42
43
44
45
46
47
48
ab 4 Jahre
ab 6 Jahre
ab 8 Jahre
0
7,5
15 km

Fränkische Alb mit Kindern

Zwischen Felsen, Wäldern und Flüssen 6

Aktivitäten mit Kindern 10

Wandern mit Kindern 16

Mit Kindern im Kanu................. 22

Die Touren in diesem Buch 24

Wander-und Entdeckertouren

FRÄNKISCHE SCHWEIZ

Tour 1:.................................. 38
Naturerlebnispfad Melkendorf
Wandern und Spielen mit Wildkatze Waldemar
(ab 6 Jahre, 2 h 15, ⇅ 155 m)

Tour 2:.................................. 42
Wiesenttal und Lochautal
Höhlen, Flusstäler und Picknick am Wasserrad
(ab 8 Jahre, 3 h 30, ⇅ 70 m)

Tour 3:.................................. 47
Erlebnisweg im Zauberwald
Auf den Spuren der Bachprinzessin
(ab 4 Jahre, 1–2 h, eben)

Tour 4:.................................. 50
Weitblick und viel Wasser
Von Veilbronn nach Unterleinleiter und zur Mathelbachquelle
(ab 8 Jahre, 3 h 30, ⇅ 200 m)

Tour 5:.................................. 56
Mit dem Rad durchs Tal der Wiesent
Von Pretzfeld nach Streitberg
(ab 6 Jahre, 2 h, ⇅ 75 m)

Dampflokfahrt an der Wiesent.... 62

Tour 6:.................................. 64
Püttlachtal und Fahnenstein
Herrlicher Ausblick übers Felsendorf Tüchersfeld
(ab 6 Jahre, 2 h 45, ⇅ 130 m)

Tour 7:.................................. 69
Im Kanu auf der Wiesent
Von Behringersmühle nach Muggendorf
(ab 8 Jahre, 3 h)

Tour 8:.................................. 72
Durch das Trubachtal
Von der Burg Egloffstein zum Felsentor und zum Spielplatz
(ab 6 Jahre, 2 h, ⇅ 100 m)

Tour 9:.................................. 77
Im Todsfelder Tal
Wilde Felsen und ein unberührter Wasserfall
(ab 6 Jahre, 2 h 15, ⇅ 110 m)

Tour 10:................................ 82
Von Atzelsberg zum Märchenweiher
Kleine Seenplatte im Erlanger Umland
(ab 4 Jahre, 1 h, ⇅ 50 m)

Mühlen in Franken................. 85

Tour 11:................................ 86
Spielplätze und Sandsteinschluchten
Von Kalchreuth durch die Teufelsbad-stube zur Stettenbachschlucht
(ab 6 Jahre, 2 h 15, ⇅ 55 m)

Tour 12:................................ 90
Burgruine Bärnfels
Auf dem Naturpfad in Obertrubach
(ab 6 Jahre, 2 h, ⇅ 90 m)

Tour 13:................................ 93
Das Krokodil von Franken
Abenteuerliche Wanderung rund um Obertrubach
(ab 6 Jahre, 1 h 45, ⇅ 120 m)

Tour 14:................................ 98
In und um Hiltpoltstein
Über den Höhlenweg zum Spielplatz und zur Burg
(ab 6 Jahre, 1 h 30, ⇅ 80 m)

Felsenweg und Klettersteig ... 102

Tour 15:.............................. 104
Kletterweg für Familien
Kraxelabenteuer am Eibgrat
(ab 8 Jahre, 1 h 30, ⇅ 70 m)

Tour 16:.............................. 107
Aktiv- und Entdeckerpfad Plech
Teils barrierefreier Spiel- und Lehrpfad
(ab 4 Jahre, 30 min, ⇅ 60 m)

Tour 17: 111
Um den großen Berg
Natur- und Kulturwanderweg in Plech
(ab 6 Jahre, 1 h 45, ↓↑ 120 m)

Tour 18: 115
Auf Tuchfühlung mit Reh und Hirsch
Ausflug ins Wildgehege Veldensteiner Forst
(ab 4 Jahre, 1–2 h, eben)

Hirsch, Mufflon und Wildschwein 118

Tour 19: 121
Der große Lochstein
Gemütliche Runde durch den Veldensteiner Forst
(ab 4 Jahre, 1 h 45, ↓↑ 30 m)

HERSBRUCKER SCHWEIZ

Tour 20: 130
Die Steinerne Stadt
Felsen, Höhlen und Steige zwischen Neuhaus und Königstein
(ab 6 Jahre, 1 h 45, ↓↑ 100 m)

Tour 21: 134
Vom Pegnitztal nach Hartenstein
Ausflug zur Burg und zum Spielplatz
(ab 6 Jahre, 2 h 15, ↓↑ 110 m)

Tour 22: 138
Ins wilde Ankatal
Mit großer Durchgangshöhle und Picknick am Pegnitzufer
(ab 6 Jahre, 1 h 45, ↓↑ 130 m)

Tour 23: 142
Mit dem Fahrrad durchs Pegnitztal
Von Rupprechtstegen nach Hersbruck
(ab 6 Jahre, 2 h 30, ↑ 110 m, ↓ 160 m)

Fossilien, Höhlen und Tropfsteine 148

Tour 24: 152
Auf dem Fünf-Höhlen-Weg
Auf allen Vieren durch die Höhle
(ab 6 Jahre, 1 h 30, ↓↑ 110 m)

Tour 25: 156
Auf der Spur des Salamanders
Von Eschenbach zur Luisenhütte
(ab 6 Jahre, 1 h 15, ↓↑ 130 m)

Tour 26: 160
Durchs Sittenbachtal
Spannende Tour mit zwei Spielplätzen zum Naturerlebnisgarten
(ab 6 Jahre, 2 h 45, ↓↑ 150 m)

Tour 27: 164
Rund um Schrotsdorf
Über den Obstlehrpfad zur steinernen Rinne
(ab 8 Jahre, 2 h 15, ↓↑ 170 m)

Tour 28: 168
Weißenbrunner Bergrunde
Quellen und Bächlein und Weitblick ins Nürnberger Land
(ab 6 Jahre, 2 h 15, ↓↑ 140 m)

Tour 29: 172
Über den Keilberg nach Kucha
Abkühlung im Kneippbecken am Abenteuerspielplatz
(ab 8 Jahre, 4 h 30, ↓↑ 240 m)

Tour 30: 177
Spaziergang durchs Rinntal
Kleine Wanderung um Alfeld
(ab 4 Jahre, 50 min, ↓↑ 60 m)

MITTLERE FRÄNKISCHE ALB

Tour 31: 186
Naturerlebnis Schwarzachklamm
Von Schwarzenbruck durch die Klamm und zum Faberschloss
(ab 8 Jahre, 2 h 45, ↓↑ 70 m)

Räthsandstein und Wasser 191

Tour 32: 193
Von Burgthann nach Grünsberg
Spannende Klammwanderung zur Teufelskirche
(ab 6 Jahre, 2 h 15, ↓↑ 100 m)

Tour 33: 197
Durch die Wolfsschlucht
Eine Abenteuertour mit Kletterpartie am Wasserfall
(ab 8 Jahre, 45 min, ↓↑ 30 m)

Tour 34: 200
Mit dem Kanu auf der Vils
Abwechslungsreiche Wasserreise nach Traßlberg
(ab 6 Jahre, 3 h)

Tour 35: 205
Malerisches Lauterachtal
Gemütliche Radtour am Fluss entlang
(ab 6 Jahre, 2h30, ↓↑ 140m)

Die Fledermaus 210

Tour 36: 212
Burgruine Wolfstein
Ausblick in der Oberpfalz
(ab 4 Jahre, 1–2h)

Tour 37: 214
Neumarkt ganz bunt
Spaziergang durch das Gelände der Landesgartenschau
(ab 4 Jahre, ½ Tag)

Tour 38: 216
Sulzbürg und Keltenspielplatz
Einmal um den Schlossberg
(ab 6 Jahre, 1h, ↓↑ 90m)

Tour 39: 219
Naturerlebnispfad Velburg
Eine Zeitreise durch den Wald
(ab 6 Jahre, 1h45, ↓↑ 100m)

SÜDLICHE FRÄNKISCHE ALB

Tour 40: 228
Steinzeitdorf und Biberspielplatz
Von Dietfurt nach Töging und an der Altmühl entlang
(ab 6 Jahre, 4h, ↓↑ 80m)

Der Biber 233

Tour 41: 235
Radtour am Main-Donau-Kanal
Von Beilngries nach Berching und zu zwei Wasserspielplätzen
(ab 8 Jahre, 2h30, ↓↑ 80m)

Tour 42: 241
Hoch über dem Altmühltal
Auf dem Trimmpfad von Hirschberg
(ab 4 Jahre, 1h15, ↓↑ 70m)

Tour 43: 244
Rund um den Kratzmühlsee
Erholung, Spaziergang und Badespaß
(ab 4 Jahre, 1h, eben)

Flora und Fauna im Altmühltal 246

Tour 44: 248
Flussfahrt auf der Altmühl
Familienausflug mit dem Kanu
(ab 4 Jahre, 3h)

Tour 45: 252
Rund um Enkering
Von der Rumburg zum Wasserspielplatz
(ab 6 Jahre, 2h15, ↓↑ 110m)

Tour 46: 256
Spaßwanderung Thalmässing
Gaudi und Vergnügen auf barrierefreier Strecke
(ab 4 Jahre, 1h15, ↓↑ 40m)

Tour 47: 259
Panoramaweg und Ritterspielplatz
Weitsicht über Schloßberg und Heideck
(ab 4 Jahre, 1h, ↓↑ 50m)

Römer, Kelten und die Steinzeit ...262

Tour 48: 264
Auf den Spuren der Römer
Am Limes entlang in Burgsalach
(ab 6 Jahre, 2h30, ↓↑ 80m)

Unterkunft und Übernachtung

Ferien auf dem Bauernhof 270
Jugendherbergen 273
Camping 274
Register 281
Autorin / Impressum 282

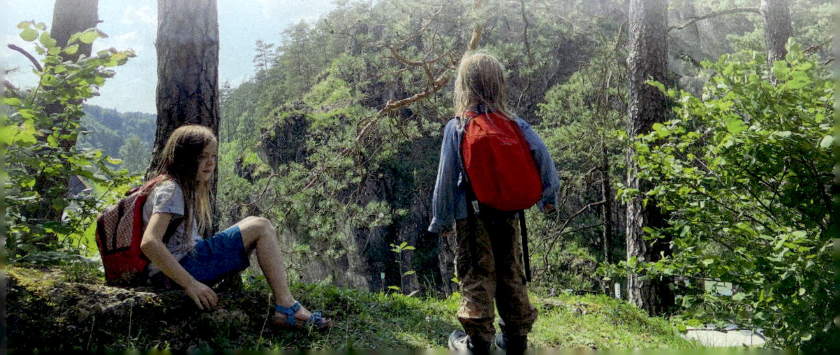

Zwischen Felsen, Wäldern und Flüssen

Von Bamberg im Norden bis nach Weißenburg im Süden erstreckt sich die Fränkische Alb über ein Gebiet von 7054 Quadratkilometern. Mit den Urlaubsregionen Fränkische Schweiz, Hersbrucker Schweiz, einigen Teilen des bayrischen Jura und Teilen der schwäbischen Alb sowie dem Altmühltal gehört die Gegend zu einer der reizvollsten Regionen in Deutschland. Die Vielfalt der Natur mit ihren bizarren Felsformationen, engen Tälern, unzähligen Höhlen und weiten Wäldern bieten jede Menge Abwechslung und Abenteuer für Familien.

Das gesamte Gebiet ist touristisch gut erschlossen und verfügt über ein ausgezeichnetes Netz an Wanderwegen und viele sehenswerte Attraktionen. Neben den bekannten Ausflugszielen haben wir in diesem Buch auch Wert darauf gelegt, einige noch wenig besuchte Fleckchen zu erschließen. Die Touren sind dabei stets familiengerecht gestaltet und beinhalten nahezu alle einen oder mehrere Spielplätze oder spannende Naturhighlights wie Wasserfälle, Badestellen oder Höhlen.

Überreste aus der Jura-Zeit

Die Landschaft der Fränkischen Alb ist durch die Zeitepoche des Juras vor 160 Millionen Jahren geprägt. Damals lag die Region unter Meerwasser. Viele der bizarren Felsformationen waren ursprünglich Riffe am Meeresboden. Deshalb sind in den Felswänden der Fränkischen Alb besonders viele Fossilien zu entdecken. Durch die stark kalkhaltigen Böden zeigt die Landschaft viele typische Elemente des Karstes, wie Höhlen, Steintore und ungewöhnlich geformte Felsen.

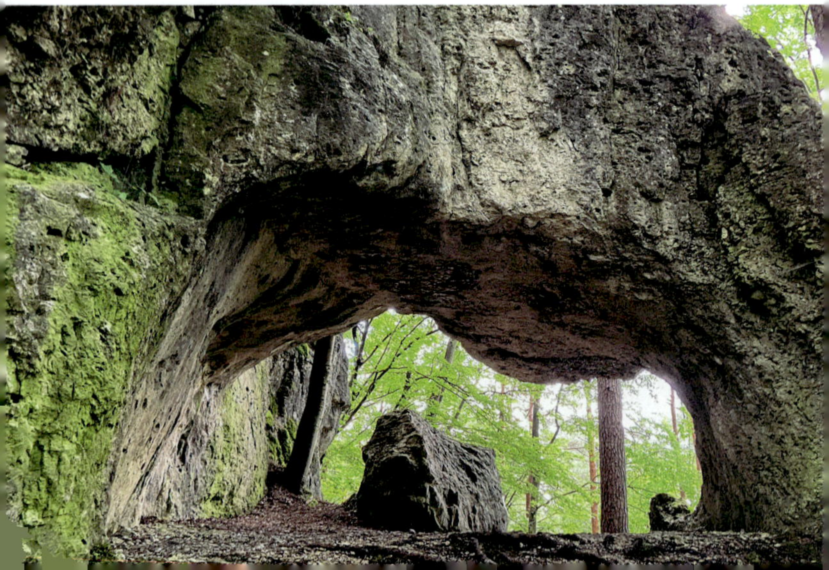

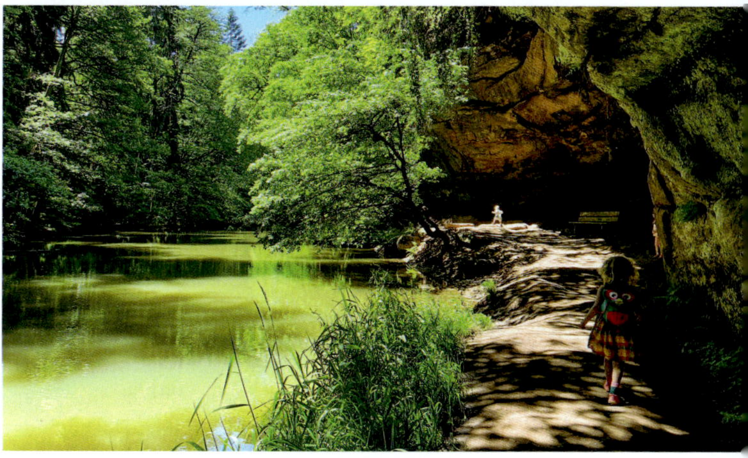

Für eine bessere Übersicht haben wir das Gebiet der Fränkischen Alb für dieses Buch in vier Regionen unterteilt.

Fränkische Schweiz

Die Fränkische Schweiz im Norden ist landschaftlich geprägt von Karsthöhlen, Magerrasen und Dolomitkiefernwäldern. Die große Anzahl an Höhlen, Felsentoren und Klettersteigen macht diese Region zum perfekten Abenteuerland. Die großen Tropfsteinhöhlen wie Binghöhle, Teufelshöhle und Sophienhöhle sind nur mit Führungen zu besichtigen und geben einen Einblick in eine magische Welt unter Tage. Eine Vielzahl an kleineren und größeren Höhlen kann auch ohne Führung auf eigene Faust besucht und erforscht werden. [› Tour 6, 8, 9, 13]

Hersbrucker Schweiz

Die Region wird auch als Hersbrucker Alb bezeichnet und liegt zwischen dem Schnaittachtal und der Oberpfalz. Als touristisches Ziel sind die kleinen Orte am Ufer des Flüsschens Pegnitz nicht ganz so bekannt. Aber auch hier gibt es sehenswerte Felsformationen, Höhlen und Klettersteige. Die Pegnitz eignet sich auch für Kanutouren. Familien können das liebliche Flusstal und auch das Sittenbachtal aber auch gut mit dem Rad oder zu Fuß erkunden.

Mittlere Fränkische Alb

Wer glaubt, dass es Klamm und Wasserfall nur im Hochgebirge gibt, wird sich auf den abwechslungsreichen Wegen in der mittleren Fränkischen Alb wundern. Einige der Touren sind wahrlich abenteuerlich und erfordern zuweilen gute Trittsicherheit und Ausdauer. Geprägt ist das Landschaftsbild durch den gelblichen Räthsandstein, in den sich das Wasser tief eingegraben hat. Auch hier machen ungewöhnliche Felsformationen unsere Wanderungen besonders spannend.

Südliche Fränkische Alb

Die südliche Frankenalb ist maßgeblich geprägt durch das malerische Altmühltal und viele steinzeitliche Fundstätten. Das Flusstal lässt sich gut mit dem Fahrrad erkunden und da die Altmühl als langsamster Fluss Bayerns gilt, ist sie auch ein perfektes Kanurevier für Anfänger. Selbst kleinere Kinder können hier ohne großes Risiko mit ins Boot und aufs Wasser.

Naturparks in der Fränkischen Alb

Insgesamt gibt es drei Naturparks in der Region, welche sich durch ihre einzigartige Flora und Fauna auszeichnen.

Naturpark Fränkische Schweiz

Der Naturpark deckt beinahe das gesamte Gebiet der nördlichen Fränkischen Alb ab und zeichnet sich durch seine vielen Höhlen, Karstgebiete und zahlreiche Burgen aus. Er wird deshalb auch als Frankenjura bezeichnet. Der östliche Teil ist geprägt durch das weitläufige und geschlossene Waldgebiet des Veldensteiner Forstes, in dem ein großer Rotwildbestand lebt.

Durch den Naturpark ziehen sich mehrere Fernwanderwege wie zum Beispiel der 500 Kilometer lange Frankenweg sowie der fränkische Gebirgsweg. Es sind außerdem etliche kürzere Rundwege markiert. Mehr Infos über den Park gibt es online unter www.fsvf.de.

Naturpark Hirschwald

Mit knapp 280 Quadratkilometern Fläche ist der Naturpark im oberpfälzischen Landkreis Amberg-Sulzbach vergleichsweise klein. Er liegt geografisch in der mittleren Fränkischen Alb und umfasst den Naturraum des Lauterachtals sowie das Landschaftsschutzgebiet Ammerbachtal und das malerische Vilstal im Osten. Trotz der kleinen Fläche findet man hier eine landschaftliche Abwechslung, die eine besondere Artenvielfalt ermöglicht.
www.naturparkhirschwald.de

Naturpark Altmühltal

Als der viertgrößte Naturpark Deutschlands umfasst er beinahe deckungsgleich das Gebiet der südlichen Fränkischen Alb. Nördlich der Donau und mit der Altmühl als Mittelachse erstreckt sich das Gebiet über eine Fläche von 2962 Quadratkilometern.

Landschaftlich geprägt ist der Naturpark vor allem von Mittelgebirgslandschaften mit Trockenrasen, Wacholderheide und Feuchtwiesen. Es gibt auch hier etliche Karsthöhlen, Steinbrüche, in denen man Fossilien finden kann, sowie die Möglichkeit zu Aktivitäten auf dem Wasser. Die steinzeitlichen Schauplätze und der Limes mit seinen Wachtürmen machen den Naturpark auch kulturgeschichtlich spannend.
www.naturpark-altmuehltal.de

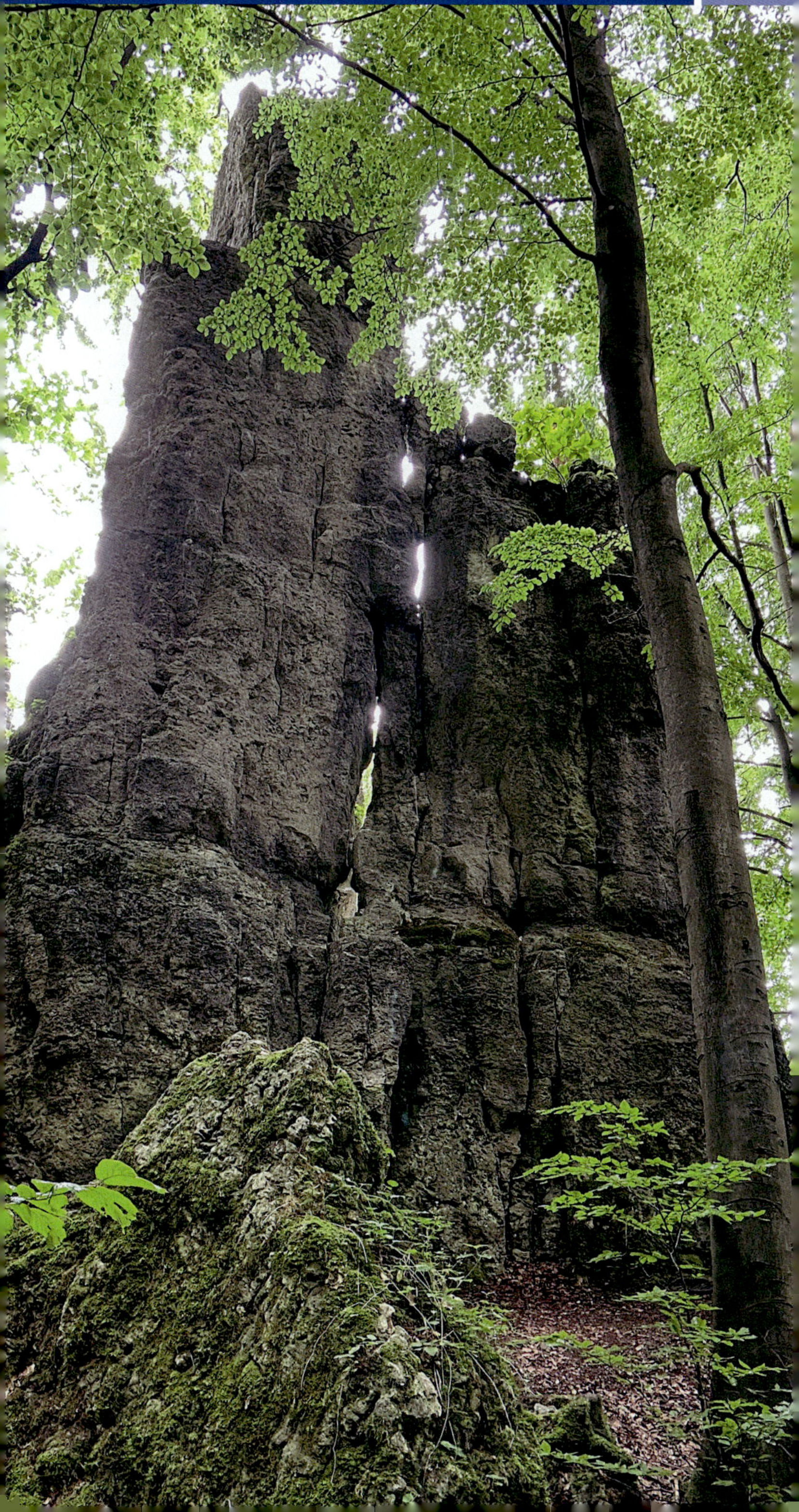

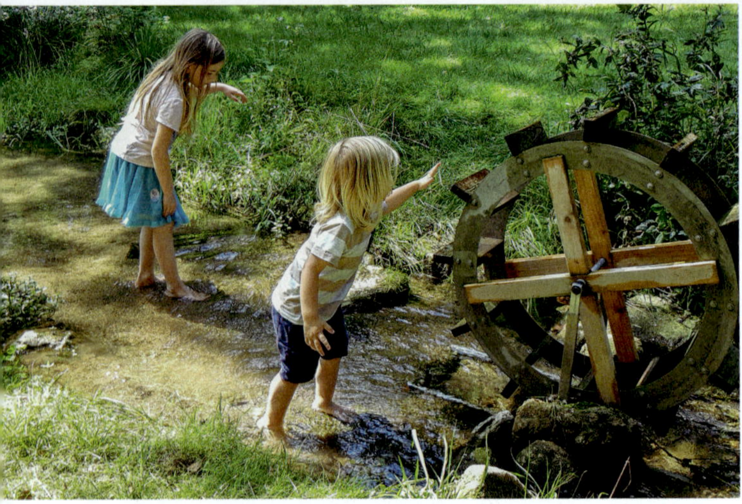

Aktivitäten mit Kindern

Die gesamte Region zeichnet sich durch ihre Vielfalt an landschaftlichen wie auch touristischen Attraktionen aus. Ein dichtes Rad- und Wanderwegenetz lädt zu abwechslungsreichen Touren mit der ganzen Familie ein. Die Flüsse Wiesent, Altmühl, Pegnitz und Vils eignen sich auch für Kanutouren. Darüber hinaus gibt es in vielen Orten ein reiches Angebot an Aktivitäten für Familien, wie zum Beispiel geführte Höhlentouren, Hochseilgärten, Wanderungen mit Pferden, Lamas und Alpakas sowie Erlebnisbauernhöfe. Für besonders viel Spaß sorgen im Sommer die vielen Bademöglichkeiten in Flüssen und Seen, die vor allem in der mittleren und südlichen Fränkischen Alb zu finden sind.

Baden und Schwimmen

Einige Seen, wie zum Beispiel der Happurger Stausee, laden im Sommer zur Abkühlung und zum Toben im kühlen Nass ein. Wer mutig ist, kann auch ein Bad in einem der schönen, aber kalten Flüsse der Fränkischen Alb nehmen. Dazu gibt es einige ausgeschriebene Badestellen, die in den jeweiligen Touren vermerkt sind. Außerdem öffnen im Sommer auch einige Naturschwimmbäder und Freibäder. Für kalte Tage oder wechselhaftes Wetter sind zum Beispiel die Familientherme in Obernsees oder das Erlebnisbad Berle in Berching ein gutes Ziel.

Kanu und Kajak

Wer an die Fränkische Alb denkt, hat vermutlich zuerst Berge und Wälder vor Augen. Doch auch die malerischen Flusstäler laden Besucher zum Erkunden ein und sind besonders schön vom Kanu aus zu erleben. Als langsamster Fluss Bayerns eignet sich vor allem die

Altmühl als Einstieg in das Kanufahren mit Kindern [› Tour 44]. Aber auch auf der abwechslungsreichen Vils haben wir eine wunderbare Tour für die ganze Familie gefunden. Für Geübte oder Familien mit größeren Kindern ist eine Fahrt auf der Pegnitz oder der Wiesent ein tolles Abenteuer. Mit ihren vielen Stromschnellen wird es bei der Fahrt nicht langweilig. Auf diesen Strecken sollten die Eltern aber schon ein bisschen Erfahrung mitbringen und die Kinder müssen unbedingt sicher schwimmen können. Verleihstationen und Tourenanbieter findet man in den Ortschaften an den Flüssen. Bei unseren Touren sind die entsprechende Infos und Ansprechpartner im Tourensteckbrief zu finden.

Reiten

Einige Pferdehöfe in der Fränkischen Alb bieten für Familien Wanderungen mit Pferden und auch Wanderritte für erfahrene Reiter an. Es gibt aber auch Reitunterricht und geführtes Reiten für Kinder. Viele der Höfe haben zudem auch Ferienwohnungen und spezielle Angebote für ihre Gäste. Eine Übersicht über Reiter- und Ponyhöfe in den einzelnen Regionen geben wir bei der Kartenübersicht.

Klettern

Das Altmühltal sowie der nördliche Frankenjura, also quasi die gesamte Fränkische Alb, sind mit mehr als 10.000 Routen und mehr als 1.000 Massiven, Wänden und Türmen eines der am besten erschlossenen Klettergebiete in Deutschland. Das Zentrum des Klettermekkas liegt dabei im Städtedreieck zwischen Nürnberg, Bamberg und Bayreuth und lockt jährlich viele Besucher aus der ganzen Welt an seine Felsen. Viele Infos wie Routen nach Schwierigkeitsgraden, Kar-

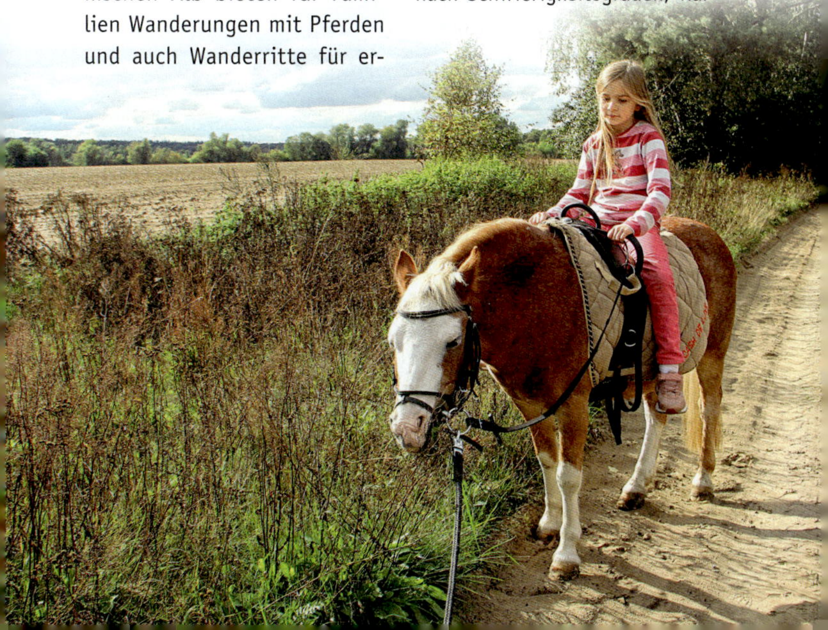

tenmaterial und mehr gibt es unter www.frankenjura.com in der Rubrik Klettern.

Klettern und Bouldern sind Sportarten, die auch Kindern viel Spaß machen. Kurse und Schnuppertage für Kids werden in vielen Kletterhallen angeboten. Aber auch draußen gibt es im Klettergebiet Frankenalb viele Routen an niedrigen, griffigen Wänden, die sich für Kinder gut eignen. Einen Einsteiger-Kurs für Eltern und Kinder draußen am Fels bietet zum Beispiel die Bergsportschule Bamberg an.
www.bergsportschule.com

Klettersteige

Einen Klettersteig zu begehen, ist eine spannende Mischung aus Wandern und Klettern. Es geht dabei nicht nur steil hinauf, sondern oft über Wege, die sehr ausgesetzt sind. Gesichert sind wir dabei mit einem Klettergurt, dessen Haken in ein Stahlseil am Weg eingeklinkt werden. So können auch die Kleinsten schon sicher die ersten Klettererfahrungen machen.

In Franken gibt es neben einigen Klettersteigen, die speziell für Familien angelegt sind, auch Felsenpfade mit Kletterstellen, die ohne Sicherung begangen werden können.
[› Seite 102]

Hochseilgarten

Hoch in der Luft baumelnde Seile, Baumstämme und Seilbahnen verbinden eine Plattform oben im Baum mit der nächsten. Professionell mit Klettergurt und Helm gesichert überwindet man den Abgrund: auf einem schaukelnden Balken balancierend, in einer Holzkistenbahn oder durch ein aus Seilen geknüpftes Spinnennetz. Ein Hochseilgarten wirkt wie eine Mischung aus

Auf dem Mini-Klettersteig ab Eibgrat.

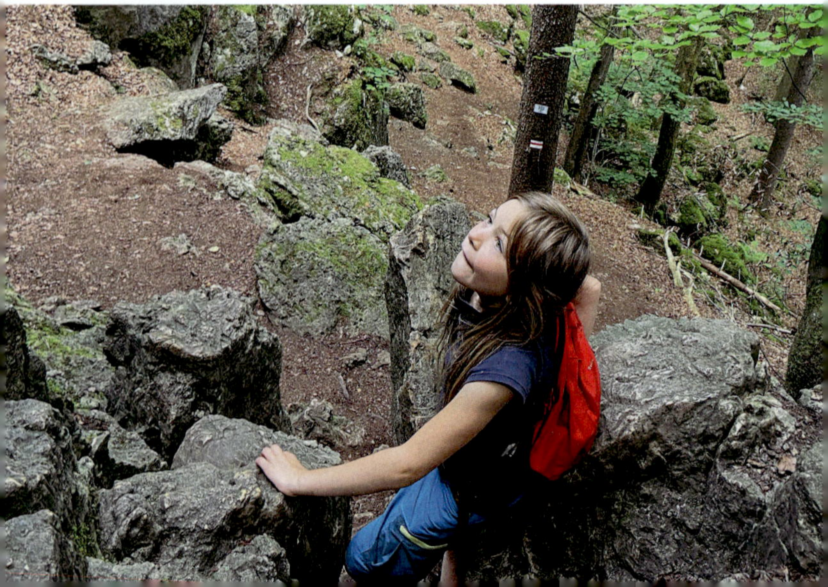

Affenkäfig und Abenteuerspielplatz. Die einfachsten Parcours sind schon von Vier- bis Sechsjährigen zu meistern und befinden sich kaum höher als einen Meter über dem Boden. Die Profiversion schwankt in zehn bis 20 Metern Höhe in den Baumwipfeln und verlangt neben viel Mut auch recht sportliche Aktionen.

Ein Besuch im Hochseilgarten mit Kindern ist ein Familienevent: Kinder unter zwölf Jahren dürfen oft nämlich nur in Begleitung eines Erwachsenen zwischen die Bäume. Gemütlich zurücklehnen und bewundern, wie toll der Nachwuchs das macht, ist also nicht. Gerade weil es ein wenig Mut kostet, sich darauf einzulassen, bieten Hochseilgärten besondere und intensive Erlebnisse – sozusagen ein gemeinsam durchlebtes Abenteuer. Kinder bewegen sich zwischen den Bäumen oft viel furchtloser als Erwachsene, sodass die Eltern nicht unbedingt die Helden sind, sondern mit ihren Kindern auf Augenhöhe stehen.

Alles Wichtige erklären die Trainerinnen und Trainer. Dann zieht man an den meisten Anlagen auf eigene Faust los. Man kann einfach anfangen und sich vorsichtig an Schwierigeres herantasten – im eigenen Tempo und bis zu den persönlichen Grenzen. Beim ersten Besuch im Hochseilgarten sollte man darauf achten, dass es mehrere einfache Einsteigerparcours gibt. Nur so kann man Höhe und Anforderungen langsam steigern. Für junge Kletterer

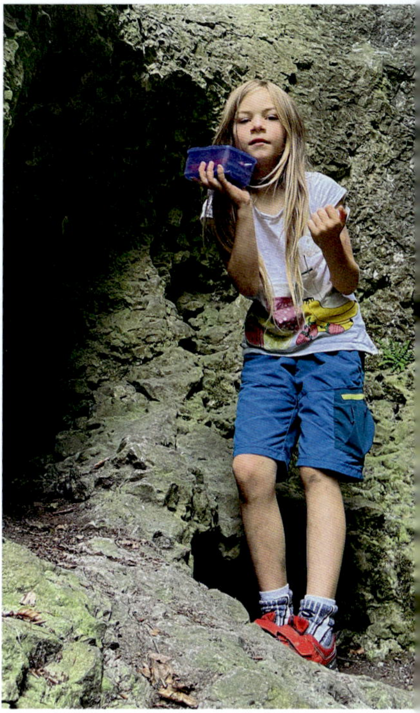

und Anfänger gut geeignet sind zum Beispiel der Kletterwald in Veilbronn mit seinem Wichtelsteig für Kinder ab vier Jahren, aber auch der Abenteuerpark in Pottenstein.

Geocaching

Auf den Touren in der Fränkischen Alb sind auch einige Schätze zu finden. Die sogenannten Geocaches werden mit Hilfe von GPS-Koordinaten gesucht. Häufig sind am Fundort kleine Schätze versteckt, wie zum Beispiel Boxen mit kleinen Spielsachen, Rätseln und Ähnlichem. Wer Schätze suchen will, sollte kleine Mitbringsel zum Tauschen dabeihaben. Für Dinge, die man aus der Box nimmt, legt man immer etwas Neues hinein.

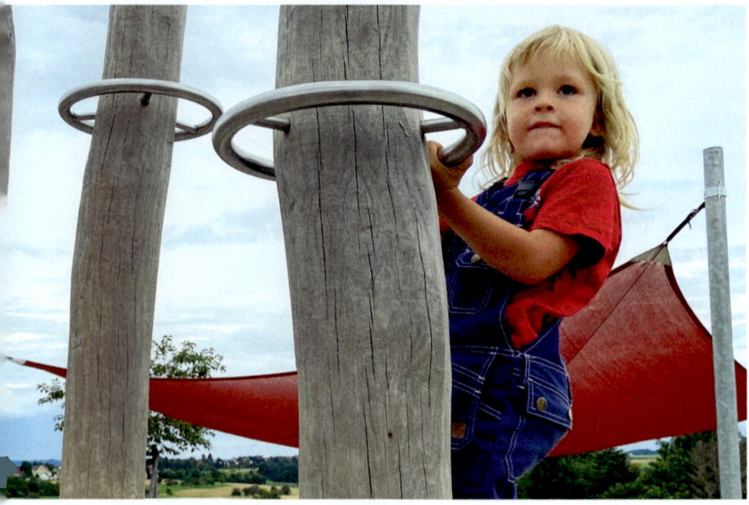

Geocaching ist eine ideale Motivation für kleine Wanderer. Erwachsene entdecken dabei oft tolle, noch unbekannte Plätze, da Geocaches meist an besonderen Orten liegen.

Zum Mitmachen brauchen wir lediglich ein Smartphone. Die App »Geocaching« ist für IOS und Android verfügbar. Es ist auch möglich, die Touren vorher am PC zu planen und die Beschreibungen auszudrucken. Die PC-Version ist kostenfrei, die App bietet kostenlos nur einige einfache Geocaches an. Manche Schätze haben wir auch schon durch Zufall und ohne Hilfe des Smartphones gefunden. Wer mit offenen Augen wandert, hat manchmal Glück!

Spielplätze

Als erste offizielle Spielplatztester der Region Fränkische Schweiz haben wir in diesem Buch Wert darauf gelegt, unsere Erfahrungen mit einfließen zu lassen. Die meisten der Touren beinhalten einen oder mehrere Spielplätze. So haben besonders kleine Wanderer großen Spaß an den Touren. Einige Spielplätze sind so groß und spannend, dass ein Besuch allein dort schon ein Ausflug wert sein kann. Eine Auflistung der schönsten Spielplätze gibt es bei den Ausflugszielen und auf unserer Webseite familienzeitentdecken.de unter der Rubrik »Spielplätze«.

Wandern

Finstere Höhlen und Felstunnel, Felsen zum Klettern, glasklare Bäche, dichte Wälder und enge Schluchten sind beim Wandern mit Kindern spannede Highlights und motivieren auch schon die kleinsten Entdecker beim Laufen der Tour. Die abwechslungsreiche Karstlandschaft der Fränkischen Alb hält viele solche Höhepunkte bereit und ist ein Wanderparadies für Groß und Klein.

In der Region gibt es außerdem eine sehr gute touristische Infrastruktur mit Rastplätzen, Kneippanlagen und vielen schönen Spielplätzen, die sich ebenfalls als Wanderziele eignen. Weitere Tipps zum Wandern mit Kindern gibt es auf **[› Seite 16]**.

Wandern mit Tieren

Nichts motiviert kleine Tierfans besser zum Laufen, als ein Tier mit zum Wandern zu nehmen. In der Fränkischen Alb gibt es mehrere Betriebe, die Wanderungen mit Lamas, Alpakas oder Ponys anbieten. Lamas und Alpakas sind dabei reine Begleittiere, auf den Ponys dürfen die Jüngsten auch reiten. Aber darum geht es eigentlich gar nicht. Was wirklich zählt, ist das Erlebnis, so einen großen vierbeinigen Kumpel an der Seite zu haben, warmes Fell zu streicheln und Freundschaft zu schließen. Konkrete Adressen sind bei den Ausflugszielen zu finden.

Fahrradfahren

Die Radwege in den Flusstälern der Wiesent, Pegnitz und der Altmühl eignen sich sehr gut für jüngere Fahrradfahrer. Auch entlang des Ludwig-Donau-Main-Kanals gibt es einen Radweg. Die Routen in den Flusstälern sind eben und gut ausgebaut, sodass hier auch die Kleinsten schon schöne Strecken absolvieren können. **[› Tour 5, 23, 35, 41]**

Wer es etwas aufregender mag und sich nicht vor Stock und Stein und vielen Höhenmetern fürchtet, findet auf den markierten Mountainbikestrecken sein Paradies. Es gibt etliche davon. Hilfreiche Informationen zum Mountainbike fahren in der Fränkischen Schweiz finden sich unter www.fraenkische-schweiz.com in der Rubrik erleben/aktiv/mountainbiken.

Die ebenen Wege in den Flusstälern eignen sich gut zum Fahrradfahren.

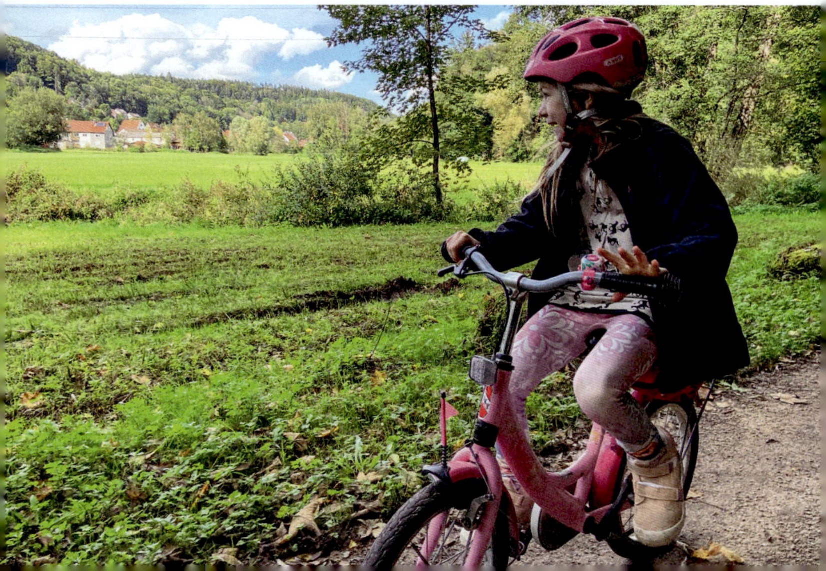

Wandern mit Kindern

Wer mit Kindern unterwegs ist, darf umdenken. Kinder wandern anders. Sie tauchen tiefer ein in die Natur und bleiben gern an vielen spannenden Stellen hängen, an denen wir Erwachsene oft erstaunlich achtlos vorbeilaufen, weil wir nur das Ziel und das Vorankommen im Blick haben. Wenn Kinder draußen unterwegs sind, wollen sie alles betrachten, was am Wegrand wächst oder krabbelt. Auch toben, spielen und klettern steht hoch im Kurs. Nicht zu vergessen die vielen Steinchen und Stöcke, die unterwegs gesammelt werden. Dazu braucht es Zeit und die richtige Umgebung. Für uns Erwachsene ändert sich dabei nicht nur das Wandertempo, sondern auch der Blickwinkel.

Die ersten Touren mit jüngeren Kindern sollten eher kurz sein, um ein Gespür für die Ausdauer und das Tempo, aber auch einen Blick für die Umgebung zu bekommen. Vor allem mit den jüngsten Wanderern geht es eher gemächlich vorwärts.

In der Fränkischen Alb ist es ein Leichtes, die Wanderung abwechslungsreich und spannend zu gestalten. Überall gibt es etwas zu entdecken: Die vielen bizarren Felsen und Höhlen laden zum Kraxeln, Verstecken und Erkunden ein. In manchen Wäldern glaubt man, es seine Trolle oder Feen unterwegs, da die Felsen und Bäume mit dichtem Moos bedeckt sind. Karsthöhlen und die durchlöcherten Steine aus der Jurazeit wecken Interesse an dieser Zeit und lassen sich

Die kleineren Höhlen im Karst eignen sich wunderbar zum Spielen und Rasten.

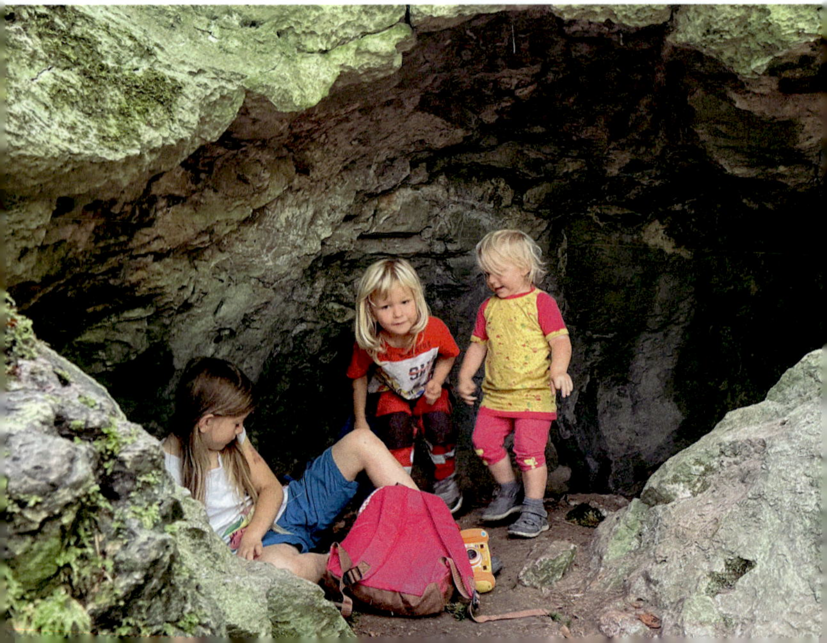

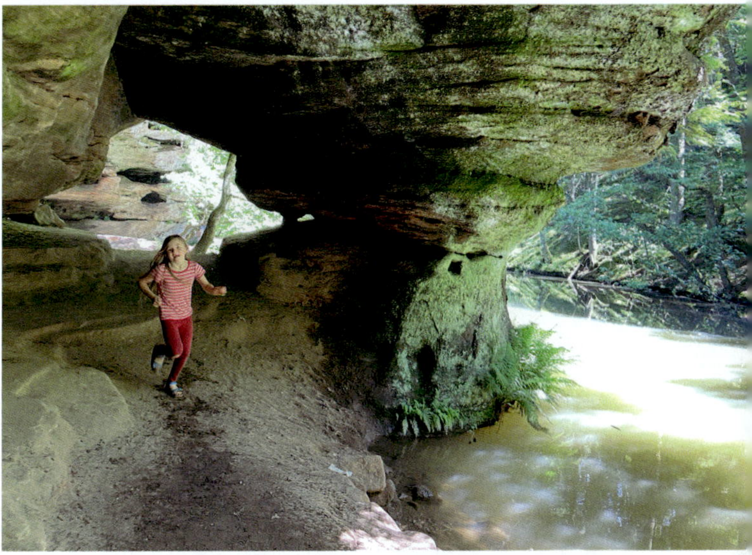

Abenteuerland in der Schwarzachklamm.

auch gut zu einem ausgedehnteren Exkurs über die Entstehung unserer Erde ausbauen.

Die vielen Burgen, Schlösser und Ruinen in der gesamten Region laden zum Spielen ein und können häufig auf eigene Faust erkundet werden.

Von breiten Wegen und schmalen Pfaden

Auf breiten, ebenen Fahrwegen langweilen sich Kinder meistens schnell und eine schöne Tour kann dann leicht zur Tortur für alle werden. Ein schmaler, steiniger Pfad weckt dagegen schnell neue Lebensgeister und motiviert kleine Wanderer, auch eine größere Strecke zu laufen. Felspassagen, an denen man klettern kann, Treppen oder enge Durchgänge zwischen Felsbrocken sprechen Spieltrieb und Fantasie an und sorgen für Begeisterung. Solche schmalen, abenteuertauglichen Wanderwege finden sich in der Fränkischen Alb überall.

Die meisten dieser Pfade sind gefahrlos auch mit jüngeren Kindern zu begehen. Es gibt auf Bergpfaden aber auch riskantere Stellen, an denen Eltern einen wachen Blick auf ihre Kinder haben sollten und gegebenenfalls unterstützend eingreifen müssen. Auch die Wege in Wassernähe sind mit ungeübten kleinen Wanderern mit erhöhter Vorsicht zu gehen. In unseren Tourenvorschlägen vermerken wir anspruchsvolle Stellen im Steckbrief und in der Wegbeschreibung.

Für die Kleinsten unter vier Jahren gibt es in diesem Buch auch barrierefreie Routen, auf denen ein geländegängiger Buggy mitgenommen werden kann. Sie sind im Tourensteckbrief mit einem Kinderwagensymbol gekennzeichnet.

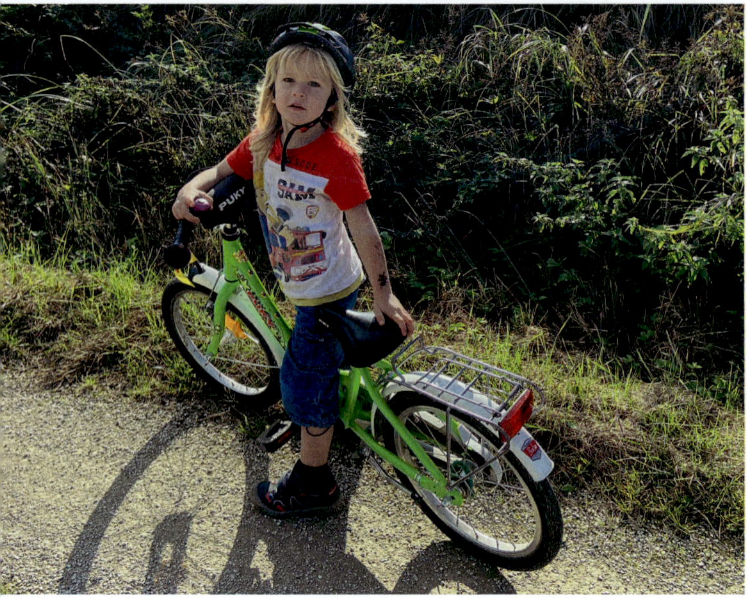

Hike and Bike mit Zwergen

Barrierefreie Wege für Rollstuhl oder Kinderwagen eignen sich auch meist für Ausflüge mit einem Laufrad oder einem Kinderfahrrad. Die ganz kleinen Radler kann man oft noch gut zu Fuß begleiten. Während Wanderungen mit den Jüngsten nur in sehr gemächlichem Tempo funktionieren, erhöhen solche kombinierten Rad-Wandertouren für sportlich ambitionierte Eltern das Tempo und erweitern den Bewegungsradius deutlich. Die Kids sausen mit dem Rädchen voraus und die Erwachsenen laufen flott hinterher.

Planung und Motivation

Als Ziel einer Kinderwanderung eignen sich Plätze, an denen man gut spielen kann – und das wird selten der von Erwachsenen anvisierte Berggipfel sein. Ein zünftiges Picknick im Zauberwald, am Wasserlauf oder auf einem Abenteuerspielplatz sind eher nach Kindergeschmack. Viele unserer Strecken beinhalten daher einen oder mehrere Spielplätze, schöne Stellen am Wasser und Picknickplätze für die ganze Familie. Viele Wege führen zu den landschaftlichen Highlights der Region mit Felsen und Höhlen, die von Haus aus zum Erkunden einladen.

Kinder sind vor allem mit einem erreichbaren Ziel vor Augen motiviert zu laufen oder zu fahren. Daher haben wir die Strecken so angelegt, dass unterwegs mehrere spannende Stopps möglich sind oder die Tour abgekürzt werden kann, wenn die Ausdauer unerwartet früh nachlässt. Einige der Strecken bieten auch die Möglichkeit zur Einkehr.

Für all die Entdeckungsstopps, Spielplätze, Höhlen und Picknickstellen sollte in jedem Fall ausreichend Zeit eingeplant werden. Häufig geht es nach einer ausgedehnten Rast leichter weiter als nach einem kurzen Stopp.

Alle, die mit Kindern unterwegs sind, kennen nicht nur fröhlich laufende Kids. Durststrecken, wie sie immer wieder vorkommen, lassen sich mit Spielen oder Singen überbrücken. Ideen für Wanderspiele finden sich auf dem Blog des Naturzeit Reiseverlags unter www.wandern-mit-kindern.info und auch auf unserer Webseite familienzeitentdecken.de.

Wir haben außerdem gute Erfahrungen damit gemacht, im Vorfeld eine Strecke gemeinsam zu planen und die Wünsche und Bedürfnisse der Kinder mit einfließen zu lassen. So ist die Motivation häufig noch größer.

Ältere Kinder können unterwegs auch mal die Führung der Gruppe alleine übernehmen, die Richtung mit der GPS-Funktion des Smartphones überprüfen, Markierungen suchen und Karte lesen. Das ist spannend und macht aus lustlosen »Mitläufern« aktive, begeisterungsfähige Wanderer.

Ausrüstung

Für Touren in bergigem und schroffem Gelände sind auch für Kinder Wanderschuhe sinnvoll. Bei den Wanderungen durch Flusstäler, auf Erlebnispfaden und auf breiten Schotterwegen reichen Halbschuhe oder Trekkingsandalen.

Außerdem gehört immer reichlich Trinkwasser ins Gepäck. Besonders Kinder sollten beim Wandern regelmäßig trinken. Der Wasserbedarf ist im Sommer und auf langen Touren sehr hoch. Die Möglichkeit zur Einkehr besteht bei vielen, aber nicht allen Touren. Unabhängig von Gaststätten und Öffnungszeiten ist, wer sein eigenes Picknick dabei hat. Damit ist man vor allem mit kleineren Kindern auf der sicheren Seite, wenn plötzlich der Hunger übermächtig wird.

Praktisch dabei sind frisches Obst, eine klassische Brotzeit

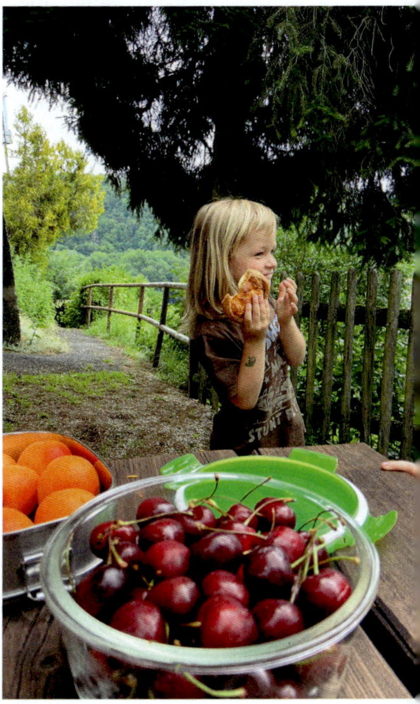

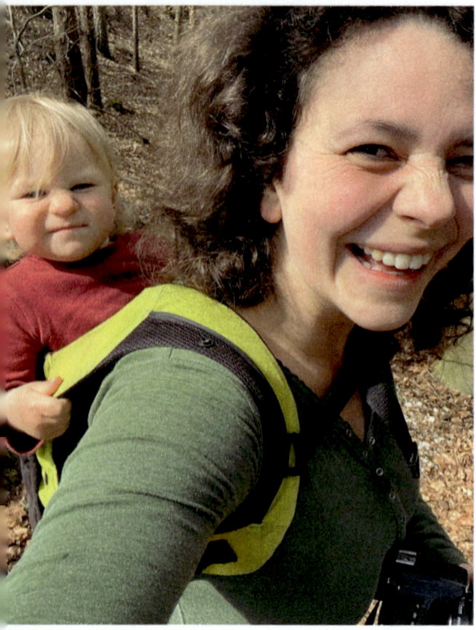

oder auch Trockenfrüchte und Nüsse. Eine kleine Nascherei darf natürlich nicht fehlen und motiviert so manch müdes Wanderkind noch mal für die weitere Strecke. Beim Wandern mit Kindern sind zudem auch mehrere Zwischenstopps statt einem großen Mittagessen praktischer. Kleinigkeiten lassen sich unterwegs auch mal auf einem Felsen oder einer Rastbank verzehren.

Wichtig ist außerdem eine der Temperatur angepasste, locker sitzende Kleidung, die nicht einengt oder zwickt. An kühleren Tagen gehören eine wind- und wasserdichte Jacke und eventuell eine Matschhose in den Rucksack. An heißen Sommertagen und für die Touren außerhalb des Waldes und vor allem in Flussnähe ist ein guter Sonnenschutz unabdingbar. Für Wanderungen in Wassernähe empfiehlt es sich, auch immer ein Handtuch und Wechselkleidung dabei zu haben.

Für Wanderungen in abgelegenen Gebieten und für abenteuerliche Touren empfiehlt sich ein kleines Erste-Hilfe-Set. Um notfalls Rat und Hilfe holen zu können, ist auch ein Handy mit vollem Akku sinnvoll.

Kinder in Kraxe oder Trage

Die Wege in der Fränkischen Alb sind für abenteuerlustige Wanderer ideal. Jedoch sind nicht alle Wege auch für die Kleinsten schon geeignet. Die Wanderwege, die barrierefrei mit dem Kinderwagen oder Buggy gelaufen werden können, sind entsprechend gekennzeichnet. Wer unabhängig von breiten Wegen und der Kondition der kleinen Wanderer die Natur erkunden möchte, dem sei eine Tragehilfe oder Kraxe empfohlen.

Für die Kleinsten eignen sich Tragen, die am Bauch und Rücken getragen werden können. Für etwas größere Kinder, die bereits sicher frei sitzen können, sind sogenannte Kraxen ideal.

In Bezug auf die Passform muss eine Kindertrage die gleichen Kriterien erfüllen wie ein guter Tourenrucksack: Sie braucht einen breiten, gut gepolsterten Hüftgurt, der das Gewicht fast komplett auf die Beckenknochen überträgt, die passende Rückenlänge sowie verstellbare Schultergurte.

Mit einem Kind in der Rückentrage sollte man sich zunächst vorsichtig an das Laufen in schwierigerem Gelände herantasten, um ein Gefühl für das schwankende Gewicht auf dem Rücken zu bekommen. Felsige oder ausgesetzte Wege sollten daher erst begangen werden, wenn der oder die Wandernde und der Tragling ein gut eingespieltes Team sind.

Da sich die Kinder in ihrem luftigen Sitz nicht bewegen können, kühlen sie schnell aus. Handschuhe und warm verpackte Füße sind an kühlen Tagen und im Winter wichtig. Besonders hilfreich ist hier Kleidung aus Wolle und Seide, die temperaturregulierend wirkt. An heißen Tagen muss ein Kleinkind gut vor der Sonne geschützt werden. Einige Tragehilfen und Kraxen sind mit einem eingebauten Sonnenschutz ausgestattet. Für die nötige Bewegung sollten entsprechende Pausen mit Abwechslung für die Kleinsten eingeplant werden.

Kraxen können für Kinder bis etwa drei Jahre genutzt werden, danach sind die meisten Kids zum Tragen zu schwer.

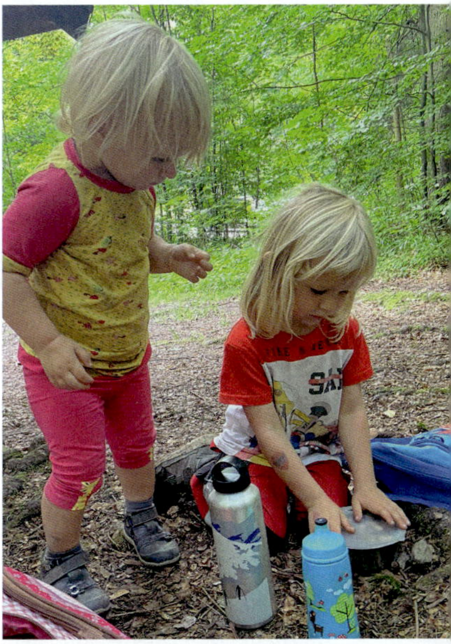

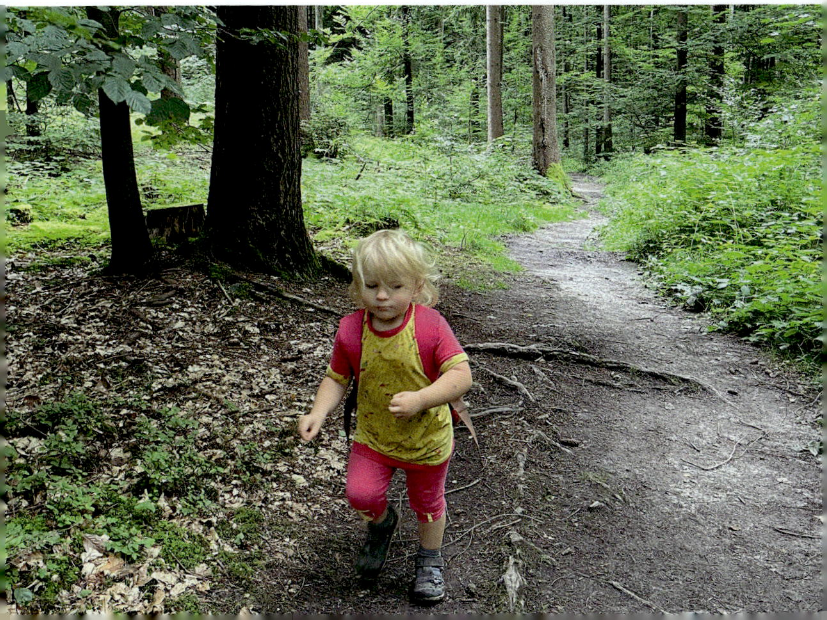

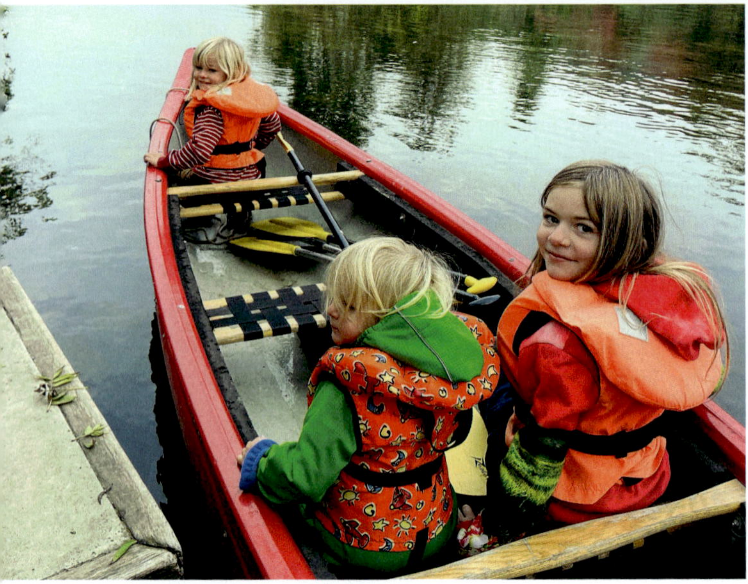

Mit Kindern im Kanu
Sicher und mit Spaß auf dem Wasser

Unter dem Begriff Kanu werden zwei Bootstypen zusammengefasst. Da gibt es einmal den Kanadier, ein oben offenes schmales Boot mit flachen Sitzbänken. Er wird mit dem Stechpaddel gefahren. Aus der Tradition der Inuit kommt das flache, oben geschlossene Kajak, welches man mit einem Doppelpaddel steuert. Der Sitz befindet sich in einer Luke im Bootskörper direkt am Boden des Bootes, was auch das charakteristische Fahrgefühl eines Kajaks ausmacht: Man sitzt fast im Wasser. Kajaks sind wendiger und schneller als ein Kanadier, kippen aber auch leichter.

An den Flüssen in Franken werden fast ausschließlich Kanadier verliehen, die recht stabil im Wasser liegen und sich deshalb für Familien besonders gut eignen. Kinder sitzen entweder zwischen den Eltern oder vorne im Bug und können je nach Lust und Ausdauer mitpaddeln. Für den ersten Versuch empfehlen sich Touren mit einer Länge von ein bis zwei Stunden reiner Fahrzeit. Wenn die Eltern schon etwas Übung mitbringen, was grundsätzlich empfehlenswert ist, bevor man mit Kindern paddeln geht, kann man mit größeren Kindern auch eine etwas längere Strecke auswählen.

Gerade mit jüngeren Kids sollten auch Pausen eingeplant werden. Wie auch beim Radeln und Wandern brauchen wir ausreichend Proviant und Wasser. Auf dem Fluss ist eine spontane Rast oft schwierig, weil man nicht überall anlegen kann. Kinder sollten deshalb schon eine gewisse Ausdauer und Geduld mitbringen, bevor man sie das erste Mal mit ins Boot nimmt.

Für die ersten Touren ist es ratsam, einen warmen, windstillen Tag zu wählen, damit alle Spaß haben. Will man mit dem Kanu auf einen See oder ein Gewässer mit deutlicher Strömung, müssen alle Mitfahrenden sicher schwimmen können. Kanutouren auf Pegnitz und Wiesent sind zum Beispiel für Anfänger mit kleineren Kindern im Kanu nicht geeignet.

Ob man als Paddlerin oder Paddler mit entsprechender Erfahrung auf einem ruhigen Fluss wie der Altmühl auch jüngere Kinder ohne bestandenes Seepferdchen mit ins Kanu nimmt, muss jeder für sich selbst entscheiden. Obwohl ein Kanadier relativ sicher im Wasser liegt, ist es nicht auszuschließen, dass er doch einmal kippt – vor allem dann, wenn mehrere Kinder im Boot sind. Im flachen Wasser mit wenig Strömung und in Ufernähe bleibt so eine Situation normalerweise gut beherrschbar. Im tiefen Wasser, weit weg vom Ufer oder in einem Gewässer mit schneller Strömung wird es dann aber sehr schnell gefährlich.

Egal ob sie schwimmen können oder nicht – Kinder müssen im Kanu immer eine Schwimmweste tragen. Westen für jüngere Kids haben einen Kragen, der den Kopf über Wasser halten soll. Die Weste wird außerdem mit Gurten zwischen den Beinen befestigt, um zu verhindern, dass die Kleinen im Wasser einfach durchrutschen. Das funktioniert aber nur, wenn die Weste richtig sitzt und sorgfältig angepasst wird.

Kanukurse auf der Pegnitz

Wer lernen möchte, sein Boot elegant durch die Stromschnellen zu steuern, statt nur irgendwie den Fluss runterzufahren, dem sei die Kanuschule Heller empfohlen. Norbert und Karin unterrichten mit viel Geduld, Ruhe und Fachkenntnis und heißen auch größere Kids in ihren Kursen willkommen. Die Einsteigerkurse finden auf dem Happurger Stausee und auf der Pegnitz statt – entweder im Kanadier oder im Wildwasserkajak. Mehr Infos unter www.heller-outdoor.de.

Sind Kinder mit im Boot, müssen auch alle Erwachsenen eine Schwimmweste tragen – selbst auf einem zahmen Gewässer wie der Altmühl. Sollte doch einmal ein Kanu kippen, haben Eltern so die Hände frei, um den erschrockenen Kindern zu helfen, die Paddel festzuhalten und das Boot an Land zu bringen. Schwimmwesten werden in der Regel, ebenso wie die passenden Paddel und eine wasserdichte Tonne für Proviant und Zubehör, mit dem Kanu verliehen.

Wenn wir die wenigen notwendigen Sicherheitsmaßnahmen beachten, sind Kanutouren mit Kindern ein großer Spaß und die Kids sind meist mit viel Begeisterung dabei.

Die Touren in diesem Buch

Altersgrenzen und Schwierigkeitsgrad

Für jede Tour gibt es im Infokasten auf der ersten Seite eine Altersempfehlung. Alle Altersgrenzen sind durchschnittliche Werte. Eine Familie mit Bergerfahrung kann bei der Auswahl der Touren mutiger sein als Wanderneulinge oder Familien mit Traglingen. Erlebnispfade sind zumeist leicht zu laufen und mit vielen Stationen auch recht kurzweilig für die Kinder. Die Touren zu Höhlen, Felsen und Ruinen sind mitunter anspruchsvoll. Für diese Touren sollten auch Familien mit älteren Kindern bereits Übung haben und trittsicher sein.

Wichtige Hinweise auf den Anspruch einer Tour gibt die Beschreibung unter »Anspruch und Charakter« im Tourensteckbrief. Ist eine Wanderstrecke auch mit Kinderwagen oder mit einem Laufrad passierbar, befindet sich im Kopf des Steckbriefes ein Kinderwagensymbol.

Gehzeiten

Um Länge und Anspruch einer Tour möglichst überschaubar zu halten, geben wir Strecke und Höhenmeter sowie eine ungefähr zu erwartende Gehzeit an. Da die Geschwindigkeit von Kindern selbst innerhalb einer Altersgruppe recht unterschiedlich ist, sind die angegebenen **Gehzeiten großzügig am Tempo eines Erwachsenen gemessen**. Wir kalkulieren dabei mit einer Stunde für 300 Höhenmeter oder drei Kilometer Wegstrecke.

Mit Kindern zwischen vier und sechs Jahren ist mit mindestens 50 Prozent längeren Gehzeiten zu rechnen. Die Zeit für Pausen ist dabei noch nicht eingerechnet. So wird aus einer Tour mit einer reinen Gehzeit von ein bis zwei Stunden mit Kindern im Vorschulalter ein vollwertiger Halbtagesausflug.

Auch mit Grundschulkindern sollten noch etwas längere Zeiten einkalkuliert werden als von uns angegeben. Mit der Zeit entwickelt sich dann ein Gefühl für das individuelle Tempo der eigenen Familie.

Fahrradtouren

Gleich auf den ersten Blick fällt auf, dass die Zeiten und Längen der Radtouren deutlich von den Wandertouren abweichen. Mit dem Rad ist man in der Regel viel schneller unterwegs. Allerdings ist auch hier das Tempo von allen Beteiligten abhängig und sollte sich stets nach dem Jüngsten bzw. unerfahrensten Mitglied der Gruppe richten. Wir haben in diesem Buch darauf geachtet, Radtouren zu wählen, die bereits mit den kleinsten Radlern gut machbar sind.

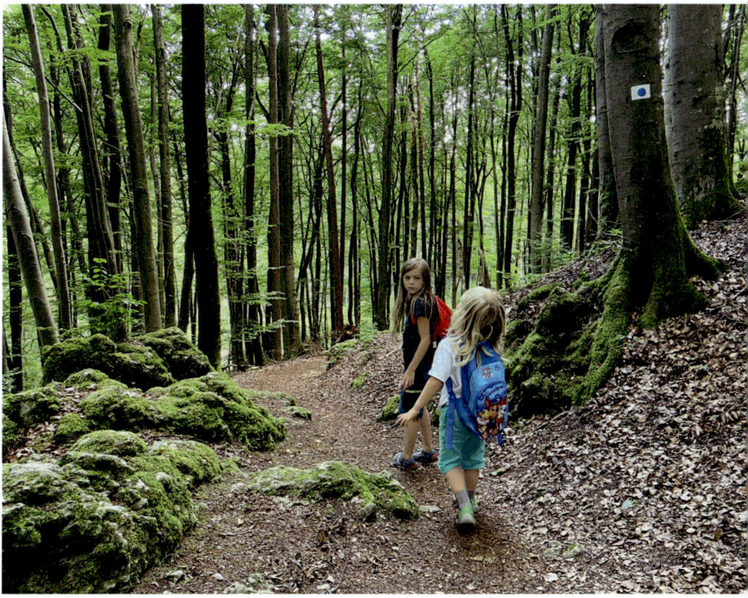

Die angegebenen Zeiten beziehen sich auch hier auf die reine Fahrzeit. Zeit für Pausen, Picknick oder Spielplatzbesuch muss extra eingeplant werden. In der Regel sind fünf bis acht Kilometer pro Stunde mit Kindern unter sechs Jahren realistisch und bis zu 15 Kilometer mit Kindern unter zehn Jahren.

Unsere Zeiten im Buch sind mit moderaten acht Kilometern in der Stunde kalkuliert, was mit Kindern ab sechs Jahren machbar sein dürfte. Die Kilometerangabe im Tourenkasten ist aber sicher die zuverlässigere Angabe, um die eigene Fahrzeit richtig einzuschätzen.

Orientierung

Wanderwege sind in Franken meist mit Farbpunkten oder Markierungen an Bäumen und Steinen oder mit Hinweisschildern am Wegesrand gekennzeichnet. Viele der Wanderungen in diesem Buch folgen nicht einer markierten Wanderrunde, sondern sind aus mehreren Wanderrouten zusammengestellt. Wanderzeichen am Weg sind in der Beschreibung meist erwähnt. Dazwischen wandern wir auch über Trampelpfade sowie unmarkierte Forst- und Wiesenwege. Diese sind aber immer gut zu erkennen und im Text genau beschrieben. In seltenen Fällen bedarf es etwas Orientierungsvermögen, um den Weg nicht zu verlieren.

In der Regel sollten die Beschreibung und die Karte im Buch zusammen mit der Markierung vor Ort ausreichen, um unsere Wanderungen sicher zu finden. Zusätzliche Karten sind nicht notwendig. Sehr hilfreich ist jedoch die Verwendung einer digitalen Karte in Verbin-

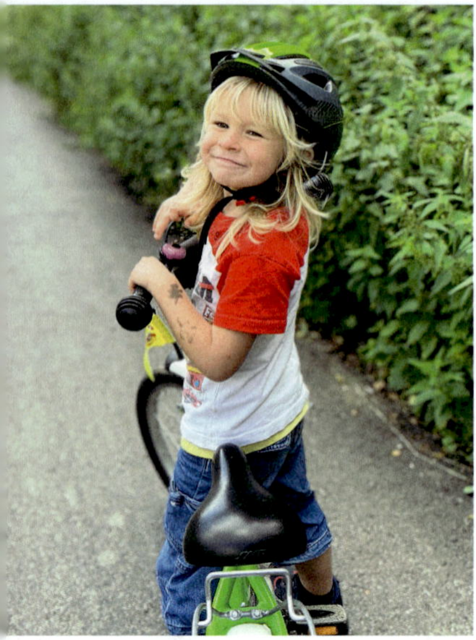

dung mit unseren GPS-Tracks. Vor allem bei den Fahrradtouren, deren Karten im Buch wegen der längeren Strecke nicht ganz so detailliert sein können, leistet die zoombare Handy-Karte gute Dienste.

GPS-Daten

Um die Parkplätze am Start der Wanderrouten eindeutig zu lokalisieren, nennen wir in der Anfahrtsbeschreibung auch GPS-Daten. Sie lassen sich einfach in ein normales Navigationsgerät im PKW oder in die Navigations-App auf dem Handy eingeben.

Außerdem stellen wir zu allen Touren unter **www.naturzeit-verlag.de** GPS-Tracks zur Verfügung, die kostenlos heruntergeladen werden können. Die Daten sind teilweise von der Autorin im Gelände und teilweise anhand einer digitalen Karte erfasst und unterstützen mit Hilfe von GPS-Gerät oder Handy-App die Orientierung unterwegs.

Achtung: Maßgeblich sind nie ausschließlich Handy und GPS-Daten, sondern immer auch die Wegbeschreibung im Buch. Grundsätzlich gilt: Augen offen halten und aufmerksam durchs Gelände gehen! Im Zweifelsfall sind die Gegebenheiten und Markierungen vor Ort immer die wichtigeren Hinweisgeber. Trotzdem können Wander-Apps und die Ortung per GPS sehr hilfreich sein, um den eigenen Standort zu überprüfen. Diese Technik unterstützt uns auch, wenn wir bewusst vom Weg abweichen möchten.

Um auch ohne Handynetz Zugriff auf die Karten zu haben, ist es sinnvoll, zu Hause Offlinekarten für die Region herunterzuladen. In engen Schluchten versagt außerdem oft der GPS-Empfang und eine korrekte Ortung auf der Karte ist nicht möglich.

Höhenprofile

Höhenprofile eignen sich ganz besonders gut, um sich einen schnellen Überblick über eine Tour zu verschaffen. Wenn die Kinder dann unterwegs genau wissen wollen, wie weit es noch ist, wo sie gerade sind und ob es noch lange bergauf geht, findet sich hier schnell die passende Auskunft. Auch kann man anhand des Höhenprofils gut abschätzen, wie anstrengend eine Tour ist.

Unterwegs in der Fränkischen Alb

48 Wander- und Entdeckertouren
für abenteuerlustige Familien

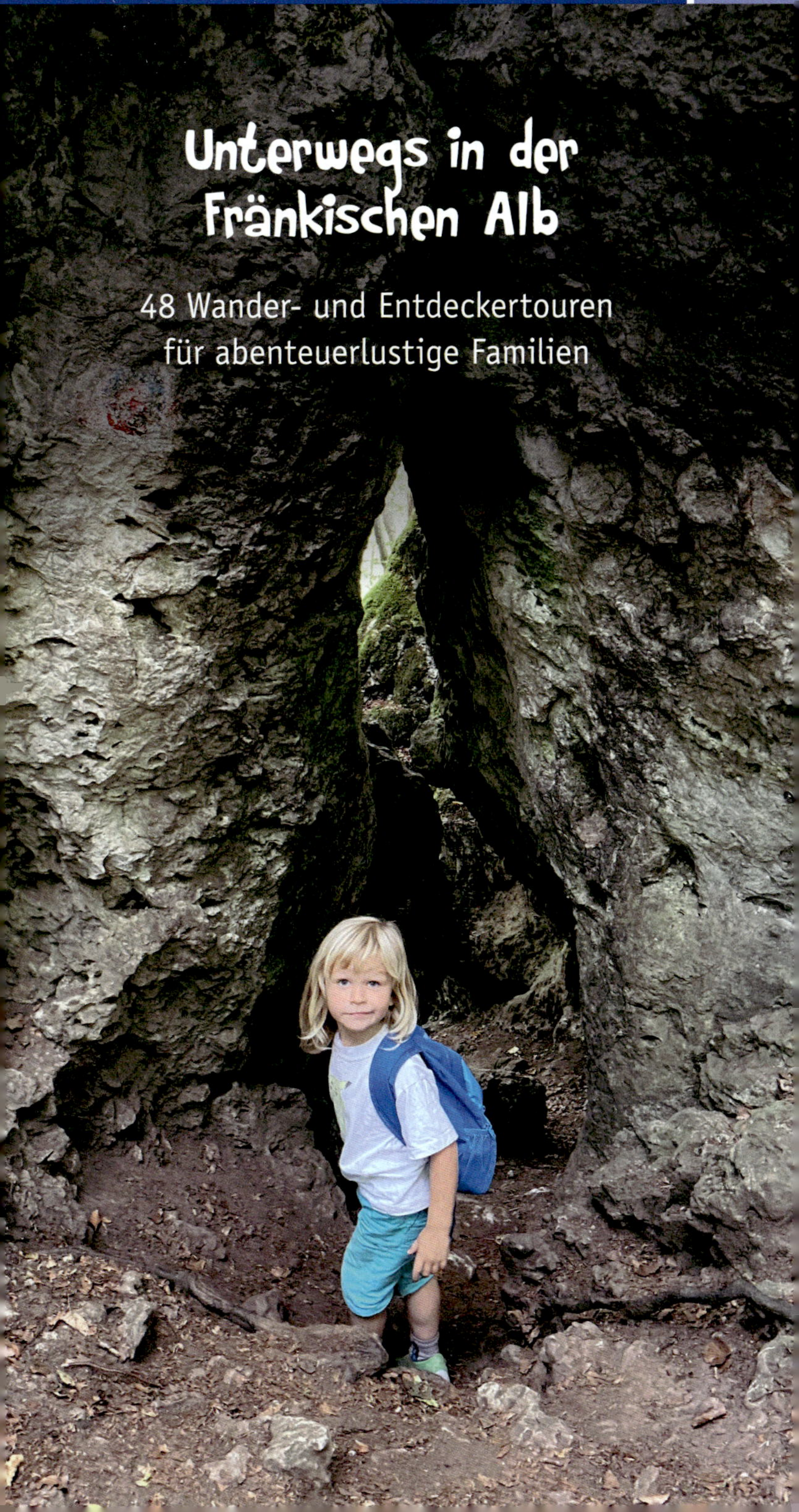

Spielplätze

Spielplätze sind ideale Picknick- und Pausenplätze und lassen sich oft mit einem Ausflug oder einer Wanderung davor oder danach verbinden.

1 Spielplatz Hollfeld

GPS N 49°55'59.6", E 11°17'50.3"
Weitläufiger Spielplatz in der Fliederstraße neben der Friedenskirche. Mit Hangrutsche, Seilbahn und Bolzplatz.

2 Abenteuerspielplatz Nankendorf

GPS N 49°51'55.1", E 11°20'06.7"
Der Abenteuerspielplatz einer Elterninitiative am Kirchberg lockt mit einer Menge Action auf kleinem Raum. Piratenboot und Kletterturm mit Röhrenrutsche und Seilbahn.

3 Sams-Spielplatz Bamberg

GPS N 49°54'13.0", E 10°52'16.9"
Der Sams-Spielplatz befindet sich auf der Erba-Insel (an der Spinnerei) auf dem ehemaligen Gelände der Landesgartenschau. Er ist ein Paradies für Wasserratten und Kletterkünstler. Das weitläufige Areal umfasst einen riesigen Wasserspielplatz direkt am Bachlauf sowie einen großen Kletterturm mit Parcours und natürlich: das Sams! Unbedingt Badekleidung einpacken! Im Café nebenan gibt es leckere vegane Törtchen und Kaffee.

4 Spielplatz Strullendorf

GPS N 49°51'13.2", E 10°58'21.5"
Großer Spielplatz in der Hauptsmoorstraße mit Baumhütte, Nestschaukel, Rutschen und vielem mehr. Direkt daneben befinden sich eine Minigolf-Anlage sowie ein Basektball- und Bolzplatz.

5 Spielplatz Niedermirsberg

GPS N 49°46'45.4", E 11°08'56.1"
Eingezäunter Spielplatz am Ortsrand in der Wiesengrundstraße mit großem Sandkasten, überdachtem Picknickplatz, Trampolin, Schaukel und Bolzplatz. Direkt daneben gibt es die Beerenbauern und die Alpakafarm.

6 Spielplätze Streitberg

GPS N 49°48'52.8", E 11°13'32.7"
Hier gibt es gleich zwei Spielplätze: Einen am Ortseingang mit Kletterturm, Schaukel und Tischtennisplatte und einen naturnahen Spielplatz im Muschelquellenweg.

7 Spielplatz Pretzfeld

GPS N 49°44'58.7", E 11°10'20.7"
Am Ortsausgang in der Altreuthstraße, etwas versteckt hinter einem Autohaus, unter vielen Apfelbäumen gelegen befindet sich der weitläufige Spielplatz mit Schaukeln, Rutschen, Tunnel und mehr.

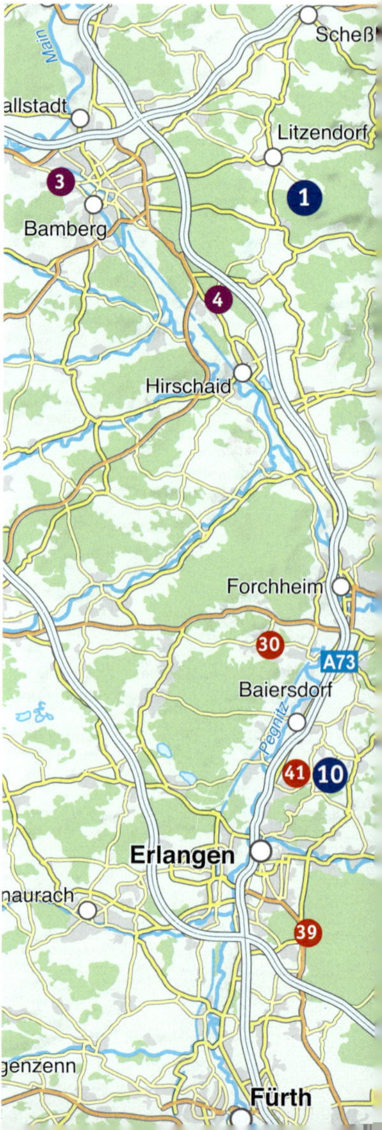

8 Spielplatz Gößweinstein
GPS N 49°46'17.4", E 11°20'28.9"
Mit Blick auf die Basilika und Ausblick ins Tal befindet sich der Spielplatz in malerischer Lage in der Balthasar-Neumann-Straße. Wippe, Schaukel, Picknickplatz, Klettergerüst und Spielhäuschen sind vorhanden.

9 Spielplatz Affaltertal
GPS N 49°42'37.7", E 11°16'32.0"
Unter dichten Bäumen liegt der neu angelegte Naturspielplatz in Affaltertal (gegenüber Haus Nr. 81) mit Nestschaukel, Rutsche, Balancierparcours und großem Sandkasten. Ein herrlich schattiges Plätzchen im Sommer.

Weitere Spielplätze sind in den Touren erwähnt. Einen ausführlicheren Überblick über die schönsten Spielplätze der Region gibt es unter familienzeit-entdecken.de/spielplaetze.

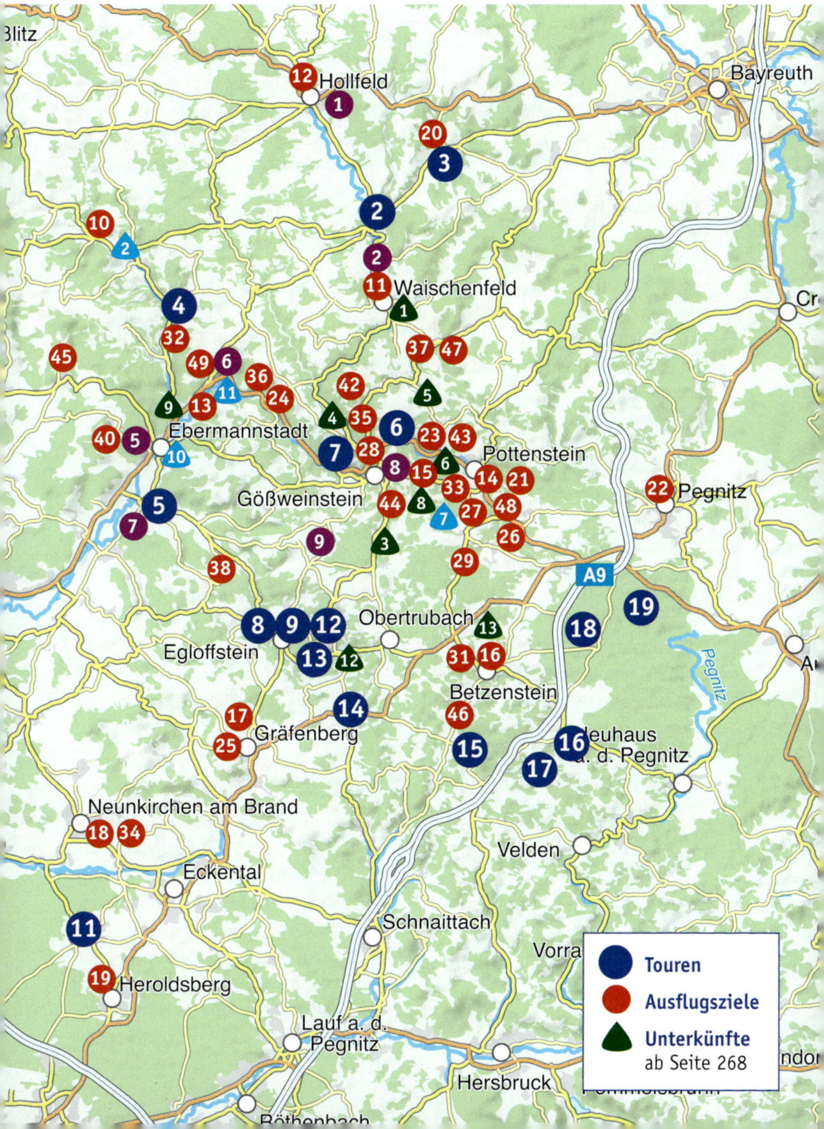

Baden im Freien

10 Naturbadesee Heiligenstadt

GPS N 49°52'01.9", E 11°09'59.4"
Der See liegt am Ortsrand von Heiligenstadt mit Blick auf das Schloss Greifenstein am Berg. Es gibt eine Schwimmplattform, eine Kneippanlage und einen kleinen Spielplatz. Parkplätze und Wohnmobilstellplätze sind vorhanden.

11 Freibad Waischenfeld

GPS N 49°51'08.9", E 11°20'33.5"
Das Bad liegt in der Fischergasse direkt neben dem Campingplatz in idyllischer Tallage. Mit Wellenrutsche, Sprungturm, Schwimmerbecken, Kinderbecken und Spielplatz.
Tageskarte €3,90, Kinder €2,50.
www.freibad-waischenfeld.de

12 Freibad Hollfeld

GPS N 49°56'30.0", E 11°17'43.0"
Beheiztes Familienfreibad in der Badstraße am Ortsrand von Hollfeld, direkt am Beginn des malerischen Kainachtales mit Kindererlebnisweg. Highlights für Familien sind vor allem die Hangrutsche sowie das Kinderbecken mit Kleinkinderrutsche und ein Beachvolleyballfeld.
Erwachsene €4, Kinder 4 bis 13 Jahre €2, Jugend bis 17 Jahre €2,50.
www.hollfeld.de

13 Freibad Ebsermare Ebermannstadt

GPS N 49°47'21.6", E 11°12'11.2"
Das beliebte und familienfreundliche Freibad liegt am Weichselgarten im Ortsteil Rothenbühl. Auf die kleinen Besucher warten ein Schiffchenkanal, Wasserspielplatz und Kinderbecken sowie ein Spielplatz und eine Kletterwand. Für größere Kinder sind vor allem die Röhrenrutsche und die breite Wellenrutsche sowie die Wasserkanonen und der Strömungskanal ein großer Spaß.
Geöffnet Mitte Mai bis Anfang September täglich von 9–20 Uhr, bei schlechtem Wetter von 9–10 Uhr und 17.30–19 Uhr. www.ebsermare.de

14 Felsenschwimmbad Pottenstein

GPS N 49°45'43.9", E 11°24'49.1"
Das Naturbad liegt in der Pegnitzer Straße am Fuße einer imposanten Felswand und ist eines der ältesten Freibäder Bayerns. Neben dem unbeheizten Badeteich gibt es einen schönen Biergarten und einen Spielbereich für Kleinkinder.
www.felsenbad.eu

15 Natur- und Höhenschwimmbad Gößweinstein

GPS N 49°46'27.2", E 11°20'34.1"
Auf einer Anhöhe über dem Ort (Schützenstraße) liegt eingebettet in die Natur und umgeben von bizarren Felsen das Höhenschwimmbad. Mit einer Beckentiefe von 1,35 Metern und einem separaten Kinderbecken ist es auch für kleine Besucher bestens geeignet. Kostenloser Eintritt.
www.ferienzentrum-goessweinstein.de

16 Freibad Betzenstein

GPS N 49°41'02.4", E 11°24'30.5"
Beheiztes Freibad in Frankens kleinster Stadt. Auf Besucher warten ein großes Schwimmerbecken, ein Erlebnisbecken mit Rutsche und ein Kinderbecken. Eine große Liegewiese unter den Bäumen lädt zum gemütlichen Verweilen ein.
Geöffnet im Sommer 10.30–19 Uhr, €4,50, Kinder €2,50.

17 Freibad Gräfenberg

GPS N 49°39'04.1",E 11°14'57.6"
Kleines Schwimmbad in der Egloffsteiner Straße mit großer Spiel- und Liegewiese zum Sonnenbaden und Spielen.
Im Sommer täglich bis 19 Uhr, Erwachsene €3,50, Kinder €2.

18 Freibad Neunkirchen am Brand

GPS N 49°36'51.2", E 11°07'48.6"
Das Freibad befindet sich am Hirtengraben am Ortsrand von Neunkirchen. Mit großem Schwimmerbecken und neu angelegtem Kinderbecken mit Rutsche. Ein kleiner Spielplatz sowie eine Liegewiese sind ebenfalls vorhanden.

19 Schlossbad Heroldsberg
GPS N 49°32'11.3", E 11°09'29.0"
Das moderne Bad bietet ein großes Schwimmerbecken mit Startblöcken, ein Erlebnisbecken mit Strömungskanal, Massagedüsen und Sprudelliegen sowie einen Kinderspielplatz. Die 27 Meter lange Rutsche ist das Highlight für die Kinder.
www.heroldsberg.de

Badespaß drinnen

20 Therme Obernsees
GPS N 49°54'49.2", E 11°22'41.6"
Große Familientherme mit Erlebnisbecken mit Strömungskanal, Wasserfall, 90-Meter-Reifenrutsche, Kleinkindbecken mit Rutsche und einem großem Außenbecken. Entspannung finden Eltern im Meditationsbecken, in der Dampfgrotte und im großen Saunabereich.
Geöffnet täglich 9–22 Uhr.
Tageskarte €17,50, Kinder €13,50.
Günstige Angebote am Abend.
An der Therme 1, 95490 Mistelgau.
www.therme-obernsees.de

21 Juramar Pottenstein
GPS N 49°46'17.4", E 11°24'20.7"
Die Becken des kleinen Bads sind mit Natursole gefüllt. Innen gibt es ein Schwimmer- und ein Nichtschwimmerbecken mit Kleinkindbereich, im Außenbecken kann man mit herrlichem Blick auf die Burg Pottenstein die Wärme des Wassers genießen. Für Spaß sorgt auch die 53 Meter lange Röhrenrutsche. Eine große Saunalandschaft rundet das Angebot ab.
Nicht täglich geöffnet. Aktuelle Öffnungszeiten auf der Website.
Tageskarte €4,50, Kinder 6 bis 16 Jahre €3,50, Sauna ab €14.
Am Kurzentrum 4, 91278 Pottenstein.
www.pottenstein.de

22 Cabriosol Pegnitz
GPS N 49°45'33.9", E 11°32'45.1"
Über dem großen Schwimmerbecken kann bei gutem Wetter das Dach geöffnet werden. Ein umfangreicher Kinderbereich mit Spielbrunnen, Grotte und Rutsche macht kleine Wasserratten glücklich. Für die Eltern gibt es ein Solebecken und ein Außenbecken. Im Sommer ist für Spaß im großen Freizeitbereich gesorgt. Dazu gehören ein Wellenbecken, Strömungskanal, Sprungturm und eine große Liegewiese mit Kletterpyramide und Piratenboot. Seperate Saunaanlage mit Innen- und Außensauna.
Geöffnet Mo bis Fr 13–21 Uhr, am Wochenende ab 10 Uhr.
3 Stunden Badezeit €5,50, Kinder 6 bis 16 Jahre €3,50, Sauna ab €15,50.
Badstraße 4, 91257 Pegnitz.
www.cabriosol-pegnitz.de

Kultur und Museen

Bamberg – das Venedig Bayerns
Viele barocke Gebäude, steinerne Brücken über den Main und der mit-

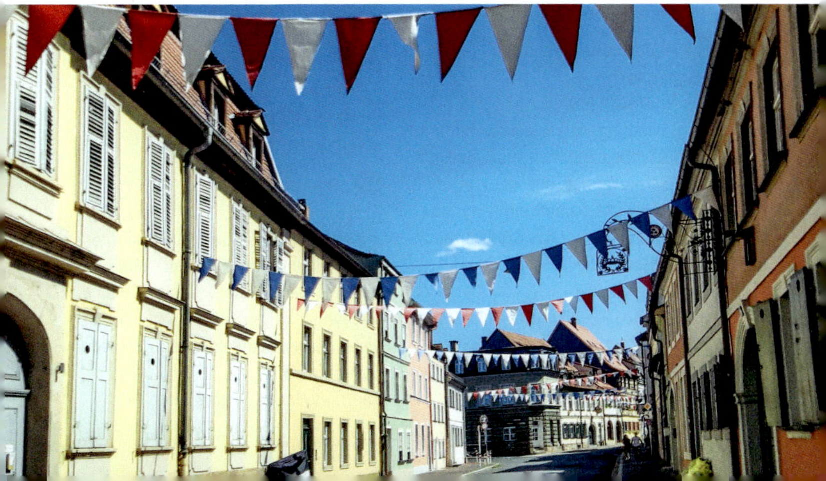

telalterliche Charme der Weltkulturerbestadt bezaubern die Besucher. Besonders sehenswert sind unter anderem der Dom, das alte Rathaus, das direkt über den Main gebaut ist und an die Häuser Venedigs in Kombination mit fränkischer Baukunst erinnert, die Altenburg und vieles mehr. Ein tolles Erlebnis ist eine Schifffahrt auf dem Main. Für kleine Besucher ist außerdem das ehemalige Gelände der Landesgartenschau mit dem riesigen Sams-Spielplatz empfehlenswert. Im Sommer sollte unbedingt die Badetasche dabei sein, um den großen Wasserspielplatz ausgiebig zu erkunden. Außerdem besticht Bamberg mit seiner vielseitigen Gastronomie und den kulturellen Angeboten für die ganze Familie.

23 Fränkische-Schweiz-Museum

GPS N 49°47'08.1", E 11°21'38.5"
Das Museum liegt auf einem imposanten Felsblock und ragt über den kleinen Ort hinaus. Bevor die Wohnanlage zum Museum wurde, bezeichnete man die Gebäude als Judenhof. Seit 1985 wird hier eine stetig wachsende Sammlung von Ausstellungsstücken gezeigt. Zu sehen sind Fundstücke aus der Stein- und Bronzezeit, Fossilien sowie Gegenstände rund um das Leben und Arbeiten in der Fränkischen Schweiz von anno dazumal.
Geöffnet April bis Oktober täglich 10–17 Uhr. €4, Kinder bis 18 Jahre Eintritt frei. Am Museum 5, 91278 Pottenstein. www.fsmt.de

24 Modellbahnmuseum Muggendorf

GPS N 49°48'00.4", E 11°15'58.2"
Die Sammlung des Museums umfasst hauptsächlich Blecheisenbahnen mit dem Schwerpunkt auf der seltenen Spur »S«. Die Sammlung von Spur-»S«-Fahrzeugen ist die Größte, die in Deutschland der Öffentlichkeit zugänglich ist.
Geöffnet So 10–12 und 14–17 Uhr. €3, Kinder ab 6 Jahre €1,50. Bayreuther Str. 23, 91346 Wiesenttal. www.modellbahnmuseum.de

25 Turmuhrenmuseum Gräfenberg

GPS N 49°38'48.5", E 11°14'54.7"
In diesem beliebten Museum kann man spannende Geschichten über Turmuhren hören. Viele funktionsfähige und aufwendig restaurierte mechanische Turmuhren aus fünf Jahrhunderten sind im Gerber's Stodl ausgestellt.
Geöffnet ab Mai Sa 14–18 Uhr. Besichtigung nur nach Buchung bei Georg Rammensee unter Tel. (09192) 8266, Kasberger Str. 18, 91322 Gräfenberg. www.turmuhren-graefenberg.de

Freizeitspaß

Erlebniswelt Pottenstein

In und um das Felsendorf Pottenstein sind unzählige Aktivitäten für die ganze Familie geboten. Ob mit dem Bob in Turbogeschwindigkeit den Berg hinabsausen, gemütlich über den Skywalk spazieren oder in die Tiefen der Tropfsteinhöhle eintauchen – hier ist für jeden Geschmack etwas dabei. In unmittelbarer Nähe um den Ort finden wir: Sommerrodelbahn, Skywalk, E-Fun-Park, Teufelshöhle, Felsenbad, Museum, Golfplatz und Kletterwald. Eine Übersicht über alle 22 Aktivitäten gibt es bei www.pottenstein.de.

26 Tret- und Ruderboot fahren

GPS N 49°45'39.9", E 11°24'53.2"
Am Schöngrundsee Pottenstein kann man Tret- und Ruderboote leihen und über den See in der Talsenke zwischen Teufelshöhle und Sommerrodelbahn fahren. Herrlich entspannend für die ganze Familie.
An der B470 bei Pottenstein, www.pottenstein.de

27 Sägergolf

GPS N 49°44'57.2", E 11°24'15.7"
Auf der Abenteuergolfanlage können Besucher im alten Sägewerk Minigolf spielen. Das gesamte Gelände wurde liebevoll hergerichtet und bietet viele abwechslungsreiche Stationen zum Spielen.
Geöffnet Mo bis Fr ab 13 Uhr, Sa, So

und in den Ferien ab 10 Uhr. €7,50, Kinder 5 bis 16 Jahre €5,50, Familie €17. Weidenloh 35, 91278 Pottenstein. www.saeger-golf.de

28 Minigolf und PitPat

GPS N 49°46‘27.7“, E 11°20‘30.1“
Liebevoll angelegte, gepflegte Minigolfanlage mit vielen abwechslungsreichen Stationen in einem parkähnlichen Gelände.
Erwachsene €5,20, Kinder 6–18 Jahre €4,50, Behringersmühler Str. 3, 91327 Gößweinstein. www.minigolf-goessweinstein.de

29 Fußballgolf und Indoor-Kletterhalle

GPS N 49°44‘03.0“, E 11°23‘57.0“
In Regental gibt es Aktivitäten sowohl für Regen- als auch Sonnentage. Beim Fußballgolf wird der Ball mit dem Fuß gespielt und wie beim Golf oder Minigolf muss am Ende ein Loch getroffen werden. Es warten 18 spannende Bahnen auf einer Fläche von 27.000 Quadratmetern auf die Besucher. Bei schlechtem Wetter kann man in der Halle im 300 Quadratmeter großen Kletterwald, in einer Höhe von bis zu zehn Metern klettern. Bereits Kinder ab vier Jahren können sich hier ausprobieren und erste Erfahrungen in luftiger Höhe sammeln.
Am Soccerpark 1, 91278 Pottenstein, www.soccerpark-pottenstein.de

30 Erlebnispark Schloss Thurn

GPS N 49°41‘19.0“, E 11°00‘07.5“
Etwas außerhalb der Fränkischen Alb, aber inmitten der Fränkischen Schweiz liegt der große Freizeitpark Schloss Thurn. Neben dem historischen Schloss mit seiner weitläufigen See- und Gartenlandschaft gibt es hier auch Westernshows, Achterbahn, Wildwasserfahrten und vieles mehr, was Adrenalinjunkies Freude bereitet. Lustige Wasserkarusells, Tiere, Spielplätze und ein Märchenpark lassen die Herzen der kleinsten Besucher höher schlagen.
Geöffnet Ende Juni bis Mitte September täglich von 10–17 Uhr, anschließend bis Ende Oktober noch an den Wochenenden.
Eintritt €29,90, Kinder 3–11 Jahre €27,90, Familienticket €99,90. www.schloss-thurn.de

Klettern

31 Abenteuerpark Betzenstein

GPS N 49°40‘58.0“, E 11°24‘34.1“
Direkt im Wald und hinter den Felsen, oberhalb des Freibades in Betzenstein befindet sich der Abenteuerpark. Hier gibt es die unterschiedlichsten Aktivitäten in der Natur. Von Axtwerfen über Bogenschießen bis hin zum Klettern in luftiger Höhe ist hier für jeden was dabei. Der Kletterpark besteht aus über 100 Seilbrücken in

Im Abenteuerpark Betzenstein klettern auch schon die Kleinsten

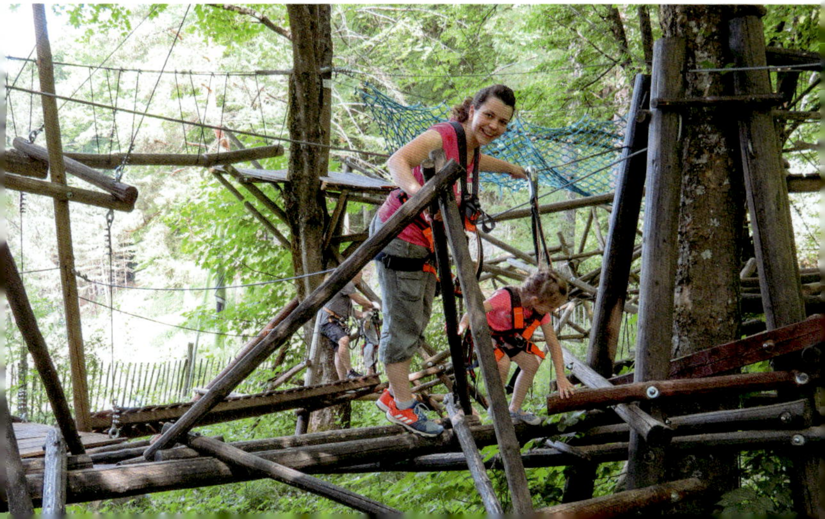

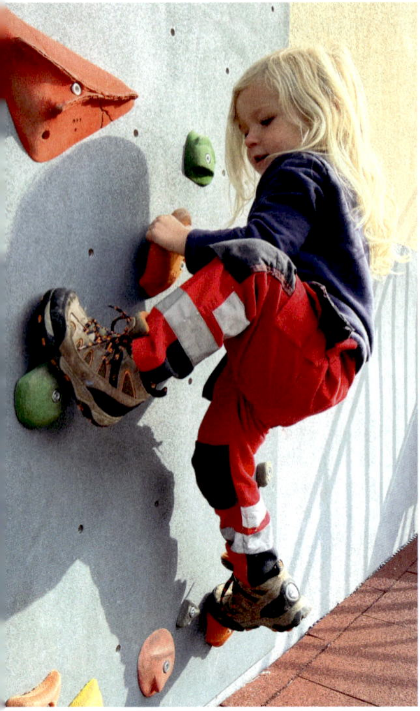

acht verschiedenen Parcours. Ab fünf Jahren können Felsenpfad und Mikado geklettert werden, ab acht Jahren zusätzlich der Einsteiger-, Schlitten- und Abenteuerparcours.
Jugendliche dürfen ab zwölf den Seilbahn- und Tarzanparcours, ab 14 Jahren den Risikoparcours meistern. Besonderes Highlight ist die Zipline über das Freibad hinweg.
www.freizeitpark-betzenstein.de, Freizeitpark Hauptstraße 68 am Freibad, 91282 Betzenstein.

32 Kletterwald Veilbronn

GPS N 49°50'38.6", E 11°12'07.9"
Auf insgesamt zehn Parcours können Kletterer zwischen Bäumen klettern. Der Wichtelweg, der sich auf einer Höhe von etwa 1,5 Metern befindet, ist bereits für Kinder ab fünf Jahren geeignet. Eine Route beinhaltet einen freien Fall, den sogenannten Rittersprung, der optional dazugebucht werden kann.
Geöffnet März bis November, in den bayerischen Ferien täglich 9.30–19 Uhr, sonst nur am Wochenende. €20, Kinder 5 bis 11 Jahre €15. Veilbronn 17, 91332 Heiligenstadt. kletterwald-veilbronn.de

33 Kletterwald Pottenstein

GPS N 49°45'20.2", E 11°24'11.1"
14 Parcours in ganz unterschiedlichen Schwierigkeitgraden schwanken hier zwischen den Bäumen, was den Park zu einer besonders guten Wahl für Einsteiger macht. Selbst die kleinsten Kletterer haben hier mehrere Routen zu Auswahl. Vier sind bereits für Kinder ab vier Jahren in Begleitung eines Erwachsenen geeignet. Die Parcours Maki, Faultier und Lemur locken Kids ab sechs Jahren in die Bäume. Die Parcours für die kleinen Kletterer schweben dabei maximal fünf Meter über dem Boden. Erst dann geht es höher hinauf in die Bäume: Gibbon, Pavian, Schimpanse, Orang Utan, Brüllaffe und Flying Fox heißen die Routen, die die richtigen Herausforderungen für Kids ab acht oder neun Jahren bieten.
Geöffnet April bis Oktober, in den Ferien täglich, ansonsten von Freitag bis Sonntag. Zwei Stunden Kletterzeit €20, Kinder 4 bis 8 Jahre €14 für 2,5 Stunden Klettern inklusive Ausrüstung und Einweisung. Weidenloh 100, 91278 Pottenstein. kletterwald-pottenstein.de.

34 Boulderia Neunkirchen

GPS N 49°36'30.8", E 11°08'03.4"
Neben regelmäßigen Kursen für Kinder ab drei Jahren gibt in der Kletterhalle auch Schnupperkurse, bei denen Kids testen können, ob sie Spaß am Bouldern haben.
Schnupperkurs €25, Kletterkurs mit sechs Terminen €60. www.boulderia.de

Outdoorabenteuer

35 Leinen los

GPS N 49°46'39.1", E 11°20'11.6"
Wie haben die Höhlenmenschen gelebt? Und woher kommen eigentlich die Felsen samt Höhlen hier bei uns? Mit diesen Fragen beschäftigt sich die Höhlenführung für Kids im »Mug-

gendorfer Gebürg«. Sie führt durch mehrere wilde, also unerschlossene Höhlen. Diese Touren sind für Kinder ab sechs Jahren geeignet und bedürfen einer vorherigen Anmeldung. Die Eventagentur bietet außerdem Leihboote für Fahrten auf der Wiesent **[› Tour 7]**. *leinen-los.de*

36 Aktiv Reisen

GPS N 49°48'19.4", E 11°15'27.3"
Im Programm von Aktiv Reisen sind viele Outdoorerlebnisse zu finden: Kanu- und Fahrradverleih, geführte Höhlenbegehung, Klettertouren und Bogenschießen.
Forchheimer Str. 14, 91346 Wiesenttal. www.aktiv-reisen.com

Tiere und Natur

37 Falknerei Burg Rabenstein

GPS N 49°49'24.5", E 11°22'10.7"
Rund um Burg Rabenstein ist einiges geboten: In der Burg selbst gibt es ein Gasthaus und einen Biergarten unter alten Bäumen. Unweit entfernt liegt die burgeigene Falknerei, in der auch Greifvogelshows besucht werden können. In den Ferien gibt es ein spezielles Kinderprogramm für Kinder zwischen sechs und elf Jahren. In der Anlage können außerdem über 70 Greifvögel und Eulen besucht werden, die in großen und kleinen Volieren leben.
Geöffnet Di bis Fr 14–17 Uhr, am Wochenende ab 13 Uhr.
Vogelpark €4, Kinder 6 bis 14 Jahre €2. Inklusive Flugshow €9 bzw. €5.
Rabenstein 33, 95491 Ahorntal.
www.falknerei-rabenstein.de

38 Wildpark Hundshaupten

GPS N 49°43'17.5", E 11°13'43.5"
Knapp 40 heimische und seltene Tierarten wie Elch, Steinbock und Wolf leben in der abwechslungsreichen, weitläufigen Parklandschaft im Wildpark Hundshaupten. Auf mehreren Wegen, die alle asphaltiert, aber teilweise sehr steil sind, geht es durch den Park. Im Eingangsbereich gibt es ein nettes Café und Bistro mit Terrasse und einen neuen Mehrgenerationen-Spielplatz.
Geöffnet März bis Oktober täglich 9–18 Uhr, im Winter 10–17 Uhr.
€5, Kinder 4 bis 14 Jahre €2,50, Familie €12,50, Wildfutter €2,50.
Hundshaupten 62, 91349 Egloffstein.
www.wildpark-hundshaupten.de

39 Wildpferde im Tennenloher Forst

GPS N 49°33'32.0", E 11°02'04.9"
Zwischen Erlangen und Kalchreuth hat man auf einem ehemaligen Truppenübungsplatz eine Gruppe Przewalski-Pferde ausgewildert. Diese in der freien Wildbahn ausgestorbene Pferderasse gilt als die dem Urwildpferd ähnlichste noch existierende

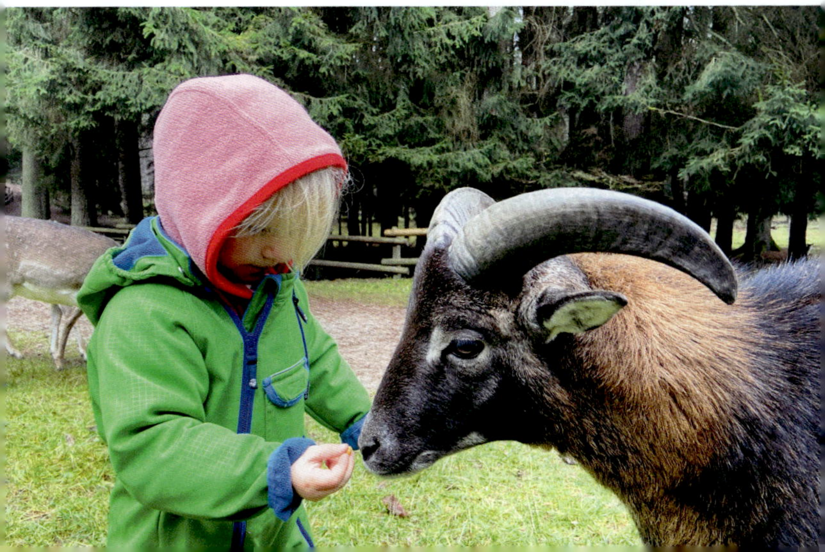

Pferderasse. Die Tiere werden in dem empfindlichen Heidegebiet des Tennenloher Forstes zur Landschaftspflege eingesetzt, um auf schonende Weise die Wiesen vor dem Zuwuchern zu bewahren. Man erreicht das Gelände am besten zu Fuß. Etwa zwei Kilometer sind es vom Parkplatz Turmberg in Erlangen.
Bitte unbedingt beachten: Es ist streng verboten, die Wildpferde zu füttern, da dies zu schweren Erkrankungen und Todesfällen führen kann!
Parkplatz Turmberg, Kurt-Schuhmacher Straße, 90562 Erlangen-Höchstadt. www.wildpferde-tennenlohe.de

40 Sun Alpacas

GPS N 49°46'49.9", E 11°09'00.8"
Auf dem Erlebnisbauernhof können mit vorheriger Anmeldung Hofführungen zu den Alpakas, aber auch ein- bis zweistündige Spaziergänge mit den Tieren gebucht werden. Der Hofladen ist von Montag bis Samstag an den Nachmittagen geöffnet und bietet selbst hergestellte Produkte aus Alpakawolle an.
Wiesengrundstraße 2, 91320 Ebermannstadt. sun-alpacas.de

41 Erlebnisbauernhof Scheferhof

GPS N 49°37'50.5", E 11°02'13.3"
Auf dem Erlebnisbauernhof der Familie Schmitt in Bräuningshof können Kinder und Erwachsene Bauernhofleben hautnah erfahren. Hier darf man in den Kuhstall, beim Füttern helfen oder mit einem der vielen Tretfahrzeuge über den Hof sausen. Im Hofladen bekommen Eltern eine Tasse Kaffee und kalte Getränke sowie eine große Auswahl an Produkten der Minderleinsmühle. Der Besuch des Hofes ist ganzjährig kostenfrei möglich, es wird um Spenden gebeten.
Bubenreuther Str. 8, 91094 Langensendelbach. www.scheferhof.de

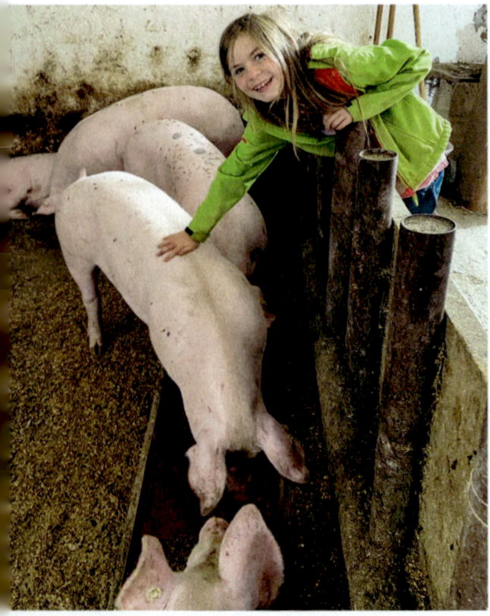

Reiten

42 Pferdehof Gilligbauernhof

GPS N 49°47'53.7", E 11°19'27.0"
Hier können bereits die Kleinsten ab zwei Jahren mit den sanftmütigen Vierbeinern in Kontakt treten. Ponyführen für Kleinkinder ist immer freitags ab 17 Uhr möglich (vorher anrufen, ob es stattfindet). Außerdem wird für Kinder von vier bis sieben Jahren donnerstags eine Kinderspielstunde angeboten. Einzelreitstunden sind für Fortgeschrittene nach Absprache möglich.
Moschendorf 11, 91327 Gößweinstein. www.gilligbauer.de

43 Ponywanderung für Familien

GPS N 49°47'00.1", E 11°22'34.3"
In der Lebensgemeinschaft Arnleithen leben fünf Menschen und sechs Islandpferde gemeinsam auf dem Hof. Besucher können hier Ponys führen oder auch mit dem Packpferd eine Familienwanderung durch die Region unternehmen. Bei dieser Wanderung wird das Picknick vom Pferd getragen und gemeinsam geht es etwa drei Stunden durchs Gelände.
Wer etwas Reiterfahrung mitbringt, kann auch einen Tagesritt zur Burg Rabenstein buchen.
Ponyführen 30 Minuten €15, Stunde €30. Familienwanderung €85 mit maximal drei Kindern. www.lebensgemeinschaft-arnleithen.de.

44 Lamas und Pferde

GPS N 49°46'03.4", E 11°20'16.2"
Der Sternenhof in Gößweinstein ist ein Reiterhof. Es werden hier in der

»Arche« aber auch Tiere aufgenommen, die ein Zuhause brauchen – manche bleiben nur kurzzeitig, andere für immer. Fast 30 unterschiedliche Arten leben zur Zeit auf dem Hof. Besucher können hier eine zweistündige Lamawanderung oder einen Erlebnistag mit den Tieren der Arche buchen. Außerdem wird Reitunterricht für Anfänger und Fortgeschrittene angeboten. Auch tierische Geburtstage können auf dem Erlebnishof organisiert werden.
Lamawanderung €29, Kinder 5–10 Jahre €17. Erlebnistag 3 Stunden mit Pferdepfelge und Reiten €45, Kinder 5–10 Jahre €38. Anmeldung erforderlich. pferdehof-goessweinstein.de.tl

45 Kinderreitschule Fränkische Schweiz
GPS N 49°49'08.2", E 11°06'58.3"
Vom Shetti bis zum Dressurpferd ist auf dem Hof alles vorhanden. In den Ferien finden Pony-Camps mit einem bunten Programm zwischen Stallübernachtung, Lagerfeuer, Nachtwanderung, Orientierungsritt und Schatzsuche statt. Für die kleinsten Pferdefans gibt es am Samstagvormittag eine Ponyfreizeit.
Schnupperstunde €25, Götzendorf 22, 91330 Eggolsheim. kinderreitschule-eggolsheim.de

46 Easthawk Ranch
GPS N 49°40'04.4", E 11°24'19.9"
Auf dem Reiterhof in der Nähe von Betzenstein können Kinder auf dem geführten Pony reiten oder an Reitstunden teilnehmen. Auch Kindergeburtstage werden auf dem Hof organisiert. Für erfahrene Reiter gibt es die Möglichkeit, an mehrtägigen Wanderritten teilzunehmen.
Reitstunde für Kinder €40, Ponyreiten ab €15. Hetzendorf 2, Betzenstein. www.easthawk-ranch.de

Tropfsteinhöhlen

47 Sophienhöhle
GPS N 49°49'27.7", E 11°22'08.9"
Die Sophienhöhle gilt als eine der schönsten Tropfsteinhöhlen Deutschlands. Sie ist ein unterirdischer Palast mit einmaligen Gebilden wie dem riesigen »Millionär« oder bis zu fünf Meter langen Sinterfahnen. Ein besonderes Erlebnis ist der Besuch in den Abendstunden. Bei »Sophie at night« können Besucher zu Musik- und Lichtinszenierungen im eigenen Tempo durch die Höhle wandern und anschließend am Lagerfeuer den Abend ausklingen lassen.
Höhlenführungen sind von März bis November möglich. Erwachsene €7, Kinder 4 bis 14 Jahre €4.
»Sophie at Night« wird von Mai bis September angeboten und kostet €9, Kinder €5.
www.burg-rabenstein.de

48 Teufelshöhle
GPS N 49°45'16.7", E 11°25'14.7"
Tropfsteingebilde, majestätisch groß oder zart und feingliedrig, und ein komplettes Höhlenbärskelett erwarten Besucher in der Teufelshöhle in Pottenstein. Eine Führung unter Tage dauert etwa 45 Minuten.
Führung €7, Kinder 4–15 Jahre €4, Familienkarte €20.
pottenstein.de

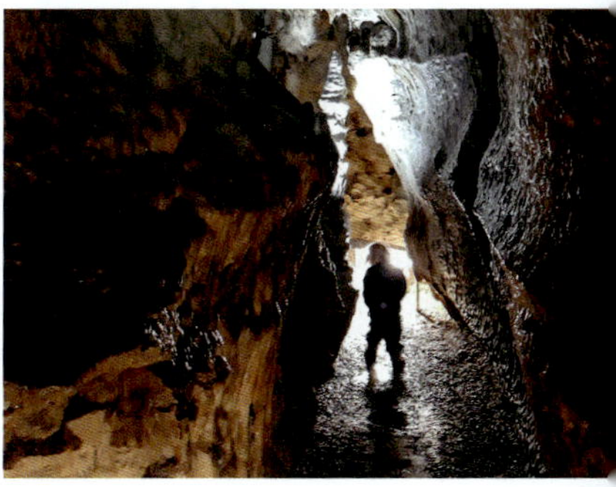

49 Binghöhle
GPS N 49°48'51.1", E 11°12'59.1"
Die Führung durch die große Schauhöhle mit ihren vielen Tropfsteinen dauert etwa 30 Minuten. In den bayrischen Ferien werden Führungen für Kinder wie zum Beispiel eine Fledermausführung oder eine Märchenwanderung angeboten.
Geöffnet März bis November, Führung €6, Kinder 4–14 Jahre €4,50. www.binghoehle.de

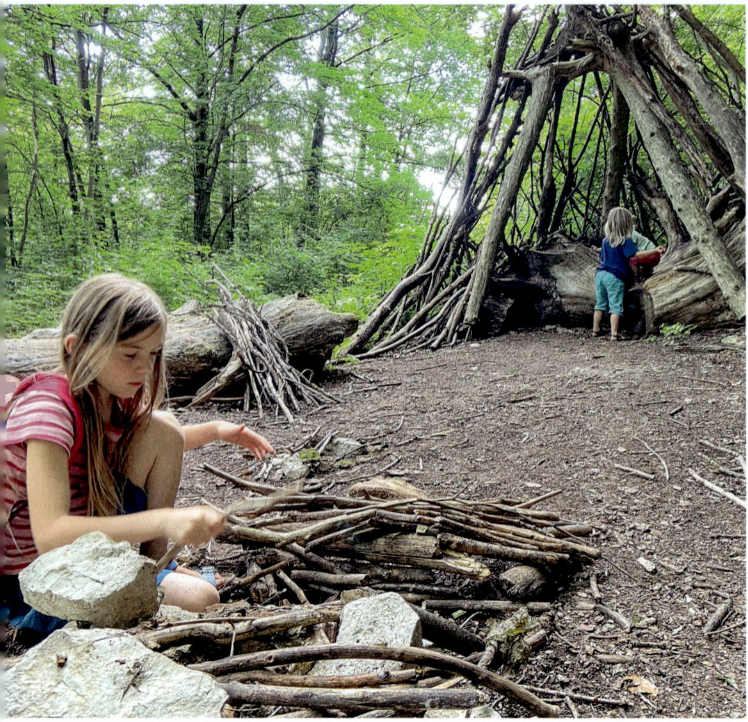

155 m

STRECKE 5,2 km

2 h 15

ab 6

Tour 1: Naturerlebnispfad Melkendorf

Wandern und Spielen mit Wildkatze Waldemar

Auf dem Naturerlebnisweg ist Wasser das zentrale Thema. 16 ganz unterschiedliche Stationen laden zum Spielen, Erkunden, Planschen und Picknicken ein. Ein sympathischer Wanderfreund auf dem Erlebnispfad ist die Wildkatze Waldemar, die uns von Station zu Station begleitet – und durch einen erlebnisreichen Tag im oberfränkischen Wald.

TOUREN-STECKBRIEF

Anfahrt: Von der A 73, Ausfahrt Bamberg Ost, geht es nach Litzendorf. Dort der abknickenden Vorfahrtstraße folgen und am Ortsende nach links Richtung Melkendorf abbiegen. In der Franz-Seuling-Straße hinter der Kirche gibt es ein paar kostenfreie Parkplätze bei **GPS N 49°54'04.8", E 11°01'53.5"**. Weitere Parkmöglichkeiten gibt es außerhalb des Ortes auf dem Wanderparkplatz.

Anspruch und Charakter: Ausgedehnte Wanderung durch Wald und Felder, kurzfristig steiler Anstieg. Vollständig barrierefrei mit 16 Stationen.

Highlights: Quellen, Brunnen und Bachlauf, Spiel- und Infostationen.

Einkehr: Landgasthof Brauerei Winkler.

In der Nähe: Bamberg mit Sams-Spielplatz.

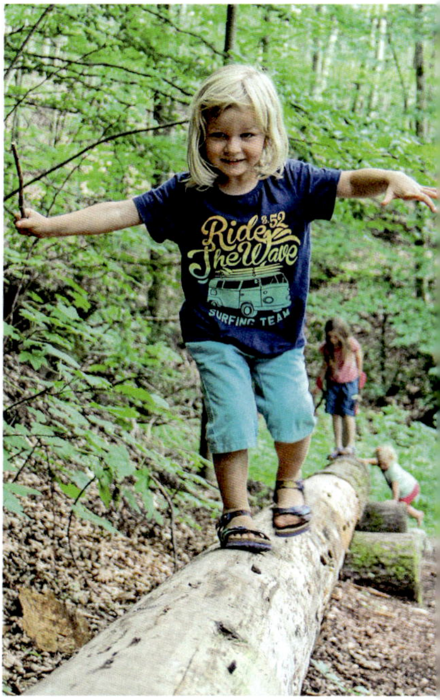

Wanderung: Wir starten unsere Wanderung im Ortskern von Melkendorf an der **alten Schule**, direkt gegenüber von der Kirche. Dort befindet sich die Übersichtskarte mit dem Streckenverlauf und den 16 Stationen. Die Wildkatze Waldemar, die als Maskottchen den gesamten Weg begleitet, begrüßt hier die Besucher.

Neben der Tafel geht es einige Stufen hinab zur Hauptstraße, wo wir auf die zweite **Station »Wasserleitungen«** treffen. Ein Brunnen, der sich direkt an der Melkendorfer Hauptstraße befindet, lädt uns zu einer kurzen Abkühlung ein, bevor wir dem Straßenverlauf weiter folgen.

Die grünen Schilder mit der Wildkatze zeigen uns den Weg. Wir überqueren die **Kreuzung** ① und gehen geradeaus weiter in die Lindacher Straße Richtung Ortsausgang. Hier steht auf der linken Seite der **Holler Brunnen**. Kurz darauf biegen wir nach links ab zur Station drei: »**Naturnahe Quellfassung**«. An der **Quelle** ② gibt es erneut eine Erfrischung, anschließend kehren wir zurück auf die Lindacher Straße.

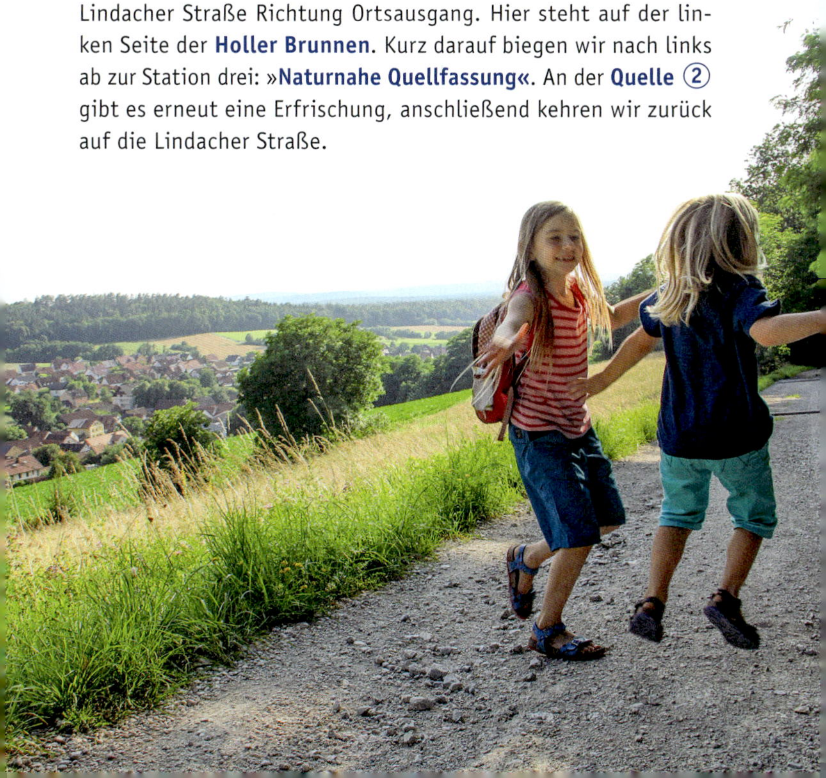

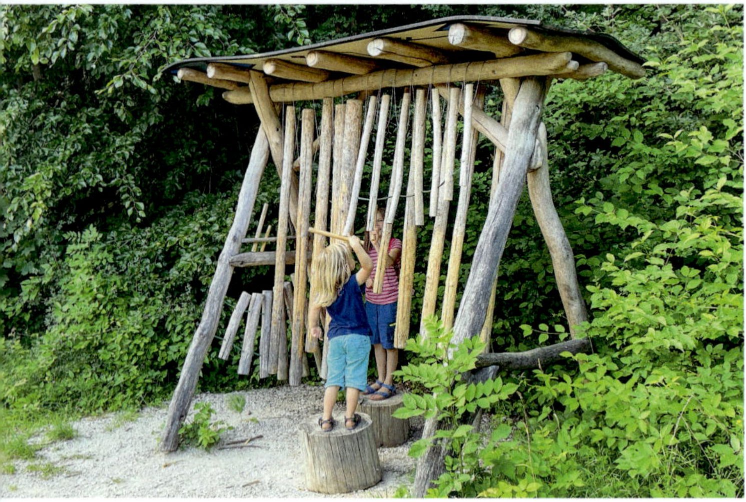

Am Ortsausgang begleitet uns ein Bächlein zu unserer Linken auf dem Weg zum **Pumpwerk**, der vierten Station. Auf dem sonnigen **Picknickplatz** ③ können wir eine erste Rast einlegen.

Anschließend geht es mit zunehmender Steigung auf der geteerten Straße weiter. **Station fünf** erklärt den Lebensraum der Tiere in einer wilden Hecke und wir genießen das Summen und Brummen der Insekten. Dann mündet die Straße in einen Schotterweg und führt steil aufwärts in den Wald. **Station sechs** erklärt den Aufbau und Lebensraum des Kalktuffbachs, den wir gegenüber in der Natur betrachten können. Bitte nicht betreten!

Nach dem steilen Anstieg erreichen wir eine große **Waldkreuzung** ④ und damit auch **Station sieben**, die uns zum ausgelassenen Spiel einlädt. Eine willkommene Abwechslung! Von hier aus können wir den Weg abkürzen, indem wir gleich links abbiegen und damit Station acht und neun auslassen. **Station acht** erklärt Wissenswertes über die Wildkatze Waldemar, **Station neun** am Endpunkt des Stichweges ist die **Ottobrunnen-Quelle** ⑤, die mit frischem Quellwasser und großen Picknicktischen und -bänken zu einer ausgiebigen Pause einlädt.

Nach einer Stärkung laufen wir den Weg zur Kreuzung zurück und überqueren diese geradeaus. **Station zehn**, eine bizarre Felsformation, wartet auf der rechten Seite auf uns, bevor wir **Station elf** erreichen: die Baumwippe. Besonders spannend ist die **zwölfte Station**, bei der sich alles um Feen und magische Waldbewohner dreht. Hier bauen wir aus den Ästen ein Zuhause für die Zauberwesen und verstecken uns selbst in einem Tipi. Außerdem befinden wir uns hier an einer **Weggabelung** ⑥, an der uns die Wildkatze Waldemar den Weg nach links zeigt.

Von hier aus geht es nunmehr bergab und wir erreichen einen **Ruheplatz mit Holzbank** ⑦. Schon bald verlassen wir den dichten Wald und kommen zum Klangspiel an **Station 14**. Von hier aus bietet sich uns ein herrlicher Ausblick über Melkendorf und die umliegenden Felder.

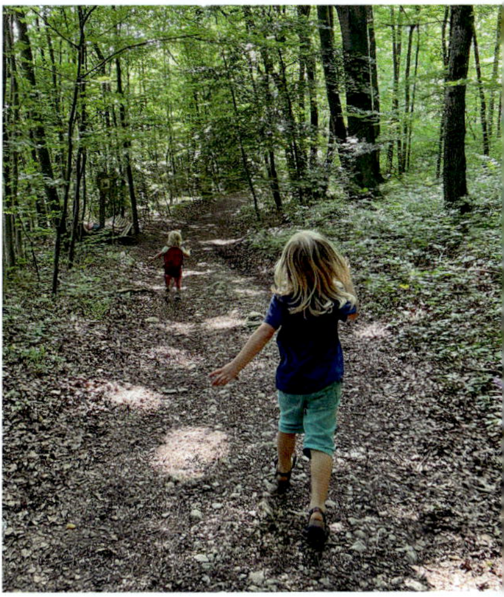

Wir durchqueren einen **gepflasterten Hohlweg** ⑧, der gleichzeitig Station 15 darstellt, und gehen weiter bergab, bis wir die **Felsenkeller** auf der linken Seite sehen. Dort erfahren wir auf der Infotafel von **Station 16** Spannendes über Fledermäuse.

Kurz darauf kommen wir wieder zur **Kreuzung** ① an der Melkendorfer Hauptstraße und folgen von hier aus dem Straßenverlauf zurück zum Startpunkt.

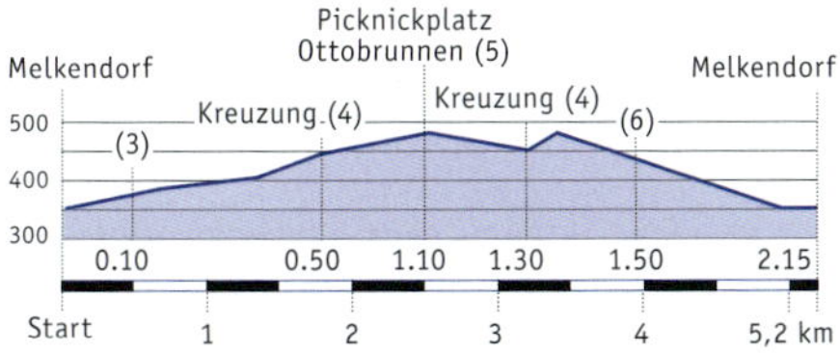

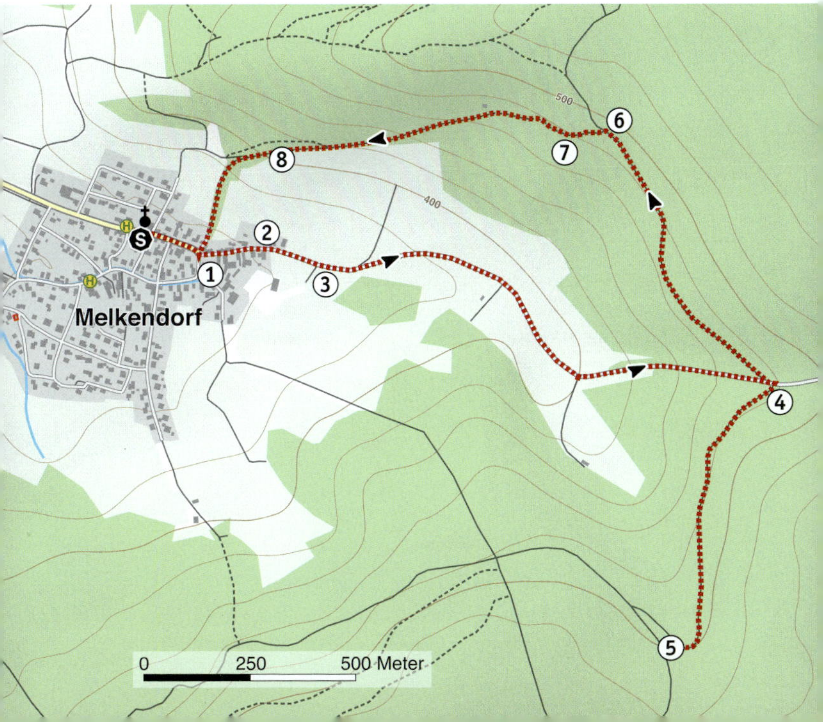

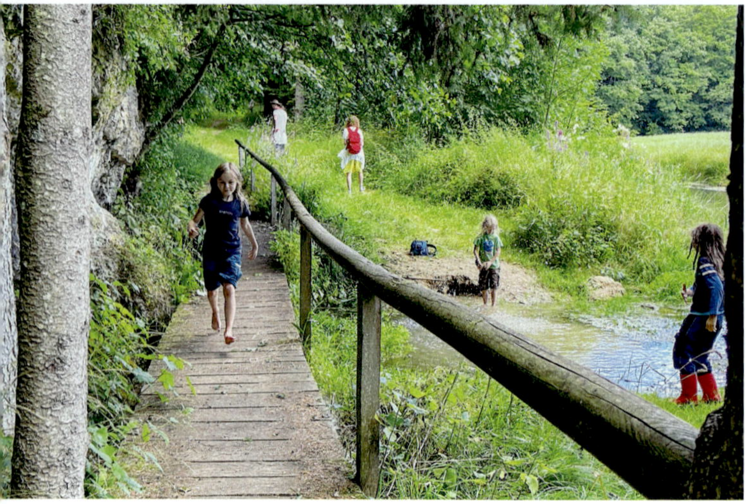

Tour 2:
Wiesenttal und Lochautal

70 m

STRECKE 9,6 km

3 h 30

ab 8

Höhlen, Flusstäler und Picknick am Wasserrad

Eine lange, sehr abwechslungsreiche Wanderung führt uns von Plankenfels durchs Wiesenttal, vorbei an Höhlen, Felsen und einer Quelle bis zum Wasserrad mit Picknickplatz. Zurück geht es durch das liebliche Lochautal zum Spielplatz.

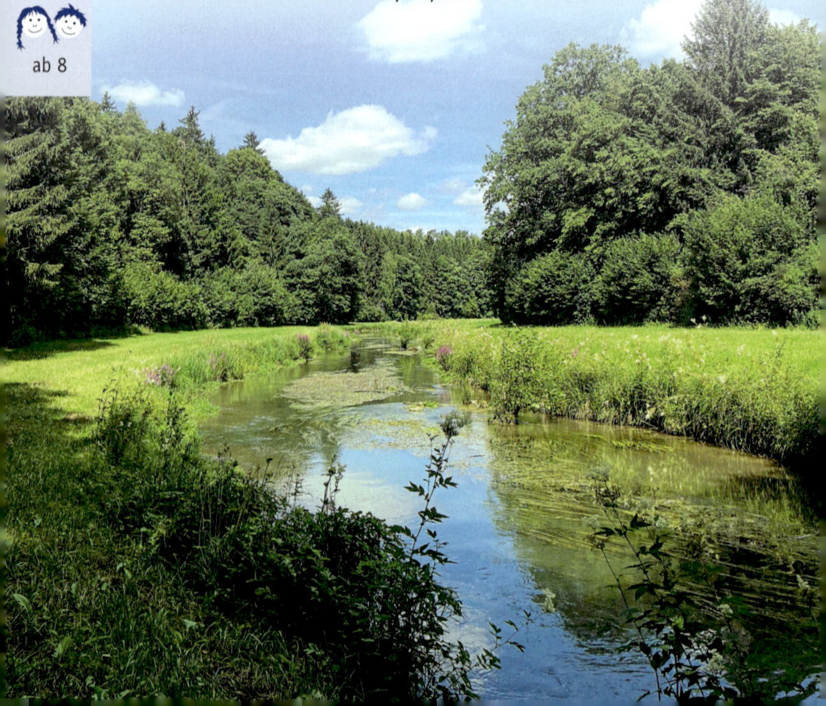

Wanderung: Wir starten am Wanderparkplatz, laufen zunächst **Richtung Plankenfels** und biegen gleich links ab. An der Kreuzung finden wir eine gemütliche **Liegebank**. Anschließend folgen wir dem Schotterweg hinauf nach Plankenfels. Im Ort angekommen überqueren wir die Hauptstraße und erreichen kurz darauf einen schönen **Rastplatz** ① unter den Bäumen am Schlossanger.

Hier halten wir uns links und folgen der schmalen Gasse die Treppen hinab ins Tal der **Wiesent** ②. Am Flussufer angekommen biegen wir nach rechts ab und folgen dem Wiesenpfad, der herrlich saftig grün vor uns liegt. Hier können wir die üppige Flora und Fauna eines noch intakten Flusstales erforschen. Rechter Hand sehen wir das Schloss Plankenfels hoch in den Himmel ragen und wir erreichen kurz darauf einen **Picknickplatz** ③ im Wald, direkt neben den Kletterfelsen.

Weiter geht es auf dem **Fränkischen Gebirgsweg**. Wir laufen an der ersten Brücke vorbei und queren bald die Wiesent über eine zweite kleine **Brücke**. Von nun an führt der Weg in den schattigen, kühlen Wald hinein und wir haben einen wunderbaren Blick auf den Fluss zu unserer rechten. Der Weg ist nun ein gemütlicher Waldweg über einige Wurzeln. Bald erreichen wir die **Hammerholzhöhle** ④, die sich gut versteckt im Wald links über uns befindet.

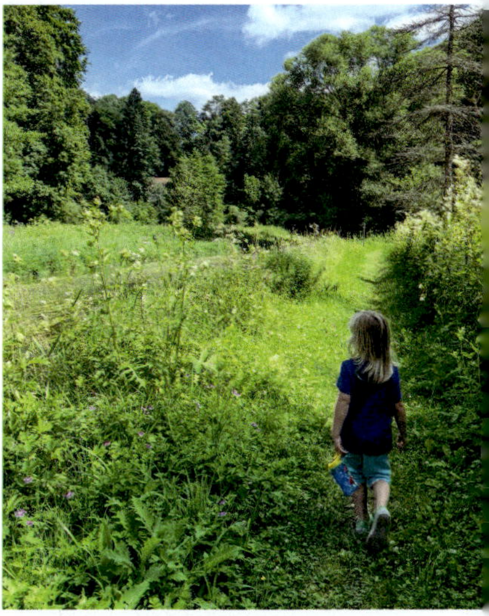

Durch den Mischwald wandern wir weiter zu einer **Quelle** ⑤. Hier können wir im seichten Wasser die Füße kühlen und auf dem Rastplatz picknicken.

TOUREN-STECKBRIEF

Anfahrt: Der Wanderparkplatz befindet sich direkt unterhalb von Plankenfels, an der Verbindungsstraße von Plankenfels nach Bayreuth **GPS N 49°52′58.6″, E 11°20′19.3″.**

Anspruch und Charakter: Relativ lange, aber sehr abwechslungsreiche Wanderung durch Flusstäler und über weite Felder und Wiesen. Barrierefrei, bis auf den kurzen Treppenabschnitt in Plankenfels.

Highlights: Höhle, zwei Badestellen, zwei Spielplätze, viele idyllische Picknickplätze.

Einkehr: Goldenes Lamm, Schwarzer Ritter und Pizzeria in Plankenfels, Gasthaus Zur alten Eisenbahn in Wadendorf.

In der Nähe: Burgstall Plankenstein, Piratenspielplatz Nankendorf, Highstone Pferderanch.

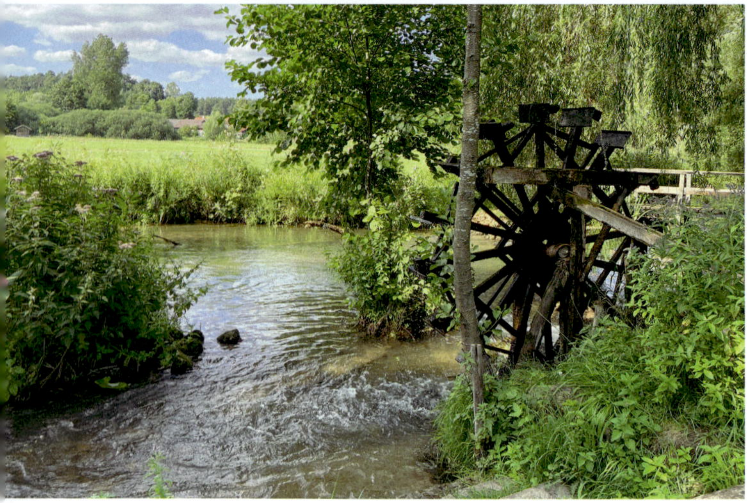

Nach unserer Pause folgen wir dem Weg aus dem Wald und treffen auf die **Straße**, an der wir links abbiegen und den Berg hinauf zum Ferienhof Bezold laufen. An der **Kreuzung** ⑥ vor dem nächsten Hof biegen wir rechts ab und folgen dem Wanderschild »grüner Punkt«.

Es geht jetzt mit Blick auf das Dorf Scherleithen an der wenig befahrenen Straße entlang. Am **Rastplatz** ⑦ kurz vor dem Ortseingang biegen wir nach links ab. Über die geteerte Straße geht es nun in Richtung Stechendorf. Im Sommer ist dieser Abschnitt sehr heiß, doch der Ausblick über die sommerlichen Felder und Weiden lohnt sich sehr. Kurz vor Stechendorf freuen wir uns über die Pferde, die wir auf der Koppel sehen. Sie gehören zur **Highstone Ranch** ⑧, die auf der linken Seite am Ortseingang liegt.

Am Ortseingang halten wir uns rechts und folgen dem Wanderzeichen »grüner Punkt« rechts die Straße hinunter, bis wir auf der linken Seite hinter dem Gemeindehaus auf den **Spielplatz** ⑨ treffen. Nach einer Pause zum Toben und Erholen auf der schattigen Rastbank geht es weiter durch den Ort bis zum **Festplatz**. Vor dem Festplatz halten wir uns rechts und folgen dem Weg über die Wiesen bis zur Abzweigung zum **Wasserrad** ⑩, das wir über eine kleine Brücke erreichen. Auf dem Picknickplatz am Wasser machen wir es uns gemütlich. Hier unter den Bäumen finden wir auch einen wunderbaren Platz, um im Fluss zu baden.

Ein schmaler Pfad führt uns hinauf nach **Gottelhof**. Wir folgen dem Straßenverlauf geradeaus und hinab zum Aussiedlerhof. Am Hof vorbei geht es für uns auf dem Schotterweg weiter bis zur nächsten **Abzweigung** ⑪. Hier biegen wir nach links und hundert Meter weiter wieder nach rechts in den **Obstlehrpfad** ab.

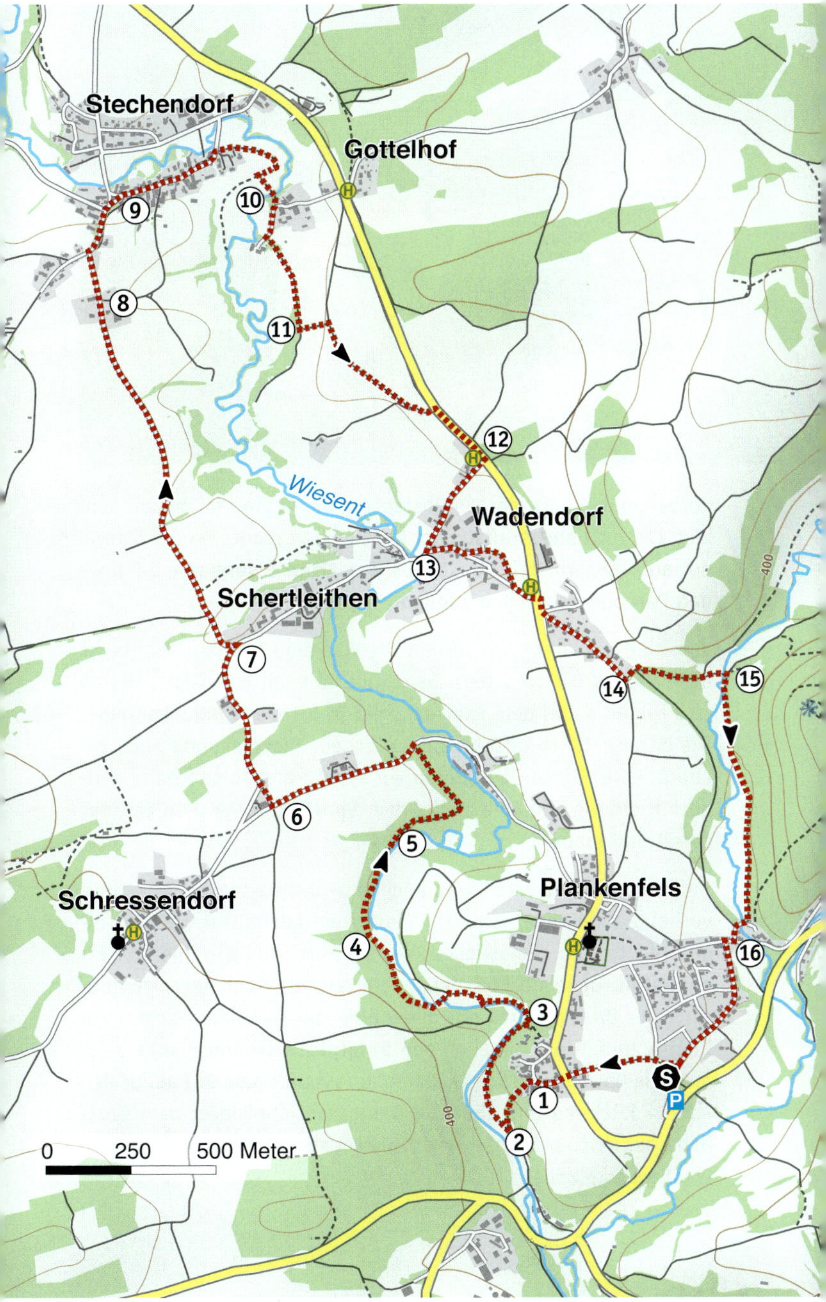
Stechendorf
Gottelhof
Wiesent
Wadendorf
Schertleithen
Schressendorf
Plankenfels
400
0 250 500 Meter

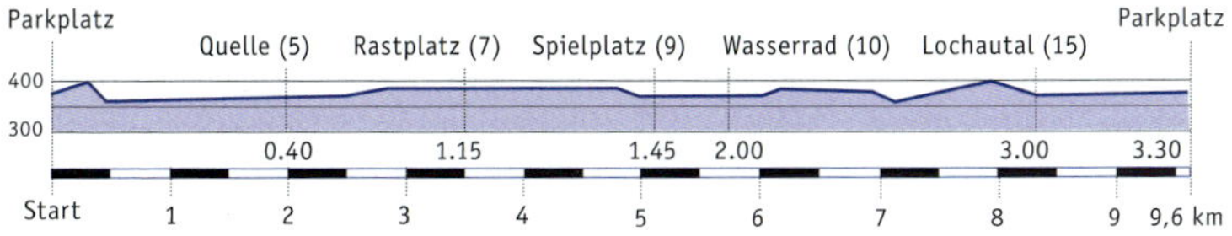
Parkplatz
Quelle (5)
Rastplatz (7)
Spielplatz (9)
Wasserrad (10)
Lochautal (15)
Parkplatz
400
300
0.40
1.15
1.45
2.00
3.00
3.30
Start
1
2
3
4
5
6
7
8
9
9,6 km

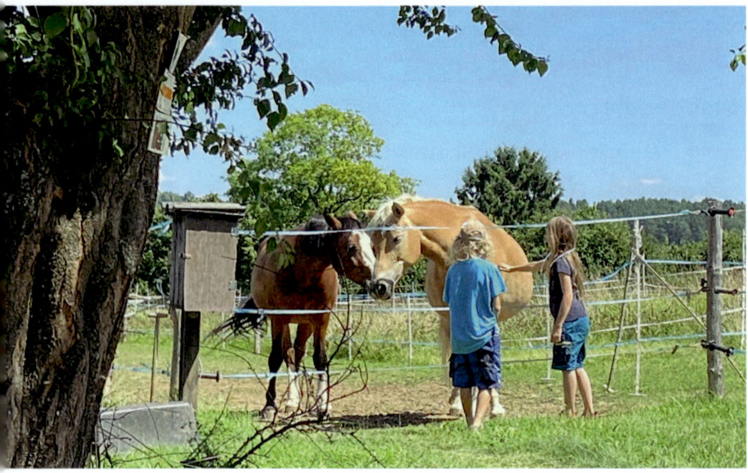

Vorbei an den herrlichsten Obstsorten der Region folgen wir dem Weg bis zur **Landstraße**. Kurz geht es nun rechts an der Straße entlang, bis wir beim **Gasthaus Zur alten Eisenbahn** ⑫ über den Parkplatz abbiegen können.

Von hier aus laufen wir in den Ort Wadendorf hinab. Rechts ist das **Schloss** ⑬ zu sehen. Gegenüber biegen wir nach links ab und folgen dabei dem Fahrradschild in Richtung »Plankenfels«. Die Straße führt uns hinauf zu einem Picknickplatz und zur Landstraße. Diese überqueren wir schräg und folgen den Schildern Richtung Sportplatz. Vor dem **Sportplatz** ⑭ geht es links den Berg hinab.

Auf dem geschotterten Weg kommen wir an alten Felsenkellern vorbei und gelangen direkt ins autofreie **Lochautal** ⑮. Wir folgen rechts dem gemütlichen Weg am Fluss, bis wir eine alte **Eisenbahnbrücke** mit Picknickplatz erreichen. Nach der Unterquerung der Brücke sehen wir gegenüber das Gasthaus »Schwarzer Ritter« und direkt daneben den **Spielplatz** ⑯ von Plankenfels, auf dem wir den Ausflug ausklingen lassen. Dann treten wir den kurzen Rückweg an. Über die Berggasse, die hinter dem Gasthaus beginnt, spazieren wir die letzten 600 Meter zurück zum Wanderparkplatz.

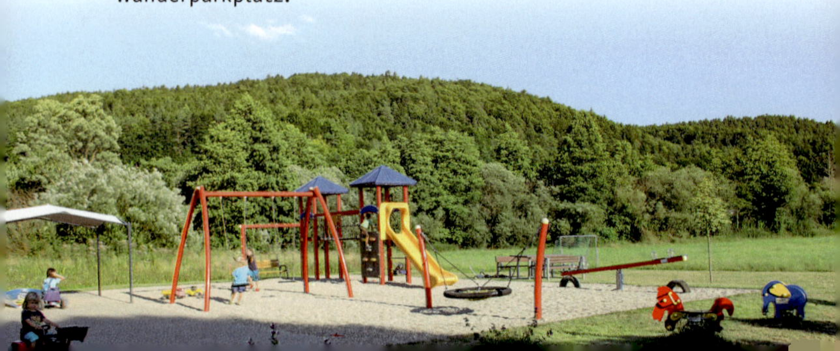

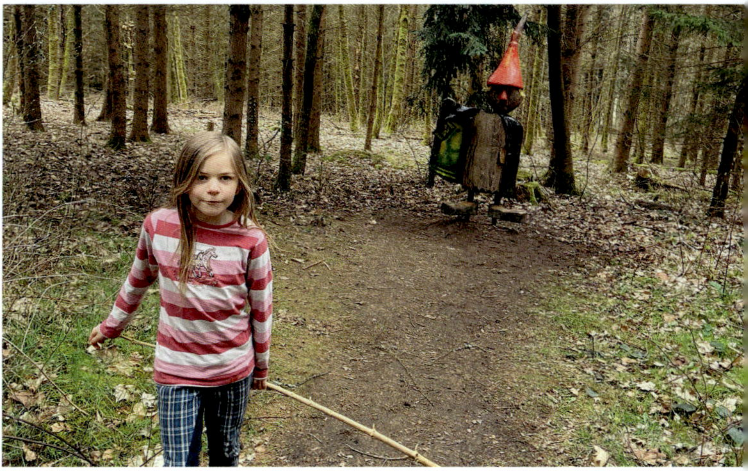

Tour 3:
Erlebnisweg im Zauberwald

eben

STRECKE 1 km

1–2 h

ab 4

Auf den Spuren der Bachprinzessin

Ein Erlebnispfad führt uns durch den Zauberwald. Über insgesamt zehn märchenhafte Stationen folgen wir dabei der Bachprinzessin durch den Wald bei Mengersdorf.

Spaziergang: Wir starten am Wanderparkplatz hinter der St.-Otto-Kirche in Mengersdorf. Gleich gegenüber finden wir einen kleinen **Spielplatz** mit einer wackelnden Kutsche und einer Übersichtskarte. Von hier aus folgen wir dem Straßenverlauf Richtung Ortsausgang vorbei am Backsteinhaus.

Kurz darauf sind wir bereits mitten im Wald und hören ein Bächlein tröpfeln, unendlich viele Vögel singen und riechen den Duft des feuchten Waldes. Auf dem Kindererlebnisweg im Zauberwald begleiten wir dann in zehn kindgerechten Stationen die Suche des tapferen Jakob nach der schönen Bachprinzessin. Auf seinem Weg muss er viele schwierige Aufgaben lösen und seinen Mut beweisen, um seinen Schatz, die Prinzessin, aus dem Zau-

TOUREN-STECKBRIEF

Anfahrt: Auf der Verbindungsstraße von Plankenfels nach Bayreuth im Ort Truppach abbiegen nach Mengersdorf. In der Ortsmitte vor der Kirche links den Berg hoch und gleich nach der Kirche befindet sich rechts der Parkplatz. **GPS N 49°54'20.8", E 11°22'32.5".**
Anspruch und Charakter: Einfacher barrierefreier Spazierweg mit abwechslungsreichen Stationen im Wald.
Markierung: Schilder des Erlebnispfads.
Highlights: Barfußpfad, Kletterturm.
Einkehr: Gutshof Mengersdorf, Gaststätte Krauß in Truppach.
In der Nähe: Therme Obernsees.

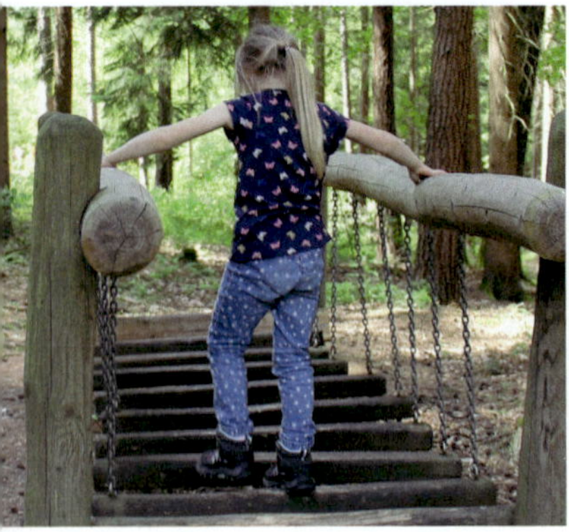
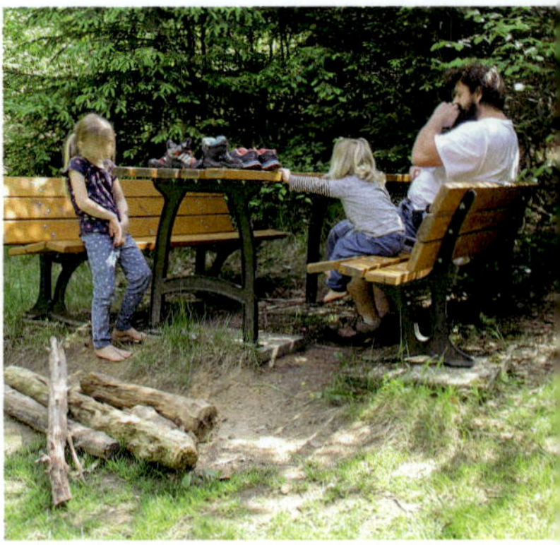

Die Kinder begleiten Jakob über eine schwankende Brücke, überwinden mutig Hindernisse,...

berwald zu befreien. Das Märchen wird anhand von kurzen Geschichten auf den liebevoll illustrierten Tafeln erzählt und die Stationen zeigen jeweils die Aufgabe, bei der die Kinder Jakob helfen müssen. Dabei kommen wir an einem stillen See vorbei, der zur Rast einlädt, einem Barfußpfad und einem Balanciersteg.

Etwa nach der Hälfte der Strecke treffen wir auf einen Kletterturm mit Rutsche. Daneben liegt der Rastplatz. Der umliegende Wald lädt zum Erkunden und Toben ein. Folgen wir dem Weg weiter, kommen wir an eine Wackelbrücke und zu einem Turm, von dem wir schon den Wicht mit Laterne im Wald entdecken

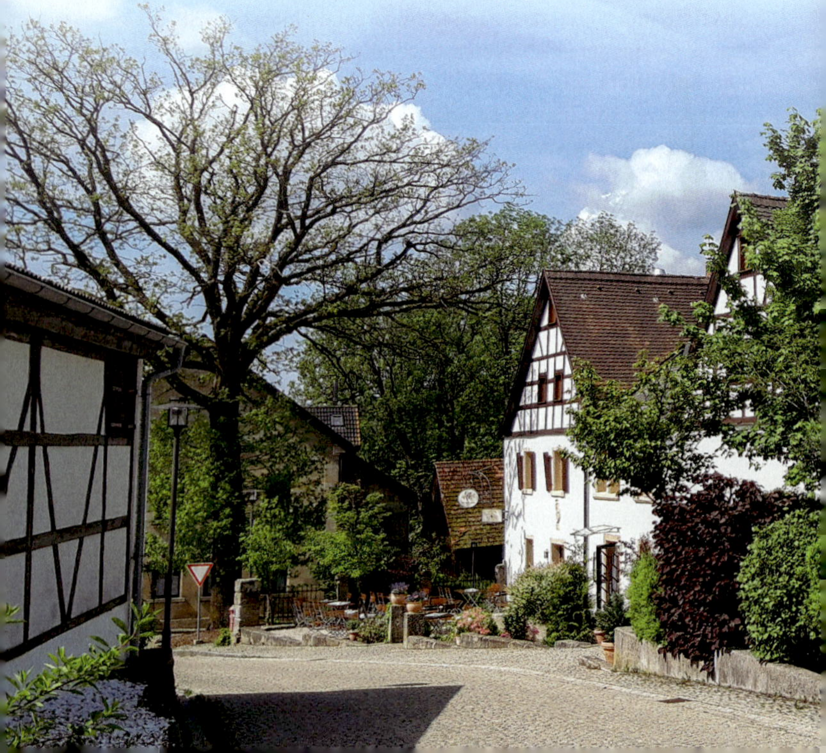

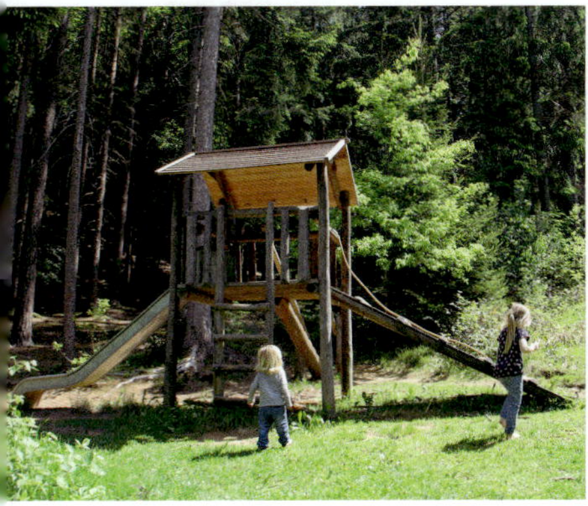

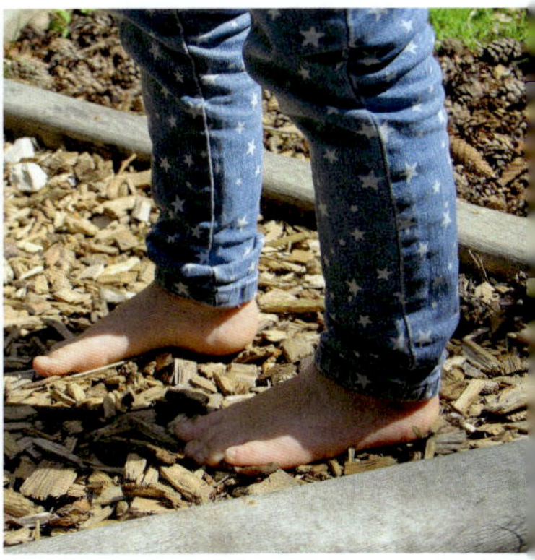

... durchqueren mit nackten Füßen Zapfen und Rinde und befreien am Ende die Prinzessin.

können. Nach etwa einer Stunde gelangen wir am Ende der Runde an einen Brunnen und kurz darauf zurück in den Ort. Von hier haben wir einen schönen Ausblick auf die Hochebene Neubürg und laufen gemütlich zwischen typisch fränkischen Fachwerkhäusern zurück zum Parkplatz.

Der Weg ist breit und eben und daher auch kinderwagentauglich, sodass er sich durchaus auch schon für ganz kleine Entdecker eignet. Die Strecke ist vor Ort gut markiert und nicht zu verfehlen.

Fränkische Fachwerkhäuser säumen die Straßen von Truppach.

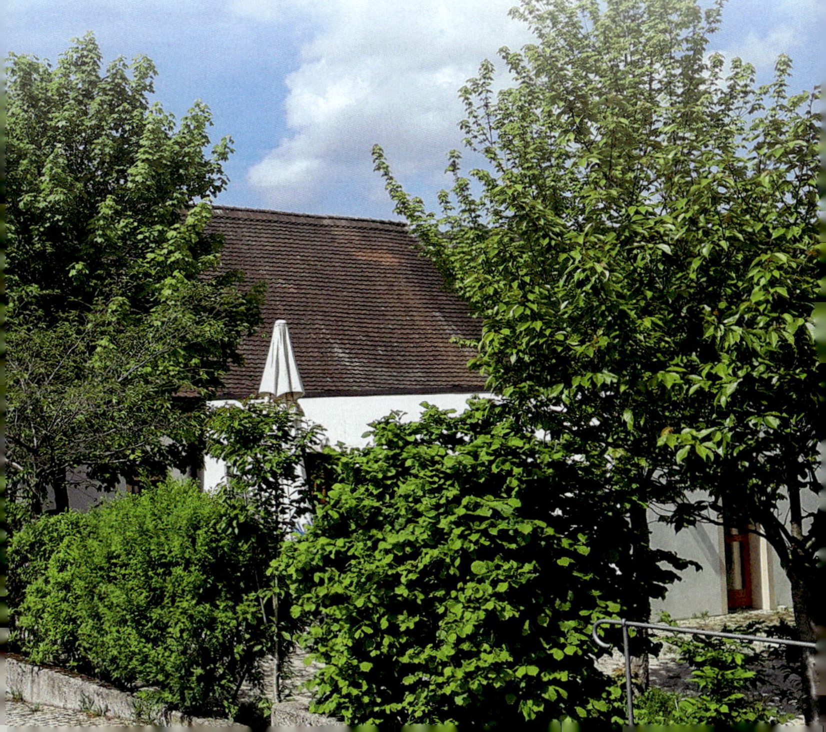

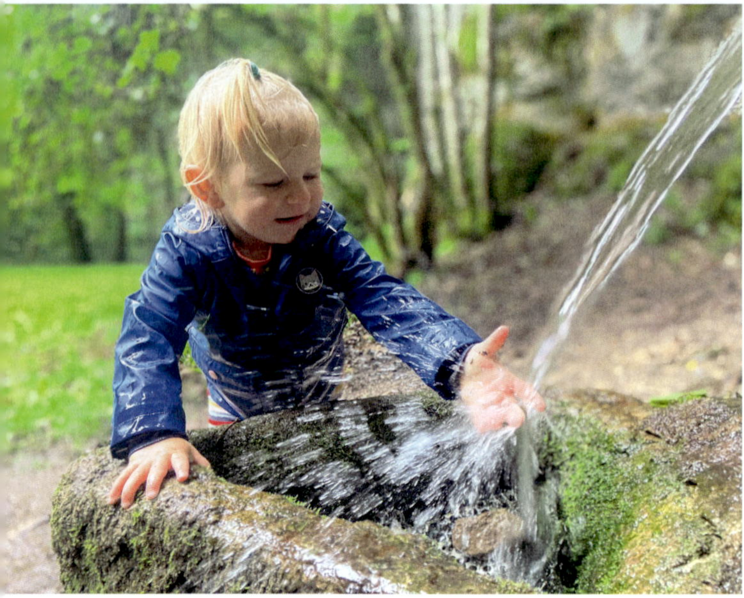

200 m

STRECKE 8,6 km

3 h 30

ab 8

Tour 4: Weitblick und viel Wasser

Von Veilbronn nach Unterleinleiter und zur Mathelbachquelle

Über einen steilen Anstieg geht es in das Dorf Unterleinleiter, das nach dem kleinen Fluss Leinleiter benannt ist. Anschließend führt der Weg durch das liebliche Leinleitertal mit dichten Wäldern, saftigen Wiesen und spannenden Felsformationen. Nach einem Aufstieg gelangen wir zum Pavillon Veilbronn, zur Mathelbachquelle und einer urigen Brotzeithütte am Kletterfelsen. Es erwartet uns eine spannende, abwechslungsreiche, aber mitunter auch anstrenge Wanderung mit viel Wasser, Felsen und zwei Spielplätzen – eine der schönsten Touren für kleine Abenteurer in der nördlichen Fränkischen Schweiz, finden wir.

TOUREN-STECKBRIEF

Anfahrt: Von der B470 Forchheim-Pottenstein biegen wir links ins Leinleitertal Richtung Heiligenstadt ab. Bei Veilbronn geht's nach rechts und vor dem Ortseingang befindet sich der große Wanderparkplatz auf der rechten Seite. **GPS N 49°50'23.0", E 11°11'47.1".**

Anspruch und Charakter: Anspruchsvolle, abwechslungsreiche Wanderung mit vielen Felsen, Bachlauf und Wald.

Highlights: Gemütliche Rastplätze mit grandiosem Ausblick, zwei Spielplätze, Quelle zum Baden.

Einkehr: Landgasthof Lahner und Landhaus Sponsel-Regus in Veilbronn, Café und Dorfladen in Unterleinleiter.

In der Nähe: Kletterwald Veilbronn, Badesee Heiligenstadt, Schloss Greifenstein.

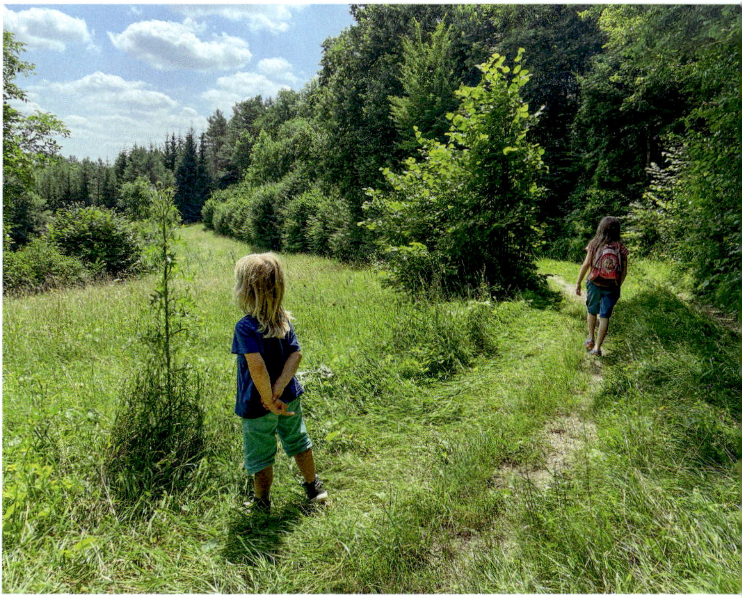

Wanderung: Vom Wanderparkplatz in Veilbronn laufen wir zum Ortsausgang, biegen nach links ab und folgen dem Straßenverlauf, bis wir kurz vor der Landstraße nach Heiligenstadt eine **Brücke** über den Leinleiterbach überqueren. Die Hinweistafel zeigt uns den blauen Schrägstrich als Markierung. Ein kleines Stück laufen wir jetzt am Straßenrand entlang und überqueren dann die Straße, um gegenüber auf einem **Wiesenpfad** ① in den Wald zu laufen.

Der schmale Weg führt durch den Mischwald und an einigen größeren und kleineren Felsen vorbei. An der nächsten **Weggabelung** ② biegen wir nach rechts ab und folgen dem steilen Anstieg hinauf. Der breite Wanderweg verläuft dann weiter auf der Hochebene. Hier finden wir eine Hecke an einem Zaun, die übersät mit Himbeeren ist: eine willkommene Belohnung für den anstrengenden Aufstieg.

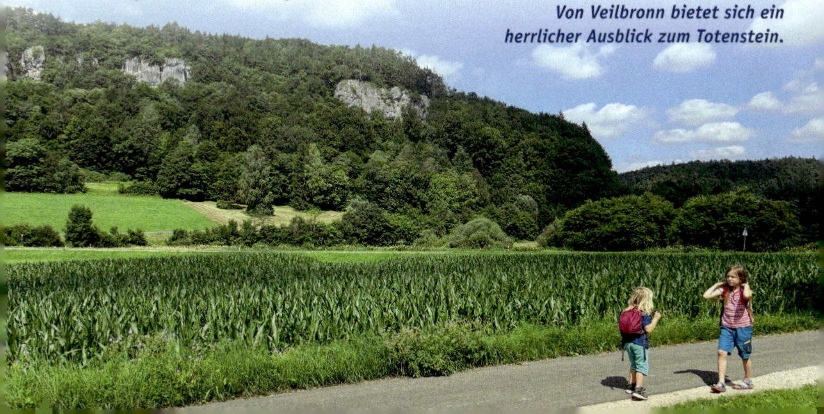

Von Veilbronn bietet sich ein herrlicher Ausblick zum Totenstein.

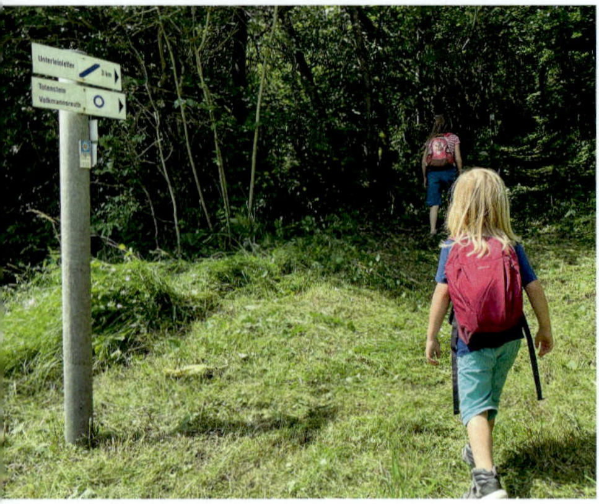

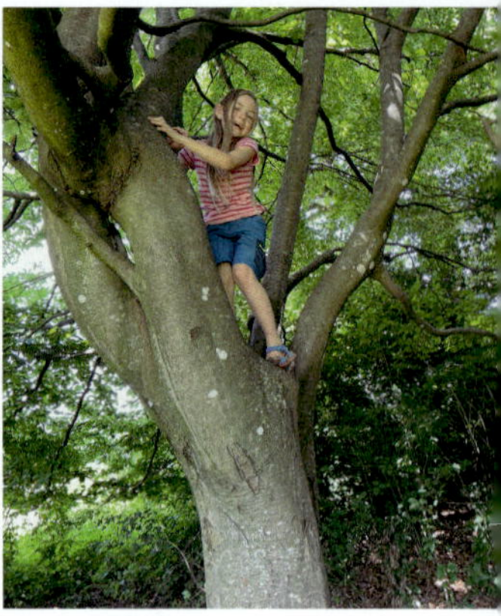

Wir laufen auf gemütlichen Waldwegen ...

Anschließend verlassen wir den Wald und laufen über eine Wiese bis zu einer schmalen Straße, auf der wir nach links abbiegen. Kurz darauf stehen wir am **Rastplatz an der Wacht** ③.

Nach einer ersten Pause geht es bergab Richtung Unterleinleiter. Dabei kommen wir an der Schule vorbei. Wir treffen auf den Steinweg, halten uns links in Richtung Kirche und erreichen so in der Ortsmitte den **Ladarer Dorfladen** ④. Der kleine Laden hat eine bunte Auswahl an Getränken, Lebensmitteln und Gütern für den alltäglichen Gebrauch. Hier können wir gut für unsere Brotzeit einkaufen.

Wir laufen weiter, kommen an der Kirche vorbei und stoßen kurz darauf auf die **Hauptstraße**. Diese überqueren wir schräg und laufen über die Brücke und links am **Leinleiterbach** entlang. Bei der **Abzweigung** ⑤ nach links haben wir durch einen steinernen Torbogen einen schönen Blick auf das Bächlein. Wir gehen die Bahnhofstraße entlang und folgen an der nächsten Kreuzung geradeaus der Markierung für Fahrräder in Richtung Veilbronn. Kurz darauf liegt rechts am Weg ein **Spielplatz** ⑥ mit einem schattigen Rastplatz sowie einer langen Hangrutsche, einem Klettergerüst und vielen weiteren Spielgeräten.

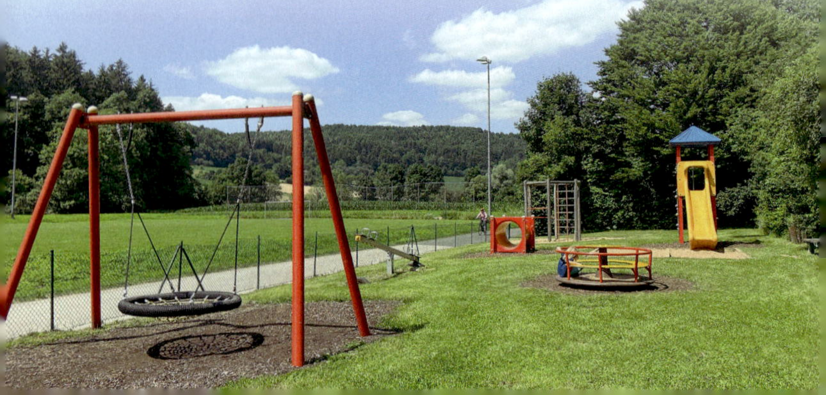

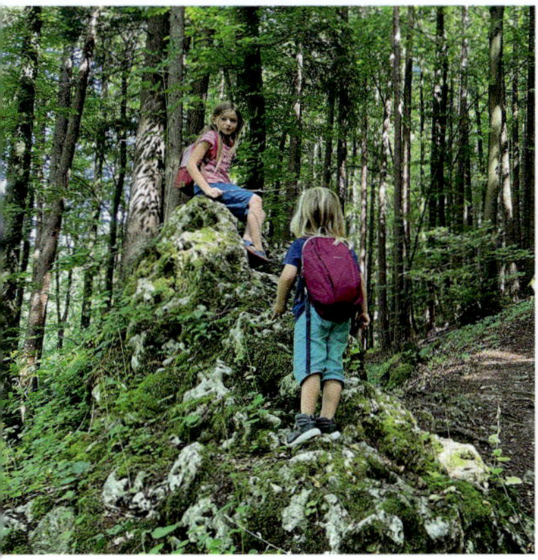

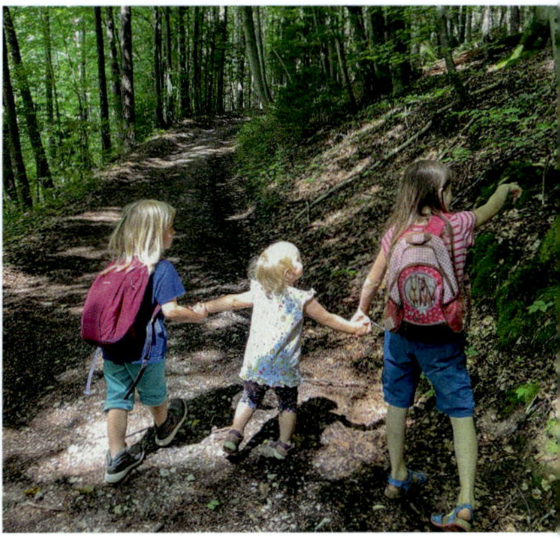

... und steigen über Stock und Stein hinauf.

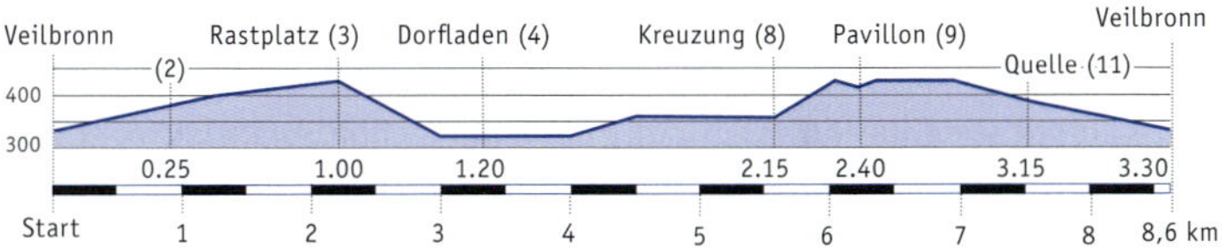

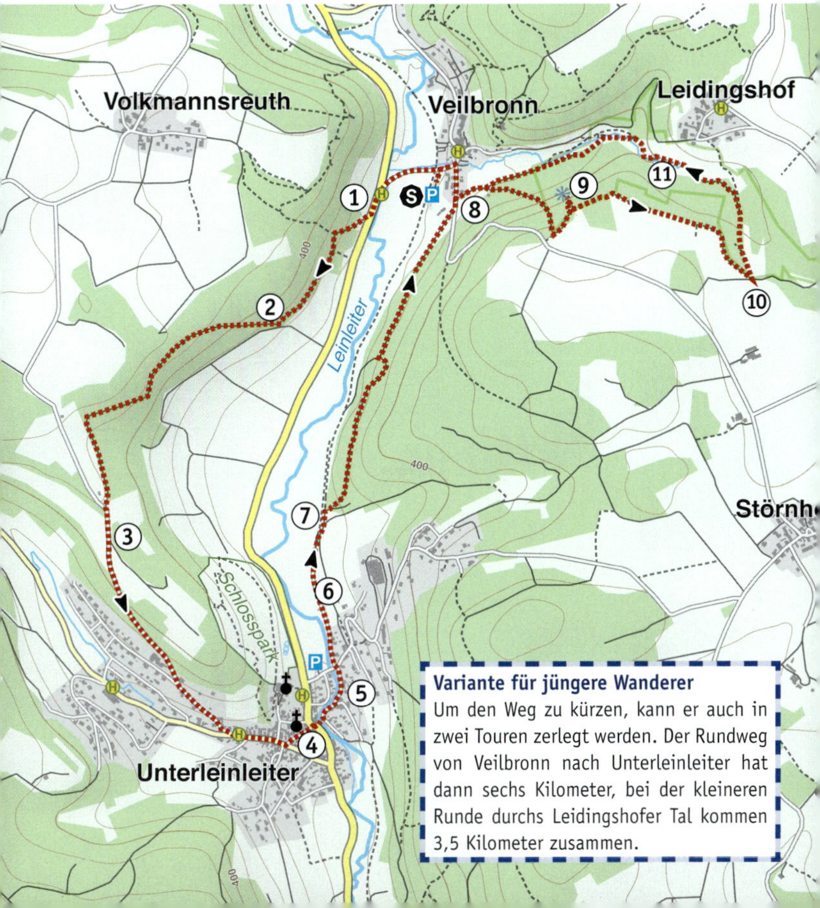

Variante für jüngere Wanderer
Um den Weg zu kürzen, kann er auch in zwei Touren zerlegt werden. Der Rundweg von Veilbronn nach Unterleinleiter hat dann sechs Kilometer, bei der kleineren Runde durchs Leidingshofer Tal kommen 3,5 Kilometer zusammen.

Auf dem Radweg geht es weiter. Nach einigen hundert Metern kommen wir wieder in den Wald und an eine **Verzweigung ⑦**. Wir folgen hier der Markierung »gelber Strich« nach rechts. Der breite Wanderweg steigt kurz steil an und führt dann am Hang entlang, bis wir die **Straße nach Veilbronn ⑧** erreichen.

Hier kann die Strecke abgekürzt werden, indem man der Straße zum Ort und weiter zum Parkplatz folgt. Wer nur durch das Leidingshofer Tal und zur Mathelbachquelle gehen und den ersten Teil der Wanderung nach Unterleinleiter auslassen möchte, findet hier den Einstieg.

Von der Straße folgen wir nun rechts der Wegmarkierung **»roter Ring«** ins Leidingshofer Tal. Auf einem geschotterten Weg geht es an den letzten Häusern vorbei und kurz darauf halten wir uns rechts auf dem Pfad. Vorbei an spitzen Felsen und mit Blick auf das Felsmassiv von Veilbronn geht es steil den Berg hinauf. Belohnt wird der Aufstieg mit einem herrlichen **Ausblick vom Pavillon ⑨**, der auch ein idealer Rastplatz ist.

Nach einer Pause geht es weiter auf dem Weg mit der Markierung »roter Ring« und an einigen Tafeln eines Baumlehrpfades vorbei. Am Ende des Wiesenpfades erreichen wir das Hochplateau und einen **Rastplatz ⑩**.

Der Leinleiterbach begleitet uns zum Spielplatz.

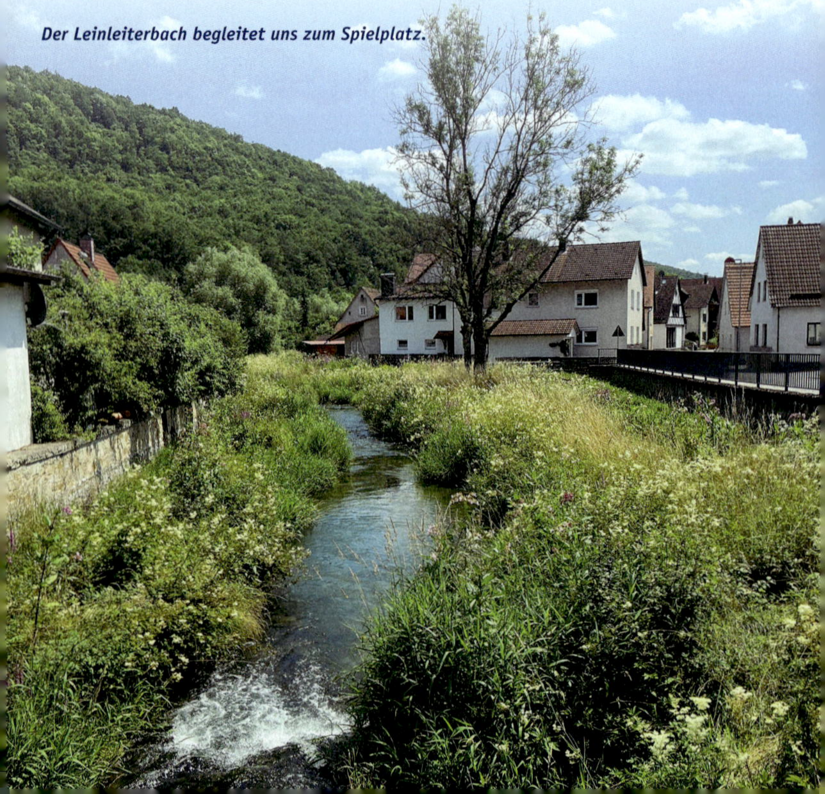

Von hier aus steigen wir nun nach links über einen zuerst mit Gras bewachsenen und später felsigen Weg wieder hinab. Mitunter verlangt dieser Weg Trittsicherheit, vor allem wenn es vorher geregnet hat. Große Farne ragen neben uns auf und am Wegrand liegen moosbedeckte Felsen, die das Tal in eine mystische Welt verwandeln.

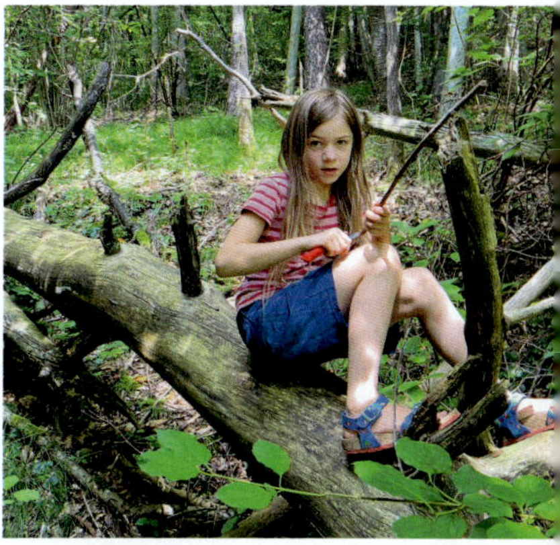

Der Wald als Spielplatz.

Wir erreichen eine breite Waldlichtung. Die **Mathelbachquelle** ⑪ ist vom Weg aus nicht zu sehen. Wir entdecken aber eine Holztafel, die anzeigt, wo wir sie finden können. Ein Abstecher zur Quelle mit eiskaltem, glasklarem Wasser lohnt sich allemal. Gegenüber steht eine überdachte **Brotzeithütte** und dahinter ein Brunnen direkt am Kletterfelsen.

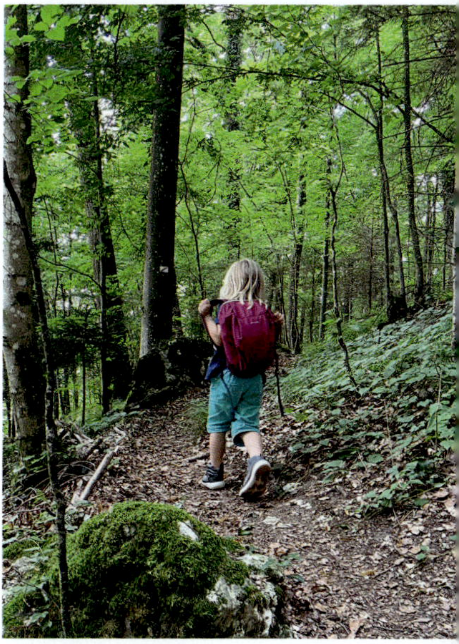

Nach einer weiteren Rast mit Abkühlung laufen wir den Weg entlang und kommen an einem **Kriegerdenkmal** vorbei. Dort folgen wir einem unscheinbaren Weg links hinab. Der Lehrpfad geht hier weiter. An einigen Bäumen stehen Informationstafeln.

Unten: In den Straßen von Unterleinleiter.

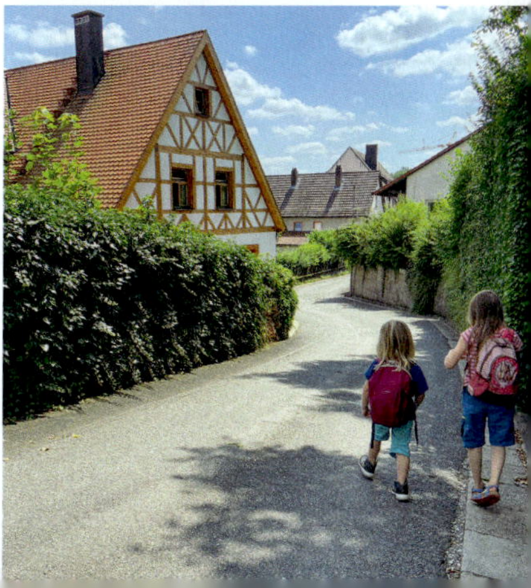

Der Weg wird immer flacher und breiter, dann treffen wir wieder auf die **Kreuzung am Ortseingang** ⑧. Hier biegen wir nun nach rechts ab, folgen der Straße bis in den Ort hinein und laufen dann beim **Hotel** nach links zum Parkplatz zurück. Hinter dem Hügel am Parkplatz ist zum Abschluss des Ausflugs noch ein zweiter **Spielplatz** zu finden.

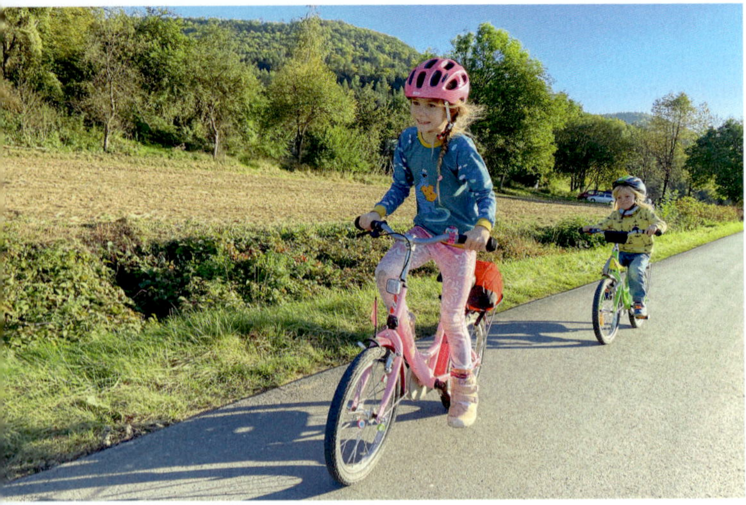

75 m

STRECKE 15,6 km

2 h

ab 6

Tour 5: Mit dem Rad durchs Tal der Wiesent

Von Pretzfeld nach Streitberg

Wer das Herz der Fränkischen Schweiz kennenlernen möchte, sollte unbedingt in das Tal der Wiesent kommen. Auf dieser Fahrradtour radeln wir an vielen fränkischen Schmankerln vorbei – landschaftlich wie auch kulinarisch – und erleben das malerische Wiesenttal von seiner besten Seite. Die Strecke ist einfach zu fahren und eignet sich auch für die kleinsten Radler.

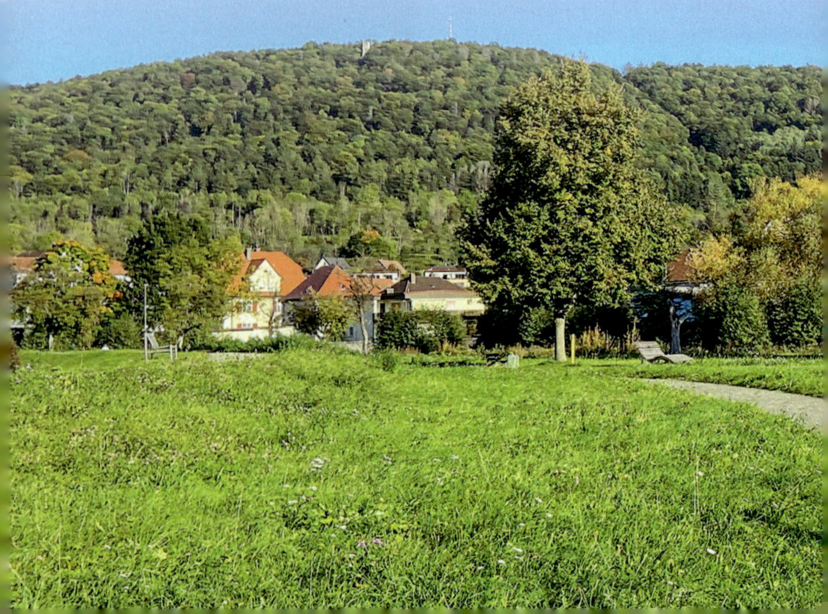

Fahrradtour: Vom Parkplatz vor dem Ortseingang von Pretzfeld aus geht es an den Gleisen entlang Richtung Ebermannstadt. Unterwegs haben wir einen schönen Blick auf die Wiesent, die saftigen Wiesen und Felder und im Hintergrund sehen wir den Berg Feuerstein. Kurz vor Ebermannstadt kommen wir an der **Kläranlage** vorbei und entdecken gleich danach einen schönen **Rastplatz mit Liegebänken** ① direkt an der Wiesent.

Nachdem wir die Brücke passiert haben, sehen wir links den Wiesentgarten und biegen rechts auf den Schotterweg ab, der an der Wiesent entlangführt. Wir folgen ihm bis zur **Bahnhofstraße**. Diese überqueren wir schräg und fahren in die **Franz-Dörrzapf-Straße**. In der Kurve halten wir uns rechts und fahren die Uferpromenade an der Wiesent entlang. Hier sind auch Fußgänger unterwegs und es ist selbstverständlich, dass wir Rücksicht nehmen. Begleitet vom munteren Plätschern der Wiesent und dem fröhlichen Quaken der Wildenten fahren wir den Weg entlang und über eine schmale **Brücke**. Dahinter biegen wir links und gleich darauf wieder rechts ab und fahren an den Supermärkten vorbei bis zur **Ramstertalstraße** ②.

TOUREN-STECKBRIEF

Anfahrt: Von der B470 Forchheim–Ebermannstadt links abbiegen Richtung Pretzfeld. Gleich nach dem Bahnübergang liegt links ein Parkplatz bei **GPS N 49°45'32.1", E 11°10'18.7"**.

Anspruch und Charakter: Einfache, landschaftlich reizvolle Radtour mit vielen Extras.

Highlights: Zwei Freibäder, historische Altstadt, optional Burgruine.

Einkehr: Biergärten und Gastwirtschaften in Ebermannstadt, Badcafé und Wirtschaften in Streitberg, griechisches Restaurant in Gasseldorf.

In der Nähe: Burg Neideck, Binghöhle.

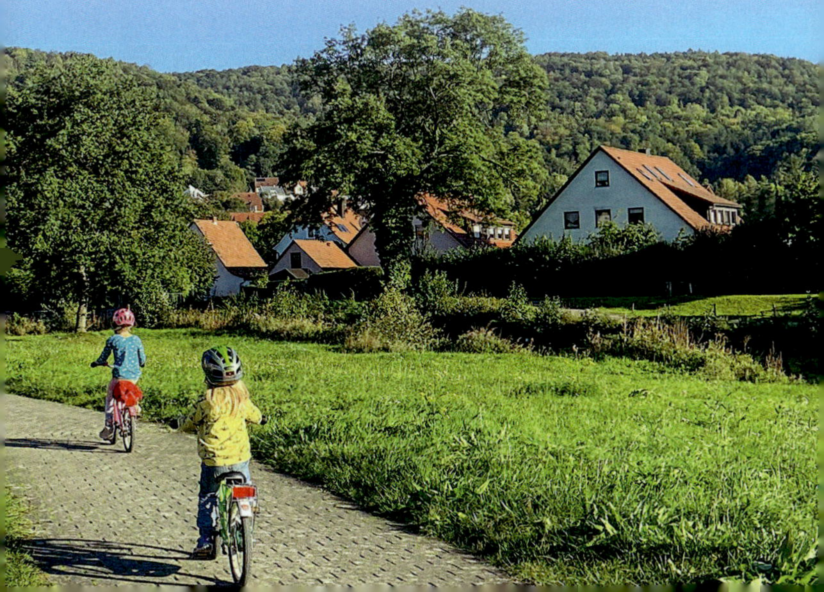

Wir folgen der Straße nach rechts, um erneut den Fluss zu überqueren. Kleinere Radfahrer sollten hier lieber absteigen und hinter der Leitplanke über die Brücke schieben.

Direkt hinter der Brücke biegen wir rechts ab. Dort sehen wir die **Brauerei Schwanenbräu** und treffen auf den Radweg, der uns unter der Brücke hindurch in Richtung Streitberg bringt. Wir überqueren die **Gleise** und fahren auf dem Fränkische-Schweiz-Radweg weiter, der nun den Berg hinauf zur Straße führt. Oben angekommen biegen wir links ab und folgen den Schildern Richtung **Rothenbühl / Ebsermare**.

Nach einer schnellen Abfahrt erreichen wir das **Freibad Ebsermare** ③ und fahren kurz darauf an einem Campingplatz vorbei nach Rothenbühl. Auf der rechten Seite steht hier ein Obststand, an dem Früchte aus der Region verkauft werden. Wir radeln die schmale Straße weiter durch das Tal und sehen in der Ferne auch schon die Felsen von Streitberg. Unterwegs gibt es einige Rastbänke und einen **Wanderparkplatz** ④, der sich als Startpunkt für eine gekürzte Runde eignen würde.

Wenige Minuten später erreichen wir **Niederfellendorf** und fahren immer geradeaus durch den Ort hindurch. Hier sind auch bereits das Badcafé Streitberg und die Burgruine Neideck ausgeschildert, die wir jetzt ansteuern wollen.

Mit Blick auf die Wiesent, dahinter Streitberg und die Streitburg erreichen wir schließlich den Parkplatz vor dem **Freibad Streitberg** ⑤. An der Wandertanke können gekühlte Getränke gekauft werden und im Badcafé gibt es warme und kalte Speisen. Wer Lust hat, lässt das Fahrrad hier stehen und besucht zu Fuß die **Burgruine Neideck**, die oberhalb auf dem Felsen thront und von der man beste Aussicht über das Wiesenttal hat.

Von der Wiesentbrücke haben wir den besten Blick zur Ruine Neideck.

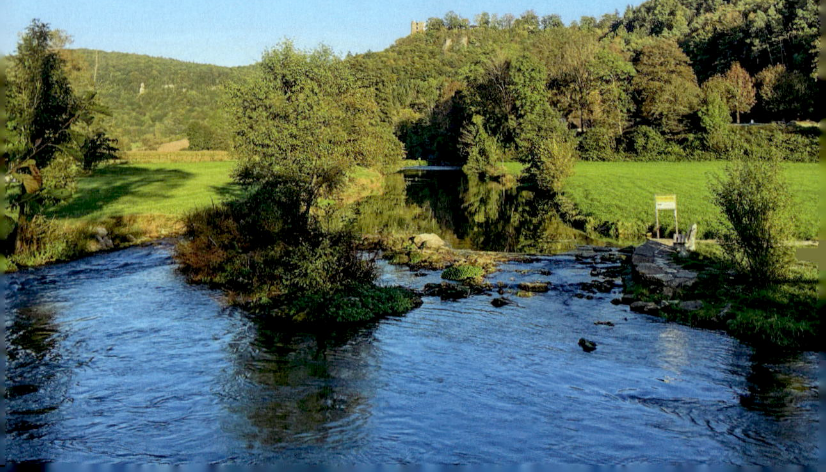

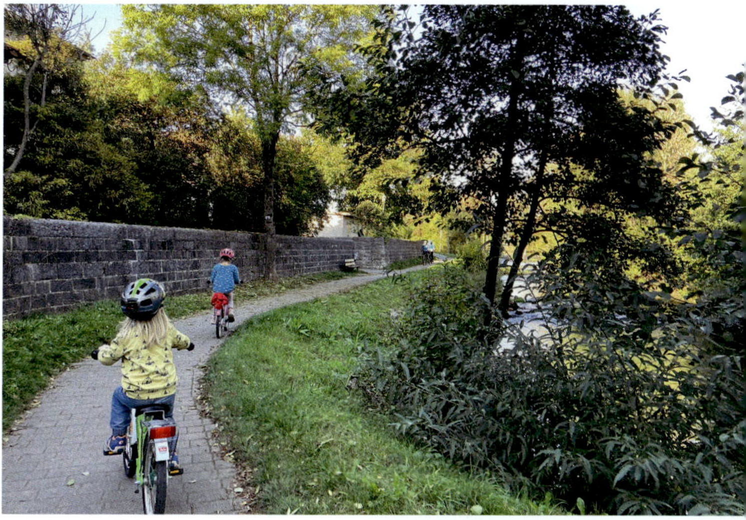

Für den Rückweg folgen wir der Dorfstraße Richtung **Streitberg**, fahren über die **Wiesentbrücke** und treffen hier auf die B470. Wer mag, fährt hier geradeaus in den Ort, wo sich weitere Einkehrmöglichkeiten und ein Spielplatz befinden. Auch ist hier der Besuch der Binghöhle **[› Seite 37]** zu empfehlen, die als eine der schönsten Tropfsteinhöhlen der Region gilt.

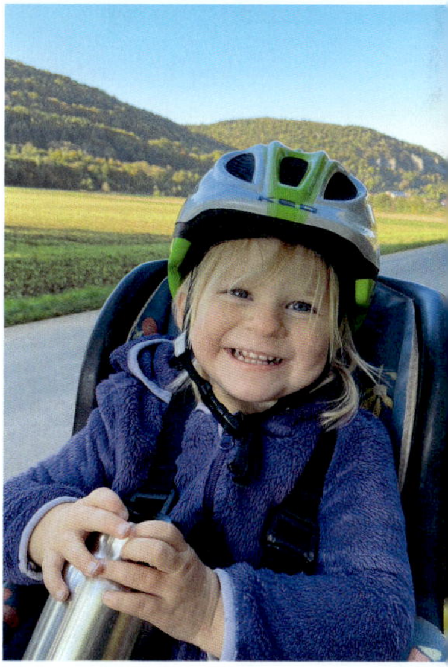

Mit dem Dampfzug zurück
Mit Voranmeldung kann man während der Saison von Streitberg mit dem von einer Dampflok gezogenen historischen Zug zurück nach Ebermannstadt oder weiter ins Wiesenttal nach Behringersmühle fahren. Die Mitnahme von Fahrrädern ist, wenn ausreichend Platz verfügbar ist, kostenfrei möglich.
Infos und Fahrkarten unter: www.dampfbahn.net.

An der Ampel vorbei geht es links auf den Radweg, der uns nun auf der anderen Seite der Wiesent zurück bringt. Wir radeln am **Bahnhof** ⑥ vorbei, an dem auch ein historischer Zug mit einer alten Dampflok fährt.

Am Ortsrand von Streitberg ist der Radweg unterbrochen. Wir überqueren die Straße, und fahren auf dem Radweg am Straßenrand weiter in Richtung Ebermannstadt. Kurz vor Gasseldorf endet der Radweg. Wir halten uns links und radeln dann auf der Gasseldorfer Straße durch den Ort. Auf der linken Seite sehen wir die **Kirche** und fahren weiter, bis wir die **Brücke** ⑦ über den Leinleiterbach überqueren.

An der **Bushaltestelle** biegen wir nach links ab und folgen von hier aus wieder dem Radweg. Dieser führt uns zunächst noch einmal über den Bach und anschließend unter der B 470 und der Eisenbahn hindurch.

An einer **Kreuzung mit Rastbank** ⑧ biegen wir rechts ab und fahren nun den gepflasterten Weg weiter bis Ebermannstadt. Dabei überqueren wir die Mäander der Wiesent und abermals die **Bahnlinie**. Am Ende der gepflasterten Straße erreichen wir wieder die **Kreuzung** ②, die wir geradeaus überqueren. Auf der Straße »Oberes Tor« radeln wir ins Ortszentrum von Ebermannstadt. Wir kommen an einem alten Wasserrad vorbei, das uns zeigt, welche Bedeutung die Wiesent für die Stadt hatte.

Über eine weitere **Brücke** geht es in die schöne Altstadt. Direkt neben dem Marienbrunnen am **Marktplatz** können wir uns ein Eis gönnen und das Treiben in der Stadt an uns vorbei ziehen lassen.

Von hier treten wir das letzte Stück der Tour an. Dazu folgen wir der Hauptstraße entgegengesetzt der Einbahnstraße (für Fahrräder und Fußgänger frei) und überqueren die Kreuzung Bahnhofstraße geradeaus. Auf der rechten Seite sehen wir die **Kirche**. Von hier aus gelangen wir durch das **Scheunenviertel** zum **Gasthaus Wiesentgarten**, der letzten Möglichkeit zur Einkehr vor dem Parkplatz. Über die Brücke geht es nun wieder am **Rastplatz** ① vorbei und zurück zum Parkplatz.

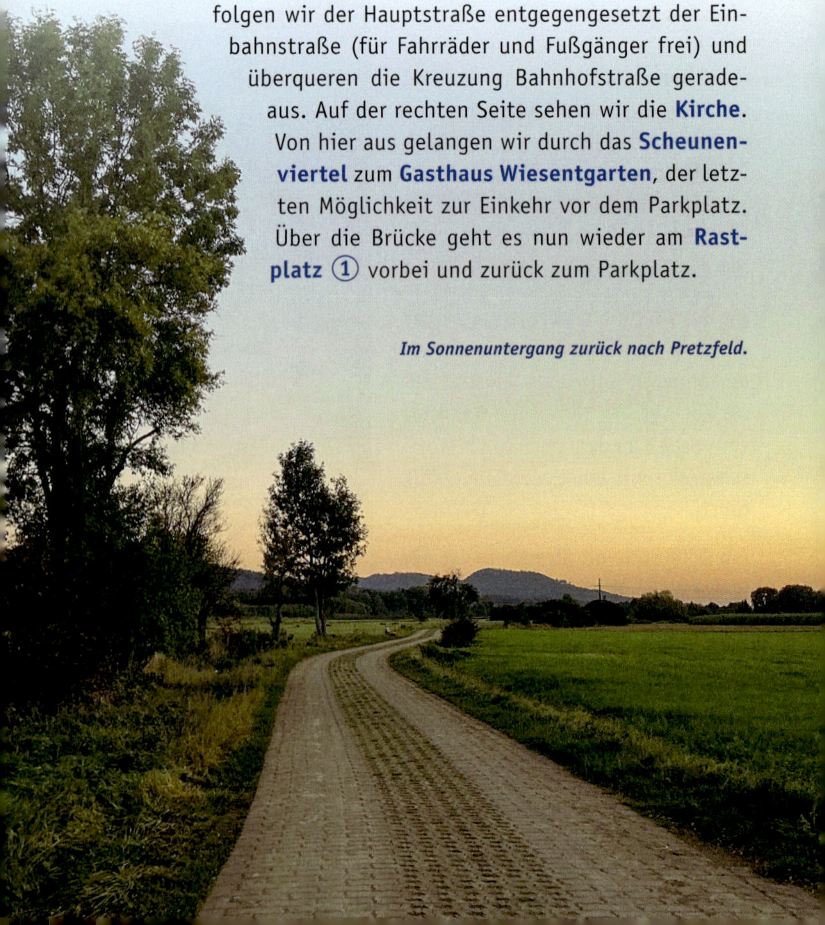

Im Sonnenuntergang zurück nach Pretzfeld.

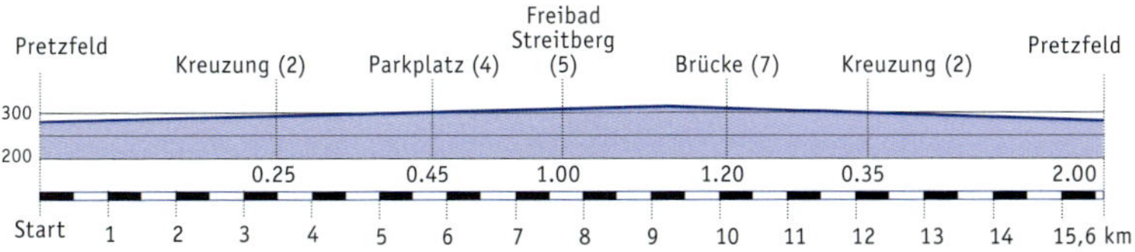
Pretzfeld
Kreuzung (2)
Parkplatz (4)
Freibad Streitberg (5)
Brücke (7)
Kreuzung (2)
Pretzfeld
300
200
0.25
0.45
1.00
1.20
0.35
2.00
Start 1 2 3 4 5 6 7 8 9 10 11 12 13 14 15,6 km

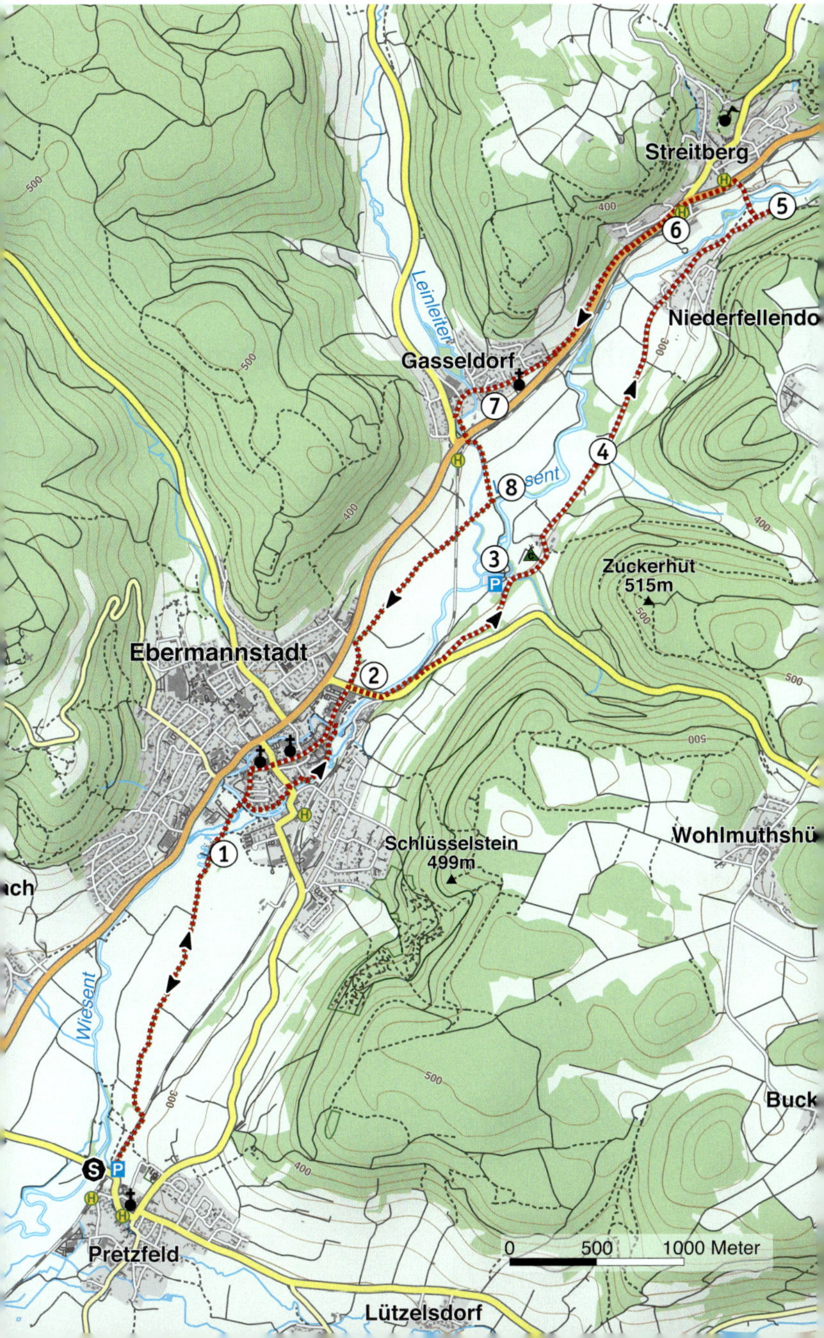
Streitberg
Niederfellendo
Gasseldorf
Leinleiter
Wiesent
Zuckerhut 515m
Ebermannstadt
Schlüsselstein 499m
Wohlmuthshü
Buck
Pretzfeld
Lützelsdorf
0 500 1000 Meter

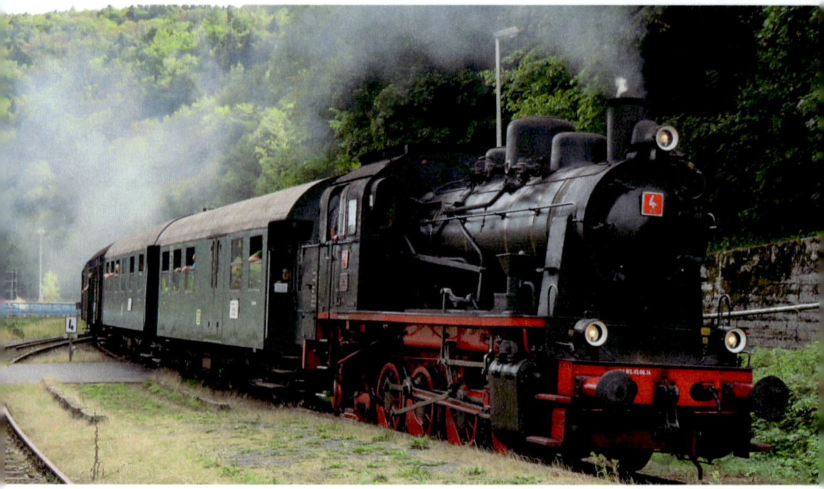

Dampflokfahrt an der Wiesent

Nachdem 1835 die erste Eisenbahn mit Personenverkehr in Deutschland von Nürnberg nach Fürth fuhr, wurde das Schienennetz kontinuierlich ausgebaut. So konnten auch die entlegenen Täler in der Fränkischen Alb an die Infrastruktur angeschlossen werden.

Für große und kleine Dampflokfans

Wer einmal mit einer historischen Dampflok fahren möchte, dem sei die Strecke von Ebermannstadt nach Behringersmühle empfohlen. Der Museumszug fährt von Mai bis Oktober an jedem Sonn- und Feiertag dreimal die Strecke durch das wildromantische Tal der Wiesent. Im Einsatz sind dabei mehrere Dampflokomotiven. Die beiden ältesten gehören zum Typ Ploxemam des Herstellers Hanomag und wurden 1923 gebaut. Bei der nostalgischen Fahrt auf den knarzenden Holzbänken hat man einen grandiosen Blick auf den Fluss, die steilen Felshänge und die Burgen und Mühlen im Tal.

Man kann optional die ganze Strecke oder auch nur Teile der Strecke fahren. So kann man

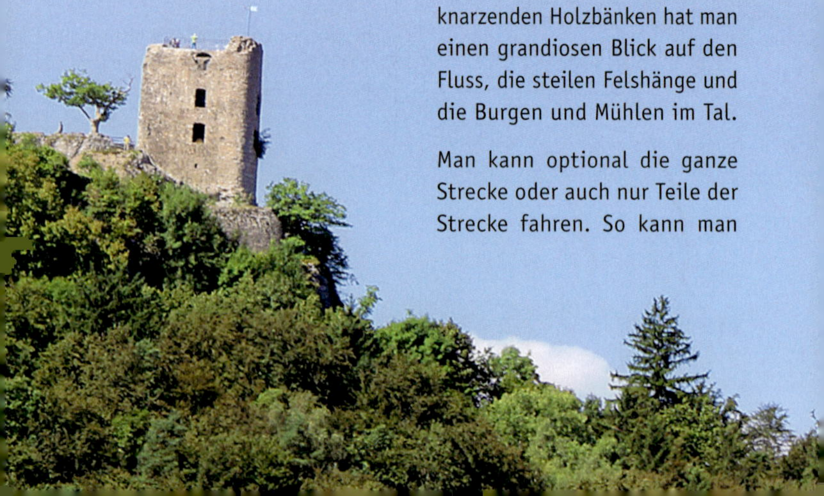

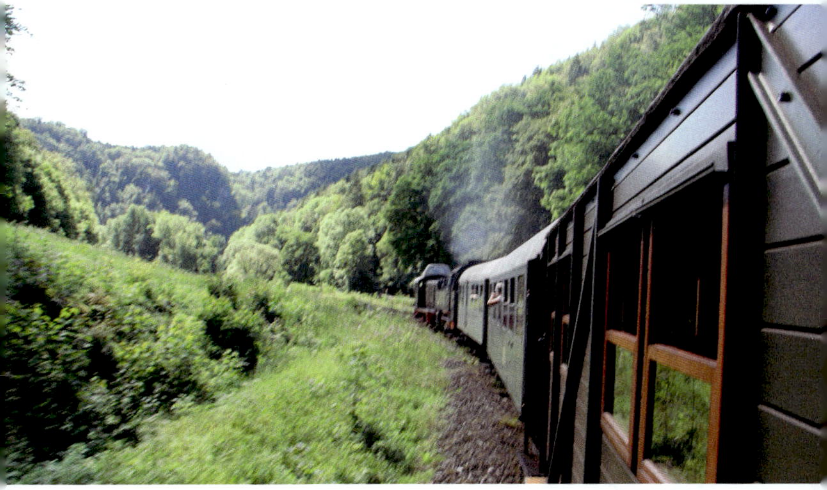

auch beliebig unterwegs Rast einlegen, zum Beispiel um in Streitberg oder Muggendorf zu wandern, zu baden oder den Spielplatz zu besuchen, und dann mit den nächsten Zug weiter fahren. Ebenso kann eine Strecke mit dem Zug und der Rückweg mit dem Fahrrad zurückgelegt werden. Die Räder werden kostenfrei im Zug mitgenommen. Ein gut ausgebauter Radweg führt die gesamte Strecke an der Wiesent entlang parallel zur Eisenbahnstrecke durch das enge Tal. Auch die Anreise zum Dampflokbahnhof in Ebermannstadt ist mit dem öffentlichen Nahverkehr möglich.

Ein besonderes Highlight außerhalb der Saison ist die alljährliche Nikolausfahrt. Sie dauert gut zwei Stunden und für kleine Fahrgäste gibt es eine Überraschung. Fahrzeiten und Tickets für die Dampfbahn gibt es hier: www.dampfbahn.net.

Eisenbahnwandern an Altmühl und Pegnitz

Mit den gut ausgebauten Zugverbindungen im Altmühl- und Pegnitztal sind viele unserer Touren auch ganz einfach mit dem Nahverkehr zu erreichen.

Die **Eisenbahnstrecke durchs Altmühltal** ist landschaftlich einmalig. Mit der sogenannten Altmühlbahn geht es von München bis Treuchtlingen durch das verschlungene Flusstal. Zwischen Eichstätt und Dollstein gibt es zwei Kehren mit fast 180 Grad. Der Zug überquert an vielen Stellen die Altmühl und schlängelt sich teils eng an den Felskanten entlang. Mittlerweile ist die Strecke durchgehend zweigleisig ausgebaut.

Bereits 1877 wurde die **Strecke zwischen Nürnberg und Bayreuth** in Betrieb genommen, welche heute noch unverändert durch sieben Tunnel und über unzählige Brücken durch das Pegnitztal führt. Die historischen Stahlbrücken können bei Wanderungen und Fahrradtouren durchs Pegnitztal besichtigt werden. Heute fährt man die Strecke bequem im Regional-Express und kann das malerische Flusstal an den Fenstern vorbeiziehen lassen. Die im Stundentakt fahrende Bahn erlaubt dabei größte Flexibilität in der Planung. Fahrräder und Kinderwagen können mit transportiert werden. Die Strecke eignet sich also hervorragend, um ohne Auto an die Touren im Pegnitztal zu gelangen oder um nach einer Fahrradtour am Fluss gemütlich wieder zum Start zurückzugondeln.

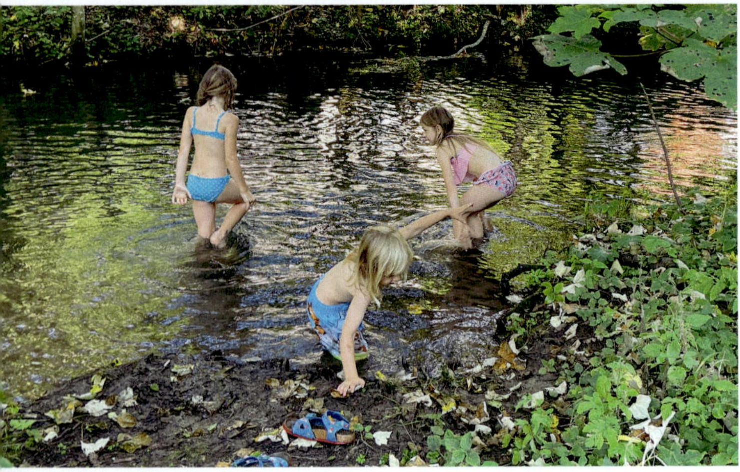

130 m

STRECKE 7,5 km

2 h 45

ab 6

Tour 6: Püttlachtal und Fahnenstein

Herrlicher Ausblick übers Felsendorf Tüchersfeld

Wir wandern überwiegend durch das Tal der Püttlach und durch die Felslandschaft rund um Tüchersfeld. Ein aufregender Abstecher führt uns auf den Fahnenstein. Dort oben erwartet uns ein grandioser Ausblick auf den Felsenort. Am Weg liegen außerdem zwei abwechslungsreiche Spielplätze und ein Kneippbecken, das im Sommer Abkühlung bietet.

Wanderung: Wir beginnen unsere Wanderung am Wanderparkplatz neben dem Tennisplatz in Behringersmühle und folgen zunächst dem **Markierungsschild »gelbe Raute«** zum Ortsausgang. Dort mündet die schmale Teerstraße in einen Schotterweg,

TOUREN-STECKBRIEF

Anfahrt: Behringersmühle erreicht man über die B470 entweder von Forchheim / Ebermannstadt aus oder vom Osten aus Pegnitz / Pottenstein. In der Ortsmitte folgen wir der Abzweigung Richtung Oberailsfeld, biegen nach 200 Metern nach rechts ab und folgen dem Hinweisschild »Sportplatz / Kneippbecken / Wanderparkplatz«. Nach wenigen Metern finden wir auf der rechten Seite den kostenfreien Wanderparkplatz bei **GPS N 49°46'56.5", E 11°20'03.8"**, von dem aus die Wanderung startet.

Anspruch und Charakter: Zu großen Teilen verläuft der Weg auf leicht hügeligen Wegen durchs Flusstal und den Wald. Einzig der Aufstieg zum Fahnenstein erfordert Trittsicherheit und Ausdauer. Dieser Aufstieg kann auch ohne Weiteres ausgelassen werden.

Highlights: Kleine Höhle, Begehbare Wasserstelle am Fluss, Aussichtsfelsen, Fränkische-Schweiz-Museum, zwei Spielplätze, Kneippbecken.

Einkehr: Hotel Behringers und Gasthof zur Behringersmühle in Behringersmühle, Café Müller, Gasthaus zum Fahnenstein und Brotzeitstüberl in Tüchersfeld.

In der Nähe: Museum Tüchersfeld, Erlebnismeile Pottenstein.

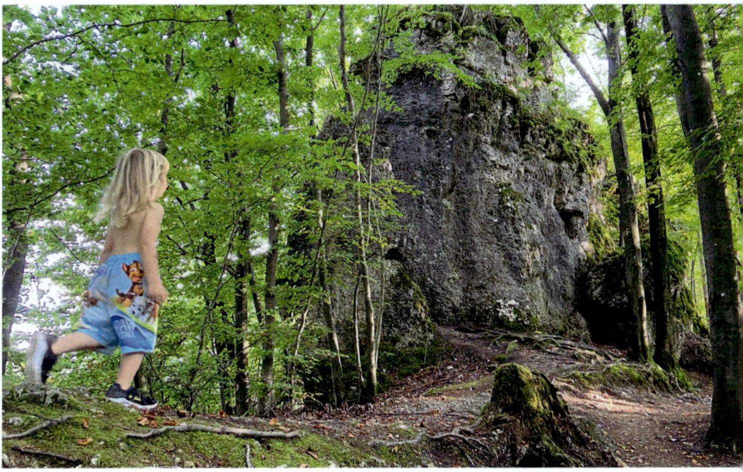

der ohne Steigung durch das Tal führt. Rechter Hand begleitet uns die Püttlach auf unserem Weg und zur Linken kommen wir nach wenigen hundert Metern an eine Felswand mit einer kleinen begehbaren **Höhle** ①.

Der Weg führt uns jetzt durch einen angenehm schattigen Wald und über sanft federnden Boden. Nach einem knappen Kilometer erreichen wir eine **Holzbrücke** ②, die über den kleinen Fluss mit glasklarem Wasser führt. Auf diesem Weg lohnt es sich, Bade- und Wechselkleidung dabei zu haben, denn das Püttlachufer hat hier viele seichte Stellen mit magischer Anziehungskraft.

Nach einem kurzen Bad im eiskalten Wasser geht es weiter. Auf dem gegenüberliegenden Flussufer sehen wir Häuser mit schönen Flussterrassen. An dieser Stelle treffen wir auf die Bundesstraße und unterqueren sie per **Unterführung** ③.

Auf der anderen Seite der Brücke führt unser Weg ein Stück bergauf in den Wald hinein, wo wir links auf unseren Pfad mit der gelben Raute abbiegen. Hier ist bereits Tüchersfeld ausgeschildert. Auf dem gemütlichen Waldweg, der hin und wieder über einige Wurzeln und Steine führt, gelangen wir zu einer kleinen **Kapelle mit Picknickplatz** ④. Von hier aus sehen wir bereits den hoch aufragenden Felsen mit der Fahne, der unser Ziel ist.

Nach kurzer Rast gehen wir links zur Brücke über die Püttlach, überqueren Bach und Bundesstraße und folgen der Straße »Im Tal« geradeaus in den Ort hinein. Dann geht den steilen Berg »Am Museum« hinauf. Oben angekommen sehen wir das **Gasthaus zum Fahnenstein** ⑤, wo wir uns nach dem kurzen anstrengenden Aufstieg ein Eis holen können. Auf der gegenüberliegenden Seite steht das Fränkische-Schweiz-Museum.

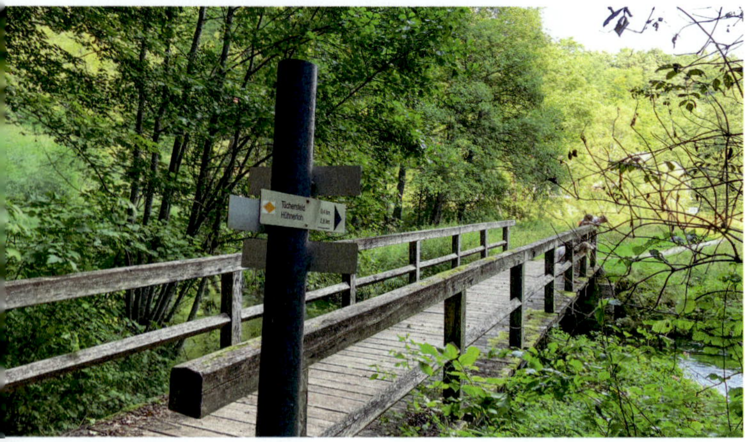

Jetzt wird es spannend. Wir lassen Museum und Gasthaus hinter uns und folgen den Holztafeln mit der Aufschrift »Aufstieg zum Fahnenstein«. An der Hauptstraße entlang geht es zu einem **Wanderparkplatz am Ortsrand**. Vom Picknickplatz am Parkplatzrand führen einige Stufen steil hinauf. Diese Passage erfordert Trittsicherheit. Stufe für Stufe geht es hinauf an schroffen Felsen vorbei. Kurz vor dem Ziel, der **Aussichtsplattform Fahnenstein** ⑥, ist eine Metallleiter im steilen Felsen befestigt. Wir steigen hinauf und kraxeln am Ende durch ein Felsloch. Oben werden wir mit einem grandiosen Ausblick über das malerische Dorf belohnt.

Schließlich steigen wir wieder hinunter zum Wanderparkplatz Tüchersfeld. Wer Lust hat, kann hier einen Abstecher zum gegenüberliegenden kleinen **Spielplatz** machen.

Fränkisches Felsendorf und Fränkische-Schweiz-Museum

Die Felsenburg Tüchersfeld ist eine der markantesten Felsformationen der Region. Sie ragt steil im Einklang mit den Häusern über das älteste Dorf der Gegend hinaus. Hier befindet sich auch das Fränkische-Schweiz-Museum, das in einem Fachwerkhaus aus dem 18. Jahrhundert untergebracht ist. Es bietet Besuchern Einblicke in die Geschichte der Region mit archäologischen Fundstücken von der Steinzeit über die Kelten bis zur Neuzeit und zeigt traditionelles Handwerk, Trachten und Landwirtschaft. In wechselnden Jahresausstellungen gibt es weitere spannende Aktionen und Veranstaltungen. Bei einem virtuellen Rundgang bekommt man einen ersten Einblick. Mehr Infos dazu gibt es unter fraenkische-schweiz-museum.de.

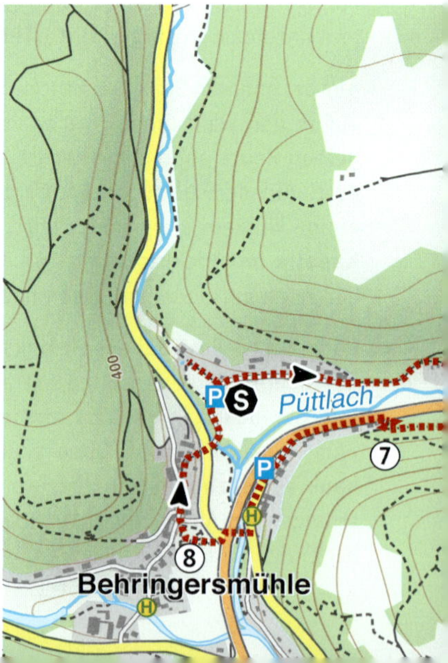

Für den Weg zurück nach Behringersmühle folgen wir vom Wanderparkplatz der Straße »Zur Hinterecke« ins Ortszentrum und dann wieder rechts zur **Bundesstraße**. Diesmal überqueren wir hier nicht die Püttlach, sondern laufen auf dem schmalen Gehweg einige hundert Meter direkt an der Straße entlang bis zur **Unterführung** ③, die wir schon vom Hinweg kennen. Hier laufen wir über die Brücke und wechseln die Straßenseite, um links von der Bundesstraße den **mit einem roten Kreuz markieten Wanderweg** zurück nach Behringersmühle zu nehmen.

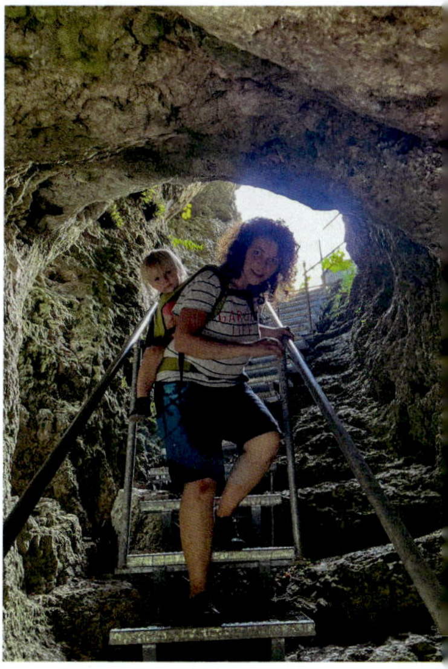

Der angenehme Weg verläuft durch den Mischwald oberhalb der Bundesstraße und gewährt von Zeit zu Zeit schöne Ausblicke auf das Püttlachtal. Etwa zwei Kilometer weiter zeigt uns ein **Wegweiser** ⑦ mit dem roten Kreuz den Weg rechts hinab und wir folgen dem Pfad einige Meter bis zur Bundesstraße.

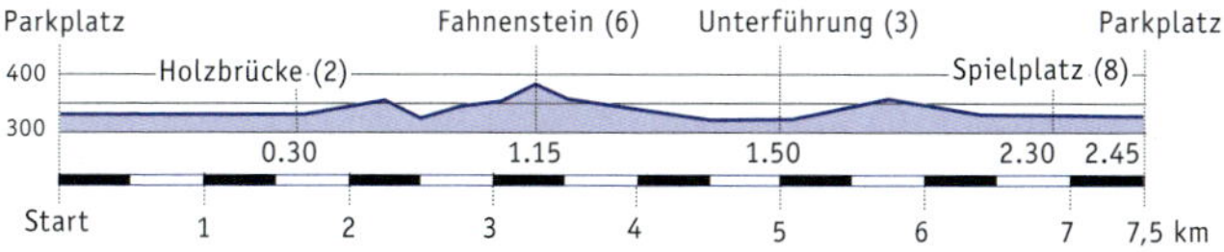

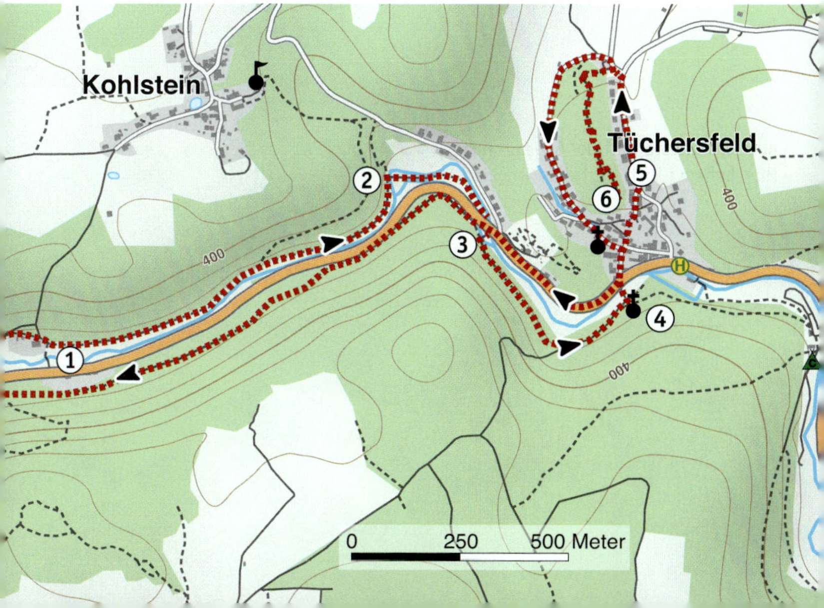

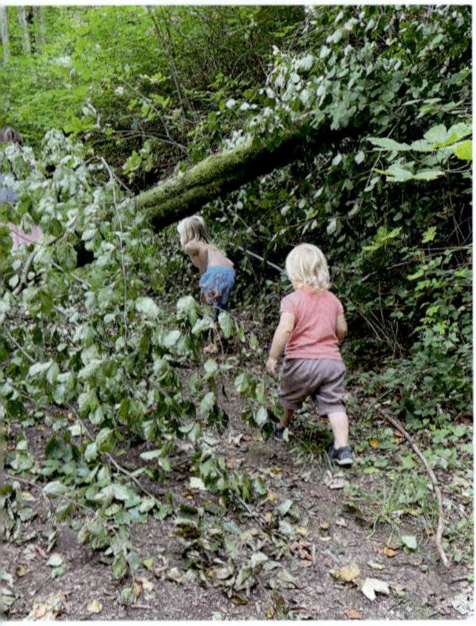

Ausklang am Kneippbecken
Gehen wir vom Parkplatz links um den Tennisplatz herum, sehen wir am Ende der Straße ein großes Spitzdach über einem Rastplatz. Hier können wir uns von der Wanderung ausruhen und die müden Füße im Kneippbecken abkühlen.

Links geht es auf dem Fußweg neben der Straße weiter. Wir überqueren einen Parkplatz und kommen am Tagungshotel vorbei, bis wir rechter Hand eine Brücke über die Püttlach sehen. Unser Weg führt über den Fluss, dann passieren wir die Kreuzung und sehen links Treppenstufen, die hinab zu einem Spielplatz führen. Der **Spielplatz im Kurpark** ⑧ von Behringersmühle ist wohl einer der schönsten der Region. Neben einem schattigen Sitzplatz unter den Bäumen gibt es hier einen Kletter- und Balancierparcours, Sandkasten, Schaukeln, ein Schachbrett und viele Fahrzeuge. Das Highlight ist der aus Mühlenrädern gebaute Brunnen, der zum Plantschen einlädt.

Nach einer ausgiebigen Spielpause verlassen wir den Kurgarten auf der gegenüberliegenden Seite und steigen die Treppe hinauf Richtung **Gasthaus zur Behringersmühle**. An der Kreuzung laufen wir nach rechts und folgen der Hauptstraße, die hinter der Metzgerei in eine schmale Gasse mündet.

An der nächsten Kreuzung laufen wir weiter geradeaus und folgen nun den Hinweisschildern »Wanderparkplatz/Kneippbecken« zum Parkplatz.

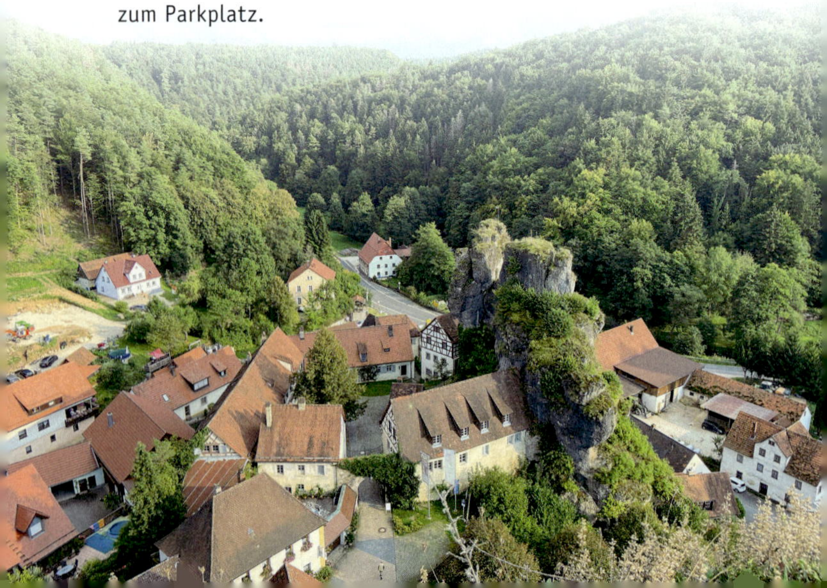

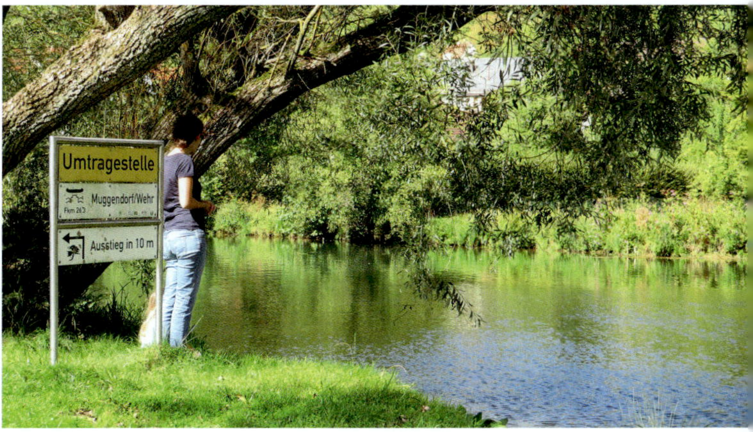

Tour 7:
Im Kanu auf der Wiesent

STRECKE
9 km

3 h

ab 8

Von Behringersmühle nach Muggendorf

*Die schnelle Strömung und die vielen Stromschnellen sowie die abwechslungsreiche Landschaft machen das Paddeln auf der Wiesent zu einem abenteuerlichen Erlebnis. Die Strecke führt von Behringersmühle an zwei Mühlen vorbei mit Blick auf die steilen Felswände bis in das schöne Muggendorf: eine herrliche Halbtagestour für geübte Paddler*innen mit größeren Kindern.*

Paddeltour: Gleich beim Einstieg in Behringersmühle ist die Strömung durch den nahen Zufluss der Püttlach relativ stark. Es folgen weitere kleinere Stromschnellen. Schon nach 300 Metern sehen wir auf der linken Seite das **Gasthaus Stempfermühle** ① und eine Holzbrücke. Wir steuern die linke

> Am Fluss gibt es mehrere **Verleihstationen**, die auf unterschiedlichen Flussabschnitten Kanus, Ausrüstung und Transfer anbieten.
>
> *Die Preise liegen bei € 28 – 35 pro Person, Kinder 5 bis 12 Jahre € 18 – 25.*
>
> *Station in Muggendorf: www.aktiv-reisen.com*
>
> *In Gößweinstein / Behringersmühle: www.leinen-los.de*
>
> *Weiter oben am Fluss in Waischenfeld: www.kajak-mietservice.de*

TOUREN-STECKBRIEF

Anfahrt: Behringersmühle befindet sich direkt an der B 470 Forchheim – Pottenstein. Der Treffpunkt für Kanufahrer ist der Parkplatz am Bahnhof in Behringersmühle: vor dem Ortseingang rechts den Berg runter bei **GPS N 49° 46'29.1", E 11° 20'04.3"**.

Anspruch und Charakter: Aufregende Paddeltour mit einigen schwierigen Stellen für Geübte.

Highlights: Zwei Mühlen, zwei Wehre, Biergarten am Wasser und einzigartige Natur.

Einkehr: Hotel und Gasthaus in Behringersmühle, Biergarten Sachsenmühle (12 – 18 Uhr), Gasthäuser in Muggendorf.

In der Nähe: Natur und Höhenschwimmbad Gößweinstein.

Paddler nehmen Rücksicht
Die Wiesent ist ein ökologisch empfindlicher Lebensraum. Vögel und Fische brauchen für ihr Überleben Ruhe-, Schutz- und Rückzugszonen. Ungestörte Brutplätze und Laichbereiche sind besonders wichtig. Je ruhiger und unauffälliger sich Paddler bewegen, je mehr Abstand sie zu den Tieren halten, umso besser. Aus diesem Grund ist die Wiesent während der Brutzeit gesperrt und darf nur vom 1. Mai bis zum 30. September mit Kanu oder Kajak befahren werden.

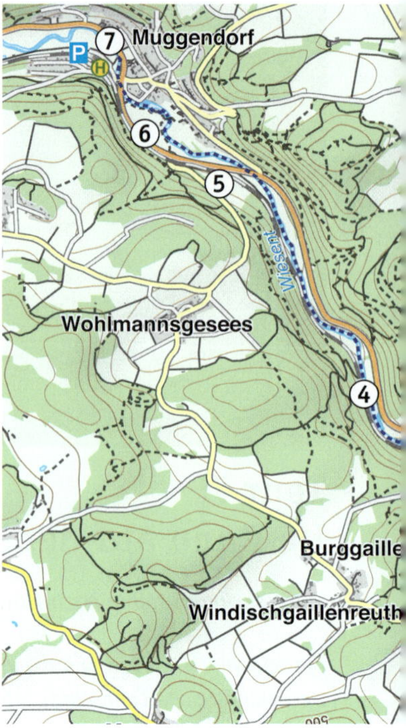

Seite an und können das stillgelegte Wehr an der Mühle unter der Brücke links umfahren.

Nach dem rasanten Start geht es etwas gemütlicher weiter den Fluss hinab. Links oben sehen wir auf dem steilen Felsmassiv die **Burg Gößweinstein**. In der nächsten Kurve durchfahren wir die **Hindenburgbrücke** ②. Unterwegs fliegen einige Enten und andere Wasservögel davon, die wir mit unseren Paddeln aufgeschreckt haben. Um die Tiere am Fluss nicht zu sehr zu stören, halten wir Abstand zu den Ufern.

Nach zwei langgezogenen Kurven und weiteren Stromschnellen sehen wir bereits die **Sachsenmühle** ③ mit ihrem Biergarten. Wer hier eine Rast einlegen möchte, steuert den Ausstieg links

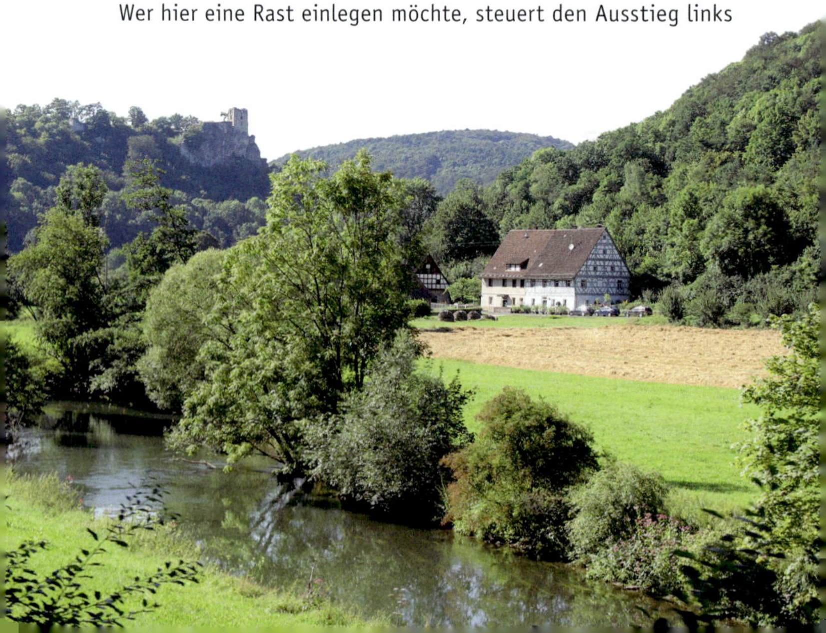

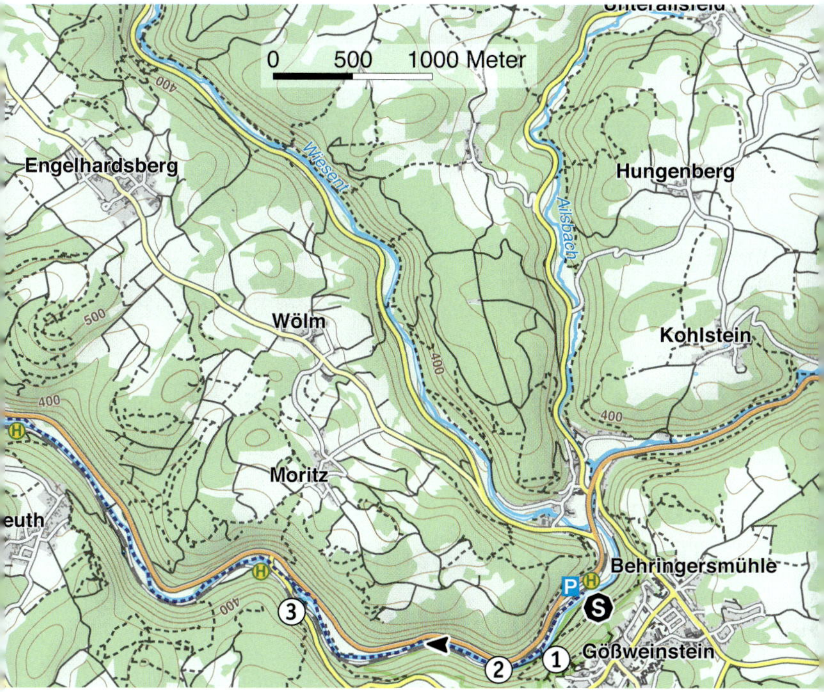

an und kann direkt im Biergarten anlanden. Wer keine Rast plant, muss den Ausstieg auf der rechten Seite ansteuern und das Boot etwa 100 Meter um das Wehr tragen. Das Befahren des Wehres ist verboten!

Nach dem Umtragen setzen wir unser Kanu wieder in die Wiesent und fahren weiter an einigen Häusern der Mühle vorbei, unter einer **Brücke** hindurch und sehen links das Wanderheim. Rechts über den Häusern ragt eine steile Felswand empor und wir fahren durch einige weitere Stromschnellen. Bald erreichen wir ein **Naturwehr** ④, das wir mit etwas Geschick rechts umfahren und kommen so gut durch die kurvige Stelle. Es folgen einige weitere steinige Stellen mit Strömung, bis wir kurz vor Muggendorf unter der **Brücke der B 470** ⑤ hindurchfahren.

Auf der linken Seite sehen wir bald einige Bänke. Dann folgt das **Wehr Muggendorf** ⑥, das letzte Hindernis kurz vor dem Ziel. Wir steigen auf der linken Seite aus und können unser Kanu durch einen kleinen Kanal um das Wehr treideln. Beim Einstieg sehen wir auf der gegenüberliegenden Flussseite bereits den Ort Muggendorf und die Gasthäuser, die zur Einkehr einladen. Wir durchfahren noch zwei Brücken und kommen schließlich am Zielpunkt an: dem **Parkplatz in Muggendorf** ⑦. Hier erfolgt der Ausstieg über eine betonierte Treppe auf der linken Seite.

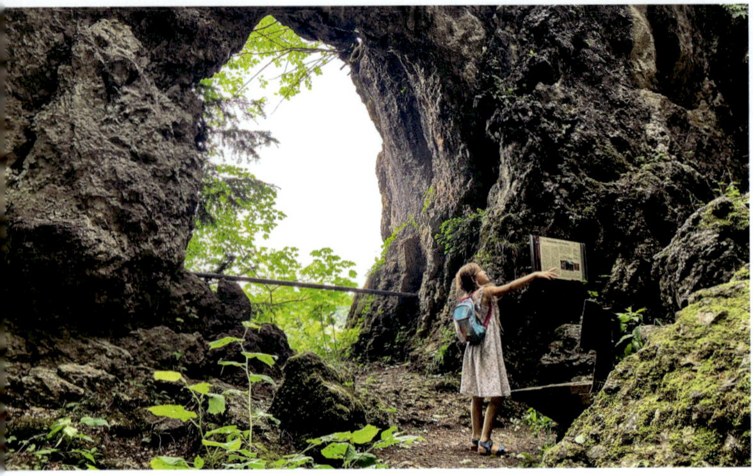

100 m
STRECKE 5,2 km
2 h
ab 6

Tour 8: Durch das Trubachtal

Von der Burg Egloffstein zum Felsentor und zum Spielplatz

Das Trubachtal gilt als eine der grünen Oasen in der Fränkischen Schweiz. Mit kurzen Wegen und abwechslungsreichen Angeboten in malerischer Landschaft ist hier viel geboten für abenteuerlustige Entdecker. Auf dieser Tour geht es vom zauberhaften Trubachtal hinauf zur Burg hoch über Egloffstein, zum Felsentor und dann direkt am Bachufer zurück. Eine Abkühlung im Kneippbecken sowie der große Spielplatz runden die spannende Tour ab.

Wanderung: Vom Wanderparkplatz geht es an der Hauptstraße entlang nach Egloffstein, wo wir links in den **Kurgarten** ① abbiegen. Der liebevoll angelegte Garten lädt mit seiner Blumenpracht, vielen Bänken und einem Bächlein zum Verweilen ein.

Nach Durchqueren des Kurgartens treffen wir auf einen Fischteich und rechts daneben führt der Wanderweg über eine **Treppe** hinauf zum Marktplatz. Diesen überqueren wir schräg und folgen

TOUREN-STECKBRIEF

Anfahrt: Von der B2 Nürnberg – Bayreuth geht es bei Gräfenberg nach links Richtung Egloffstein. Kurz nach dem Ortseingang in der Rechtskurve befindet sich links der Wanderparkplatz bei **GPS N 49°41'54.8", E 11°15'49.2"**.

Anspruch und Charakter: Spannende Wanderung mit zunächst steilem Anstieg durch den Ort und gemütlichem Rückweg entlang des Flusses im Tal.

Highlights: Kurgarten, Burg Egloffstein, Felsentor, Raumhöhle, Wasserrad, Kneippanlage, Spielplatz.

Einkehr: Gasthof zur Post, Café und Bäckerei zur Mühle, Bäckerei Windisch in Egloffstein und Gasthaus Schloßblick in Mostviel.

In der Nähe: Wildpark Hundshaupten.

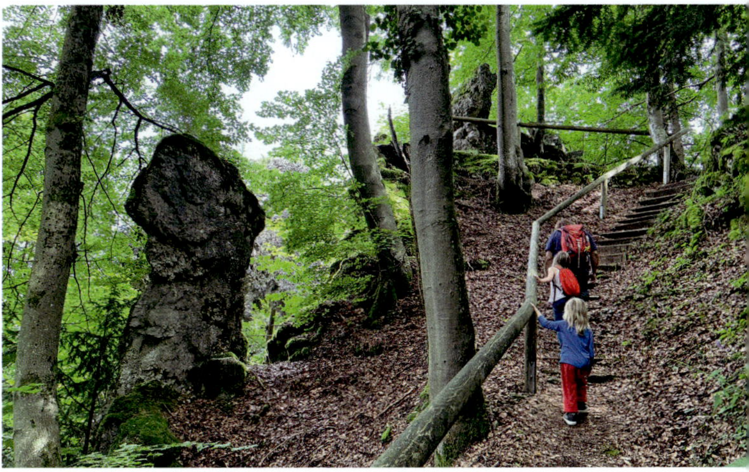

der **Rabensteinstraße**. Nach einigen Metern sehen wir links eine recht unscheinbare Treppe und das Straßenschild »**Burgsteig**«. Diesen Steig laufen wir hinauf und können dabei den herrlichen Ausblick über Egloffstein und das Trubachtal genießen. Kur vor Ende des schmalen Weges finden wir einen **Picknickplatz** ② mit herrlicher Fernsicht.

Nach einer kleinen Rast geht es weiter rechts bergauf in Richtung Kirche und Burg. Das letzte Stück vor der Burg ist eine **lange Treppe**, über die wir auf den **Burgberg** klettern. Oben angekommen werfen wir einen Blick in die Kirche und nutzen die Gelegenheit, weit ins Trubachtal zu blicken. Von hier aus sehen wir bereits Mostviel, die Trubach und den Spielplatz – also die Strecke, die wir im Anschluss laufen werden. Die mittelalterliche **Burg Egloffstein** befindet sich in Privatbesitz und ist daher nur zu bestimmten Zeiten für die Öffentlichkeit zugänglich.

Wir durchschreiten den Platz vor der Burg und laufen den Berg weiter hinauf bis zur nächsten **Kreuzung** ③. Wir biegen rechts ab in die »Egilolfstraße« und folgen dabei der Markierung »blauer

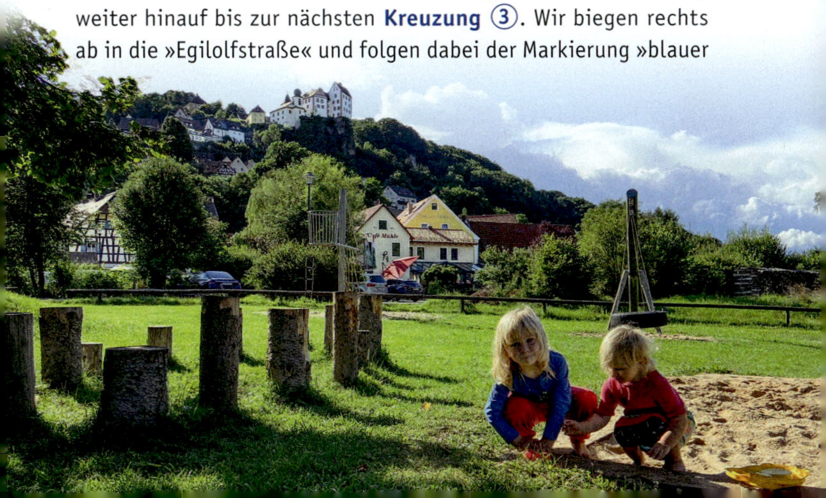

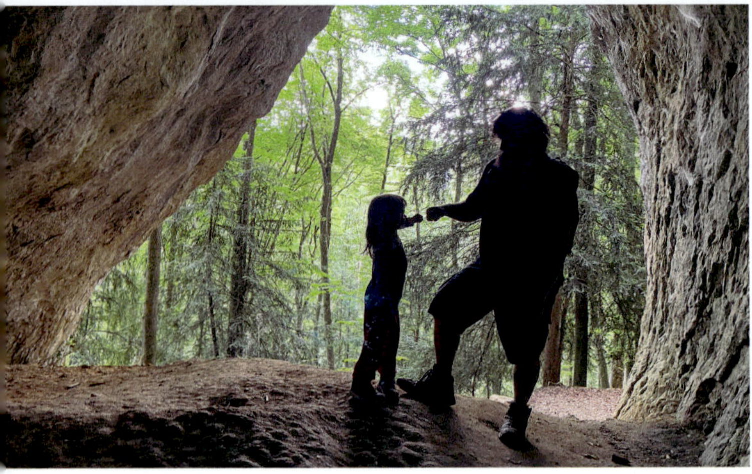

Ring«. Diese führt uns dann am Ortsende rechts auf einen schmalen Wiesenpfad in Richtung »Felsentor«. Im Wald angekommen steigen wir einen felsigen, steilen Pfad und eine Treppe hinab zu einer kleinen Höhle und stehen dann am **Felsentor** ④.

Wer die Strecke abkürzen möchte, kann von hier aus weiter hinab und zurück in die Ortschaft laufen. Sonst kehren wir um und gehen zurück bis zur letzten Weggabelung. Hier folgen wir weiter dem Kulturlandschaftsweg mit der Markierung »blauer Ring«.

Der schmale Waldweg führt durch den sattgrünen Mischwald und zweigt schließlich rechts ab in Richtung Frauenhöhle. Wir steigen den schmalen, teils leicht ausgesetzten Weg hinab und sehen hinter einer Kurve ein mächtiges Felsmassiv. In diesem Felsmassiv befindet sich die **Frauenhöhle** ⑤, die von zwei Seiten zugänglich ist. Wir erkunden zunächst die große Höhle und finden anschließend, etwas zurückversetzt, den schmalen Seiteneingang. Dieser ist jedoch in den Wintermonaten zum Schutz der Fledermäuse, die in der Höhle überwintern **[› Seite 210]**, für Besucher gesperrt.

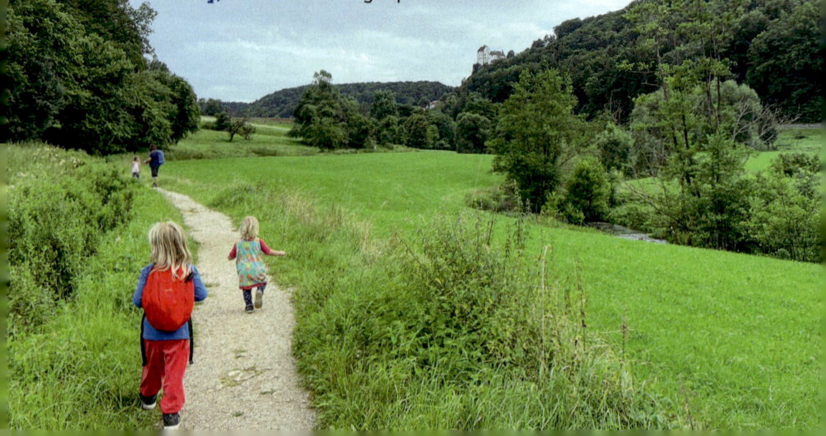

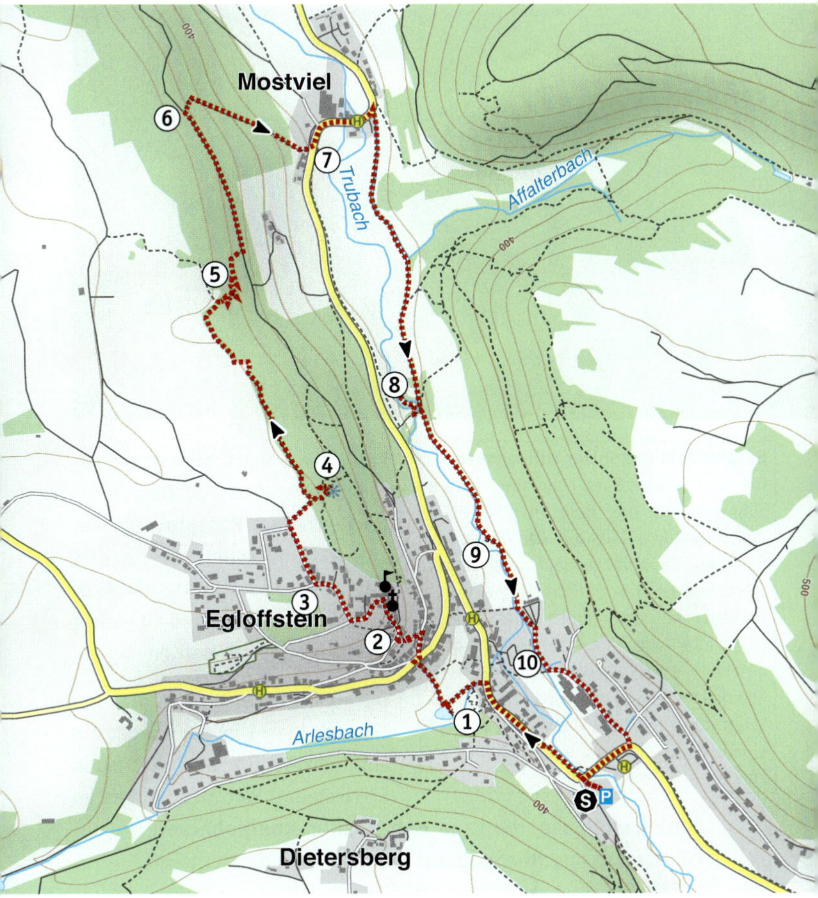

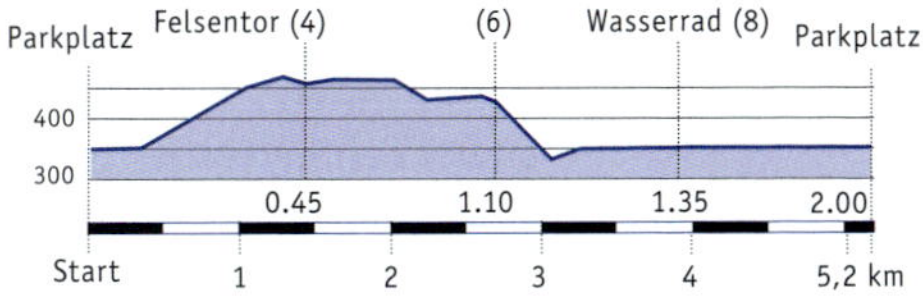

Wir steigen rund 200 Meter weiter hinab und kommen auf einen breiten, ebenen Waldweg mit der **Markierung »grüner Strich«**. Hier biegen wir links ab und folgen dem Weg, bis wir durch die Bäume die kleine Ortschaft Mostviel sehen können. An der **nächsten Kreuzung** ⑥ nehmen wir den Weg nach rechts und wandern an der Tagespflege Mostviel vorbei zur **Kunstmühle** ⑦.

Hier verläuft unser Weg ein Stück entlang der Straße und es ist durch die Kurven Vorsicht geboten! Hinter der Brücke über die Trubach sehen wir das Gasthaus und biegen nach rechts ab. Wir überqueren den **Wanderparkplatz** und folgen immer geradeaus dem geschotterten, eben Weg im Tal der Trubach. Er verläuft zwischen Affalterbach und Trubach. Mit gutem Blick auf die Burg

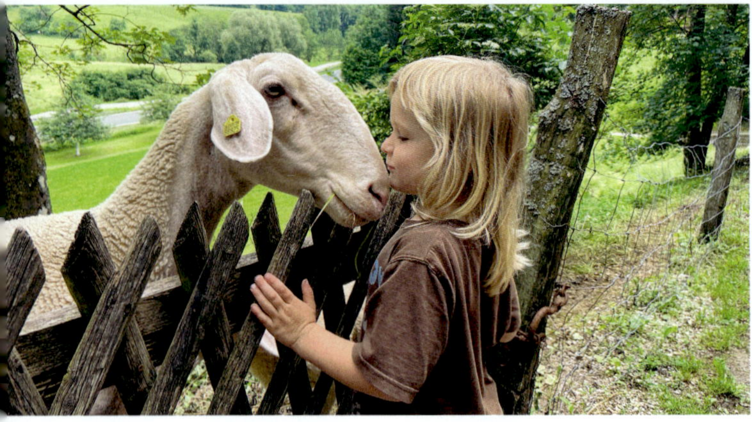

Burgfräulein und Ritter willkommen
Die Besitzer der Burg Egloffstein bieten Führungen in ihrer Burg an und haben eine besondere Idee für den Kindergeburtstag. So heißt es auf ihrer Seite: »Burgfrau Ehrengard führt kleine Burgfräulein und Ritter durch ihre Räume« (Mittelalter- oder Fantasieverkleidung gern gesehen). www.burg-egloffstein.de.
Ebenfalls erlebenswert sind die Felsenkeller von Egloffstein. Diese kann man auf eigene Faust oder mit einer Führung erkunden. www.egloffstein.de.

Egloffstein marschieren wir zurück. Nach etwa 700 Metern erreichen einen **Rastplatz** an der Trubach und sehen hier bereits das Wasserrad. Ein kleiner Abstecher zum **Wasserrad** ⑧ lohnt sich vor allem an heißen Tagen.

Der weitere Weg entlang der Trubach bietet immer wieder die Möglichkeit für eine kühlende Erfrischung. Wer nicht direkt im Fluss baden mag, der kann sich auch im **Kneippbecken** ⑨ abkühlen und anschließend auf der Ruhebank dort erholen.

Nach dieser Erfrischung laufen wir vorbei am **Freibad** von Egloffstein. Kurz darauf erreichen wir einen **Spielplatz** ⑩ und das einladende **Café Mühle**. Anschließend geht es für uns über die Badstraße an der Schule vorbei zur Talstraße. Auf dieser biegen wir rechts ab und erreichen nach wenigen Minuten wieder unseren Startpunkt.

Auf dem Weg zur alten Mühle.

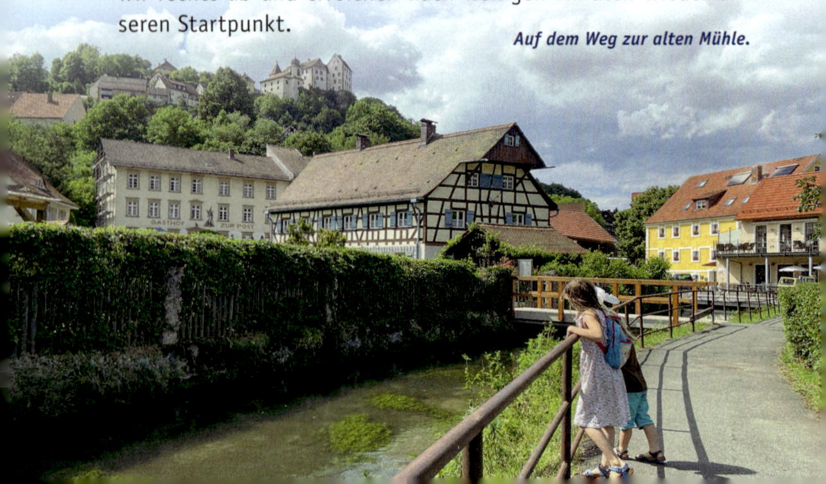

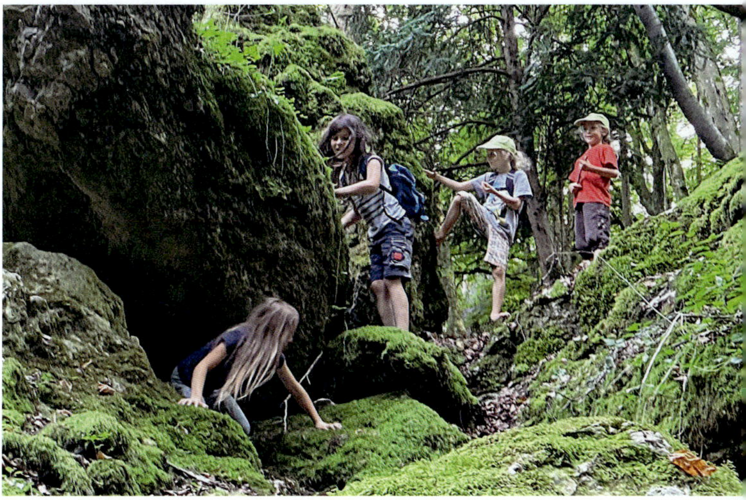

Tour 9: Im Todsfelder Tal

110 m
STRECKE 5,8 km
2 h 15
ab 6

Wilde Felsen und ein unberührter Wasserfall

Aufregende Felssteige und Treppen, eine große Durchgangshöhle und anschließend ein herrlicher Höhenweg mit weiter Sicht warten auf uns auf dem Weg von Egloffstein nach Thuisbrunn. Nach einer gemütlichen Pause an der Burgruine oder auf dem Spielplatz geht es anschließend vorbei an einem Wasserfall durchs autofreie Todsfelder Tal zurück. Eine aufregende, abwechslungsreiche Wanderung mit allen Highlights der Region: Felsen, Höhle und Wasser.

Wanderung: Vom Wanderparkplatz laufen wir zunächst nach links in die Talstraße und biegen nach rechts auf den Paradiesweg ab. Von dort aus sehen wir bereits die **Wandermarkierung »roter Ring«** und folgen ihr beim **Abzweig Paradiesweg** ① nach links.

TOUREN-STECKBRIEF

Anfahrt: Von der B 2 Nürnberg – Bayreuth geht es bei Gräfenberg nach links Richtung Egloffstein. Kurz nach dem Ortseingang in der Rechtskurve befindet sich links der Wanderparkplatz bei **GPS N 49°41'54.8", E 11°15'49.2"**.
Anspruch und Charakter: Anspruchsvolle, abwechslungsreiche Wanderung, die im ersten Drittel Trittsicherheit erfordert und später auf gemütlichen Pfaden und durchs Tal verläuft.

Markierung: Roter Ring.
Highlights: Große Durchgangshöhle, gemütliche Rastplätze mit Ausblick, Burgruine, Spielplatz, Wasserfall und Badestelle.
Einkehr: Gasthaus Seitz und Landmetzgerei Meier (mit Getränke- und Wurstautomat) in Thuisbrunn, Gastwirtschaften in Egloffstein.
In der Nähe: Turmuhrenmuseum und Freibad in Gräfenberg.

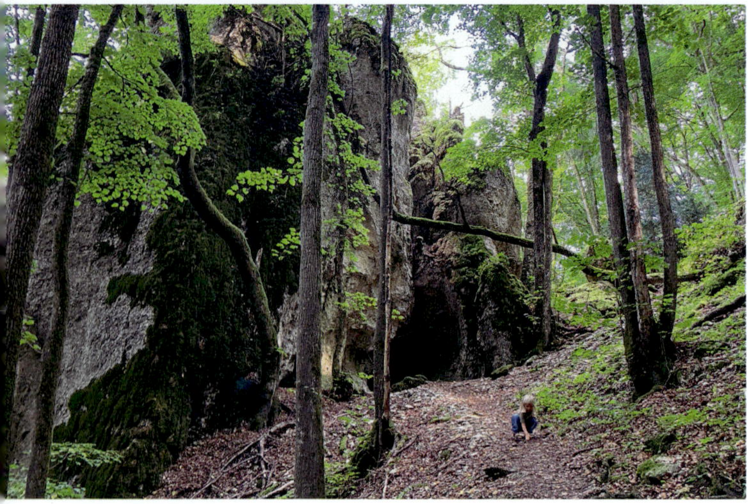

Empfindliche Natur
Die Kalksinterterrassen sind ein sensibles Ökosystem, das es unbedingt zu schützen gilt! Das Gestein der einzelnen Terrassenstufen entsteht, wenn kohlensäurehaltiges Wasser den Kalk auflöst. Durch das Ausfällen der Kohlensäure an der Luft lagert sich der gelöste Kalk ab. Dadurch kommt es zur charakteristischen Stufenbildung. Diese Kalkstufen bieten vielen Pflanzen und Tieren ein Zuhause und sind daher besonders zu schützen. Sie dürfen in keinem Fall betreten oder zerstört werden.

Nach wenigen hundert Metern endet die geteerte Straße und wir folgen dem Pfad am Zaun entlang in den Wald. Der Weg wird etwas breiter, wir sehen die Markierung nach rechts oben zeigen und folgen dem steilen **Anstieg in Serpentinen**. Von hier aus können wir bereits die massive Felsfront erkennen, die wir bald darauf erreichen.

Am Ende des steilen Anstiegs stehen wir direkt vor der **Durchgangshöhle am Augustfelsen** ②. Der riesige Höhlenraum und die massiven Felsbrocken daneben beeindrucken und wir legen hier eine kleine Rast ein.

Anschließend folgen wir dem Weg weiter, vorbei an moosbedeckten Felsen und umgestürzten Bäumen. Zuletzt steigen wir eine **schmale Treppe** zwischen Felsen hinauf und haben dann das Hochplateau erreicht. Auf dem nun breiten Waldweg wandern wir weiter bis zur **Hütte Kugelspiel** ③. Die Hütte selbst befindet sich in Privatbesitz, doch der Ausblick davor sowie der **Picknickplatz** sind frei zugänglich.

Der Weg mit der Markierung **»roter Ring«** führt uns auf der Höhe weiter an Wiesen entlang. Die Vegetation ist hier geprägt von Magerrasen und Dolomitkiefern. Einige Informationstafeln am Wegesrand erklären uns die typischen Merkmale. Unten im Tal sehen wir bereits die Ortschaft Thuisbrunn.

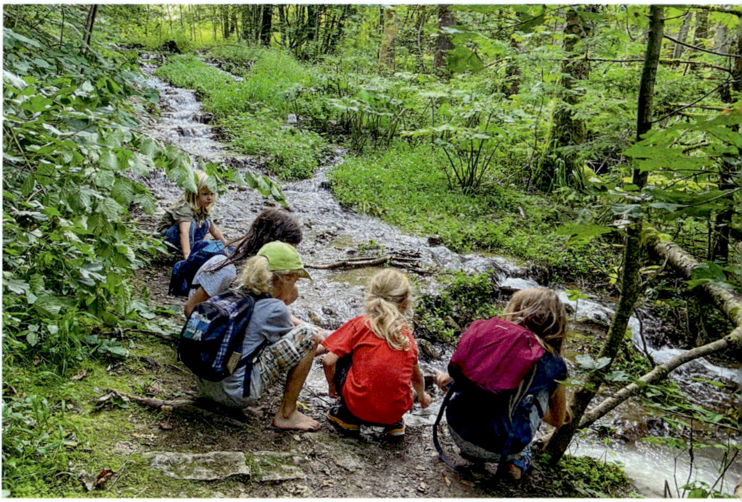

Wir erreichen die gepflasterte Straße und folgen ihr links und bergab in das Dorf hinein. Nachdem wir einige Häuser passiert haben, biegen wir an der nächsten **Kreuzung** ④ wieder links ab. Der Weg ist mit einem grünen Dreieck markiert.

Auf der Straße laufen wir ins Tal hinunter. Hinter dem letzten Bauernhof führt eine schmale **Brücke** über einen Bach. Anschließend steigen wir eine Treppe hinauf zur **Schmiedleite**. Unterhalb der Felsen verläuft hier ein Grasweg, dem wir nach rechts immer in Richtung Burgruine folgen. Auf den Bänken am Wegrand haben wir einen herrlichen Blick über den Ort sowie ins Todsfelder Tal. Oben angekommen sehen wir von der Aussichtsplattform der **Burgruine** ⑤ die Gastwirtschaft, den Friedhof und dahinter einen Spielplatz.

Über saftige Wiesen laufen wir auf dem Höhenzug nach Thuisbrunn.

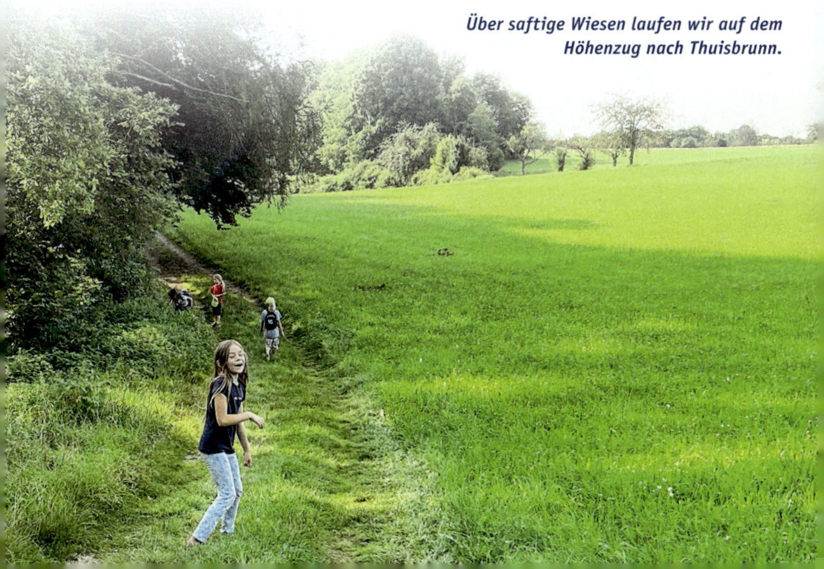

Wir laufen den kleinen Weg zurück zum letzten Abzweig und folgen weiter dem schmalen Pfad, der unterhalb der Ruine den Burgberg umrundet und uns zur **Straße** bringt. Hier halten wir uns links und biegen an der nächsten **Weggabelung** nach rechts Richtung Feuerwehr ab. Hinter der Feuerwehr und dem alten Schulhaus entdecken wir einen **Spielplatz** ⑥. Die Hälfte der Tour sind wir jetzt gelaufen. Wer mag, kann von hier auch in den Ort gehen und im Gasthaus einkehren.

Nach einer ausgiebigen Spielrunde und Rast steigen wir hinauf in Richtung Kirche und laufen über einen Wanderparkplatz. Hier finden wir einen weiteren **Rastplatz**. Auf der Straße geht es an der Kirche vorbei und an der nächsten Kreuzung rechts in Richtung Egloffstein. Wir folgen hier der Markierung **»grüner Kreis/ Frankenweg«** und laufen auf der geteerten Straße den Berg hinab zum Ortsausgang, wo die Straße in einen breiten Schotterweg mündet. Mit dem Blick auf das saftige Grün des Todsfelder Tals laufen wir gemütlich stets leicht bergab. Auf der rechten Seite sehen wir einige **Kletterfelsen** ⑦.

An der nächsten **Weggabelung** ⑧ halten wir uns rechts und folgen dem nun schmalen Wanderpfad, der uns am Bach entlang durchs Tal führt. Bald erreichen wir auf der linken Seite eine Rastbank mit Blick auf die **Kalksinterterrassen** ⑨ und einen

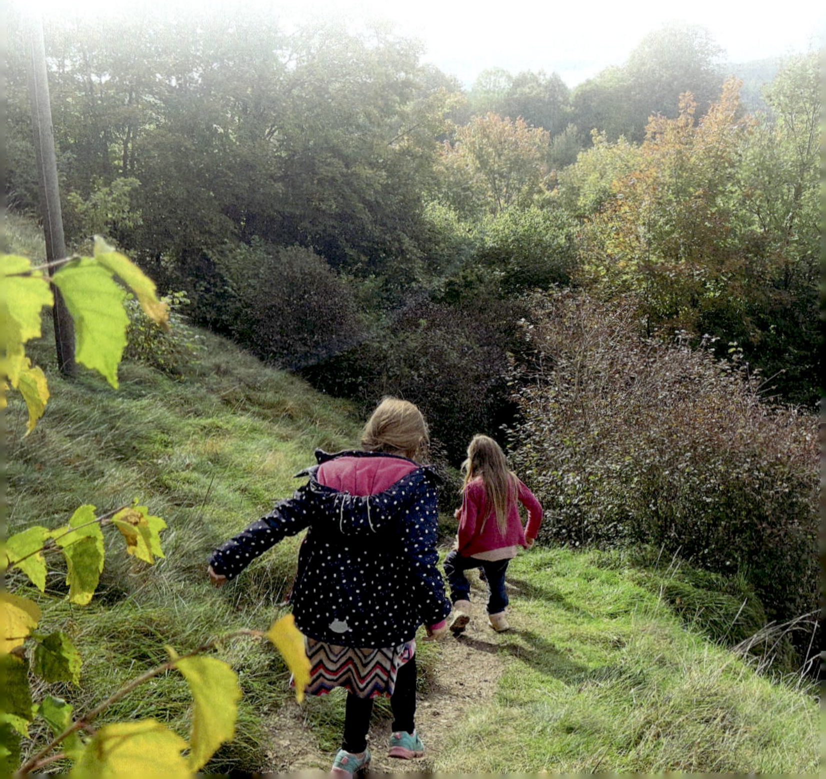

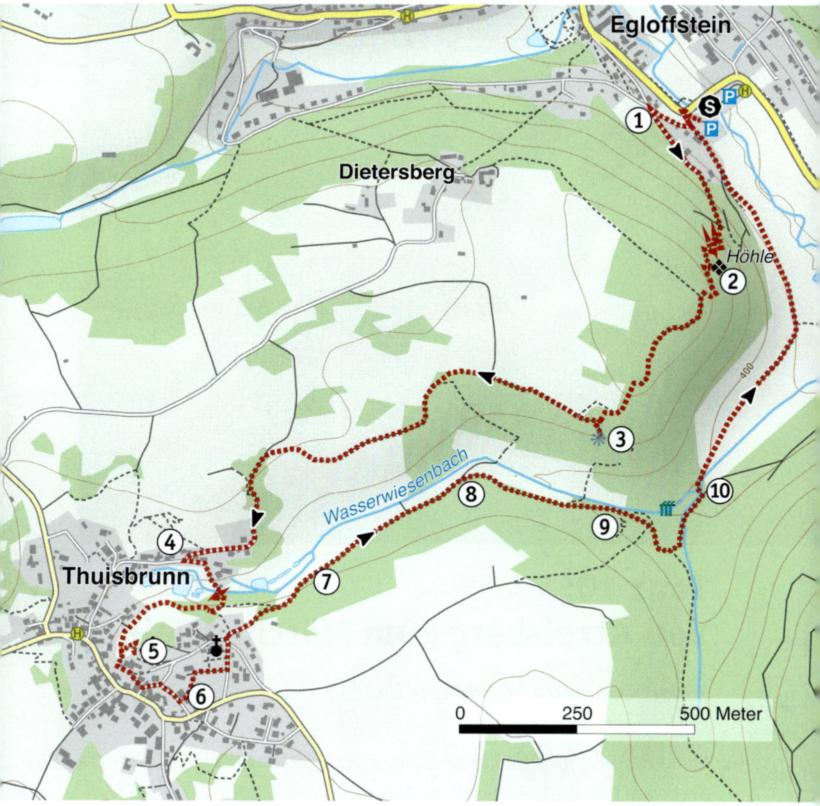

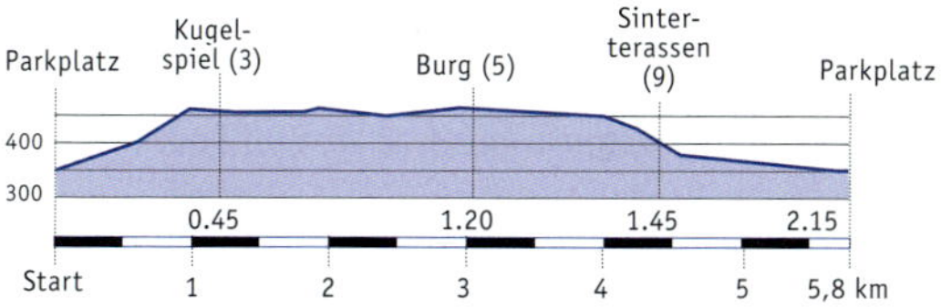

kleinen Wasserfall. Die Sinterterrassen dürfen nicht betreten werden, doch es gibt in Ufernähe eine Möglichkeit für eine Abkühlung im Bach. Wer richtig in den Bach steigen und baden will, wartet bis zum **Picknickplatz ⑩**, der etwas später folgt. Wir erreichen ihn nach etwa 300 Metern auf dem Schotterweg an einer großen Lichtung. Hier lädt eine breite, seichte Stelle im Bach förmlich zum Baden ein. Wir können Steine und Stöcke sammeln und nach Herzenslust im Wasser plantschen.

Nach einer Rast wartet nun das letzte Stück Rückweg auf uns. Wir verlassen den Wald und laufen den schmalen Pfad an der ehemaligen Wasserleitung entlang. Dabei haben wir bereits den Blick auf das Trubachtal und sehen auch schon bald die Ortschaft Egloffstein. Am Ende des Weges geht es rechts zu unserem Wanderparkplatz.

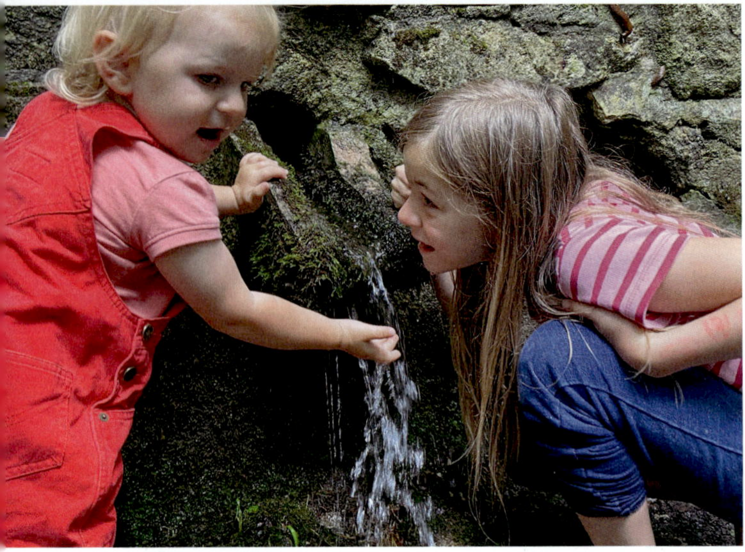

50 m

STRECKE 2,9 km

1 h

ab 4

Tour 10: Von Atzelsberg zum Märchenweiher

Kleine Seenplatte im Erlanger Umland

Eine verwunschene Quelle im Wald, einige Kletterfelsen und mehrere Seen machen diese kleine Runde im Wald von Atzelsberg so reizvoll. Die kurze Tour ist auch für die Kleinsten gut zu laufen und auch mit Laufrad, Buggy oder Fahrrad befahrbar. Idyllische Picknickplätze in malerischer Landschaft laden zu langen Pausen ein.

Wanderung: Vom Wanderparkplatz am Biergarten in Atzelsberg folgen wir der **Markierung »blaues Kreuz«** nach rechts und laufen den **Obstlehrpfad** ① entlang. Er endet an einer Straße, die wir geradeaus überqueren. Anschließend führt uns das blaue Kreuz in den Wald hinein. Rechts am Weg steht eine Sitzbank. Wir laufen weiter und erreichen in der Kurve eine **Quelle** ②, die etwas versteckt hinter einigen Bäumen und Felsen plätschert und zu einer Erfrischung einlädt.

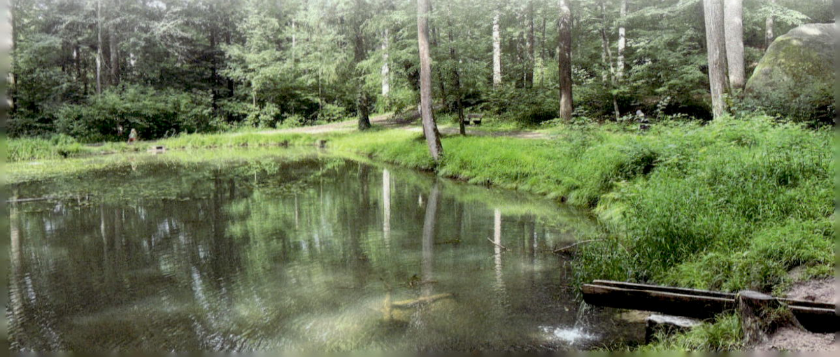

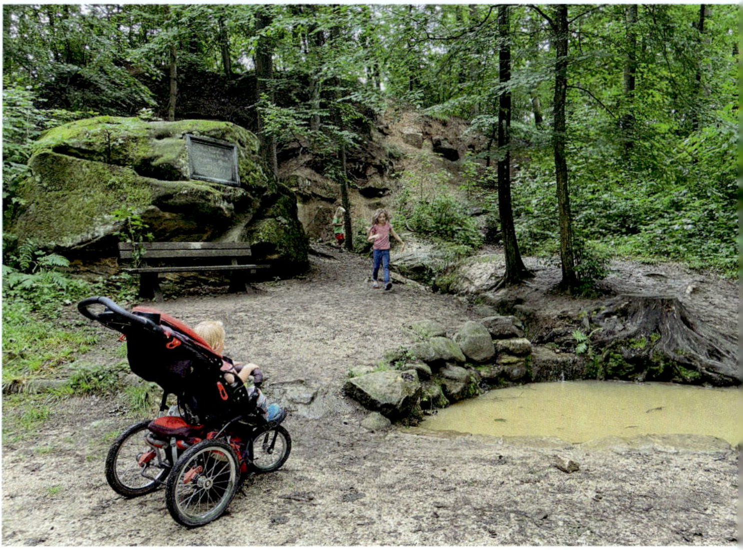

Nach einer angenehmen Abkühlung führt uns der Weg am Bach entlang zu einer weiteren Quelle mit moosbedecktem Auffangbecken. An der nächsten **Wegkreuzung** biegen wir nach rechts ab und entdecken nach kurzer Strecke an der Kreuzung auf der rechten Seite eine **Schutzhütte mit Rastplatz** ③.

Von hier geht es noch gut 100 Meter weiter vorbei an üppig wuchernden Himbeersträuchern, dann biegen wir an der nächsten Kreuzung nach links ab und erreichen kurz darauf den **Schwanenweiher** ④. Am Ufer baumelt hier eine »Schaukel«, mit der sich mutige Abenteurer über den See schwingen können. Am Seeufer stehen Bänke, die sich für eine gemütliche Pause anbieten. Wir laufen rechts am Schwanenweiher entlang und kommen über eine schmale Holzbrücke, von der wir den mit Seerosen bedeckten See betrachten können.

TOUREN-STECKBRIEF

Anfahrt: Von der A 73, Ausfahrt Möhrendorf geht es durch den Kreisverkehr nach Bubenreuth. In Bubenreuth erneut durch den Kreisverkehr durch die Ortsmitte Richtung Bräuningshof fahren. In Bräuningshof nach rechts abbiegen und den Berg hinauf nach Atzelsberg fahren. An der Kreuzung geht es nach links und dort wiederum links auf den Parkplatz gegenüber dem Biergarten bei **GPS N 49°37'33.7", E 11°02'33.3".** Achtung: Bitte nicht die Parkplätze des Biergartens verwenden!

Anspruch und Charakter: Einfache Wanderung durch bewaldetes Gebiet, die auch die Kleinsten (auch mit Laufrad oder Fahrrad) leicht schaffen können.

Markierung: Blaues Kreuz.

Highlights: Quelle, mehrere Seen, Schaukel über dem See und viele Picknickplätze.

Einkehr: Atzelsberger Biergarten und Wirtshaus.

In der Nähe: Erlebnisbauernhof Bräuningshof.

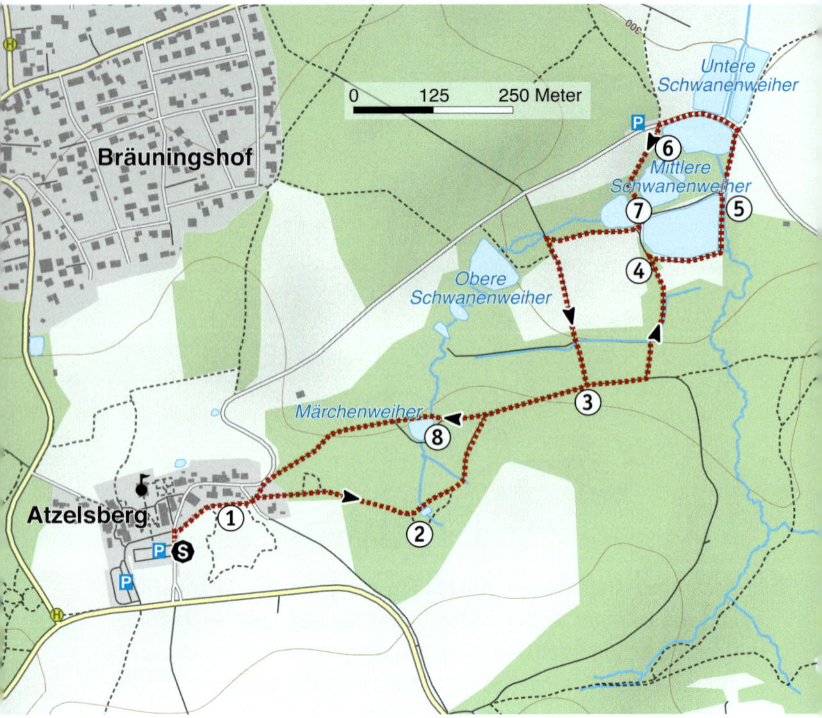

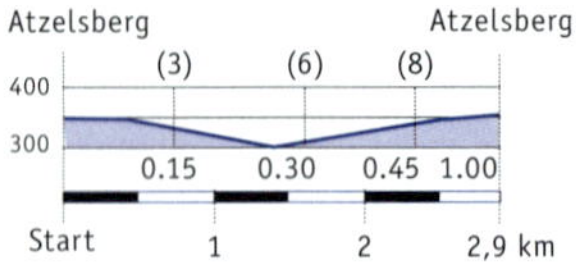

An der nächsten Wegkreuzung befindet sich ein **Picknickplatz** ⑤. Wir halten uns rechts und stoßen kurz darauf auf den Pfad entlang der Straße, der zu einem weiteren **Wanderparkplatz** führt, an dem wir links abbiegen. Über eine Brücke gelangen wir zum nächsten **Picknickplatz** ⑥. Dieser liegt leicht erhöht direkt am Wasser. Anschließend folgen wir dem geschotterten Fahrweg und entdecken zwischen drei Seen abermals einen schönen **Picknickplatz** ⑦.

Um nicht den gleichen Weg zurückzulaufen, halten wir uns jetzt rechts und biegen erst an der nächsten Kreuzung nach links ab. So treffen wir wieder auf die **Schutzhütte** ③, biegen rechts ab und wandern jetzt immer geradeaus. Nach 300 Metern erreichen wir den **Märchenweiher** ⑧, der umgeben von herrlichen Felsen mitten im Wald liegt.

Vom Weiher aus führt der Weg den Berg hinauf zurück nach Atzelsberg. Kurz vor der Ortschaft müssen wir über einige Stufen. Wer mit Buggy und Co. unterwegs ist, kann aber ein paar Meter weiter die Straße nutzen und barrierefrei weitergehen. An der **Kreuzung** ① biegen wir nach rechts auf den Obstlehrpfad ab und sind schon gleich zurück am Parkplatz.

Mühlen in Franken

Menschen haben sich schon in der Steinzeit an Flüssen und Seen angesiedelt. Dabei ging es ihnen nicht nur um ihr eigenes Trinkwasser. Dort wo es genug Wasser gab, konnten auch Pflanzen wachsen und Tiere leben, sodass es genug zu essen gab. Deutlich später in der Geschichte der Menschheit entdeckte man die Kraft des Wassers auch als Antrieb für Maschinen. Die vielen Mühlen, die in der Fränkischen Alb heute noch an den Flussufern stehen, sind lebendige Zeugen einer Zeit, in der Wasserkraft eine sehr hohe Bedeutung hatte.

Getreide zu Mehl verarbeiten – auch das tut der Mensch schon seit der Steinzeit. Damals zerrieb man die Körner mit einem Mahlstein auf einer Steinplatte und das war reine Handarbeit. In einer Mühle werden die Körner dagegen zwischen zwei riesigen Mühlsteinen zerrieben, die mit Hilfe des Mühlrades durch Wasserkraft bewegt werden. So war die Aufgabe des Müllers, aus Getreide feines, backfertiges Mehl herzustellen, schon viel einfacher. Das Getreide wurde sortiert und anschließend übernahmen die großen Mühlsteine die Arbeit.

Mühlen wurden in der Fränkischen Alb aber nicht nur zum Mahlen von Getreide genutzt. Zwischen den rotierenden Steinplatten wurde zum Beispiel auch Öl gepresst. Statt einem Mahlwerk konnte man mit der Bewegung des Mühlrades aber auch ganz andere Werkzeuge antreiben. So gibt es an Altmühl und Pegnitz auch Säge- und Drahtziehermühlen.

Einige der alten Mühlen sind so gut erhalten, dass sie – mittlerweile mit Strom betrieben – wieder genutzt werden. Fast alle haben einen Hofladen und bieten vor Ort Mehl, Getreideflocken und weitere Produkte an. In Dietfurt an der Altmühl kann auch eine Museumsmühle besucht werden, die noch mit Wasserkraft funktioniert. [› Seite 225]

Mühlenläden in der Fränkischen Alb:

Minderleinsmühle, Neunkirchen am Brand. www.minderleinsmuehle.de

Frohnhof Mühle, Eckental. wp.frohnhof-muehle.de

Bocksmühle, Berg bei Neumarkt i.d. Opf., www.bocksmuehle.de

Kreuzermühle, Hohenburg. www.kreuzermühle.de

Hainmühle, Titting. bio1.de

Mäusleinsmühle, Pleinfeld. www.maeusleinsmuehle.de

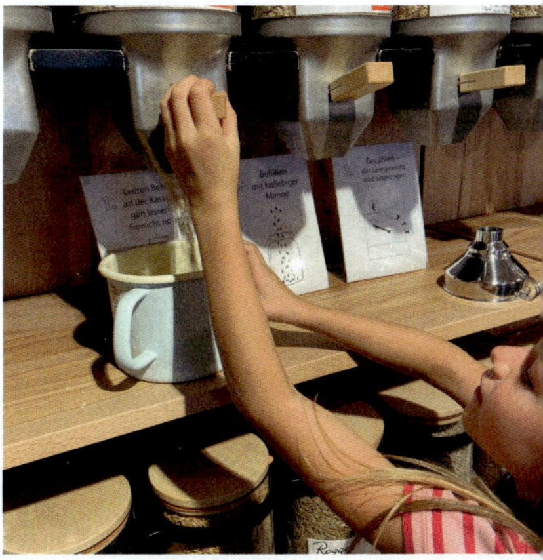

Unverpackt einkaufen in der Minderleinsmühle

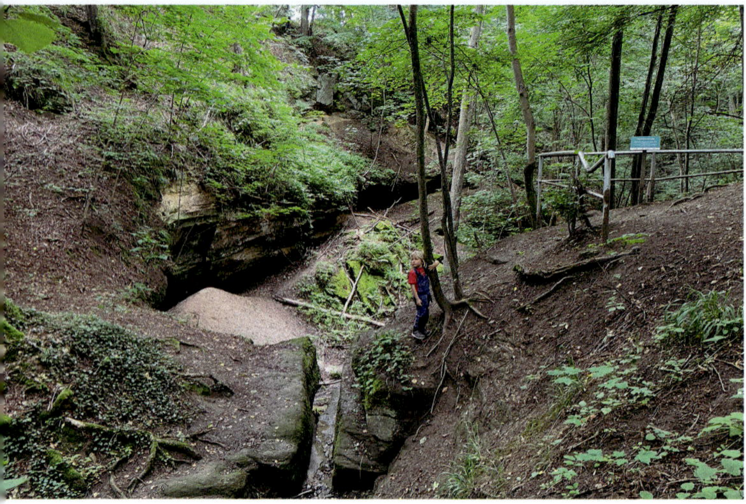

55 m

STRECKE 6,5 km

2 h 15

ab 8

Tour 11: Spielplätze und Sandsteinschluchten

Von Kalchreuth durch die Teufelsbadstube zur Stettenbachschlucht

Landschaftlich charakteristisch sind in und um Kalchreuth vor allem die Streuobstwiesen und die Sandsteinschluchten in den Wäldern. Diese Tour führt zunächst gemütlich mit gutem Ausblick an den Obstwiesen vorbei, anschließend durch zwei aufregende Schluchten mit bizarren Felsformationen und dann zu einem schönen Biergarten. Im letzten Abschnitt der Tour kommen wir auch zu zwei großen Spielplätzen mit viel Abwechslung.

Wanderung: Wir starten die Tour vom Wanderparkplatz am Ortseingang von Kalchreuth. Hier überqueren wir als erstes die Straße und folgen gegenüber des Parkplatzes zunächst dem **Kirschenweg**. Der breite, ebene Weg führt mit schönstem Ausblick über die Felder an ein paar Rastbänken und einem **Picknickplatz** ① vorbei. Besonders im Frühjahr zur Kirschblüte ist dieser Weg sehr empfehlenswert.

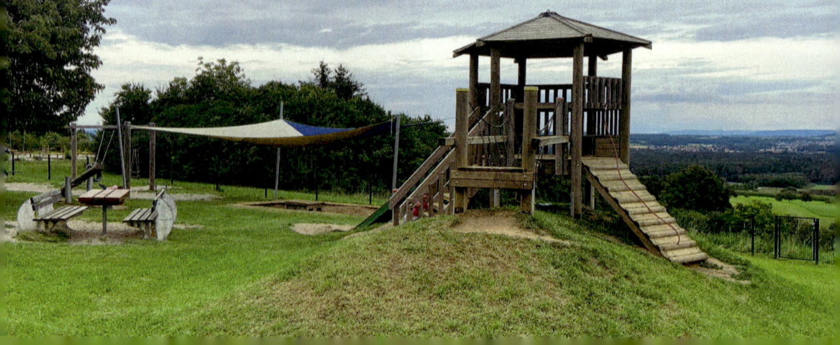

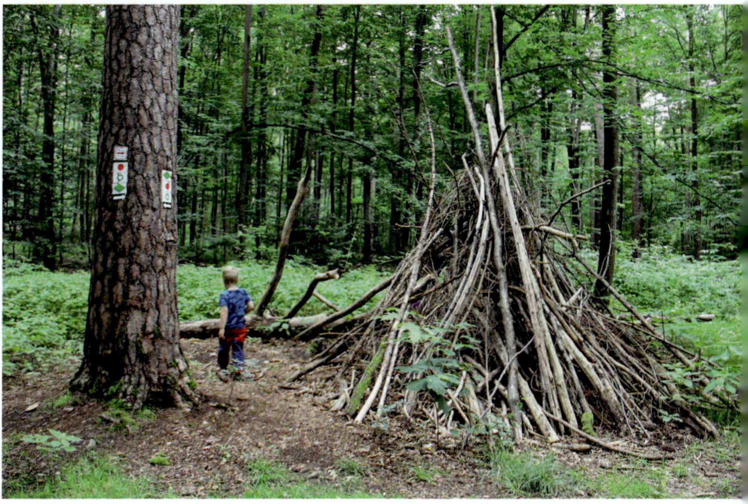

An der nächsten **Kreuzung** sehen wir bereits links den Sportplatz und biegen hier ab, um der Markierung **»grüner Ring/Felsenkeller«** zu folgen. Kurz darauf erreichen wir einen Wanderparkplatz und biegen nach rechts auf den geteerten Fuß- und Radweg ab. Dieser führt uns am **Sportplatz** vorbei und wir sehen auf der anderen Straßenseite die Abzweigung Richtung »Teufelsbadstube/Biergarten«. Dort überqueren wir die Straße und folgen dem breiten Schotterweg, bis wir den **Biergarten** ② erreichen.

Vom Parkplatz führt rechts vor dem Biergarten ein Weg in den Wald und von nun an bergab in die **Teufelsbadstube**. Wir sehen hier eine für die Region typische Sandsteinschlucht, die besonders durch die glatt geschliffenen Felsen auffällt. Tief unten in der Schlucht fließt ein Bächlein. Die Schlucht lädt gerade dazu ein, durch Kraxeln und Verstecken erkundet zu werden.

Dann passieren wir die **Treppen**, die uns auf die andere Seite der Teufelsbadstube bringen, und laufen den Weg nach rechts und am Ende der Lichtung links immer am Waldrand entlang weiter.

TOUREN-STECKBRIEF

Anfahrt: Von Erlangen kommend geht es über Uttenreuth Richtung Neunkirchen am Brand. Vor Dormitz zweigt die Straße nach rechts ab Richtung Kalchreuth und Eckental. Hier dem Straßenverlauf dem Berg hinauf folgen und kurz vor dem Ortseingang von Kalchreuth befindet sich der Parkplatz auf der linken Seite. **GPS N 49°33'29.3", E 11°07'33.4".**

Anspruch und Charakter: Überwiegend ebenmäßige, leicht zu laufende Wege mit Ausnahme der Teufelsbadstube, die nur über eine lange Treppe zu erreichen ist.

Highlights: Zwei Schluchten mit Bächen zum Spielen und Erkunden, Bierkeller und zwei große Spielplätze.

Einkehr: Felsenkeller mit Biergarten, Gasthaus Drei Linden, Zum Roten Ochsen und Bäckerei Kalchreuth.

In der Nähe: Schlossbad Heroldsberg, Wildpferde-Gehege Tennenloher Forst.

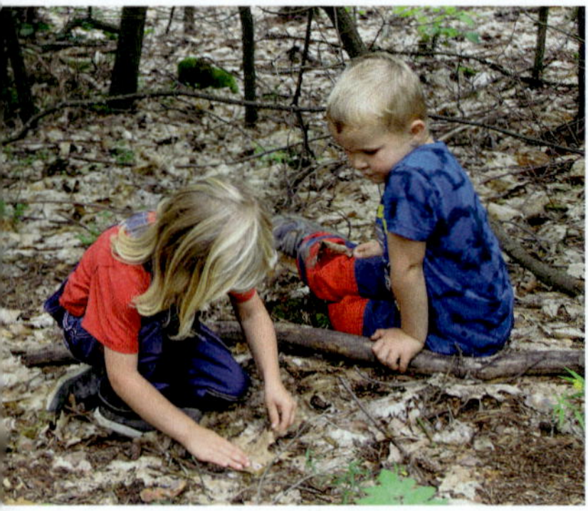

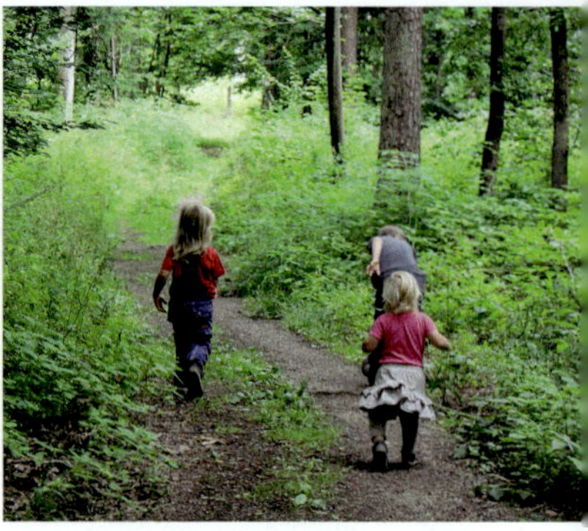

Bei der nächsten Möglichkeit biegen wir nach rechts ab, folgen dabei der Markierung **»roter Punkt«** und gelangen auf einen breiteren Forstweg, auf dem der **Bodenlehrpfad** ③ verläuft.

Hier folgen wir dem Weg nach links und erreichen bald darauf eine **Straße**, die wir geradeaus überqueren. Wir laufen weiter, bis nach etwa 300 Metern links ein mit **dem roten Punkt markierter Pfad** nach links abzweigt. Er führt uns durch teilweise dicht gewachsenen Wald hindurch zur unscheinbaren **Stettenbergschlucht** ④. Wir überqueren den schmalen Bach mühelos über eine kleine Brücke.

Unser nächstes Ziel liegt wenige hundert Meter weiter direkt an einer Wegkreuzung: Ein hölzerner **Unterstand** ⑤, der die Kinder an ein Hexenhaus erinnert, bietet uns Unterschlupf für eine Rast und bei Regen Schutz vor der Witterung.

Nach einer Pause machen wir uns auf den Weg zurück nach Kalchreuth. Dazu folgen wir dem breiten Forstweg weiter geradeaus und verlassen kurz darauf den dichten Wald. Wir halten uns an allen Abzweigungen links und folgen dem ebenen Flurweg. Er führt zwischen Feldern und Wiesen entlang und bietet einen herrlichen Ausblick über die Region. In einer Rechtskurve treffen wir auf einen schönen **Picknickplatz** ⑥ unter Obstbäumen.

Nun ist es nicht mehr weit und wir laufen zügig den Weg hinab bis zum Ortseingang, wo ein großer **Spielplatz** ⑦ mit Pumptrack und Bewegungsparcours auf uns wartet. Auf den Liegebänken

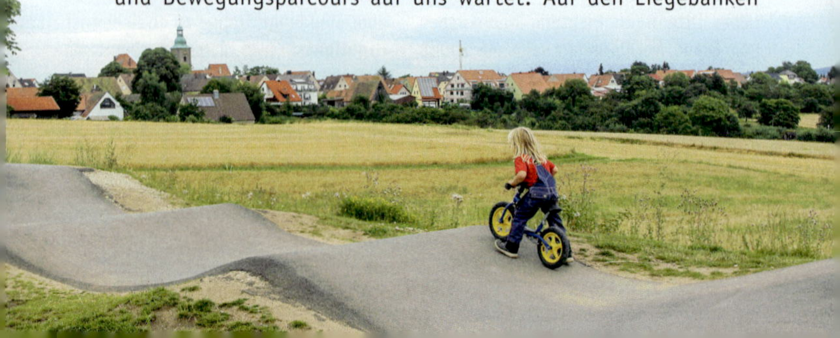

lässt es sich entspannen, während der Nachwuchs sich austobt. Anschließend laufen wir auf dem Gehsteig durch die Ortsmitte von Kalchreuth und passieren am Kreisverkehr das **Gasthaus Drei Linden ⑧**.

Wir folgen der Erlanger Straße hinunter zum Ortsausgang und treffen hier wieder auf den Parkplatz. Die Kinder freuen sich auf den zweiten **Spielplatz ⑨**, der auch noch eine tolle Aussicht bietet.

Fränkische Gastlichkeit
Im traditionsreichen Gasthaus Drei Linden finden wir eine gutbürgerliche, regionale Küche. Das Gasthaus, das sich seit über hundert Jahren im Familienbesitz befindet, wurde unter anderem für sein Fränkisches Lebkucheneis mit Kirschen und Honig ausgezeichnet. In einem kleinen Biergarten kann man stilecht unter den Linden vor dem urigen Sandsteingebäude sitzen. www.gasthausdreilinden.de

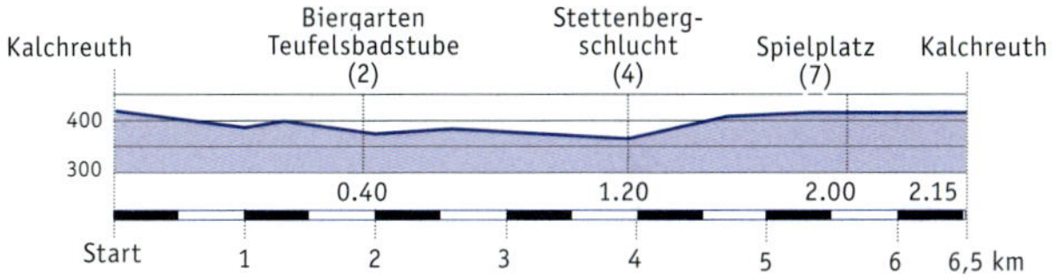

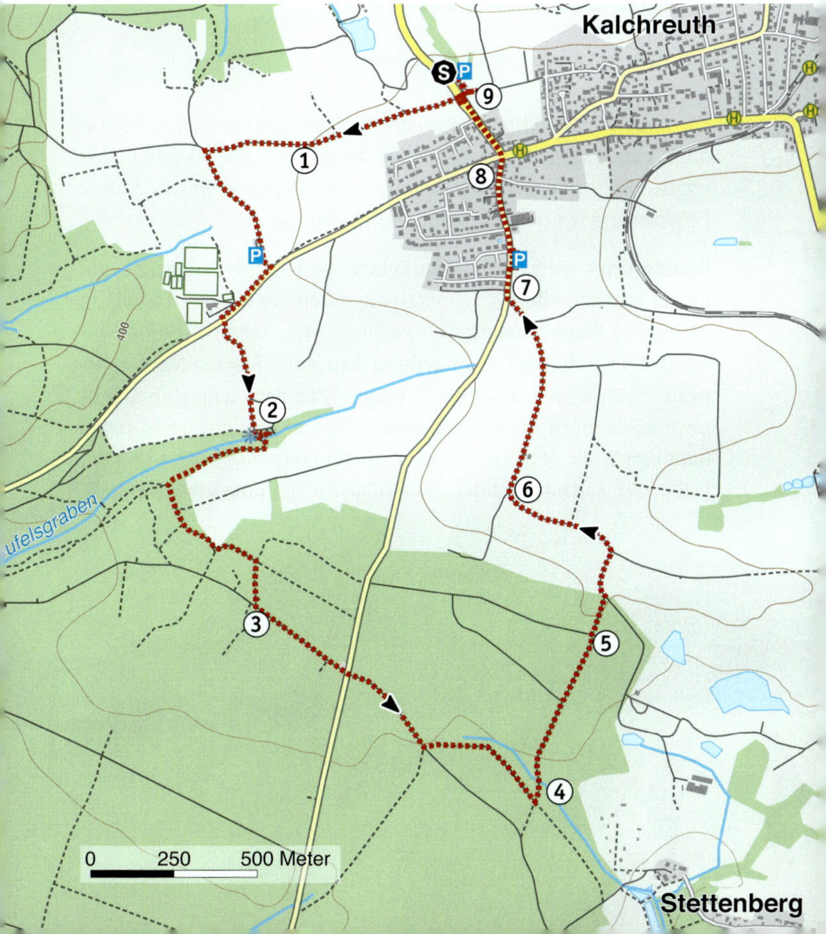

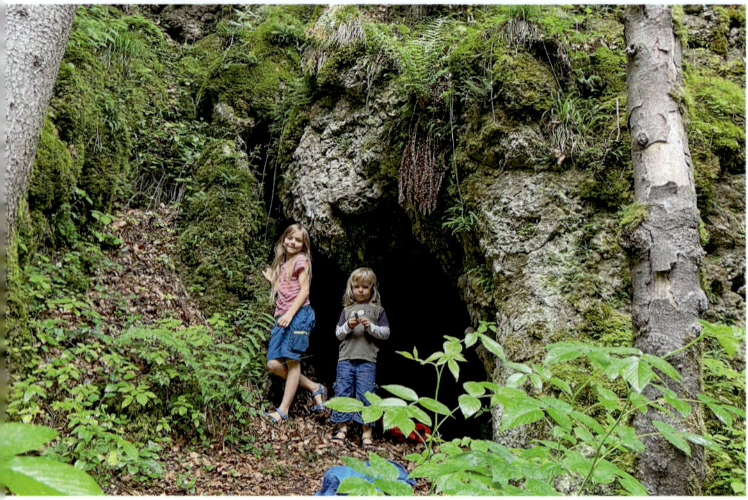

90 m

STRECKE

5 km

2 h

ab 6

Tour 12: Burgruine Bärnfels

Auf dem Naturpfad in Obertrubach

Ein durchweg gemütlicher Wanderweg führt vom Parkplatz Obertrubach zur Burgruine Bärnfels. Der Weg führt überwiegend über breite, meist ebene Wege. Rund um die Burgruine gibt es bizarre Felsformationen und ein Stück steilen Anstieg.

Wanderung: Vom Wanderparkplatz laufen wir zunächst auf einem breiten, ebenen Schotterweg durch die Wiesen, bis wir an eine erste **Wegkreuzung** ① kommen. Hier sehen wir eine Hinweistafel für den mit einer **grünen Raute** markierten **Naturlehrpfad**, dem wir hier nach links folgen. Auf dem schmalen Schotterpfad wandern wir entlang einiger Büsche und erreichen schon bald den Wald. Hier ist der Weg von Wurzeln durchsetzt und wir sehen auf der linken Seite einige Felsen und eine **kleine Höhle**.

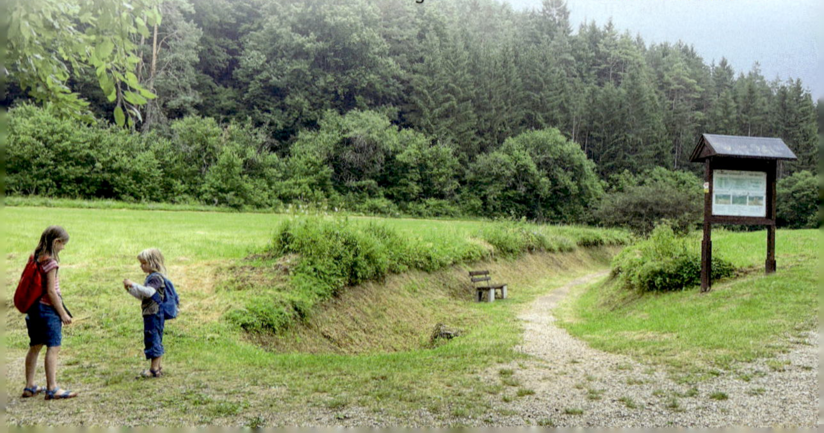

Anschließend kommen wir aus dem Wald heraus, halten uns rechts und laufen auf einer Wiese am Waldrand entlang bis zu einer **Bank** kurz vor einem **Wegkreuz**. Die Kletterfelsen hinter der Bank im Wald verlocken zu einer Pause.

Von der **Kreuzung** ② aus folgen wir nun dem Weg geradeaus Richtung Bärnfels und kommen schon bald wieder in den Wald. Ein sanfter Anstieg führt uns hinauf zu einem Felsen, der einer Sanduhr gleicht. Links und rechts sehen wir hier **bizarre Felsformationen** ③, die ambitionierte Kletterer zum Erforschen einladen.

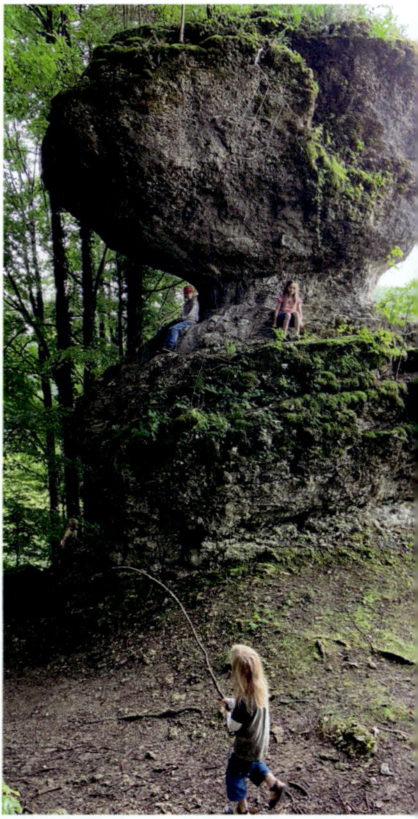

Links sehen wir schon die Ortschaft Bärnfels. Wir halten uns jedoch bei den Felsen rechts und steigen den Berg im Wald hinauf in Richtung **Burgruine Bärnfels** ④. Auf der Anhöhe angekommen überqueren wir die Wiese und sehen links die Felsen, auf denen früher die Burg stand. Ein paar Reste der Burgmauer sind noch vorhanden. Vom Rastplatz haben wir einen herrlichen Ausblick über den Ort. Wer mag, kann an dieser Stelle die Treppen hinab steigen und in der Ortschaft im Gasthaus einkehren.

Für den Rückweg gehen wir zunächst zurück und biegen dann oberhalb der **Felsen** ③ links ab. Dabei laufen wir auf einem schmalen Waldpfad ein Stück bergab, bis wir auf den größeren Wanderweg treffen. Dort geht es links und auf dem ge-

TOUREN-STECKBRIEF

Anfahrt: Von der B 470 aus geht es über Pretzfeld und Egloffstein ins Trubachtal. In der Ortsmitte (beim Dorfladen) von Obertrubach links abbiegen in Richtung Gößweinstein. Der Parkplatz befindet sich kurz hinter dem Ortsende auf der rechten Seite bei **GPS N 49°41'59.6", E 11°20'46.47"**.

Anspruch und Charakter: Einfache, meist ebene Strecke mit Ausblick von der Burgruine.

Highlights: Felsen, Wald und Burgruine.

Einkehr: Gasthäuser in Obertrubach und Bärnfels.

In der Nähe: Burgruine Leienfels, Minigolf und Schwimmbad in Gößweinstein.

mütlichen Weg durch den sattgrünen Buchenwald, bis wir an einer Kreuzung einen **Picknickplatz** ⑤ erreichen. Wir biegen rechts ab und laufen auf der Straße an einem Schafgehege vorbei.

Wenig später mündet die schmale Straße auf einen Schotterweg und wir sehen auf der rechten Seite eine kleine Pferderanch. Am **Waldeingang** ⑥ teilt sich der Weg und wir folgen dem groben Schotterweg links mit der Markierung **»gelber Ring«**, der bergab in den Wald führt. Wir ignorieren alle Abzweige, bis wir nach etwa 800 Metern an einer **Kreuzung** wieder auf den **Naturlehrpfad** ⑦ treffen. Wir verlassen hier den »gelben Ring« und folgen nun der Markierung **»Naturlehrpfad Obertrubach«**. So kommen wir bald darauf an weiteren Felsen vorbei und laufen durch einen **Hohlweg** ⑧, der uns zurück zur **Kreuzung** ① und zum Schotterweg führt, auf dem wir gestartet sind. Kurz darauf erreichen wir den Wanderparkplatz.

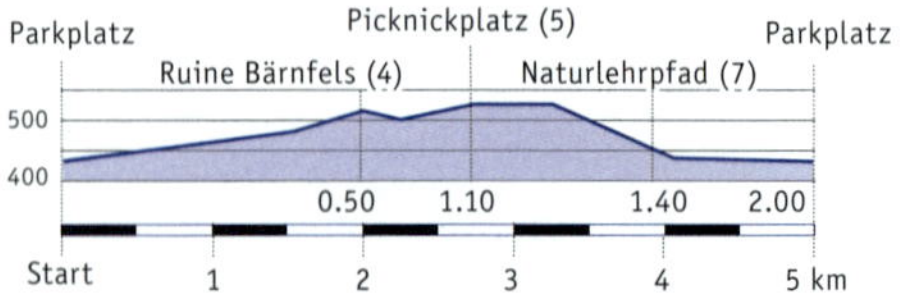

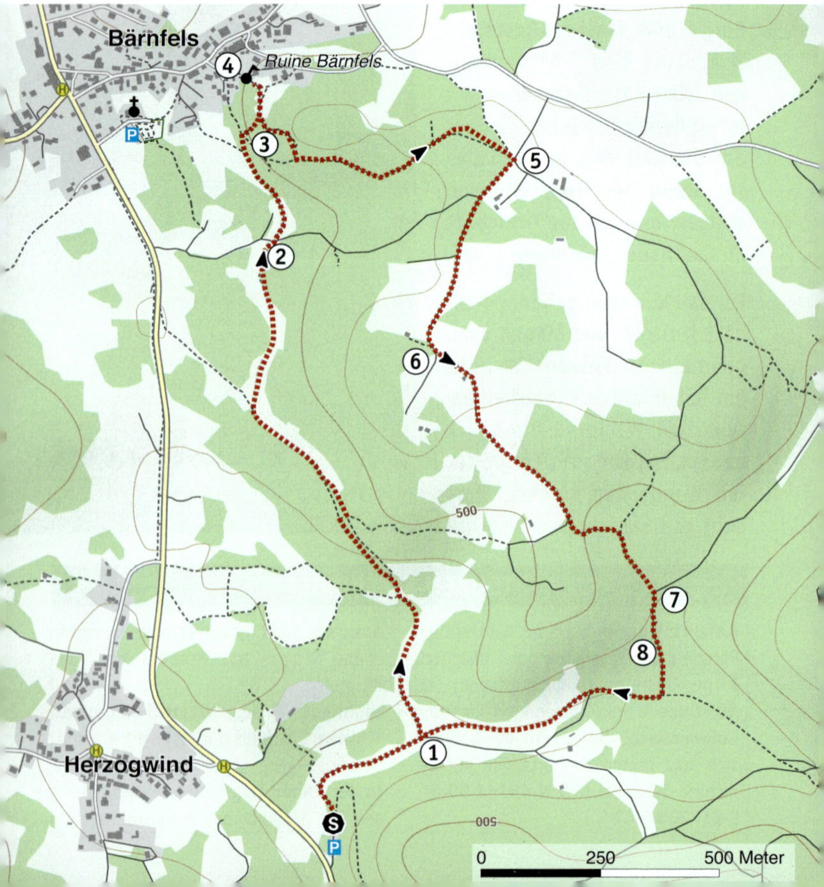

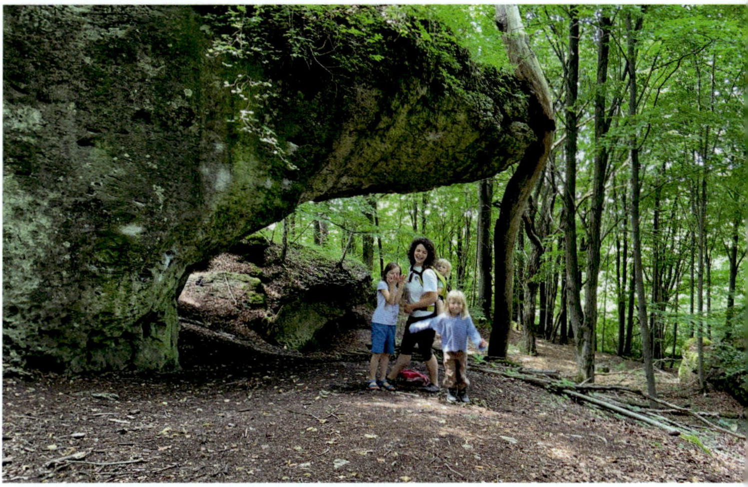

Tour 13:
Das Krokodil von Franken

120 m

STRECKE 4,4 km

1 h 45

ab 6

Abenteuerliche Wanderung rund um Obertrubach

Vom Kletterinformationszentrum geht es steil hinauf in den Wald zum fränkischen Krokodil, einer einmaligen Felsformation oberhalb von Obertrubach, und zum Höllenstein mit seiner großen Durchgangshöhle. Der Weg kann auch wunderbar abgekürzt werden und endet in jedem Fall mit der Möglichkeit zu einer Abkühlung im Kneippbecken und einem Besuch auf dem Kletterspielplatz.

Wanderung: Vom Wanderparkplatz folgen wir dem breiten Weg mit der Markierung **»roter Ring«**, der uns mit stetigem Anstieg am Waldrand hinauf zu einer kleinen privaten **Hütte** ① führt. Auf der Hochebene laufen wir zwischen Wiesen und Feldern und erreichen bald darauf die **Landstraße** ②. Achtung! An dieser

TOUREN-STECKBRIEF

Anfahrt: Von der B 2 Nürnberg – Bayreuth geht es nach links den Berg hinab nach Obertrubach. Nach Durchqueren des Ortes sieht man rechts im Tal das Kletterinformationszentrum. Hier links abbiegen Richtung Hiltpoltstein. Auf der linken Seite befindet sich bei **GPS N 49°41'26.8", E 11°20'32.0"** ein Wanderparkplatz. Alternativ kann auch am Kletterinformationszentrum geparkt werden.

Anspruch und Charakter: Abwechslungsreiche Tour mit teils steilem Anstieg. Die Route führt mehrheitlich durch den Wald und an interessanten Felsen und Höhlen vorbei.

Markierung: Roter Kreis.

Highlights: Große Durchgangshöhle, Schutzhütte, zwei Spielplätze, etliche Kletterfelsen, Kneippbecken, Ziegengehege.

Einkehr: Café Leistner, Café und Bäckerei Müller, Gasthof Alte Post, Gasthof Fränkische Schweiz – alle in Obertrubach.

In der Nähe: Kletterwald und Freibad in Betzenstein.

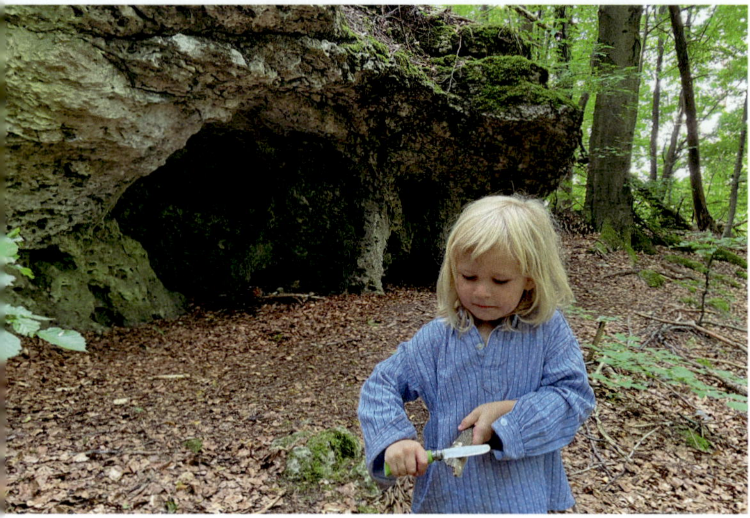

Stelle führt der Weg etwa 100 Meter an der Landstraße entlang. Hier ist erhöhte Vorsicht geboten!

Auf der linken Seite sehen wir eine Einfahrt und die Markierung **»roter Ring«**, der wir sogleich folgen. Auf dem Schotterweg geht es leicht bergauf und wir haben einen schönen Blick über die Wiesen mit Obstbäumen bis zum Ort Obertrubach. Auf der rechten Seite finden wir einen **Kirschbaum** ③, der uns im Juli mit seinen saftigen Früchten beschenkt. Bevor wir die Wiesen verlassen, sehen wir eine Rastbank, die zu einer Pause einlädt.

Anschließend folgen wir dem mit dem roten Ring markierten Wanderweg zuerst geradeaus und dann rechts in den Wald hinein, wo wir schon gleich die ersten Felsformationen sehen. Wir folgen dem Waldpfad bergauf bis zu einer kleinen Höhle. Links davon steht auch das **fränkische Krokodil** ④, eine Felsnase, die augenscheinlich einen Baum küsst.

Wir durchqueren die lichte Stelle und laufen an den Felsen entlang, bis wir die Stufen hinauf zur **Schutzhütte am Höllenstein** ⑤ erreichen. Hier gibt es einen Picknickplatz und wir haben einen wunderbaren Ausblick über die Wälder. Nach einer Rast steigen wir die Treppen hinab und gehen den Weg nach rechts unten, wo wir gleich darauf die große **Durchgangshöhle des Höllensteins** sehen.

Nachdem wir ausgiebig die Höhle erkundet haben, steigen wir in den Ort hinunter. Dazu folgen wir neben der Höhle weiterhin dem roten Ring bis zur **Straße** ⑥, der wir links zum Ortseingang folgen. Am Seniorenheim biegen wir nach rechts ab, steigen am Ende der Stichstraße die Treppe hinauf und laufen den schmalen

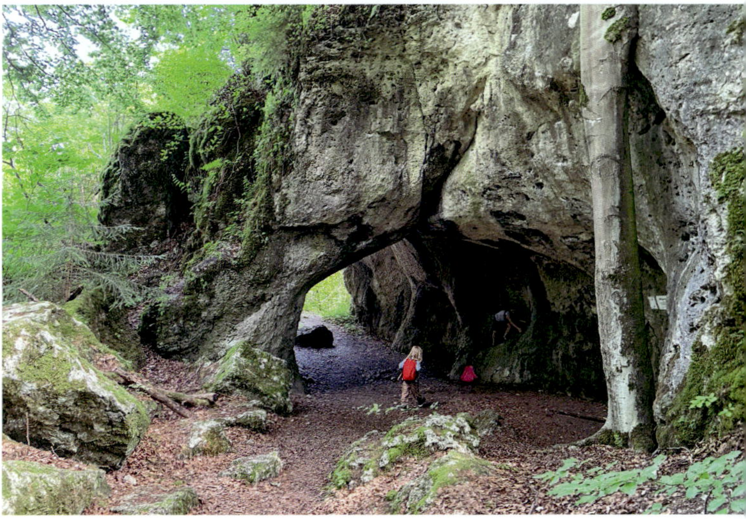

Weg, bis wir an eine **Lichtung** ⑦ kommen, an der sich der Weg teilt. Hier verlassen wir den **»roten Ring«** und laufen stattdessen links auf dem Frankenweg Richtung Obertrubach.

Wir gehen etwa hundert Meter am Waldrand entlang und treffen dann auf die Straße, die uns hinab in den Ort bringt. Hier kommen wir an der **Bäckerei** und kurz darauf an der **Kirche** vorbei. An der nächsten Kreuzung sehen wir gegenüber den **Dorfladen**. Auch die Gasthäuser zur Einkehr liegen hier in unmittelbarer Nähe. Wer möchte, legt dort seine Pause ein oder läuft nun die Dorfstraße entlang zum Wanderparkplatz zurück.

Wer noch nicht müde ist, biegt mit uns an der Kreuzung beim Dorfladen nach rechts ab in die **Teichstraße**. An der **Kreuzung hinter der Volksbank** ⑧ treffen wieder auf die Wandertafeln mit der Markierung **»roter Ring«**, der wir nun wieder folgen.

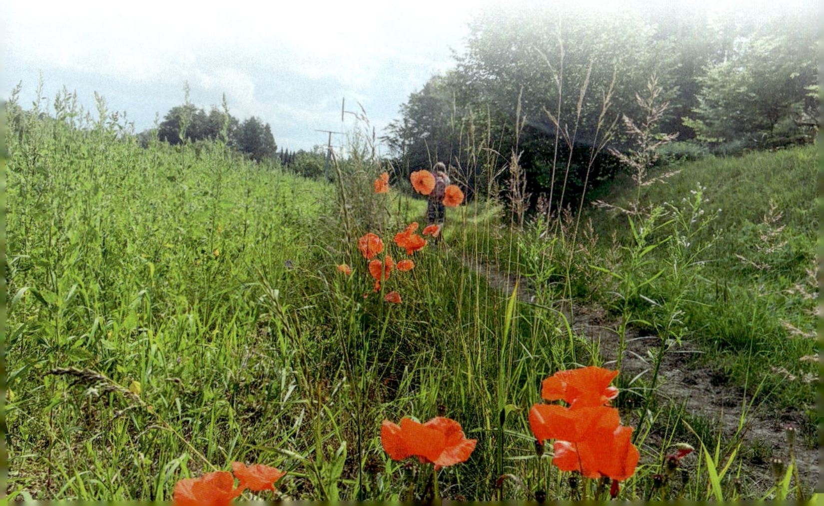

Obertrubach – ein kleines Paradies zwischen Nürnberg und Bayreuth
Der beschauliche Ort Obertrubach liegt wahrlich paradiesisch eingebettet inmitten der Fränkischen Schweiz. Durch ihre einzigartige Felslandschaft ist die Gegend ein Mekka für Kletterer und Wanderer. So gibt es ringsum viele spannende Wanderrouten und Kletterfelsen mit verschiedenen Schwierigkeitsstufen. Weitere Infos zum Ort sowie den Aktivitäten und Angeboten im Trubachtal gibt es unter www.trubachtal.com.

Der Extremsportler und Klettermeister **Wolfgang Güllich**, der einst Kletterrouten in der Region, aber auch rund um den Globus erschloss und als Double für Sylvester Stallone in »Cliffhanger« mitspielte, liegt auf dem Friedhof von Obertrubach begraben.

Zuerst geht es hier links und auf der geteerten Straße den Berg hinauf ins Neubaugebiet. Hier biegen wir in die letzte Straße (Brunacker) nach links ab, um zum neu gebauten **Mehrgenerationen-Spielplatz** ⑨ mit Picknickplatz zu kommen.

Nach einer gemütlichen Pause laufen wir auf dem Fußweg zwischen den Häusern hindurch, biegen dann nach rechts ab und laufen die Straße hinunter, bis wir den **Kindergarten** erreichen. Dort folgen wir unserer Markierung auf einen breiten Schotterweg, überqueren eine Wiese und sichten gegenüber am Waldrand die nächste Markierung. Von hier führt ein schmaler Pfad über einige Stufen und

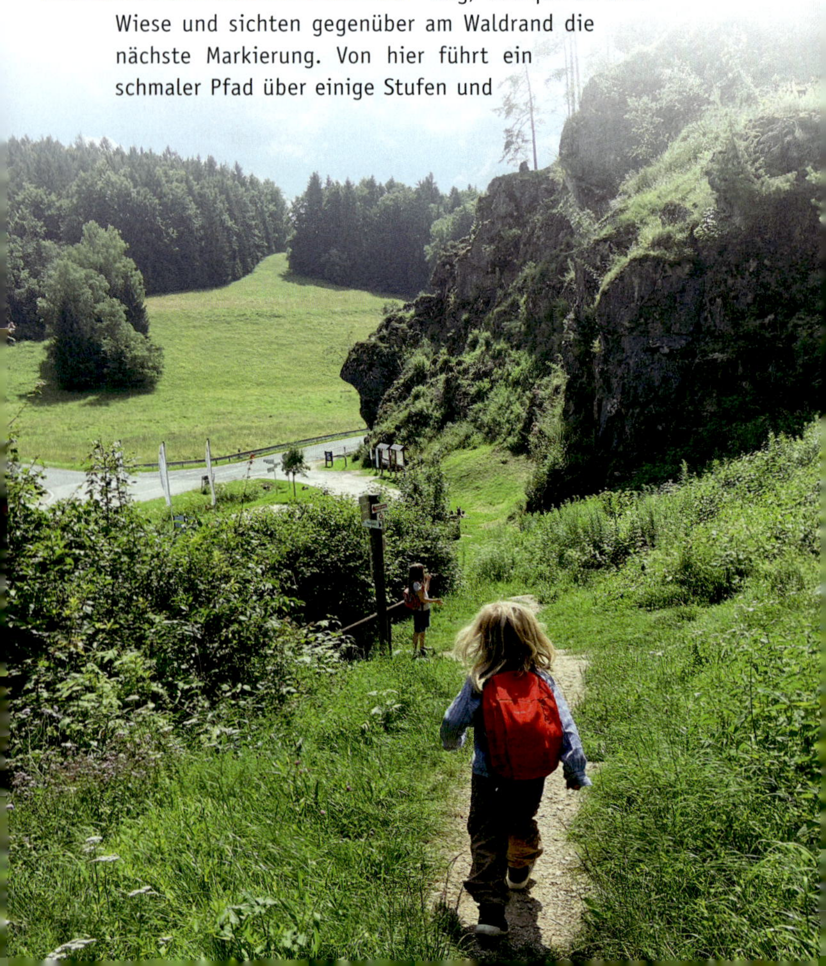

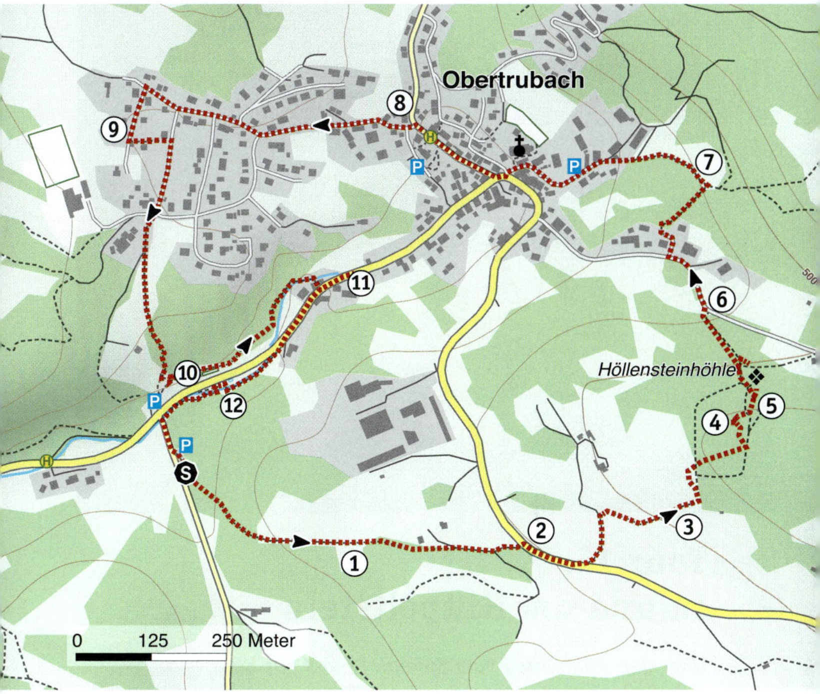

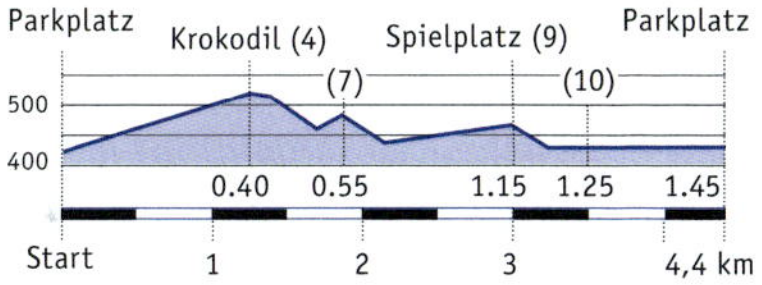

mit herrlichem Ausblick hinab zum **Kletterinformationszentrum mit Spielplatz ⑩**. Wer möchte, kann hier die Tour beenden und zum Parkplatz gegenüber laufen.

Wir machen einen letzten Schlenker, halten uns auf der linken Seite des Spielplatzes und laufen auf dem schmalen Pfad entlang der Felsen in Richtung Obertrubach. Dabei überqueren wir bei den ersten Häusern eine schmale Brücke und erreichen kurz darauf am Ortseingang die Trubachquelle. Kurz nach der Quelle sehen wir ein **Gehege mit Ziegen und Hühnern ⑪**, welche wir mit dem bereitgestellten Futter gegen kleines Entgelt füttern dürfen.

Für den Rückweg überqueren wir die Straße und laufen zunächst auf dem Fußweg, dann auf dem schmalen Pfad am Bächlein entlang zum **Kneippbecken ⑫**. Becken und Bach bieten an heißen Tagen eine herrliche Abkühlung. Wer mag, kann hier auch nochmal zum Kletterspielplatz hinüber gehen.

Wir laufen hier auf der linken Seite über eine Brücke den Pfad an der Trubach entlang und steigen noch ein letztes Mal zur Aussicht hinauf, bevor wir wieder am Ausgangspunkt ankommen.

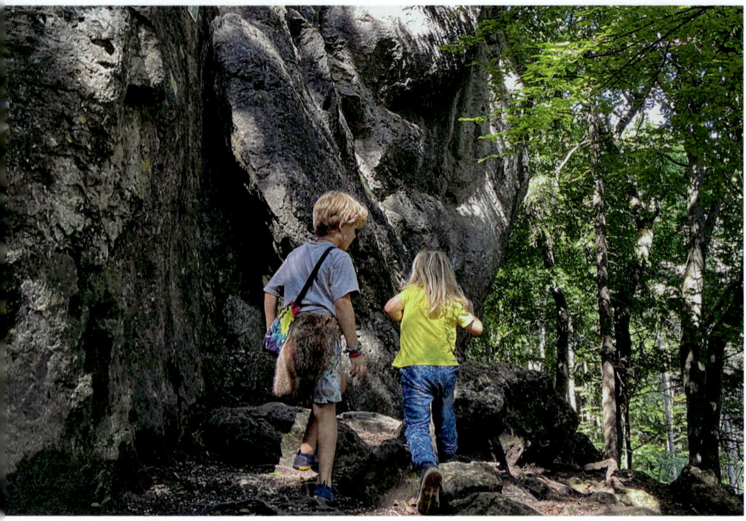

80 m

STRECKE 4,4 km

1 h 30

ab 6

Tour 14: In und um Hiltpoltstein

Über den Höhlenweg zum Spielplatz und zur Burg

Eine leichte Tour mit vielen für die Region charakteristischen Highlights rund um Hiltpoltstein erwartet uns hier. Vorbei an riesigen Felsmassiven, hinauf auf mehrere Aussichtspunkte geht es gemütlich durch den Wald. Anschließend wandern wir durch die Streuobstwiesen hinein in den Ort, zum Spielplatz und zur Burg.

Wanderung: Vom Wanderparkplatz folgen wir dem mit einem **gelben Ring** markierten Höhenrundweg in den Wald hinein. Gleich zu Beginn sehen wir auf der rechten Seite die ersten Felsbrocken. Immer der Markierung folgend kommen wir zu einem **Wasserhäuschen** ①, an dem wir rechts vorbeilaufen.

Kurz darauf sehen wir bereits die nächsten großen Felsen. Hier beginnt das Kraxelabenteuer für kleine Entdecker. Ein schmales **Felsentor** kann passiert werden und auf der Rückseite sehen wir die Kletterfelsen. Viele Vorsprünge, Felsnasen und kleine Höhlen laden hier zum ausgiebigen Toben und Verstecken ein. Wir folgen dem Weg um die Felsen herum und sehen links den Aufstieg zum **Aussichtspunkt Silberecke** ②. Von hier aus haben wir einen hervorragenden Blick über den Wald und die umliegenden Orte. Etwas unterhalb der Silberecke sehen wir auf der linken Seite noch die **Felsformation Hexenküche**.

Anschließend suchen wir auf der großen Lichtung unsere gelbe Wegmarkierung, die sich hier etwas zwischen den Steinen ver-

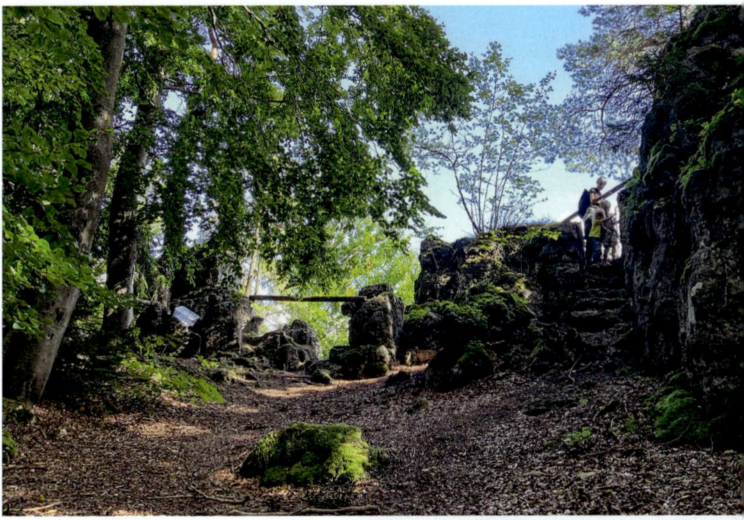

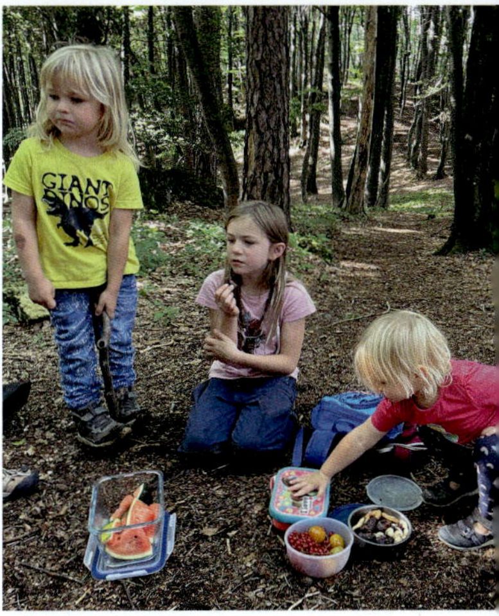

steckt. Sobald wir die Lichtung verlassen haben, sind wir wieder auf einem eindeutigen Wanderweg, der uns ein ganzes Stück bergauf zum **Picknickplatz am Aussichtspunkt Bitzenberg** ③ führt.

Weiter geht's auf dem breiten Waldweg. Am Wegrand laden noch einige kleinere Felsformationen zum Kraxeln ein. Der **gelbe Ring** führt uns über mehrere Kreuzungen. Wir biegen zweimal links ab und verlassen dann den Wald.

Von hier aus sehen wir bereits die erste **Obstplantage** ④. An der nächsten Kreuzung verlassen wir den gelb markierten Weg und biegen links ab in Richtung Hiltpoltstein. Wir folgen dem Schotterweg leicht bergab. Kurz vor dem Ortseingang treffen wir auf die **Obstbau-Versuchsstation** ⑤ und biegen dort rechts ab. Von nun an gehen wir die geteerte Straße entlang und errei-

TOUREN-STECKBRIEF

Anfahrt: Der Wanderparkplatz liegt direkt am Ortsausgang von Hiltpoltstein, links neben der B 2 von Nürnberg nach Bayreuth bei **GPS N 49°39‘42.4“, E 11°19‘45.1“**.

Anspruch und Charakter: Einfache, aber sehr abwechslungsreiche Strecke mit vielen Highlights.

Highlights: Kletterfelsen, Aussichtspunkte, Spielplatz und Burg.

Einkehr: Gasthof Goldenes Ross in Hiltpoltstein.

In der Nähe: Freibad Gräfenberg.

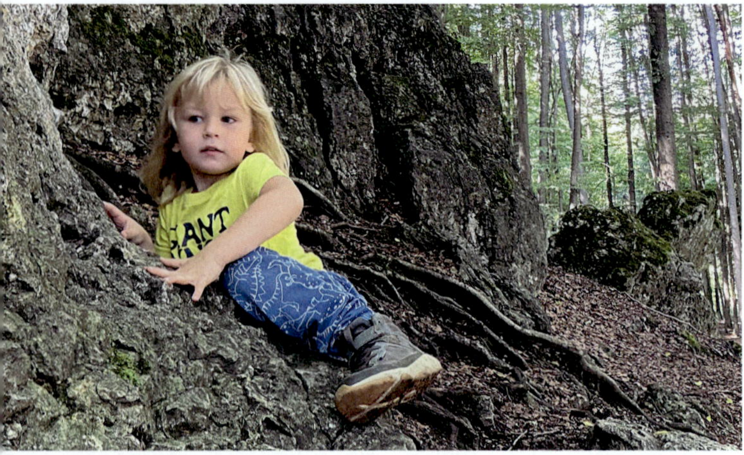

Obstbau in der Fränkischen Schweiz
Die Landschaft der Fränkischen Schweiz ist durch eine Vielzahl an Streuobstwiesen geprägt. Besonders im Frühjahr zur Apfel- und Kirschblüte sind die Touren in dieser Region ein wahrer Augenschmaus. Wer nicht nur sehen, sondern viel lieber probieren möchte, sollte im Sommer und im Herbst hier laufen. Dann sind die meisten Früchte reif. Allein im Landkreis Forchheim werden jede Saison bis zu 8.000 Tonnen Kirschen geerntet. Außerdem wachsen hier Äpfel, Zwetschgen, Mirabellen, Birnen und vieles mehr. Im Obstinformationszentrum, das direkt an der Strecke dieser Tour liegt, kann man Wissenswertes rund um den Obstanbau in der Fränkischen Schweiz erfahren. Bei den Verkaufsständen im Ort und am Wanderparkplatz kann in den Sommermonaten Obst direkt beim Bauern gekauft werden. Frischer und regionaler geht es nicht.

chen bald die **Kreuzung** ⑥ mit der Schulstraße. Wer die Tour abkürzen möchte, kann hier an der Kreuzung auch nach links abbiegen und direkt zurück zum Parkplatz laufen.

Wer Spielplatz und Burg nicht verpassen will, biegt hier mit uns nach rechts ab in die Schulstraße. Mit Blick auf die Burg, die links von uns liegt, laufen wir immer geradeaus bis zur **Grundschule**. Dort biegen wir links ab in die Straße »Am Druidenstein« und treffen am Ende in der Kurve auf den versprochenen **Spielplatz** ⑦. Es gibt eine große Buddelecke und

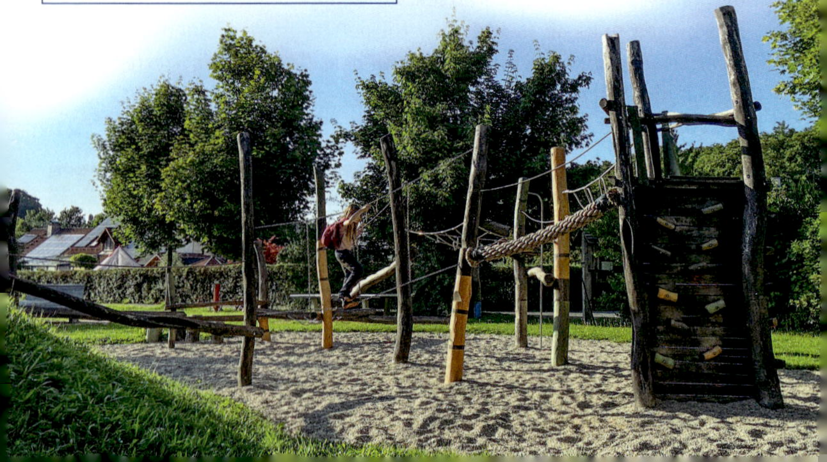

einen Kletterparcours. Wer die Tour im Herbst läuft, kann die leckeren Äpfel probieren, die hier an den Bäumen hängen.

Anschließend laufen wir den Fußweg vom Spielplatz in Richtung Ortsmitte und überqueren die **Bundesstraße B 2** schräg nach rechts. Wir sehen hier bereits die Burg zu unserer Linken auf dem Felsen thronen und steigen links die **Treppe zur Kirche** hinauf. Dort haben wir schon einen guten Ausblick. Kurz darauf erreichen wir **Burg Hiltpoltstein** ⑧. Im malerischen Schlosshof stehen typisch fränkische Häuser, die direkt an und in die Felsen rund um die Burg gebaut sind.

Vom Schlosshof aus biegen wir nach links ab und laufen durch die schmale Straße »Hinterer Berg«, bis wir an das **historische Stadttor** ⑨ gelangen. Hier überqueren wir abermals die Bundesstraße und laufen den Möchser Weg entlang. Nachdem wir am Reiserkeller und einer Schafweide vorbei gekommen sind, treffen wir wieder auf die **Kreuzung** ⑥ an der Schulstraße. Hier biegen wir nun nach rechts ab und laufen den Berg hinauf zurück zum Parkplatz.

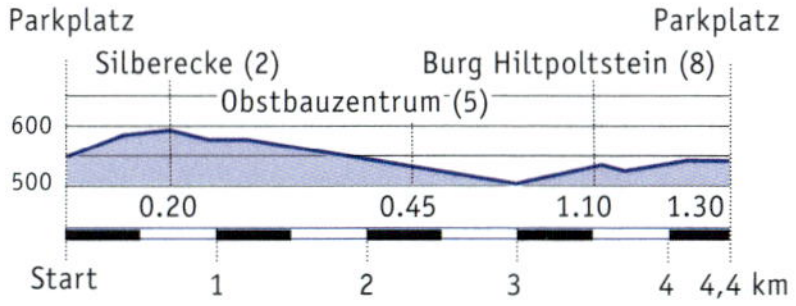

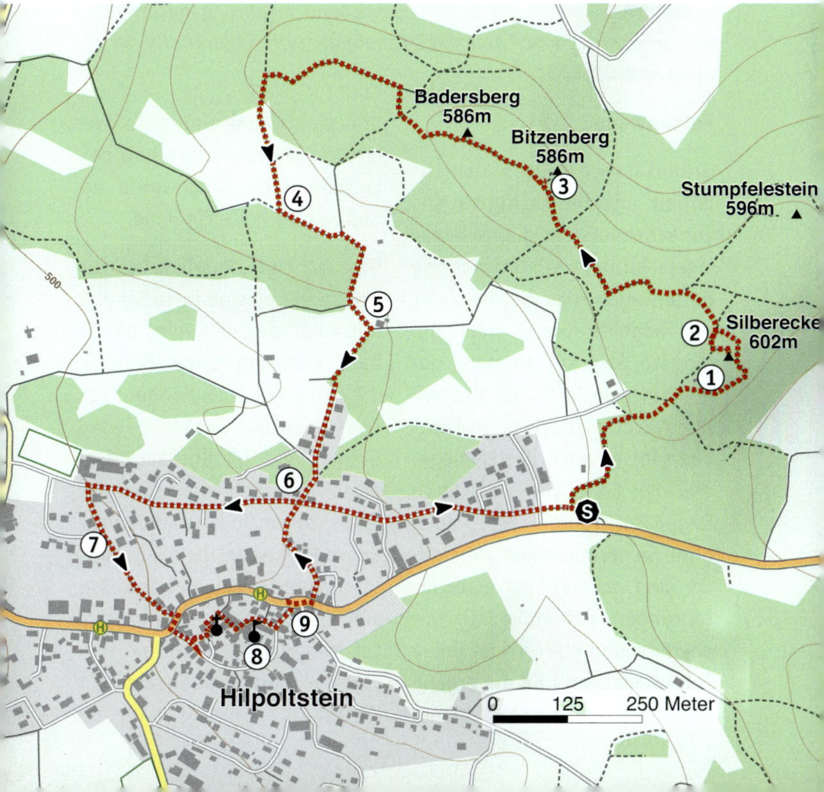

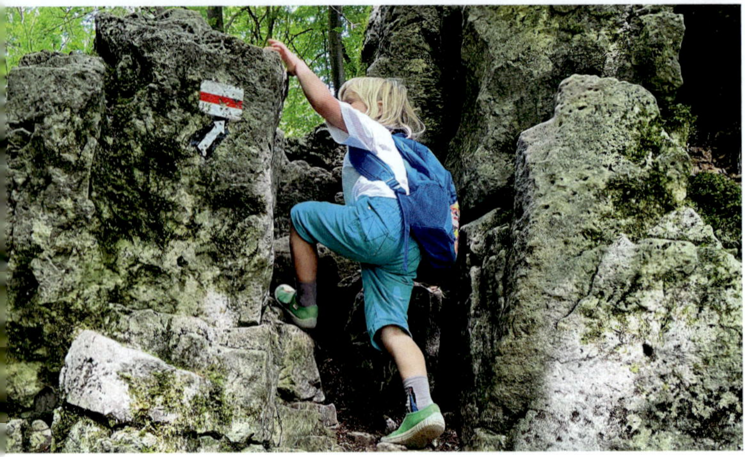

Felsenweg und Klettersteig

Die meisten Kids lieben es zu klettern. Wenn Kinder auf felsigen Wegen geschickt unterwegs sind und es ihnen auf ebenen Wanderwegen schnell langweilig wird, ist einer der einfachen Felsensteige, wie es sie in Franken gibt, genau die richtige Herausforderung. Wer nach einer Extraportion Spannung und Nervenkitzel sucht, kann seinen Mut auch auf einer richtigen Via Ferrata – einem Klettersteig – versuchen. Wenn die Eltern ausreichend Erfahrung mitbringen, eignen sich einfache Familienklettersteige auch schon für Kinder ab etwa sechs Jahren.

Felsenwege

Grundsätzlich sollten sich Familien mit ihrem Nachwuchs zunächst vorsichtig an schwierigere Touren wie Klettersteige heranwagen. Das Ziel ist nicht der höchste Gipfel oder die längste Strecke, sondern der gemeinsame Spaß am Kraxeln und Natur entdecken. In Franken gibt es auch Kletterwege, die über Felsstufen und durch Engpässe führen und auch ohne Sicherung begehbar sind. Sie sind perfekt, um erste Erfahrungen mit Höhe, Trittsicherheit und Klettern im rauen Fels zu machen und die eigene Kondition zu testen. Kinder brauchen dabei eine gute Anleitung, aufmerksame und gelassene Begleitung sowie ab und zu eine helfende Hand.

Die richtige Ausrüstung für solche Touren sind feste Schuhe mit rutschfester Sohle, dehnbare Kleidung ohne Bändel, die hängenbleiben können, sowie leichtes Gepäck. Jedes Gramm, das im Rucksack ist, muss mit gestemmt werden und sorgt unter Umständen für Schwierigkeiten beim Ausbalancieren. Da Felsen bei Nässe schnell rutschig werden, startet man außerdem nur bei trockenem Boden und stabilem Wetter.

Via Ferrata

Richtige Klettersteige erfordern als spezielle Ausrüstung einen Klettergurt und einen Helm. Die Steige sind mit einem durchgehenden Metallseil versehen, in das die Haken des Klettergurtes eingehängt werden, deshalb nennt man solche Wege auch Via Ferrata – Eisenstraße. Aus Eisen sind häufig auch die Leitern und Trittstufen im Fels – anspruchsvollere Klettersteige sind eine ziemlich luftige Angelegenheit und führen auch mal in großer Höhe auf schmalen Felssimsen entlang und senkrecht an Felswänden hinauf.

Mit Kindern sollte man daher nur auf speziellen Familienklettersteigen für Einsteiger starten und bei den ersten Versuchen für fachkundige Begleitung sorgen. Nur wer bereits selbst genau weiß, was er oder sie tut, kann auch seine Kinder selbst anleiten und begleiten. Bei der Ausrüstung für jüngere Kinder ist dann darauf zu achten, dass der Klettergurt nicht nur um die Hüfte und Beine gut sitzt, sondern auch über die Schultern geht, um ein Herausfallen zu verhindern.

Kletterwege für die ganze Familie

Die Strecke über den Eibgrat **[› Tour 15]** eignet sich ideal für einen Einstieg und kann auch gut ohne Klettergurt, dann jedoch mit der nötigen Vorsicht, gegangen werden.

Einen Mini-Klettersteig beinhaltet auch die **[› Tour 6]** im Abschnitt Tüchersfeld. Der Weg auf den Fahnenstein führt über steile Eisentreppen durch einen Felsdurchgang hinauf in luftige Höhe. Mit diesen gut abgesicherten Wegen können Einsteiger und Neulinge leicht erste Erfahrungen sammeln und ihr Können ausprobieren.

Eine gute Möglichkeit, die Sicherungstechnik für **richtige Klettersteige** zu üben, bietet die **Via Ferrata Piccoli**. Sie eignet sich speziell für kleine Kinder und Anfänger, da man sich nie höher als einen Meter über dem Boden befindet. Schon etwas weiter hinauf geht es dann bei der kurzen **Via Ferrata Bambini**. Beide Anlagen befinden sich bei Neutras in der Hersbrucker Schweiz.

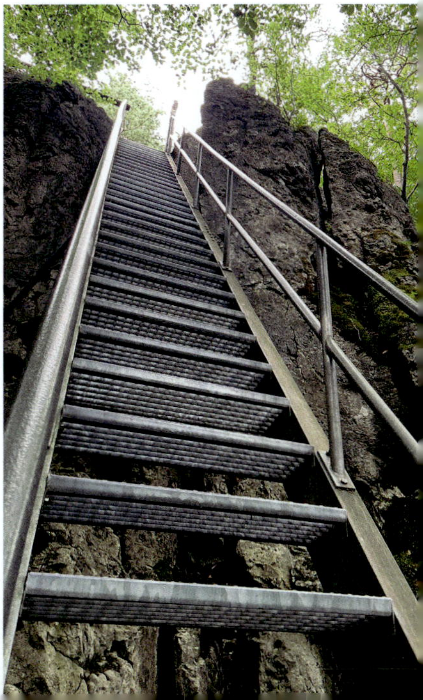

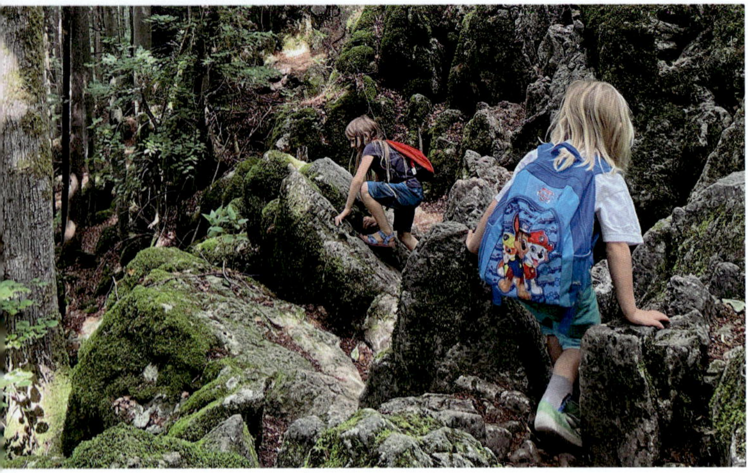

70 m

STRECKE 3,2 km

1 h 30

ab 8

Tour 15:
Kletterweg für Familien

Kraxelabenteuer am Eibgrat

Ein abenteuerlicher Weg für geübte Kraxler wartet hier auf dem Klettersteig Eibgrat. Über viele Felsstufen geht es hinauf zum Rastplatz mit Ausblick. Achtung! Dieser Weg ist streckenweise steil und kniffelig und sollte nur von geübten Wanderern gegangen werden.

Wanderung: Vom Wanderparkplatz geht es auf einem Schotterweg bergauf in Richtung Wald. Am Waldrand sehen wir einen **Picknickplatz** ①. Wir gehen dort in den Wald, halten uns links und sehen hier bereits die ersten **Felsformationen**. Hier beginnt der Kletterweg, der mit einem roten Farbbalken markiert ist, dem wir ab jetzt folgen können.

Schon nach wenigen Minuten erreichen wir die **erste steile Passage** ②. Über spitze Felsen geht es hinauf und wir müssen zum Aufstieg die Hände zur Hilfe nehmen.

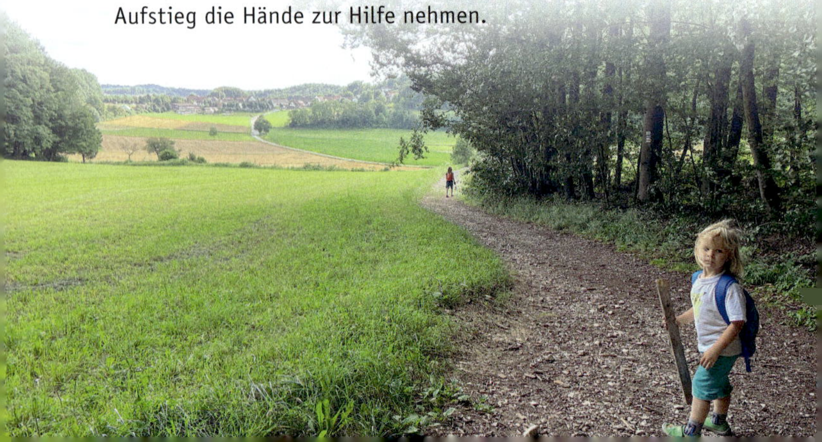

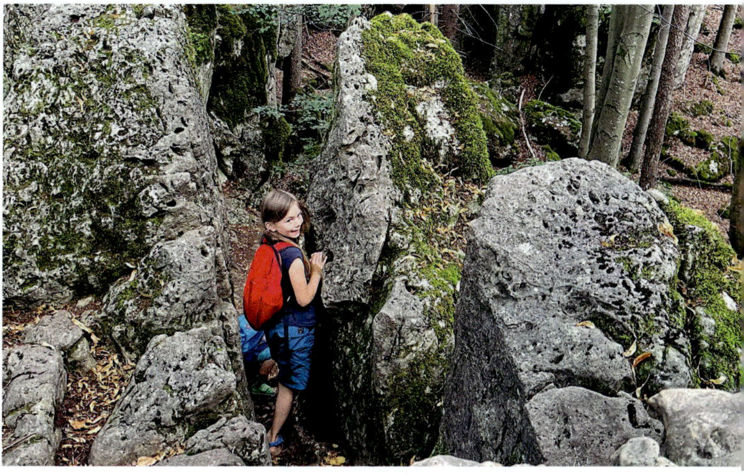

Nach dieser ersten Klettereinlage geht es auf dem Höhenzug nur noch über kleinere moosbedeckte Felskuppen hinweg und zu einem breiteren Waldweg. Auf einer Lichtung lässt sich hier gut Picknick machen.

Der Markierung folgend kraxeln wir dann über die nächsten Felskanten. Der Weg windet sich durch eine schmale Felsspalte. Dann geht es gemütlicher weiter. Nach einigen Metern setzt der Weg wieder aus. Wir klettern über Felsbrocken und Wurzeln ein ganzes Stück hinab und lassen das große Felsmassiv auf der linken Seite hinter uns.

Auf einer **Lichtung** angekommen haben wir noch einmal die Möglichkeit für eine Pause, bevor es weiter über die Felsen geht. Schon bald erreichen wir eine **Eisentreppe**, die steil nach oben auf den Eibgrat führt. Oben angekommen finden wir eine **Rastbank mit herrlichem Blick** ③ über die Baumwipfel.

Dann führt der Weg weiter über Felsen und Wurzeln ein Stück bergab und als breiterer Waldweg an einer Felswand vorbei. Auf der rechten Seite lassen wir den Blick noch einmal in die Ferne

TOUREN-STECKBRIEF

Anfahrt: Von der A9 Richtung Schermshöhe/Spies abfahren. In Schermshöhe links und gleich wieder rechts nach Spies abbiegen (an der Tankstelle vorbei) und durch den Ort fahren. Dahinter geht es in der Linkskurve geradeaus auf den Schotterweg zum Wanderparkplatz **GPS N 49°38'32.3", E 11°24'27.7"**.

Anspruch und Charakter: Anspruchsvoller Klettersteig, der Trittsicherheit und teils Schwindelfreiheit erfordert.

Markierung: Roter Strich.

Highlights: Rastplatz mit Ausblick, Durchgangshöhle, viele Kletterfelsen.

Einkehr: Gasthof Hutzerstub`n in Spies, Gasthof Schermshöhe.

In der Nähe: Burgstall Spies mit Spielplatz, Kletterfels Hohe Reute, Skilift Spies.

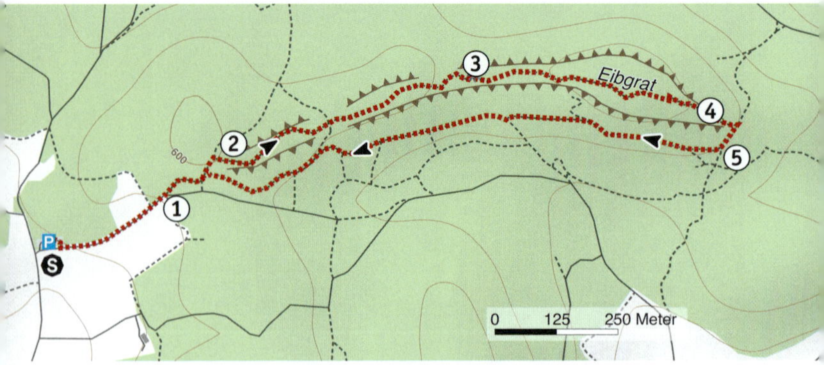

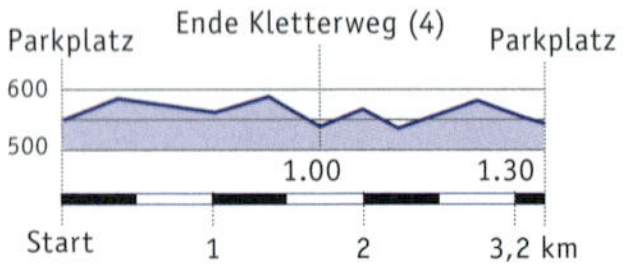

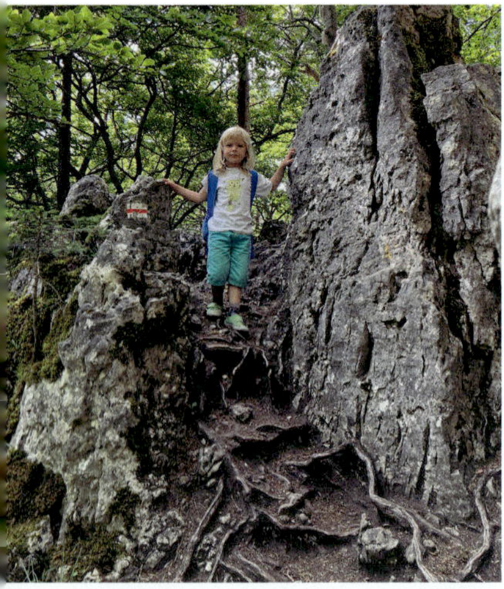

schweifen und kraxeln anschließend den schmalen Pfad hinab bis zu einer **Durchgangshöhle** ④. Wir schlängeln uns durch den Felsdurchgang und gelangen zu einer **Waldkreuzung** ⑤. Der markierte Klettersteig ist hier zu Ende.

Zurück geht es nach rechts auf einem Pfad, der sich am Fuße des Klettersteiges durch den kühlen Wald schlängelt. So können wir noch einmal unseren Höhentrip von unten begutachten. Nach kurzer Zeit sind wir am Einstieg zum Klettersteig und kehren zum **Rastplatz am Waldrand** ① und dann zum Parkplatz zurück.

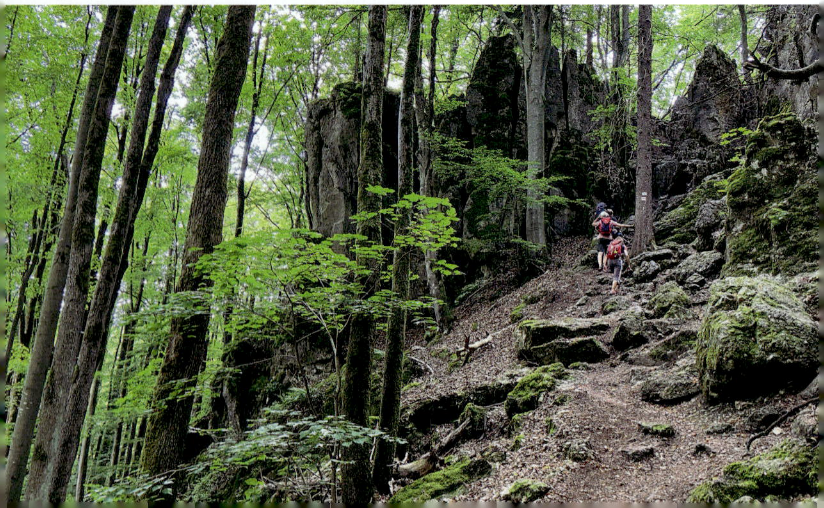

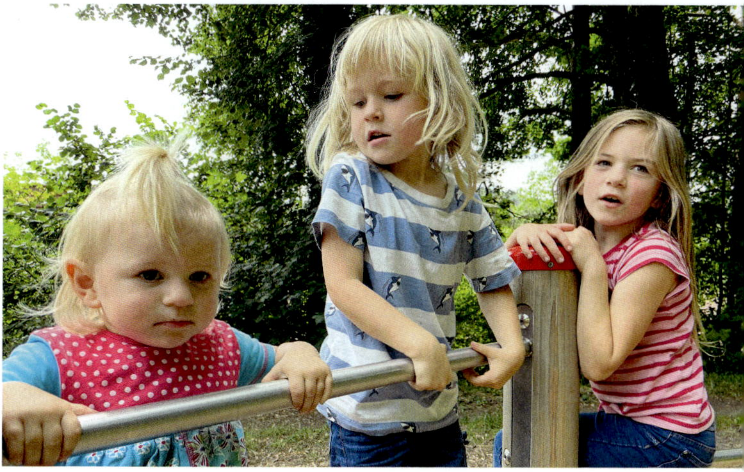

Tour 16: Aktiv- und Entdeckerpfad Plech

60 m

STRECKE 1,5 km

30 min

ab 4

Teils barrierefreier Spiel- und Lehrpfad

Der Aktiv- und Entdeckerpfad in Plech ist ein wunderbares Ausflugsziel für die ganze Familie. Viele spannende Stationen warten auf große und kleine Entdecker. Ein besonderes Highlight ist die große Impulswippe.

Spaziergang: Der 2018 eingeweihte Pfad besteht aus insgesamt 14 Stationen, die viel Abwechslung und Abenteuer für große und kleine Entdecker versprechen. Vom Parkplatz an der Schule, dem Kindergarten oder an der Kirche folgen wir den Hinweisschildern mit dem Eichhörnchen zum Gottvaterberg. Der Weg beginnt am Kirchplatz vor der Kirche St. Susannae. Es begrüßt uns Pauli, das aus einem Holzstumpf geschnitzte Eichhörnchen. An der Wandertafel können wir den kostenlosen Flyer mitnehmen, der alle Stationen erklärt.

TOUREN-STECKBRIEF

Anfahrt: Von der A9, Ausfahrt Plech geht es in die Ortsmitte von Plech und links Richtung Schule / Mehrzweckhalle. Der Parkplatz befindet sich direkt neben der Mehrzweckhalle. **GPS N 49°39'04.6", E 11°28'23.3".**

Anspruch und Charakter: Einfacher, abwechslungsreicher Spaziergang mit spannenden Stationen für Groß und Klein. Der Zugang ist kostenfrei und jederzeit möglich. Zusätzlich zur reinen Gehzeit unbedingt ausreichend Spielzeit an den Stationen einrechnen!

Markierung: Eichhörnchen Pauli. Der barrierefreie Weg ist blau, der Aktivpfad dagegen rot markiert.

Highlights: Impulswippe, Kletternest mit Ausblick.

Einkehr: Gastwirtschaften in Plech.

In der Nähe: Kameramuseum Plech, Freibad und Kletterwald Betzenstein.

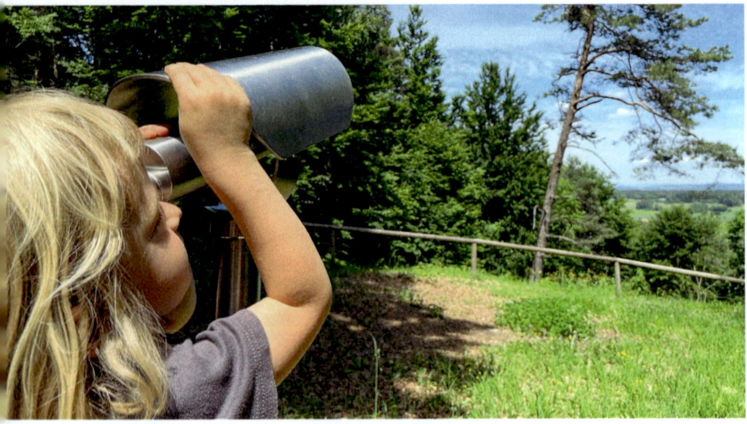

Wir folgen der Straße »Am Gottvaterberg« am Friedhof und den **Felsenkellern** ① vorbei. Am Ortsrand von Plech beginnt der eigentliche Weg mit den Stationen. Er ist teilweise barrierefrei angelegt und auch mit einem geländegängigen Kinderwagen oder einem Laufrad passierbar. Rechts geht es über einen gut befestigten Forstweg.

Bereits nach wenigen Metern erreichen wir die erste Station: ein Reck mit Sprossenwand und einige Baumstümpfe zum Sitzen, Hüpfen, Balancieren. Wir bleiben immer auf dem breiten Schotterweg im schattigen Kiefernwald und kommen so zu den weiteren Stationen. Beim Thema »Totholz« können Kinder am natürlichen Beispiel erkennen, welchen Nutzen totes Holz für den Wald und seine Bewohner hat. Ein echtes Schmankerl ist auch die einzigartige Impulswippe, auf der vier Personen gemeinsam wippen können. Diese Wippe ist ein riesiger Spaß für die ganze Familie! Gleichgewicht und Koordination können wir auf dem Balancierbalken und in der Netzanlage unter Beweis stellen. Wer kann ohne Hilfe balancieren?

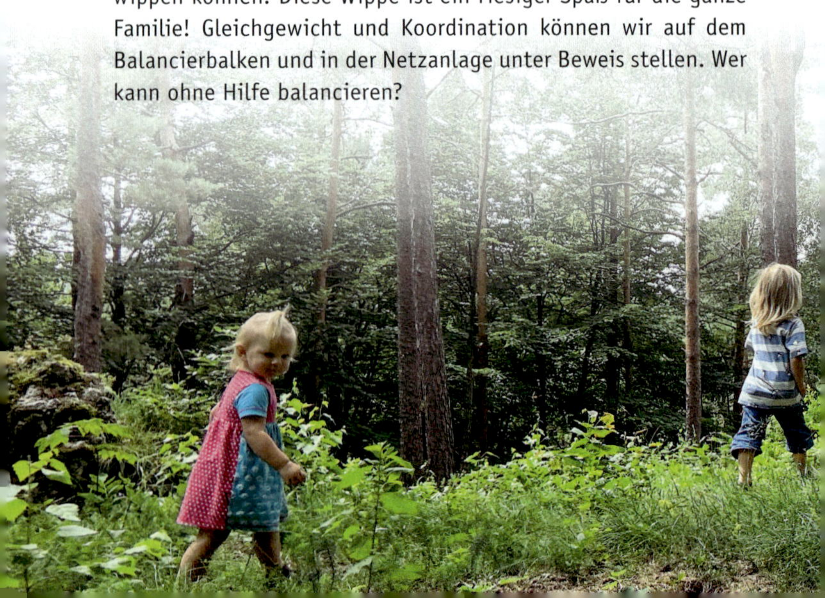

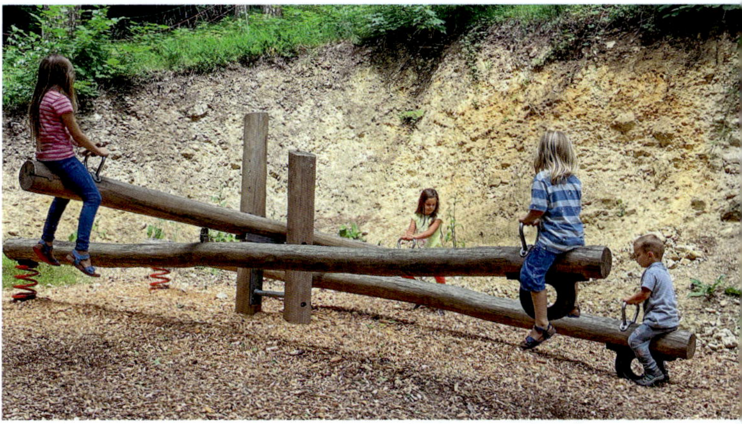

Auf dem »Gänsbauch« angekommen genießen wir dann am großen **Picknicktisch aus Felsen** ② unsere Brotzeit. Wie groß ist ein Baum? Kennen Vögel die Uhrzeit? Diese und weitere Fragen werden direkt neben dem rustikalen Picknickplatz beantwortet.

Dann teilt sich der Weg in den blauen, barrierefreien Weg zurück zum Kirchplatz und in die rot markierte Aktivrunde zum Gottvaterberg. Wer ohne Fahrzeuge unterwegs ist, kraxelt jetzt den schmalen Pfad hinter dem Picknickplatz hinauf zur »Platt'n«. Weiter führen uns dann die roten Schilder der »Aktivrunde«. An dieser Stelle ist es auch möglich, auf den **Wanderweg Rotring** zu wechseln, der an bizarren Felsformationen vorbei und rund um den Gottvaterberg führt. Wer vom Rotring aus noch zum Höhepunkt des Gottvaterberges aufsteigen will, muss im Buchenwald auf den Fränkischen Gebirgsweg, der rechts den Berg hinaufführt, abbiegen.

Mit **Buggy, Laufrad oder Rollstuhl** geht es zurück zum Start und vorne bei den Häusern den Fahrweg hinauf zum Gipfel des

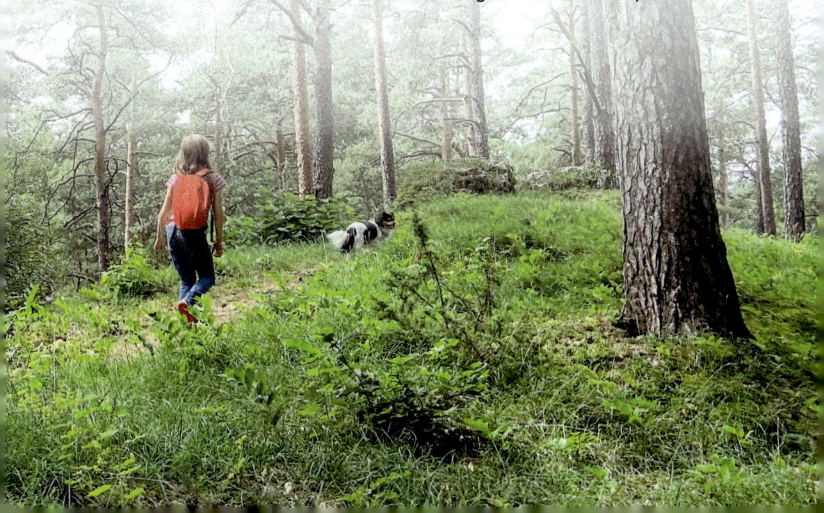

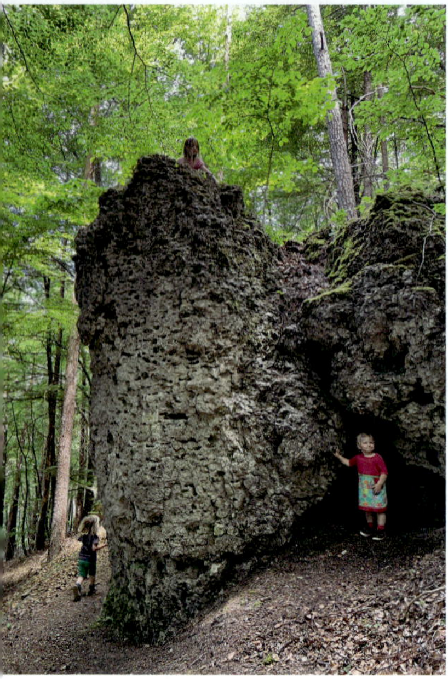

Gottvaterbergs. Die Beschilderung am Laternenmast zeigt den barrierefreien Aufstieg (blau). Oben auf dem Berg befindet sich der Wiesenfestplatz. Mit dem Fernrohr kann man bei guter Sicht von hier aus bis zum Ochsenkopf im Fichtelgebirge blicken.

Hier oben befindet sich auch ein weiterer Höhepunkt der Runde: das **Kletternest mit Rutsche und Kletterwand ③**. Während die Kids sich richtig austoben, können die Eltern an der Sitzgruppe, im überdachten Pavillon oder im Schatten der herrlichen großen Bäume chillen.

Beim Abstieg kommen wir an einigen Felsformationen und dem Wasserspeicher vorbei. Die Stationen am Weg informieren über das Thema Wald und Wasser. Abschließend gelangen wir zum **kretischen Labyrinth ④**, das im Schatten der Baumkronen mit Blick auf den Ort und die Kirche liegt. Ein verschlungener Weg führt ins Zentrum.

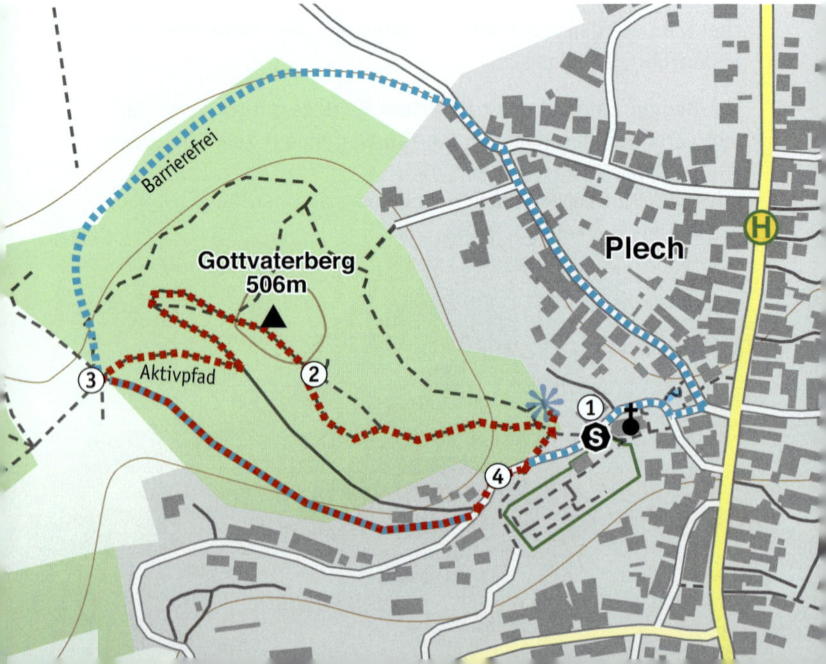

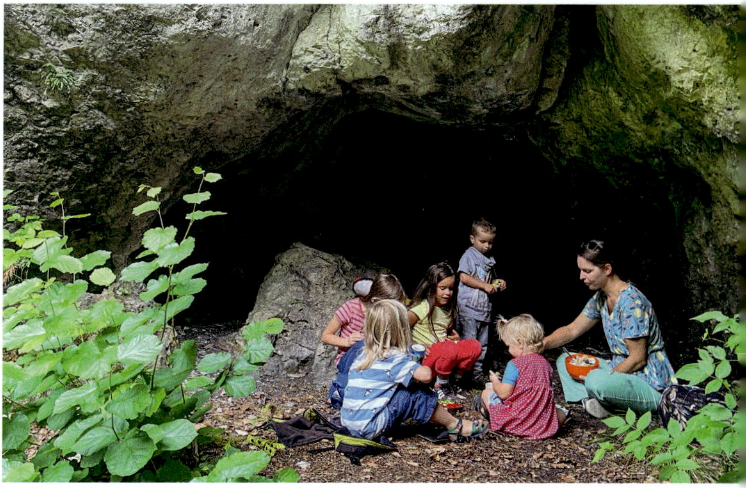

Tour 17: Um den großen Berg

120 m

STRECKE 4,4 km

1 h 45

ab 6

Natur- und Kulturwanderweg in Plech

Die Tour über den Großen Berg bei Plech führt zum Naturdenkmal Judenfriedhof, welches übersät ist von kleinen und großen Felsen. Der zweite Teil der Tour führt dann nach Plech und über den Gottvaterberg, den höchsten Berg der Gemeinde zum Aktiv- und Entdeckerpfad. Dort finden vor allem kleinere Entdecker jede Menge spannende Spielstationen.

Wanderung: Vom Wanderparkplatz folgen wir zunächst dem Schotterweg, der rechts, kurz hinter dem **Picknickplatz**, mit der Markierung **»Fränkischer Gebirgsweg«** in den Wald hinein abzweigt. Der Weg steigt sanft an und nach etwa 150 Metern liegt auf der rechten Seite die Aussichtsplattform **»Schöne Aussicht Süd«** ①. Auf der Rastbank dort haben wir einen Ausblick über die Wiesen und Felder.

TOUREN-STECKBRIEF

Anfahrt: Von der A 9, Abfahrt Plech in den Ort hineinfahren. Durch die Ortsmitte und nach der Kuppe in der Senke nach rechts in die Riegelsteiner Straße in Richtung Hormersdorf/Riegelstein abbiegen. Hinter dem Ortsausgang folgt eine Kuppe, dann zweigt links ein Feldweg ab, der zum Parkplatz »Schöne Aussicht« bei **GPS N 49°38'40.2", E 11°27'15.8"** führt.

Anspruch und Charakter: Anspruchsvolle Wanderung über Berg und Tal, Felsen und durch Höhlen. In Plech machen wir noch einen Abstecher auf den Aktiv- und Entdeckerpfad [› Tour 16].

Markierung: Wechselnd.

Highlights: Naturdenkmal Judenfriedhof, schöne Aussicht, Höhle, Spielstationen am Aktiv- und Entdeckerpfad.

Einkehr: Gasthäuser in Plech.

In der Nähe: Kameramuseum Plech, Freibad und Kletterwald Betzenstein.

An der kurz darauf folgenden **Weggabelung** biegen wir links in Richtung »Judenfriedhof« ab und folgen dabei weiter dem Fränkischen Gebirgsweg. Der Anstieg wird immer steiler und zieht sich in durch Wald hinauf auf den Großen Berg. Der Weg wird immer undeutlicher und wir kraxeln über größere und kleinere Felsen, bis wir das **Naturdenkmal Judenfriedhof** ② erreicht haben. Es besteht aus einer Ansammlung moosbedeckter Felsen und hat nichts mit einem Friedhof im eigentlichen Sinne zu tun.

Am Judenfriedhof halten wir uns links und steigen den Berg wieder hinab bis zu einer großen **Wegkreuzung** ③ mit Blick auf eine Wiese. Hier geht es links zur **»Schönen Aussicht Nord«** ④. Wer möchte, läuft den Stichweg hinauf auf den Bergrücken und hat vom Aussichtspunkt einen herrlichen Blick über die Ortschaft Plech.

Zurück an der Kreuzung folgen wir dem Pfad an der Lichtung entlang und kommen zu einem Felsen. Hier verstecken sich mehrere kleine **Höhlen**. Dann erreichen wir ein großes Felsmassiv, laufen um die Felsen herum und sehen auf der linken Seite etwas erhöht die **Höhle am Großen Berg**. Wir umrunden weiter das Felsmassiv und sehen im vorderen Teil den **Kletterfelsen Großer Berg** ⑤ und direkt daneben einen Rastplatz.

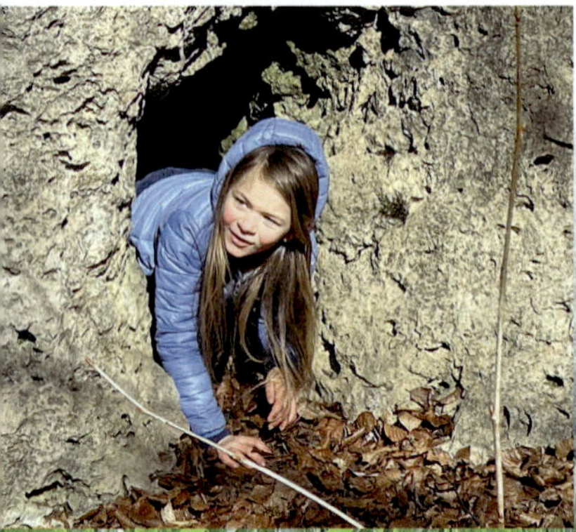

Wir biegen jetzt auf den Schotterweg nach rechts ab und laufen in Richtung Ortschaft. Am Ortseingang erreichen wir einen Parkplatz. Kurz darauf stoßen wir auf die **Riegelsteiner Straße** ⑥ und überqueren diese schräg

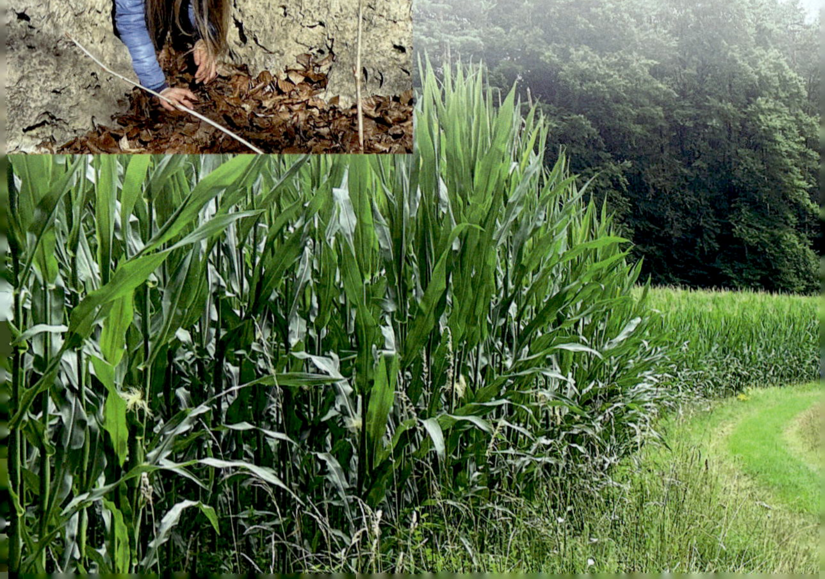

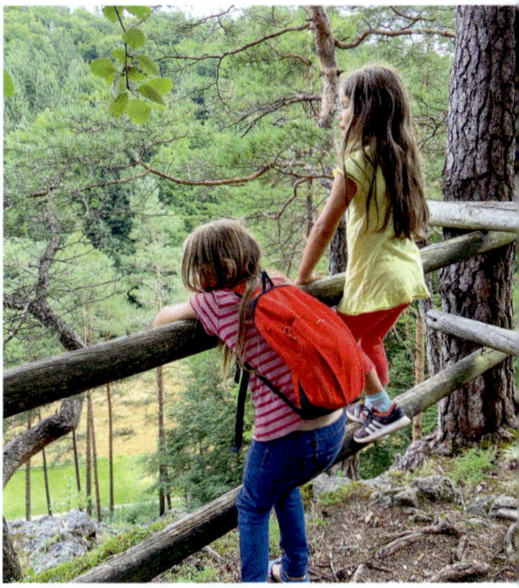

nach rechts. Wir erkennen den Weg am Sackgassenschild und der kleinen Hinweistafel »Zum Aktiv- und Entdeckerpfad«.

Von hier aus folgen wir der Teerstraße hinauf zum **Friedhof**, an dem wir auf einem Pfad unter hohen Bäumen vorbeilaufen bis zur Straße. Hier sehen wir gegenüber einige **Felsenkeller**, die teilweise begehbar sind. In den Wintermonaten bieten sie Fledermäusen ein Zuhause. Rechts von den Felsenkellern sehen wir eine Treppe und die Markierung **»roter Ring«**, welcher wir nun folgen.

Nach einem kurzen Anstieg erreichen wir das **kretische Labyrinth** ⑦, das die letzte Station des Aktiv- und Entdeckerpfades darstellt. Vom Labyrinth aus folgen wir dem steilen Anstieg hinauf auf den Gottvaterberg. Oben auf dem Plateau angekommen sehen wir einen Pavillon. Gleich daneben finden wir einen **Rastplatz** ⑧ und das **Kletternest mit Rutsche**.

Nach einer kurzen Pause überqueren wir den Platz mit den großen Bäumen und gehen im hinteren Teil einen breiten Fahrweg hinab. In der nächsten Kehre steht eine **Rastbank mit Aussicht** in Richtung Autobahn. Wir bleiben weiterhin auf dem geschotter-

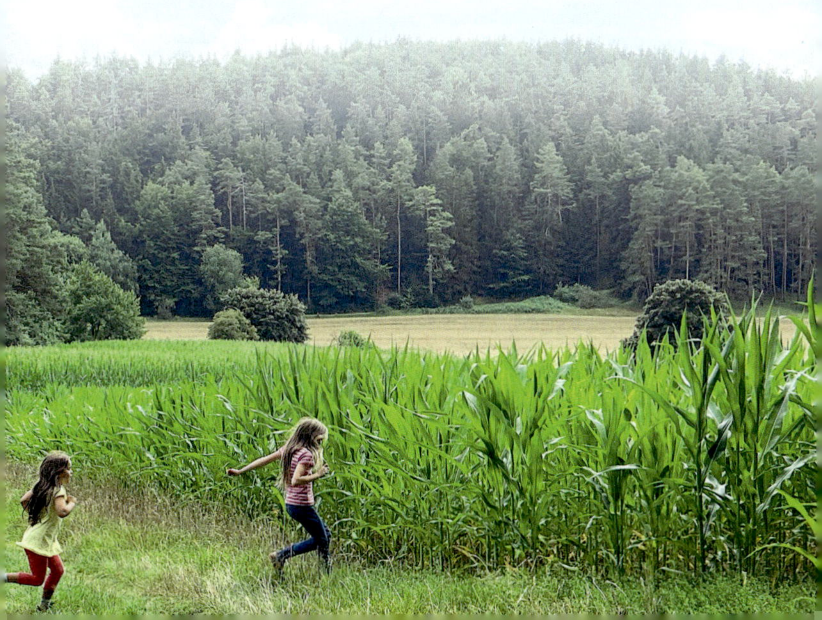

ten Fahrweg, bis wir den Ort wieder erreichen. Dort biegen wir nach rechts ab und nehmen gleich die nächste Abzweigung nach rechts, um dort den Weg des Aktiv- und Entdeckerpfades fortzusetzen. Von hier aus verläuft der Weg nun eben und auf breitem Weg vorbei an den Spiel- und Infostationen **[› Tour 16]** bis zum **Rastplatz am »Gänsbauch«** ⑨.

Vom Rastplatz aus sehen wir geradeaus die Lichtung mit dem Schild »Gänsbauch«. Hier laufen wir geradeaus weiter und erreichen wieder einen geschotterten Weg und die Markierung **»roter Ring / Kulturlandschaftsweg«**. Wir folgen dem leicht ansteigenden Weg in den Wald und anschließend am Waldrand entlang, bis wir eine **Bank** und kurz darauf eine **Kreuzung** ⑩ auf einem Wiesenpfad erreichen. Von hier aus folgen wir der Markierung **»roter Ring / Großer Berg«** weiter und sehen bereits in der Ferne den Wanderparkplatz, von dem wir gestartet sind. Wir überqueren die Landstraße schräg nach links und laufen den Schotterweg zum Parkplatz zurück.

Variante für jüngere Wanderer
Gehzeit 1 h, 2,1 km, ↓↑ 50 m
Am **Kletterfelsen** ⑤ kann der Weg gut abgekürzt werden. Wer jetzt zurück möchte, folgt dem Schotterweg nach links, und an der nächsten Kreuzung noch einmal links und kommt so zurück zum Wanderparkplatz.

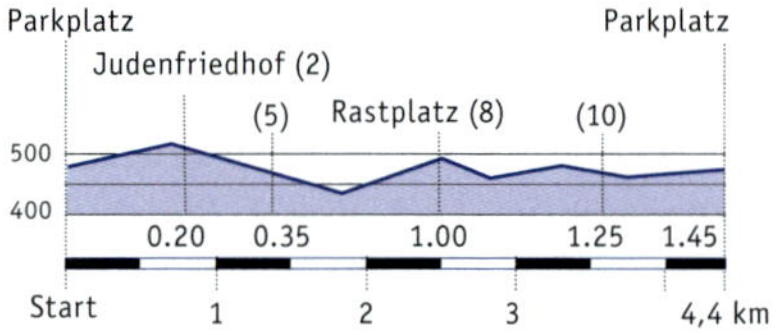

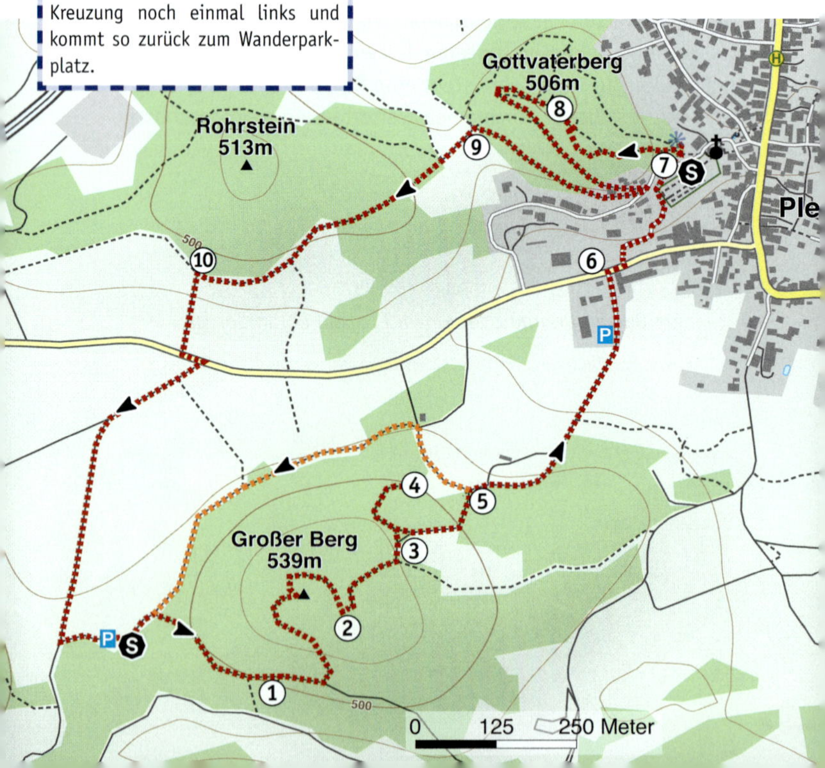

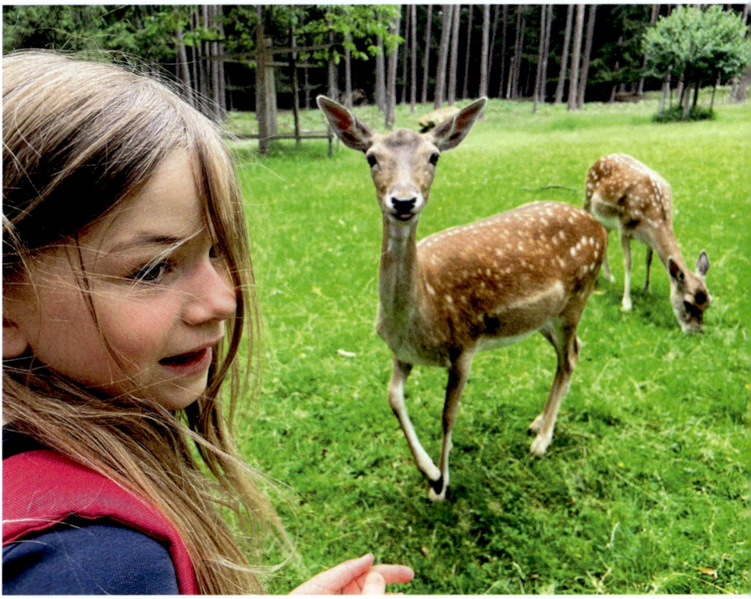

Tour 18: Auf Tuchfühlung mit Reh und Hirsch

eben

STRECKE 1,5 km

1–2 h

ab 4

Ausflug ins Wildgehege Veldensteiner Forst

Mitten in einem der dichtesten Wälder der Fränkischen Schweiz verborgen liegt der Wildpark Hufeisen im Veldensteiner Forst. Der Tierpark ist das ideale Ausflugsziel für Familien mit Kindern, wenn es darum geht, keinen tagesfüllenden Ausflug in den Wald zu machen. Der überschaubare, barrierefreie Rundweg von 1,5 Kilometern Länge ist auch schon von den Kleinsten zu meistern. Der Weg ist an allen Stellen sehr gut ausgebaut und nur leicht hügelig, sodass er auch mit einem Buggy, Dreirad oder einem Laufrad befahrbar ist.

TOUREN-STECKBRIEF

Anfahrt: Von der A 9, Ausfahrt Weidensees geht es rechts in den Wald hinein. Auf der geschotterten Straße fahren wir weiter bis zum Wildgehege. Der Parkplatz befindet sich auf der linken Straßenseite bei **GPS N 49°41'55.0", E 11°29'39.6"**.

Öffnungszeiten: 8–18 Uhr (Sommer) und 9–16 Uhr (Winter), Eintritt €2, Kinder unter 18 sind frei.

Wildtierfutter: €1 pro Packung. Weitere Infos unter www.wildgehege-hufeisen.de.

Anspruch und Charakter: Ebene Wege, die auch für Kinderwagen und Laufräder geeignet sind.

Highlights: Rehe und Hirsche aus der Nähe und ganz ohne Zäune betrachten und füttern.

Einkehr: Hütte mit Getränke- und Eisautomaten auf dem Parkplatz.

In der Nähe: Abenteuergolf und Indoorkletterhalle Regental.

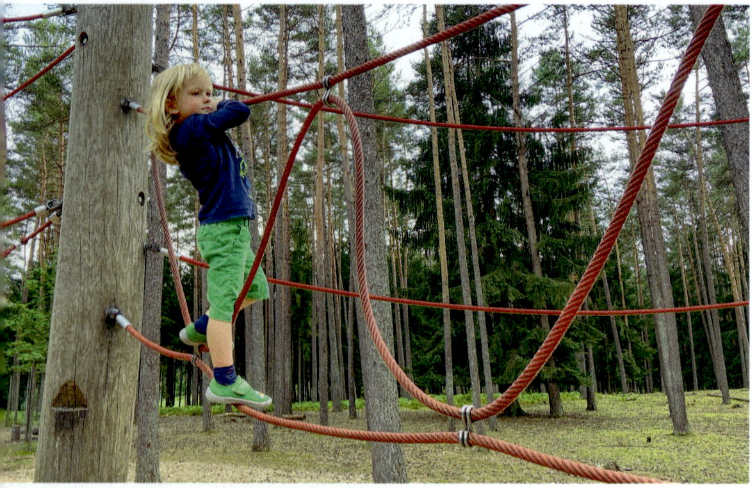

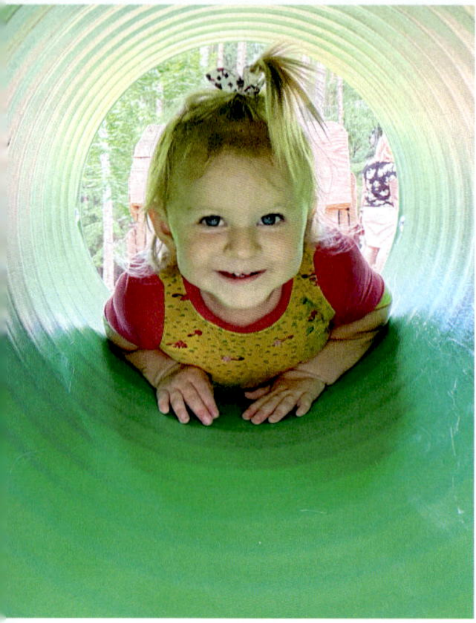

Wanderung: Die komplette Parkanlage hat 40 Hektar Fläche, Neben den Tiergehegen gibt es hier auch einen Spielplatz. Am Eingang befindet sich das Schwarzwildgehege, in dem dicke Wildschweine grunzend im Schlamm wühlen. Im Frühjahr und Frühsommer macht es Spaß, die gestreiften Frischlinge beim Herumtoben zu beobachten. Von einer Holzhütte ist ein Blick von oben auf die Wildschweine möglich und von hier aus dürfen wir ihnen auch spezielles Wildfutter geben. Dieses gibt es an mehreren Stellen im Park an Automaten für ein Euro pro Päckchen zu kaufen.

Meist zeigen sich schon hier im Eingangsbereich die ersten Rehe und Hirsche, die überall im Park frei umherlaufen. Nähern wir uns langsam und mit Vorsicht, lassen sie sich sogar streicheln und freuen sich über das Futter. Wer aus der Hand füttert, muss nur darauf achten, sie flach zu halten, damit die Tiere nicht aus Versehen die Finger erwischen.

Auch eine kleine Herde Mufflons (Wildschafe) streift durch den Wildpark. Die freilaufenden Wildtiere sind für Groß und Klein gleichermaßen ein Vergnügen. Von Bänken und Rastplätzen entlang des Weges können wir sie gut beobachten, während wir unser Picknick auspacken.

Viele abwechslungsreiche Stationen, die über den gesamten Rundweg verteilt sind, informieren große und kleine Besucher über das Leben der Tiere im Wald, die Arbeit der Waldarbeiter und über den Nutzen und die Bedeutung des Holzes für Mensch und Tier. Kinder können hier spielerisch die Tier- und Pflanzenwelt ihrer Heimat kennenlernen.

Auf etwa der Hälfte der Strecke gelangt man dann zum Spielplatz. Neben einer Wippe und einem Kriechtunnel, stehen den Kindern Kletternetze, ein Blumentrampolin, eine Nestschaukel und eine Balancierstange zur Verfügung. Viel Spaß macht es auch aus herumliegenden Ästen, Stöcken und Stämmen Indianerzelte und Hütten zu bauen. Selbst bei durchwachsenem Wetter kann man hier prima Rast machen, da die überdachten Picknickplätze am Spielplatz gut vor Regen schützen. Der Tierpark ist also auch an einem regnerischen Tag gutes Ziel, an dem die Tiere oft besonders zutraulich sind, weil nur wenige Gäste im Gehege sind.

Immer schön langsam gehen! Lena macht sich vertraut mit den Mufflons.

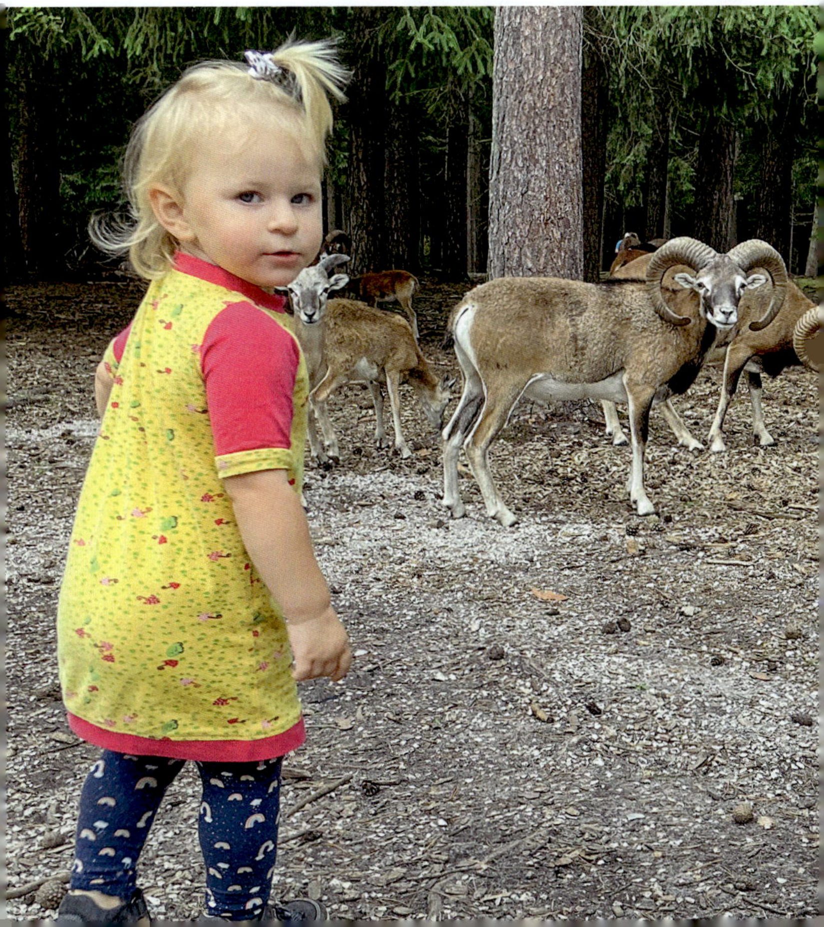

Hirsch, Mufflon und Wildschwein

In den weiten Wäldern der Fränkischen Alb finden Rehe, Hirsche, Mufflon, aber auch Wildschweine, Füchse, Marder und sogar der Wolf einen Lebensraum. Vor allem in den dichten, unbewohnten Waldgebieten in den Naturparks Veldensteiner Forst, Hirschwald und in den Höhenlagen des Altmühltals sind die Tiere zu Hause.

Bei einer Wanderung zeigen sich die Waldbewohner nur sehr selten. Bei Dämmerung sind sie jedoch häufig auf den Feldern anzutreffen. Wer Mufflon, Wildschwein und Hirsch aus nächster Nähe sehen und füttern möchte, ist in einem der Wildparks genau richtig. Doch wer wohnt denn in den weiten Wäldern? Und was zeichnet diese Tiere aus?

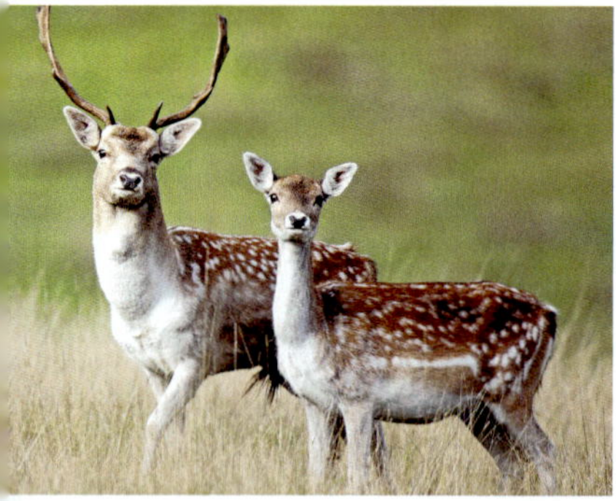

Damwild

Das Damwild, das ursprünglich aus Asien stammt, bevorzugt für seinen Lebensraum Wald- und Wiesenflächen und ist somit in der Fränkischen Alb weit verbreitet. Es trägt ein lebhaft geflecktes Sommerfell und ist in vielen Farben und Schattierungen von weiß bis rotbraun zu finden. Das gesellige Tier lebt meist in Rudeln zusammen, die sich erst im Frühjahr, wenn die Jungtiere zur Welt kommen, auseinander bewegen.

Rotwild

Das Rotwild trägt seinen Namen aufgrund seines rötlich schimmernden Fells im Sommer, welches im Winter dunkler bis graubraun wird. Es ist im Gegensatz zum Damwild wesentlich größer und kräftiger und die Männchen tragen mitunter mächtige Geweihe. Das Geweih werfen die Männchen nach der Paarungszeit, in der es als Kampfinstrument verwendet wird, ab. Im Frühjahr wächst es dann neu, dabei kommt jedes Jahr ein Spieß dazu. Die Jungtiere weisen ein geflecktes, helleres Fell auf und sind bereits nach wenigen Minuten nach der Geburt auf eigenen Beinen unterwegs.

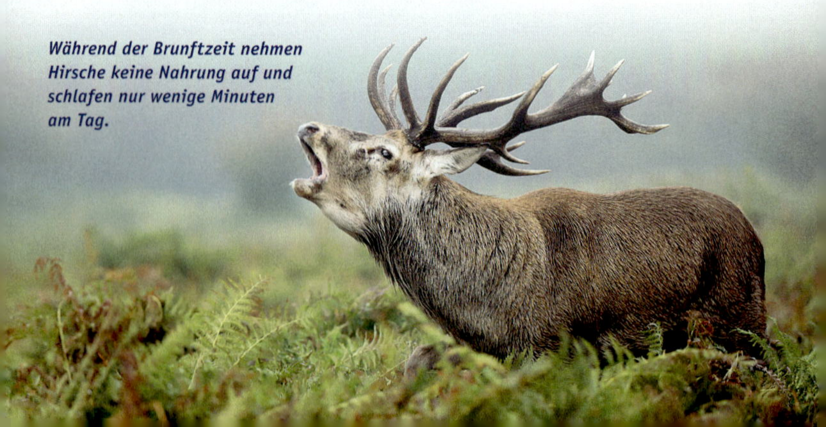

Während der Brunftzeit nehmen Hirsche keine Nahrung auf und schlafen nur wenige Minuten am Tag.

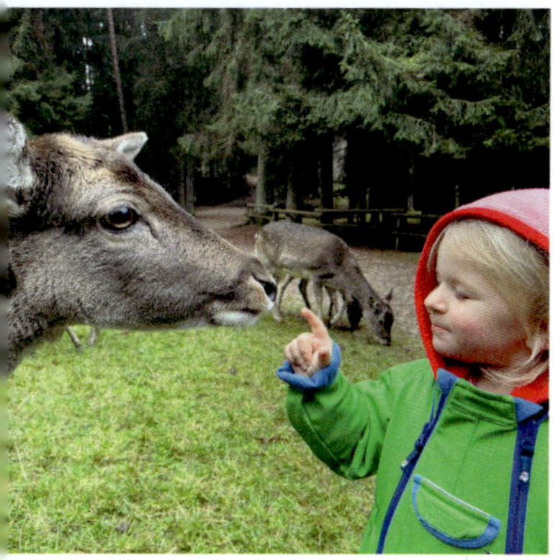

Sikawild
Das Sikawild ist leicht mit dem Damwild zu verwechseln. Ursprünglich stammt es ebenfalls aus Ostasien und lebt heute auch in den Wäldern der Region. Die größte Verbreitung findet es in tschechischen Wäldern. Es trägt ein im Sommer auffällig geflecktes Fell, das sich im Winter einheitlich dunkel färbt und durch seinen markanten Aalstrich erkennbar ist. Im Unterschied zum Damhirsch entwickeln Sika-Männchen im Geweih keine Schaufeln. Ansonsten sind Dam- und Sikahirsche für Laien kaum zu unterscheiden.

Wildtiere hautnah erleben
In einigen Wildparks können die heimischen Waldbewohner aus nächster Nähe betrachtet und in vielen Fällen sogar gestreichelt und aus der Hand gefüttert werden. Bei einem Spaziergang durch das **Wildgehege Veldensteiner Forst [› Tour 18]** kommen Rehe, Hirsche und Mufflons auf den Weg und lassen sich mit etwas Geduld ganz genau beobachten und im besten Falle sogar streicheln. Ein absolutes Highlight vor allem für kleine Kinder.

Im **Wildpark Hundshaupten [› Seite 35]** hingegen treffen wir nicht nur die Waldbewohner der Fränkischen Alb, sondern darüber hinaus auch Elche, Rentiere, Steinböcke, das Wisent und einiges mehr. Fütterungen mit Führung werden regelmäßig angeboten. www.wildpark-hundshaupten.de

Und auch im **Hirschwald im Oberpfälzer Wald [› Seite 184]** gibt es ein Schaugehege für Schwarz- und Rotwild, das Besucher zu einem Rundgang einlädt. www.naturparkhirschwald.de

Reh und Rehbock
Das Reh ist nicht die Frau vom Hirsch, sondern die kleinste Art der europäischen Hirsche, zu denen neben Rot- und Damwild auch der Elch und das Rentier gehören. Das Fell von Rehen ist rotbraun mit einem helleren Bereich am Bauch und einem weißen Bereich rund um den After, der als Spiegel bezeichnet wird. Nur Rehkitze tragen die charakteristischen weißen Flecken im Fell, erwachsene Tiere sind einfarbig rotbraun. Mit einer durchschnittlichen Schulterhöhe von 75 Zentimetern sind Rehe eher klein. Rehböcke entwickeln auch nur kurze Spieße und kein großes Geweih.

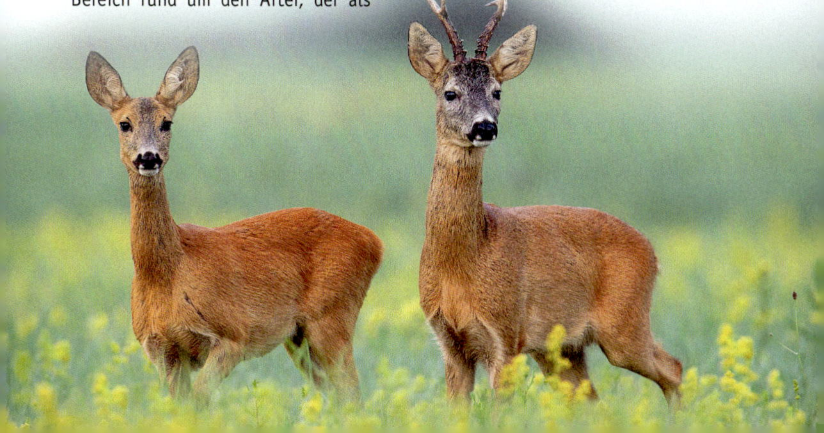

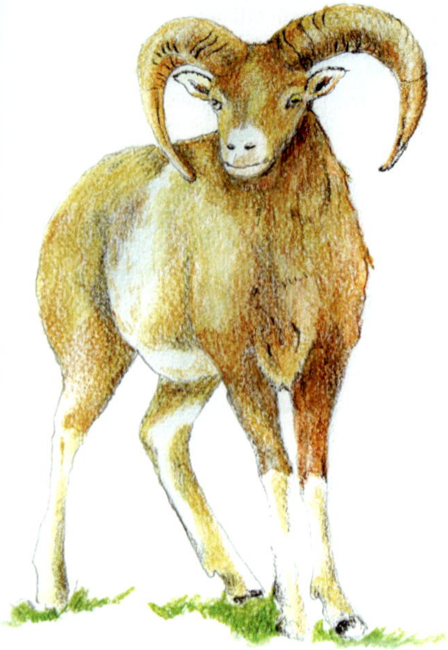

Mufflon

Der Mufflon lebte ursprünglich in offenen Gebirgslandschaften mit steinigen, trockenen Böden und gilt als Vorfahre der heutigen Hausschafe. Heute sind die meisten Tiere im Flachland und in den Mittelgebirgen Europas zu Hause. Sie leben in Mischwäldern und sind vor allem morgens und abends aktiv.

Die spiralförmig gedrehten Hörner der Männchen sind ihr markantes Merkmal. Sie werden, im Gegensatz zu dem Geweih der Hirsche, nicht abgeworfen, sondern wachsen lebenslang weiter. Das Fell ist meist rötlich braun und im Unterfell besonders im Winter sehr dicht und fein. Der Mufflon hat außerdem einen sehr gut ausgeprägten Geruchs- und Sehsinn und kann Menschen bereits auf eine Entfernung von 1000 Metern erkennen.

Wildschwein

Vom Wildschwein, auch Schwarzwild genannt, stammen unsere Hausschweine ab. Wildschweine tragen ein dichtes, graubraunes Fell aus rauen Borsten und haben eine lange Schnauze mit kräftigen Stoßzähnen, die beim Eber auch zum Kampf eingesetzt werden. Ebenso wie der Mufflon sind auch Wildschweine am liebsten morgens und abends aktiv.

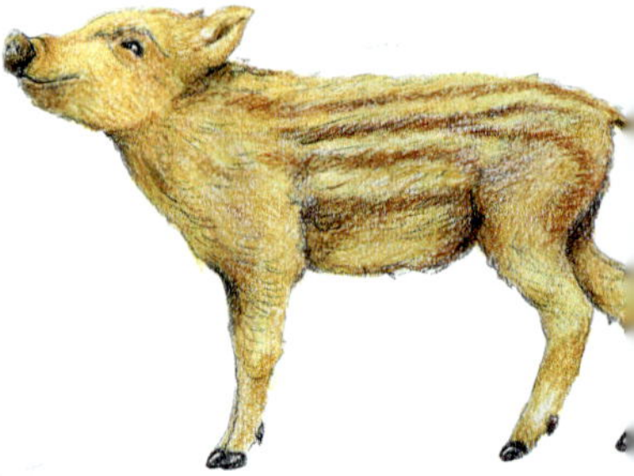

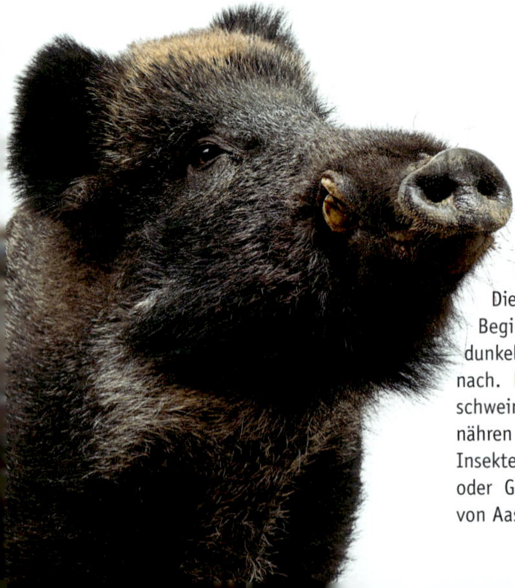

Im Frühjahr bringt die Bache, wie das Weibchen genannt wird, zwischen drei und zwölf Frischlinge zur Welt. Die kleinen Schweine sind zu Beginn hellbraun gestreift und dunkeln erst mit dem Heranwachsen nach. Bei der Nahrung sind Wildschweine nicht wählerisch. Sie ernähren sich von Eicheln, Nüssen und Insekten, gerne aber auch von Mais oder Getreide und manchmal auch von Aas.

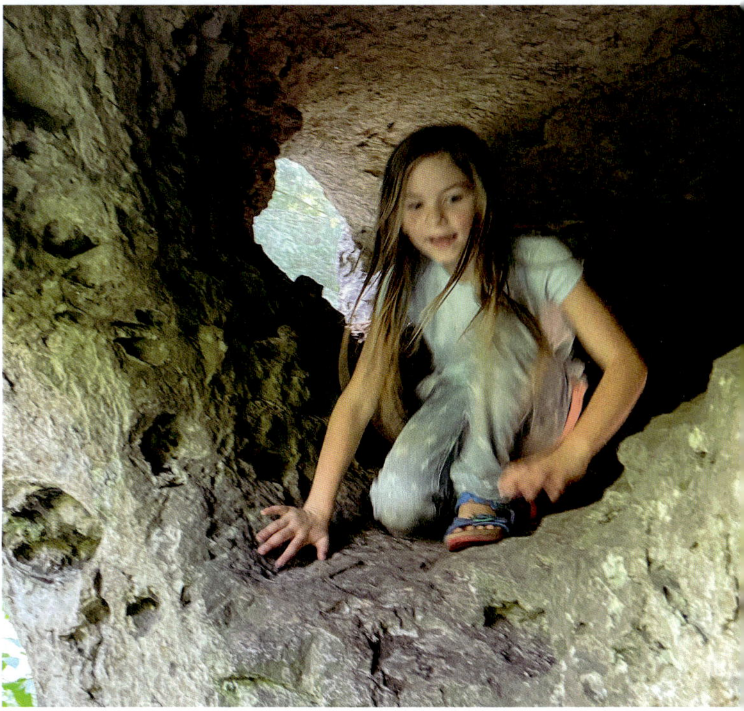

Tour 19:
Der große Lochstein

30 m

STRECKE 5,7 km

1 h 45

ab 4

Gemütliche Runde durch den Veldensteiner Forst

Auf dieser Tour erwartet uns ein gemütlicher Spaziergang auf ebenen Waldwegen, die auch hervorragend mit dem Fahrrad, Laufrad oder Kinderwagen befahren werden können. Es geht hinein in den Veldensteiner Forst, vorbei an Blaubeeren und zum großen Lochstein, der zum Klettern, Verstecken und Erkunden einlädt.

Wanderung: Vom Wanderparkplatz neben der Bundesstraße halten wir uns links und gehen auf dem breiten, ebenen Schotterweg in den Wald hinein. Wir sehen eine lange Gerade vor uns liegen und schlendern gemütlich den Weg entlang. Auf der

TOUREN-STECKBRIEF

Anfahrt: Von der A 9, Ausfahrt Pegnitz geht es auf der B 85 Richtung Auerbach/Weiden. Kurz hinter der Ausfahrt befindet sich der Parkplatz auf der rechten Seite bei **GPS N 49°43'32.8", E 11°31'00.5"**.

Anspruch und Charakter: Einfacher, ebener Weg durch typischen Dolomitkiefernwald.
Highlights: Große Raumhöhle zum Klettern und Verstecken.
Einkehr: Keine.
In der Nähe: Wildgehege Hufeisen.

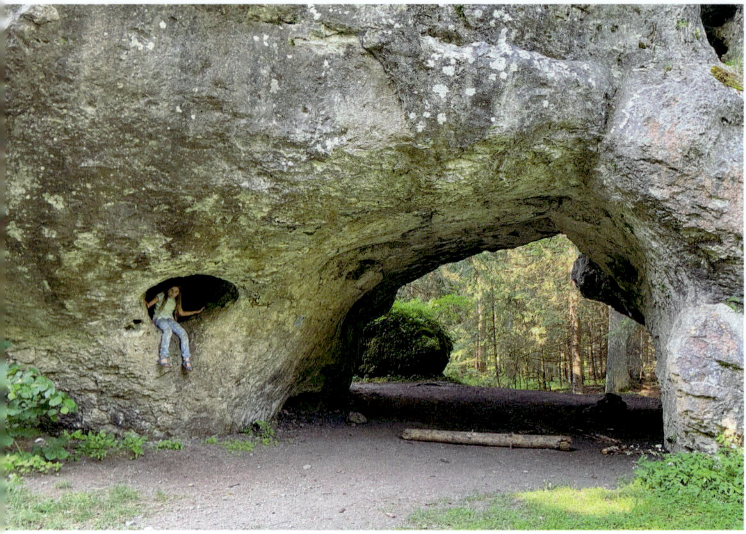

rechten Seite wachsen viele Blaubeersträucher, die im Juli leckere Beeren tragen. Links und rechts vom Weg stehen einige geschnitzte Baumstämme, die geheimnisvolle Waldwesen darstellen. Nach insgesamt 1,8 Kilometern erreichen wir eine **große Kreuzung** ①, an der wir links abbiegen. Auf der linken Seite sehen wir an dieser Stelle eine Wegmarkierung, die einen Hasen auf einer weißen Tafel zeigt.

Fahrrad fahren im Veldensteiner Forst
Die Wege durch den Veldensteiner Forst sind durchwegs gut ausgebaut. Daher eignen sie sich auch hervorragend für Fahrradtouren. Dank des Durchfahrtverbots für Kraftfahrzeuge können hier auch schon die Kleinsten ihre Erfahrung auf dem Rad machen. Ein weit verzweigtes Wegenetz durch den Wald lädt auch zu ausgedehnten Touren ein. Mehr Informationen dazu: www.fraenkische-schweiz.com und www.fsvf.de.

Weiter geht es an einigen gefällten Baumstämmen und riesenhaftem Farn vorbei. Die leuchtend rosafarbenen Lupinen und die vielen Kiefern erwecken den Eindruck, in einem schwedischen Wald unterwegs zu sein. Nach einem guten Kilometer biegen wir an der nächsten **großen Kreuzung** ② erneut nach links ab und folgen dem Weg, bis wir schließlich den **großen Lochstein** ③ erreichen. Der Stein gilt als Naturdenkmal und besteht aus einem großen Höhlenraum. Daneben gibt es viele kleine Nischen und Gucklöcher, sodass er ein spannender Ort für Kinder ist. Unweit des Lochsteins gibt es außerdem noch einen Kletterfelsen. Hier machen wir Rast und erkunden ausgiebig das Felsmassiv.

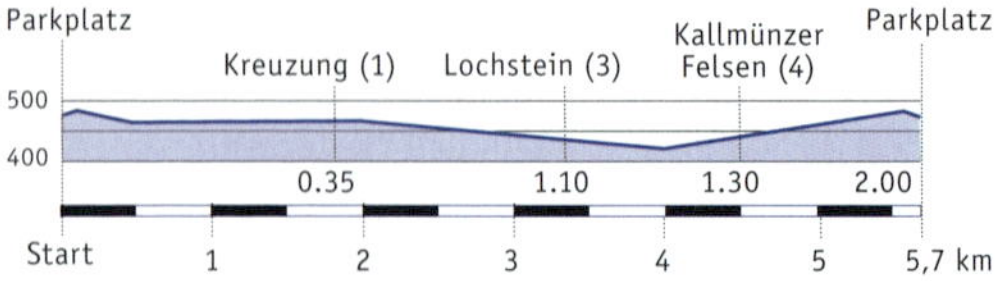

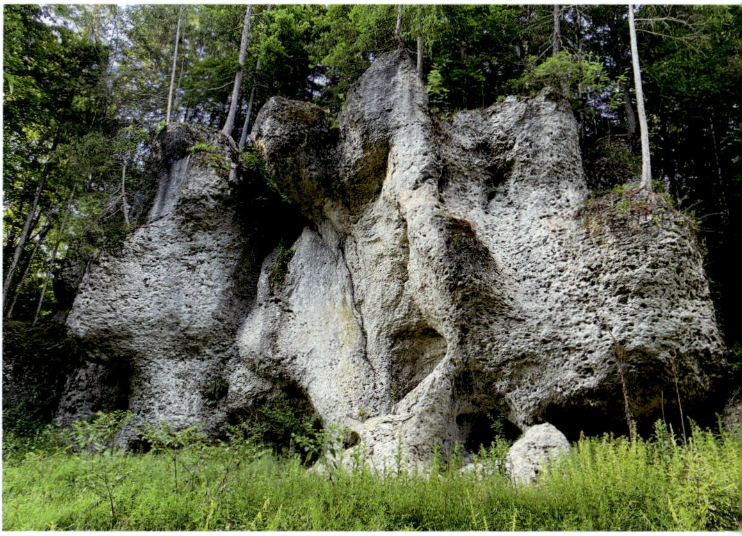

Der weitere Weg führt uns geradeaus zur Bundesstraße und durch einige Lichtungen im Wald. Kurz bevor wir die Straße erreichen, biegen wir nach links ab und sehen bald schon auf der rechten Seite die sogenannten **Kallmünzer Felsen** ④. Leider sind sie im Sommer durch hüfthohe Brennesseln zugewachsen und nur sehr schwer zugänglich. Doch auch der Anblick vom Weg aus ist ansprechend. Von nun sind es nur noch wenige hunderte Meter, bis wir an der **Kreuzung** ⑤ nach rechts abbiegen und kurz darauf wieder am Parkplatz ankommen.

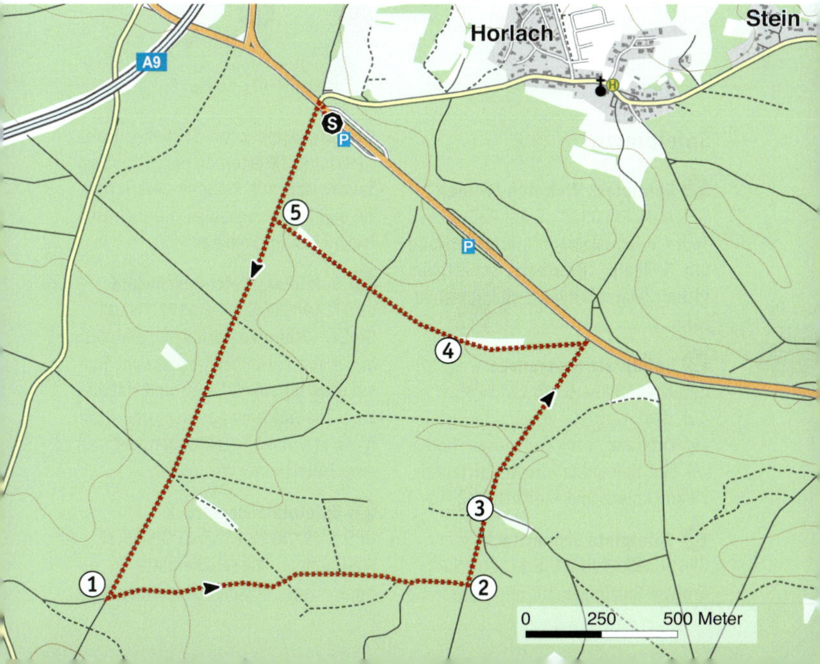

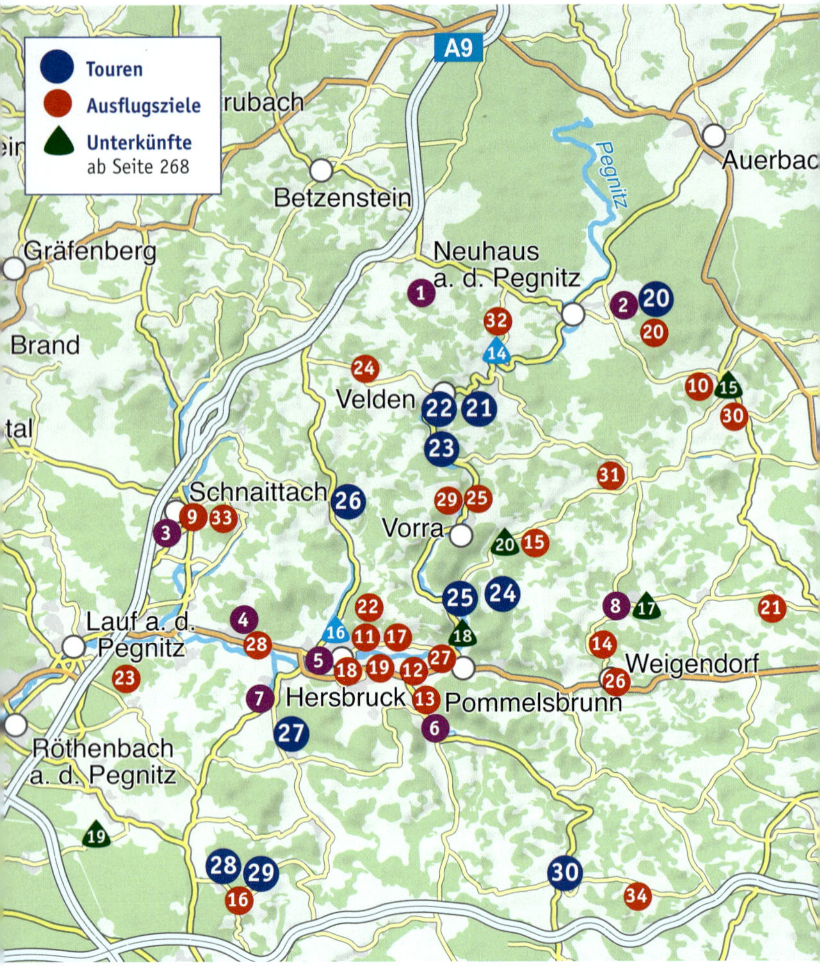

Spielplätze

1 Spielplatz Viehofen/Velden

GPS N 49°38'03.9", E 11°28'31.2"
Toller Spielplatz am hinteren Ortsrand mit Seilbahn, Bolzplatz, schattigem Picknickplatz, Schaukel und Rutschenturm.

2 Spielplatz Krottensee

GPS N 49°37'34.5", E 11°34'45.6"
Auf dem Weg zur Maximiliansgrotte am Ortsrand von Krottensee finden wir den Spielplatz mit Netzpyramide, Picknickplatz und Kletterturm.

3 Spielplatz Schnaittach

GPS N 49°33'19.1", E 11°20'11.2"
Großer Spielplatz in der Badstraße am Bürgerweiher mit Seilbahn, Holzritterburg, Kletterparcours, großem Sandkasten mit Rutsche, Nestschaukel und Reitsitzschaukel. Herrlich zum Picknicken im Sommer.

4 Spielplatz Reichenschwand

GPS N 49°31'05.0", E 11°22'20.0"
Großer Mehrgenerationen-Spielplatz in der Von-Furtenbach-Straße mit Tunnel, Nestschaukel, Sand- und Matschareal, Baumstammparcours und Picknickplatz. Am Spielplatz befindet sich eine Toilette mit Wickelplatz.

5 Spielplatz Hersbruck

GPS N 49°30'22.6", E 11°25'56.7"
Weitläufiger Wasserspielplatz in ruhiger Lage unweit der Innenstadt

(*Michael-Roiger-Weg 2*) und direkt an der Pegnitz. Mit Spielhäuschen, Balancierparcours und Schaukel.

6 Spielplatz Happurg

GPS N 49°28'55.4", E 11°28'33.8"
Großer Spielplatz mit Kletterpyramide, Schaukeln und Hangrutsche. Direkt am Seeufer am Restaurant und Café Seeterrassen. Hier können Eltern mit Blick auf den See ausspannen und Kinder nach Herzenslust toben und danach im See baden.

7 Spielplatz Henfenfeld

GPS N 49°29'33.0", E 11°23'22.2"
Großer Abenteuerspielplatz am Ortsrand in Richtung Altdorf mit Kletterparcours aus Naturstämmen, großem Buddelbereich und Kleinkindrutsche, Seilbahn, Karussell, Picknickplatz, Brunnen und Schaukeln. Besonders an heißen Sommertagen ideal, da er schattig unter großen Bäumen liegt.

8 Spielplatz Etzelwang

GPS N 49°31'34.5", E 11°35'04.0"
Abenteuerspielplatz mit Baumhaus und Baumstammparcours direkt am Bachlauf in der Ortsmitte. Durch die vielen Bäume ist das Gelände im Sommer ein wunderbar schattiges Plätzchen zum Picknicken, Toben und Spielen.

Baden im Freien

9 Freibad Schnaittach

GPS N 49°33'36.0", E 11°20'02.8"
In Schnaittach befindet sich das erste KNEIPP-zertifizierte Freibad Deutschlands. Es ist ausgestattet mit einem Schwimmerbecken mit Sprungturm und einem großen Familienbecken mit Kinderrutsche. Außerdem gibt es hier einen Barfußpad und eine große Liegewiese mit Bäumen. Das Highlight ist die breite Wellenrutsche.
Tel. 09153 294.
www.bad-schnaittach.de

10 Naturbad Königstein

GPS N 49°36'09.7", E 11°38'09.1"
Gänzlich ohne Chemie kommt das Naturschwimmbad in Königstein aus. Das Wasser im Becken stammt aus einer natürlichen Quelle. Ein Extra-Bereich für Kinder mit Wasserlauf befindet sich im hinteren Teil. Zum Bad gehört eine große Liegewiese, auf der auch gecampt werden darf.
Geöffnet ab Juni täglich 10–20 Uhr, je nach Witterung. Kinder unter sechs Jahren haben freien Eintritt.
Tageskarte €4,50, Familie €8,50.
Badstraße 3, 92281 Königstein,
Tel. 09665 9131-0.
www.marktwerke-koenigstein.de

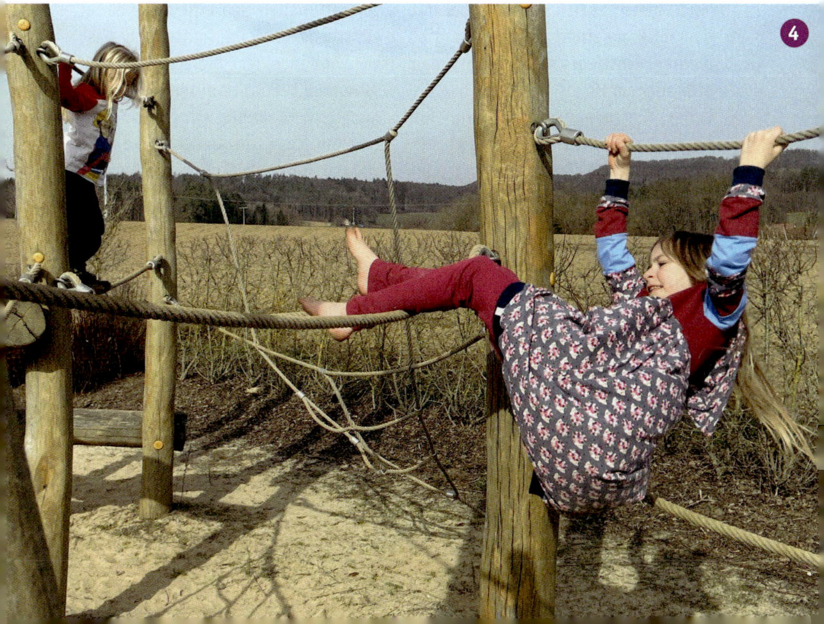

11 Strudelbad Hersbruck

GPS N 49°30'39.8", E 11°26'40.7"
Auf Besucher wartet hier ein Nichtschwimmerbecken mit Rutsche, ein Kleinkinderbecken mit Spielgeräten sowie ein 50-Meter-Schwimmerbecken. Auf der Liegewiese am Pegnitzufer lässt es sich prima unter den Bäumen entspannen.
Geöffnet Mitte Mai bis Mitte September So bis Fr 9–22 Uhr, Sa bis 23 Uhr. €4, Kinder €3 für eine Stunde. Tickets sind mit der Fackelmann-Therme kombinierbar. Tel. 09151 83930. fackelmanntherme.de

12 Happurger Baggersee

GPS N 49°30'10.6", E 11°27'41.7"
Der See liegt in unmittelbarer Nähe der B 14 bei Hersbruck. Auf der weitläufigen Liegewiese gibt es viele Schattenplätze unter Bäumen. Im vorderen Bereich befindet sich ein Restaurant, weiter hinten ein Grillplatz. Kostenpflichtige Parkplätze sind ausreichend vorhanden.

13 Happurger Stausee

GPS N 49°28'55.3", E 11°28'34.1"
Um den Stausee führt ein ebener, etwa fünf Kilometer langer Wanderweg, der ideal für Spaziergänge und zum Fahrradfahren ist. Im See kann im Sommer herrlich gebadet oder mit dem SUP gefahren werden. Es gibt mehrere Einstiegsstellen, sodass man sich auch im Hochsommer ein gemütliches Plätzchen suchen kann. Am Parkplatz Seehaus befinden sich ein Restaurant und Café und ein großer Kinderspielplatz.

14 Freibad Etzelwang

GPS N 49°31'35.0", E 11°35'01.5"
Kleines gemütliches Freibad mit Schwimmerbecken mit Rutsche und einem Kleinkindbereich. Die Bäume auf der Liegewiese spenden im Sommer herrlichen Schatten.
Geöffnet Mo bis Fr 9.30–19 Uhr, Sa, So und Feiertage 9–19 Uhr, je nach Witterung erst ab 13 Uhr. €3,50, Kinder 5 bis 18 Jahre €1,50, Familie €7,50. Tel. 09663 580. foerderverein-freibadetzelwang.de

15 Terrassenschwimmbad Hirschbach

GPS N 49°33'03.7", E 11°31'15.7"
Das Bad liegt etwa 300 Meter außerhalb des Ortes im idyllischen Hirschbachtal. Das 25-Meter-Schwimmerbecken, das Nichtschwimmerbecken und das Kinder-Planschbecken werden mit Sonnenenergie beheizt. Terrassenförmig angeordnete Liegewiesen bieten viel Platz zum Entspannen.
Geöffnet ab Mitte Mai bis Anfang Septemper, Mo bis Fr von 10–19 Uhr, Sa, So, Feiertags 9–19 Uhr. Die Tageskarte €4, Kinder 6 bis 15 Jahre €2,50. Tel. 09152 8008. www.freibad-hirschbach.de

16 Naturbad Weißenbrunn

GPS N 49°25'42.6", E 11°21'45.0"
Im naturnahen Bad gibt es keinerlei künstliche Reinigungsmittel. Das Wasser wird in einem biologischen Verfahren mit Pflanzenfilterung sauber gehalten. Es stehen ein Schwimmer- und ein Nichtschwimmer-Becken sowie ein Planschbecken zur Verfügung. Auf der Liegewiese am Wald findet man

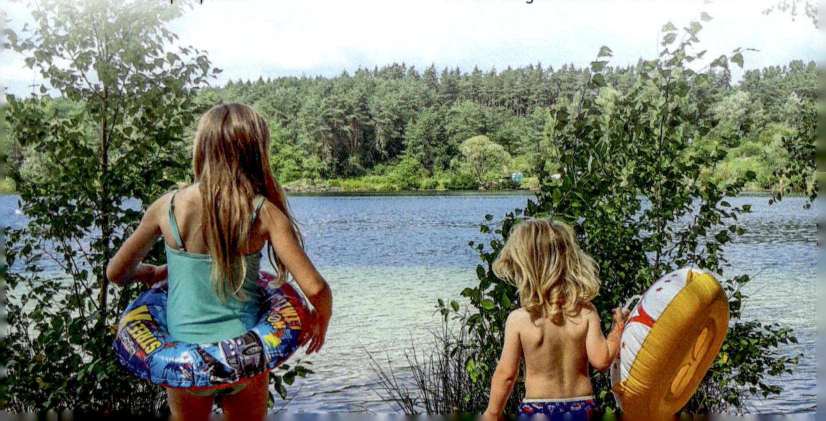

leicht ein schattiges Plätzchen.
Geöffnet Mitte Mai bis Mitte September täglich 9–20 Uhr. Der Eintritt ist frei. Tel. 09187 80568. www.naturbad-weissenbrunn.de

Badespaß drinnen

17 Fackelmann Therme Hersbruck

GPS N 49°30′39.8″, E 11°26′40.7″
Im Wellnessbereich gibt es Becken mit Thermalwasser. Im Erlebnisbereich sorgen ein Strömungskanal, Massagedüsen, Sprudelsitze und Wasserspeier für Spaß und Entspannung. Der Hit für die Größeren ist die Wasserrutsche »Frankenturbo«. Im Wasserkindergarten mit Kinderrutsche, Wasserspritzwand, Schiffchenkanal und Spielfiguren gibt es für die Kleinsten jede Menge zu entdecken.
Geöffnet So bis Fr 9–22 Uhr, Sa bis 23 Uhr. Tagesticket €17,50, Kinder €12,50, Familie €29,50, inklusive Freibad. Tel. 09151 83930. fackelmanntherme.de

Kultur und Museum

18 Hirtenmuseum Hersbruck

GPS N 49°30′35.2″, E 11°25′45.2″
Der Alltag eines Hirten und die Geschichte der Hirtenkulturen in allen Regionen Europas sind die Themen des kleinen Museums. Neben Arbeitsgeräten und Kleidung gibt es in der Dauerausstellung »Mensch und Tier« viele interaktive Stationen, an denen Kinder vieles selbst ausprobieren können. Sie können auch an einer Schatzsuche durch das Museum teilnehmen, in der »Gruselscheune« das Fürchten lernen und sich auf eine Zeitreise in die Steinzeit begeben. Verschiedene Mitmach-Führungen werden das ganze Jahr angeboten, wie zum Beispiel »Vom Korb zur Plastiktüte und wieder zurück« für Kinder ab sieben Jahren.
Geöffnet Fr bis So 10–16 Uhr, €4, Kinder ab 5 Jahre €1,50, Familie €8. Eisenhüttlein 7, 91217 Hersbruck, Tel. 09151 2161. deutsches-hirtenmuseum.de

Altdorf

Mit seinem historischen Marktplatz und einer Vielzahl an sehenswerten Gebäuden wie zum Beispiel dem alten Rathaus, dem Schloss und der Laurentius Kirche lohnt das sehenswerte Städtchen bei Nürnberg einen gemütlichen Stadtrundgang. Mehrere Spielplätze im Stadtzentrum runden das Angebot für Familien ab.

Freizeitspaß

19 Minigolf Hersbruck

GPS N 49°30′18.8″, E 11°26′07.3″
Zwischen Bäumen und Büschen und vielen Gartenzwergen befindet sich die Minigolf- und Pit-Pat-Anlage in den Hersbrucker Pegnitzwiesen.
Geöffnet Di bis So 11–22 Uhr. €5, Kinder €3. 0157 85970612, Ostbahnstraße 13, 91217 Hersbruck

Tiere und Natur

20 Maximiliansgrotte

GPS N 49°37′42.8″, E 11°35′23.3″
In einer etwa halbstündigen Führung durch einen Teil der über 1.200 Meter langen Grotte gibt es eine bizarre Kalksteinwelt zu bestaunen.
[› Tour 20]

21 Osterhöhle

GPS N 49°31′09.4″, E 11°39′45.8″
Die kleine Tropfsteinhöhle mit der angrenzenden urigen Waldschänke liegt im Osten von Sulzbach-Rosenberg und wurde schon 1905 für Besucher erschlossen. Im 185 Meter tiefen Gang sind einige interessante Tropfsteinformationen zu sehen.
Geöffnet 11–16.30 Uhr. Die Führung findet statt, sobald genug Personen anwesend sind. Kinder können ab fünf Jahren mit in die Höhle. €4,50, Kinder €3,50. Tel. 0172 5470166. www.osterhoehle.net

22 Virtueller Waldlehrpfad

GPS N 49°30′46.0″, E 11°26′47.4″
Der Lehrpfad im Hersbrucker Wald ist kein normaler Waldlehrpfad. Auf den kleinen Tafeln am Wegrand ist nämlich nur ein QR-Code zu sehen. Scannt

man ihn, liefert das eigene Handy Infos über die Pflanzen neben uns, über Nachhaltigkeit und Waldwirtschaft und über so wichtige Themen wie Trinkwasser und Hochwasserschutz. Der Pfad kann ganzjährig kostenfrei genutzt werden. Er beginnt am Hersbrucker Heizwerk und verläuft auf einer Teilstrecke der Wanderroute 8. Das Ende befindet sich im Steinbruch nördlich von Hersbruck.
waldqr.de

23 Naturerlebnispfad Waldhaus Schönberg

GPS N 49°29'52.3", E 11°18'49.5"
Von Station zu Station kann man vom Waldhaus mit überdachtem Picknickplatz über den Barfußpfad zum Labyrinth laufen. Dort befindet sich auch ein Niedrigseilgarten, der schon für Kinder ab vier Jahren geeignet ist. Weitere Stationen sind das Baumtelefon, das Klanghaus und der Waldspielplatz mit Kletterturm und kleiner Ruine. Die Wege sind überwiegend barrierefrei und können auch mit dem Laufrad oder Buggy gefahren werden.
Der Pfad ist ganzjährig kostenfrei begehbar. Er beginnt neben den Moritzbergwerkstätten in Schönberg.
www.naturerlebnispfad.info

24 Kutschfahrten in Wallsdorf

GPS N 49°36'22.7", E 11°26'26.3"
Ob im Planwagen oder in der schicken offenen Kutsche – die beiden Süddeutschen Kaltblutpferde Tino und Paula ziehen ihre Gäste zuverlässig durch die abwechslungsreiche Landschaft der Hersbrucker Alb.
€ 50 für 2 bis 4 Personen, € 75 für 5 bis 7 Personen.
Hans Hagerer, Wallsdorf 9, 91241 Kirchensittenbach, Tel. 09152 213,
www.kutschfahrten-hagerer.de

Lamatrekking

25 Alpaka- und Lama-Wanderungen

GPS N 49°33'56.6", E 11°29'57.6"
In der Honig-Apfel-Wiese lebt eine kleine Herde aus vier Lamas und acht Alpakas artgerecht in der Natur. Familien mit Kindern ab acht Jahren können mit den Tieren zu Wanderungen starten. Dabei gibt es zuerst eine Einführung über das Wesen der Tiere und ein Führtraining, um einen ersten Kontakt mit dem neuen Wegbegleiter aufzunehmen. Dann geht es los mit der Wanderung durch das idyllische Pegnitztal.
Eine Wanderung ist buchbar ab zwei Stunden und kostet € 60 pro Stunde für bis zu vier Personen.
Wildenreutweg, 91247 Vorra.
Tel. 0157-85614784.
www.die-honigapfelwiese.de

26 Lamatrekking Hersbrucker Alb

GPS N 49°29'20.6", E 11°35'07.3"
Susann und Henning Klos halten ihre Lamas aus Liebhaberei. Ihre Tiere sind menschenbezogen und freundlich und lassen sich gut führen. Spaziergänge mit Lama können hier das ganze Jahr vereinbart werden. Die Tour dauert mindestens 2,5, maximal 3,5 Stunden. Bei der längeren Tour gibt es unterwegs eine Pause mit Brotzeit.
Dorfplatz 11, 91249 Weigendorf.
www.lamatrekking-hersbruckeralb.de

27 Reckenberg Lamas

GPS N 49°30'02.9", E 11°29'38.1"
Auf dem Hof in Pommelsbrunn werden Lamas gezüchtet. Mit den Tieren kann man mit Voranmeldung auch auf eine ein- bis zweistündige Trekkingtour rund um den Reckenberg gehen.
Reckenberger Weg 4, 91224 Pommelsbrunn, Tel. 09154 1668.
www.reckenberg-lamas.de

28 Frankenalb Lamas

GPS N 49°26'22.8", E 11°32'17.7"
In Pollanden starten die einstündigen Wanderungen mit Fankenalb-Lamas. Sie können das ganze Jahr immer am Wochenende für Gruppen ab vier Personen gebucht werden.
Pro Person € 17,50, Familie mit Kindern bis 12 Jahre € 35.
Tel. 09151 6029.
www.frankenalb-lamas.de

29 Kamelwanderung im Pegnitztal
Wanderungen mit Kamelen bietet Steffen Luther in Vorra an. Mit dem ausgebildeten Zootierpfleger und seinen großen Freunden geht es zu Fuß durch den Wald und über die Wiesen im Pegnitztal.
Buchung ausschließlich über telefonische Voranmeldung möglich. Die Preise richten sich nach Teilnehmerzahl und Dauer. Eine einstündige Wanderung liegt für eine Familie bei etwa € 60.
Steffen Luther, Tel. 0176 65426968, Steinbruchstraße 39, 91247 Vorra

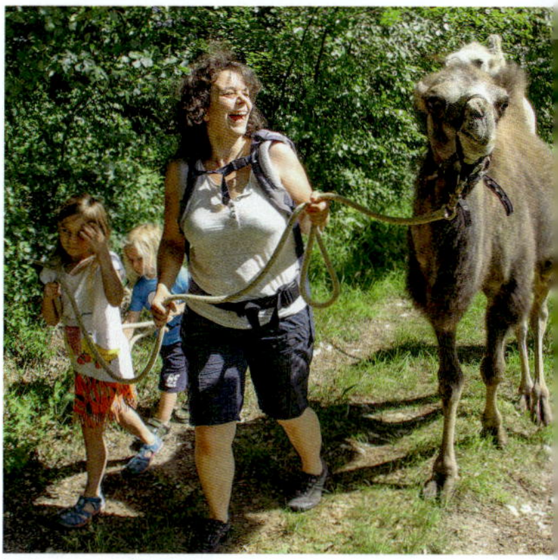

Reiten

30 Stormy Horse Ranch
GPS N 49°35'17.8", E 11°38'49.8"
Die kleinsten Pferdefans können hier mit ihren Eltern und Pony Schnitte zu einem schönen Waldspaziergang starten. Für die Großen werden auf der Ranch Westernreitstunden in sehr kleinen Gruppen, Ausritte und mehrtägige Wanderritte angeboten.
Ponyreiten €15 pro Stunde, Ausritte ab €40.
Windmühle 2, 92281 Königstein, Tel. 0179 6033090.
www.stormy-horse-ranch.de

31 Deer Creek Ponyclub
GPS N 49°34'06.2", E 11°33'55.8"
Der Ponyhof hat sich auf spielerische Reitkurse für Kinder spezialisiert. Außerdem können auch geführte Ponyausritte für 30 oder 60 Minuten gebucht werden. Samstags und in den Ferien können junge Pferdefans auch einen ganzen Tag bei den Ponys verbringen.
Familie Martin, Tel. 09665 8541, Unterklausen 25, 92275 Hirschbach.
www.deercreek.de

Outdoorsport

32 Be Free - Outdoor Events
GPS N 49°36'40.9", E 11°30'31.9"
Die Kanustation in Velden verleiht Kanus (Sit-on-Top und Kanadier) für eine Tour auf der Pegnitz. Es gibt hier zwei kurze Touren auf der Strecke zwischen Güntherstal, Artelshofen und Eschenbach, die auch von Anfängern mit sicher schwimmenden Kindern gefahren werden können.
€55 als Halbtagestour und €75 für die Tagestour für zwei Erwachsene und zwei Kinder im Kanadier, Nürnberger Str. 17A, 91235 Velden, Tel. 0157 85402053.
www.befree-franken.de

33 FP Kanutouren
Ein weiterer Anbieter für Kanutouren auf der Pegnitz hat seinen Sitz in Schnaittach und bietet auch eine längere Tagestour für Fortgeschrittene an, die die Pegnitz bis Hohenstadt oder Hersbruck hinunterführt.
Tagestour Arteshofen – Hohenstadt €79 für zwei Erwachsene und zwei Kinder im 4-er Kanadier.
www.fp-kanutouren.de

34 Bow Vision Parcours
GPS N 49°25'01.3", E 11°35'41.7"
Der Bow-Vision-3D-Parcours ist etwa drei Kilometer lang. Gezielt wird in einem abwechslungsreichen Naturgelände auf Holzfiguren, Scheiben und Bäume. Ausrüstung kann für €13 pro Tag direkt beim Anbieter ausgeliehen werden. Dort werden auch spezielle Kurse angeboten. Der Parcours ist ganzjährig geöffnet, bezahlt wird per Einwurf am Eingang.
Tagesticket €12, Kinder ab 8 Jahre €6, Familie €24. 92262 Birgland, Tel. 0152 22863077.
www.bow-vision.de

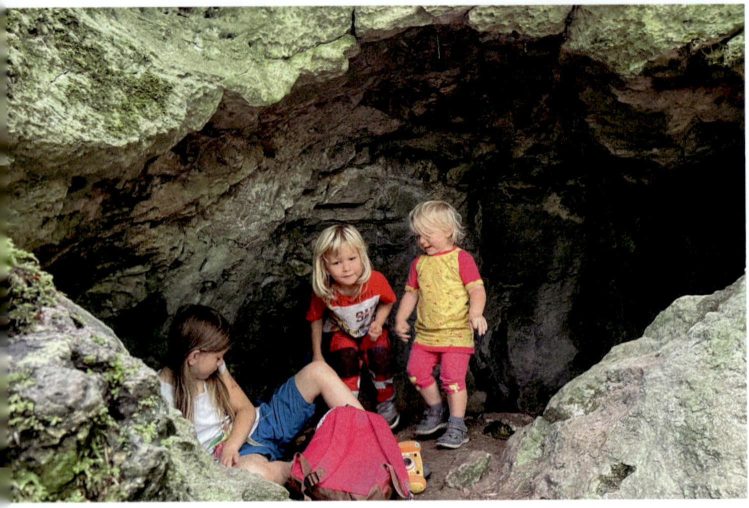

100 m

STRECKE 4,8 km

1 h 45

ab 6

Tour 20: Die Steinerne Stadt

Felsen, Höhlen und Steige zwischen Neuhaus und Königstein

Ein Ausflug in die Welt der Felsen und Höhlen – die Tour von der Maximiliansgrotte in die Steinerne Stadt eignet sich ideal für kleine und große Höhlenforscherinnen und Klettermaxen. Viele bizarre Felsformationen sowie große und kleine Höhlen warten darauf, entdeckt zu werden.

Wanderung: Vom Wanderparkplatz laufen wir zunächst am kleinen **Spielplatz** vorbei und steigen die Treppe hinauf zur **Maximiliansgrotte**. In den Sommermonaten kann hier eine Führung gebucht werden, im Winter halten in der Höhle die Fledermäuse Winterruhe.

Wir laufen am Kassenhäuschen der Grotte vorbei, folgen dem schmalen, mit einem **grünen Punkt** markierten Pfad den Berg hinauf und befinden uns jetzt auf dem karstkundlichen Wanderpfad. Nach einem kurzen Anstieg sehen wir links das vergitterte

TOUREN-STECKBRIEF

Anfahrt: Von Neuhaus an der Pegnitz geht es Richtung Königstein. In Krottensee links abbiegen und der Beschilderung Richtung Maximiliansgrotte folgen. Der Wanderparkplatz befindet sich in unmittelbarer Nähe zur Grotte bei **GPS N 49°37'42.5", E 11°35'22.3".**

Anspruch und Charakter: Abenteuerlicher Weg für Kraxlerinnen und Höhlenforscher. Der Weg führt durch den Wald und bedarf zuweilen der Trittsicherheit.

Highlights: Tropfsteinhöhle, Felsen, Durchgangshöhle, kleiner Spielplatz.

Einkehr: Gasthaus Grottenhof.

In der Nähe: Maximiliansgrotte, Burg Veldenstein, Naturbad Königstein.

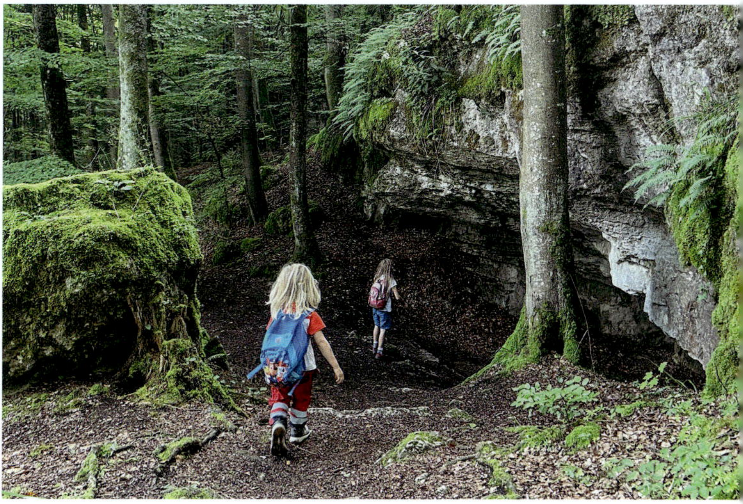

Windloch am Boden und können einen Blick von oben in die Maximiliansgrotte werfen.

Weiter geht es auf dem nun breiteren Weg durch den Wald und wir erkunden die Felsen und Höhlen vor uns, welche gleichzeitig der Ausgang der Grotte sind. Kurz darauf stoßen wir wieder auf den **Wanderweg** ① und folgen dem grünen Punkt in Richtung Steinerne Stadt. Auf der rechten Seite kommen wir an einigen Felsen vorbei, die die Kinder magisch anziehen und zum Klettern und Erkunden einladen. Ein paar kleine Höhlen und Felsvorsprünge eignen sich perfekt, um ein Lager zu bauen. Der breite Wanderweg führt weiter ohne Steigung bis zur **Kreuzung** ② mit einem Fahrweg. Diese überqueren wir geradeaus und folgen dem Wegweiser auf einen schwer erkennbaren Trampelpfad.

Maximiliansgrotte
Die 70 Meter unter der Erde liegende Höhle gilt als eine der beeindruckendsten Tropfsteinhöhlen der Region. Zu sehen sind riesige Tropfsteine, wie zum Beispiel der sechs Meter hohe »Eisberg«.
Geöffnet April bis Oktober Mi bis So. Im Winter bleibt sie wegen der Fledermäuse geschlossen. Besuch nur in Verbindung mit einer Führung, welche von 10–17 Uhr immer zur vollen Stunde stattfindet. €5, Kinder €3,50. www.maximiliansgrotte.de

Bald darauf geht es eine Felsentreppe hinauf und wir klettern durch die bizarren Gesteinsformationen, bis wir nach dem Anstieg den Höhepunkt der **Weissingkuppe** ③ erreicht haben. Damit erreichen wir auch Station sechs des karstkundlichen Wanderpfads.

Der Weg führt zunächst ein Stück eben weiter, dann geht es über einige Stufen hinab und wir kommen wieder an **Felsen und Höhlen** vorbei. In der Talsenke stehen wir an einer weiteren Station des Lehrpfades und treffen bald darauf auf einen breiten Schotterweg, auf den wir links abbiegen. An der nächsten großen

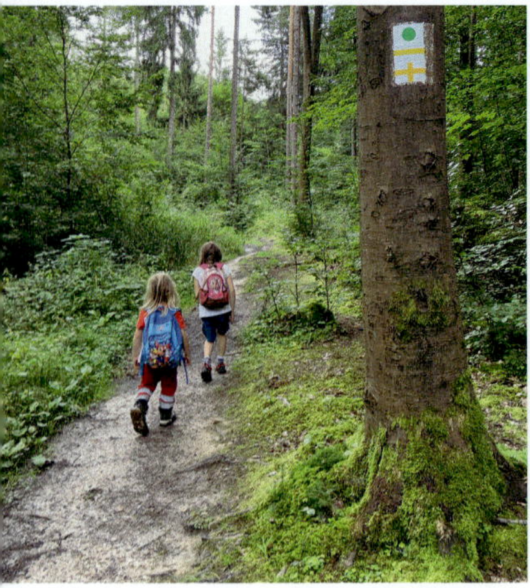

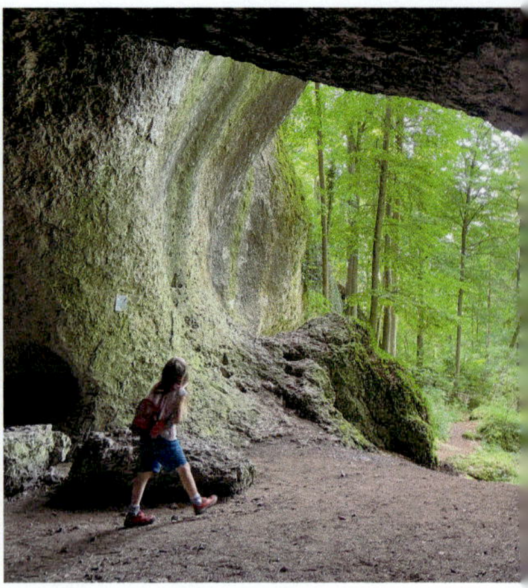

Die Vogelherdgrotte ist eine der größten frei zugänglichen Raumhöhlen der Region.

Waldkreuzung ④ gehen wir zunächst ein Stück links und sehen dann rechts einen Schilderbaum. Auch hier folgen wir der Markierung »grüner Punkt/Steinerne Stadt«.

Die nächste Kreuzung überqueren wir geradeaus und sehen wenig später die ersten Felsentürme der **Steinernen Stadt** ⑤ vor uns. Der Platz im Wald zeichnet sich durch besonders markante Felsen- und Gesteinsformationen aus. Der mit dem grünen Punkt markierte Weg führt uns einmal rund um die Felsen, die die Kinder zum Toben, Erkunden und Versteckspielen einladen. Besonders in heißen Sommermonaten können wir zwischen den kühlen Felsen viel Zeit verbringen.

Der Weg führt dann einen Hang hinauf und wir können vom **Aussichtspunkt** ⑥ noch mal einen Blick auf die überhängenden Felsen werfen. Wir folgen weiterhin der grünen Markierung und erreichen wenig später eine breite **Schotterstraße** ⑦, auf der wir nach rechts abbiegen.

Wir folgen dem Weg bis zur nächsten Kreuzung, an der ebenfalls Schilder stehen, und folgen dem grünen Punkt des karstkundlichen Wanderweges in Richtung Vogelherdgrotte. Es geht steil durch den Wald hinauf zu einigen Felsen an einer Lichtung und weiter zu einer großen Durchgangshöhle: der **Vogelherdgrotte** ⑧. Wer die Augen offen hält, kann hier auch einen Geocaching-Schatz entdecken. Die Grotte stellt außerdem die neunte Station des karstkundlichen Wanderwegs dar.

Neben der Vogelherdgrotte teilt sich der Wanderweg. Wir verlassen hier den »grünen Punkt« und laufen auf dem Weg mit der Markierung »rotes Kreuz/Erzweg« weiter. Nach einem kurzen, steilen Anstieg über den wurzeligen Weg erreichen wir eine

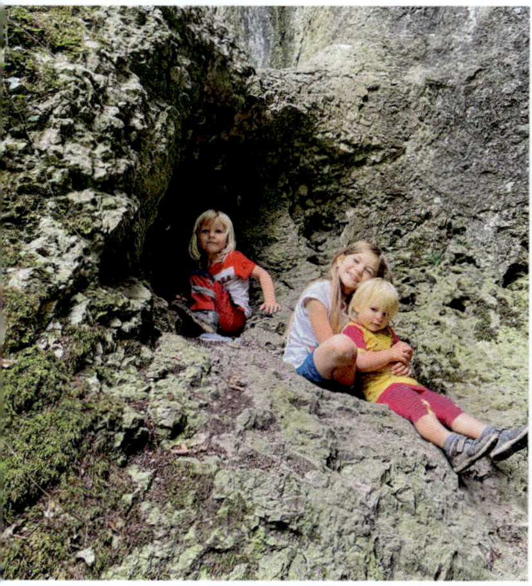
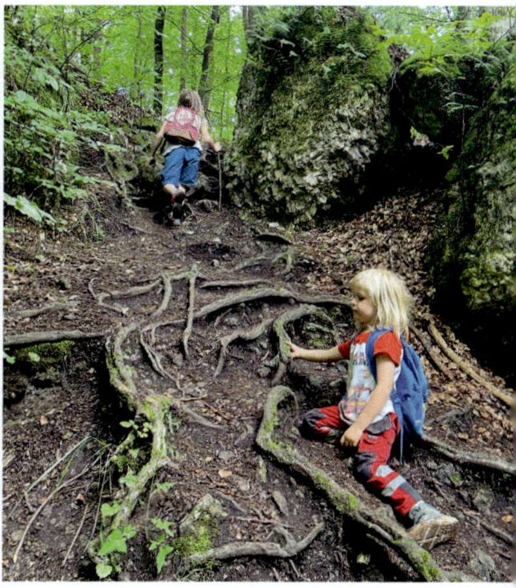

Hier ist auch ein Geocache zu finden.

Straße ⑨, die wir schräg nach rechts überqueren. Hier haben wir einen wunderbaren Ausblick über Wiesen und Felder bis nach Krottensee und Neuhaus. Am Rande der Wiese sehen wir die nächste Markierung. Von nun an führt ein breiter Weg mit leichtem Anstieg durch den Wald Richtung Grottenhof und zurück zum Parkplatz. An einer letzten **Kreuzung** ⑩ kurz vor der Straße biegen wir nach links ab und sehen bereits unseren Startpunkt.

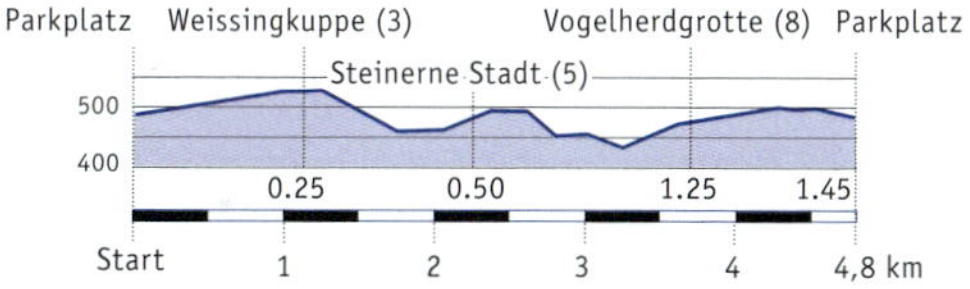

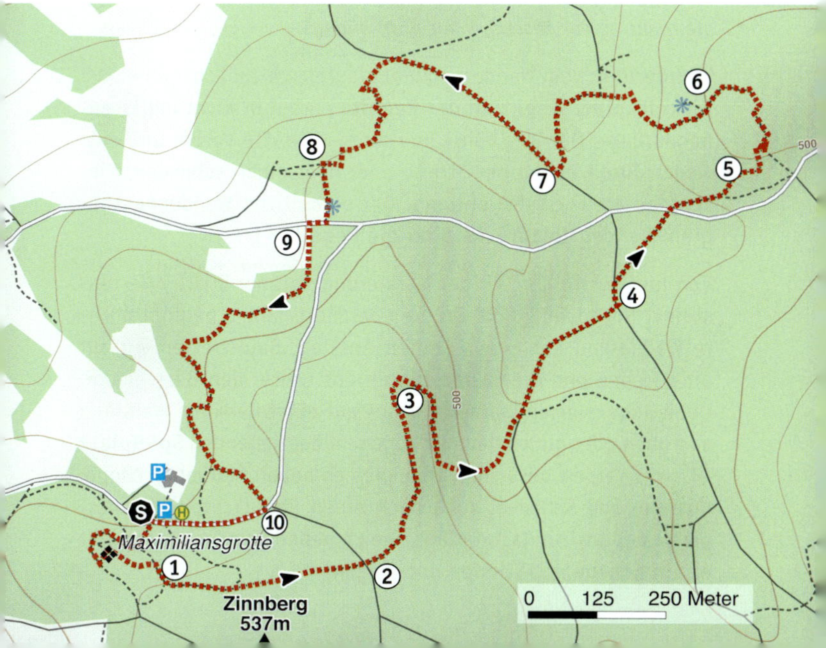

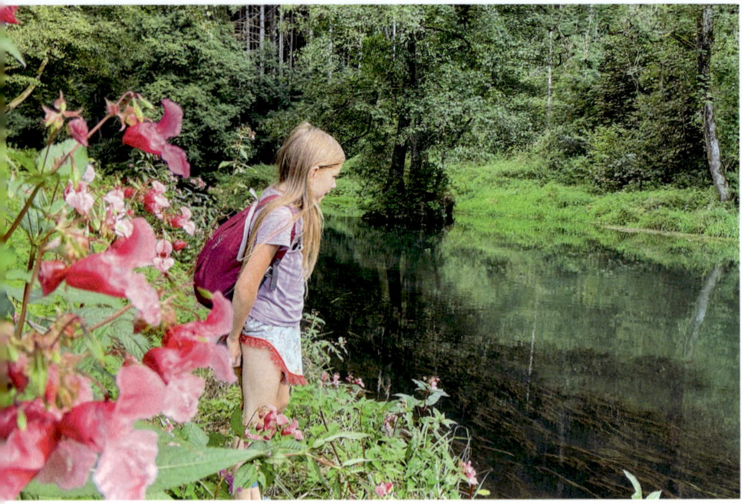

110 m

STRECKE 6 km

2 h 15

ab 6

Tour 21: Vom Pegnitztal nach Hartenstein

Ausflug zur Burg und zum Spielplatz

Das romantische Pegnitztal hat eine Vielzahl an landschaftlich einzigartigen Wandertouren zu bieten. Eine der schönsten und vor allem familienfreundlichsten Touren ist die Strecke von Velden nach Hartenstein mit Besuch von zwei Spielplätzen, einem Café und der Burg Hartenstein. Der Weg führt zunächst steil bergauf und anschließend gemütlich von der Hochebene in Velden nach Hartenstein mit einem Abstecher zur Burg hinauf.

Wanderung: Vom Wanderparkplatz laufen wir zunächst an einem **Picknickplatz direkt an der Pegnitz** vorbei in Richtung Eisenbahnbrücke. Der Weg führt hier an einer Hütte vorbei und entweder direkt neben der Straße oder über einen schmalen Wiesenpfad am Flussufer entlang. Der eigentliche Wanderweg beginnt bei der **Holzbrücke über die Pegnitz** ①.

Von hier aus folgen wir der Markierung »grüner Strich / Hartenstein«. Nachdem wir die Brücke überquert haben, beginnt unsere Wanderung mit einem steilen Anstieg. Bald treffen wir auf eine Treppe und die Stufen führen uns weiter den Berg empor. Oben angekommen können wir uns auf einer Bank am Waldrand ausruhen oder gleich den direkt gegenüber liegenden **Spielplatz** ② von Velden besuchen. Hier gibt es neben Seilbahn, Wippe, Rutsche und Schaukel auch noch einen überdachten Picknickplatz, der uns zur Rast einlädt. Gleich neben dem Spielplatz gibt es ein Gehege mit Schafen und Ziegen.

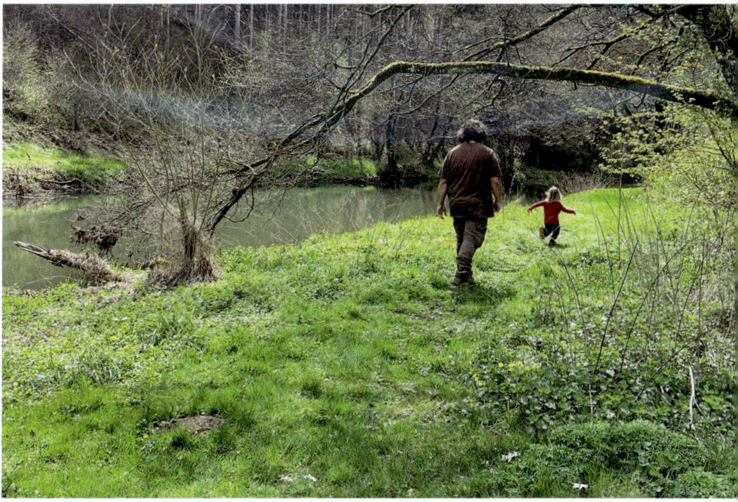

Dann folgen wir dem Wanderweg weiter in Richtung Hartenstein. Dieser verläuft ab hier ohne große Steigungen immer am Waldrand entlang. An der ersten **Abzweigung** ③, biegen wir rechts ab. Links ginge es zur Petershöhle. Wer möchte, kann hier auch einen Abstecher machen.

Anreise mit der Bahn

Diese Tour ist hervorragend geeignet, um mit öffentlichen Verkehrsmitteln anzureisen. Der Bahnhof Velden ist stündlich mit dem Zug von Nürnberg aus erreichbar. Der Wanderweg beginnt nur wenige Gehminuten vom Bahnhof in Velden entfernt. Besonders günstig reist, wer mit dem VGN-Tages-Ticket-Plus unterwegs ist. Ein Preis gilt für die ganze Familie einen ganzen Tag im Verbundgebiet. www.vgn.de

Auf dem weiteren Weg durchqueren wir eine kleine **Felsenschlucht** ④ und passieren bald darauf auf der rechten Seite einen Bolzplatz. Dann haben wir den **Ortseingang von Hartenstein** erreicht. Auf der linken Seite befindet sich die **Jugendherberge** ⑤ und im weiteren Verlauf haben wir rechts einen schönen Blick auf die Burg Hartenstein.

TOUREN-STECKBRIEF

Anfahrt: Von der A 9 Nürnberg – Berlin, Abfahrt Plech geht es zunächst durch Plech und weiter nach Neuhaus an der Pegnitz. In Neuhaus nach rechts abbiegen Richtung Velden. Vor dem Ortseingang (vor der Eisenbahnbrücke und nach dem Dolomitwerk) befindet sich der Wanderparkplatz auf der linken Seite. **GPS N 49°36'37.0", E 11°31'06.2".**

Anspruch und Charakter: Zunächst steiler Anstieg durch den Wald, anschließend gemütliche Wanderung vom Spielplatz in den Ort und zur Burg hinauf.

Highlights: Zwei Spielplätze, Burg und optional Höhle und Naturerlebnispfad.

Einkehr: Restaurant Touché Burg Hartenstein, Café im Dorfladen Hartenstein, Gastwirtschaften in Hartenstein und Velden.

In der Nähe: Naturerlebnispfad Hartenstein, Kanu fahren auf der Pegnitz, Rast Waggon Rupprechtstegen.

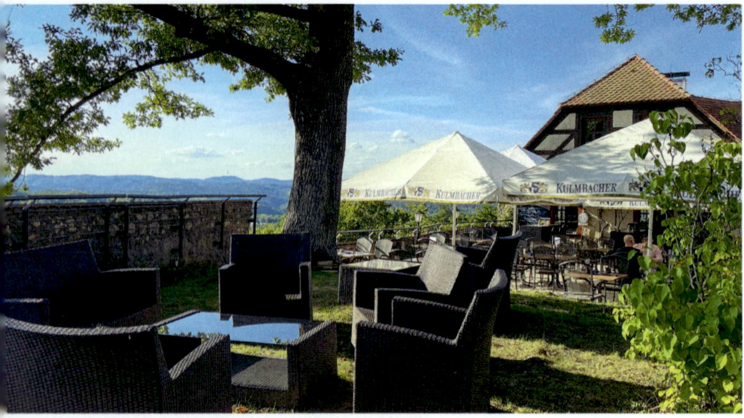

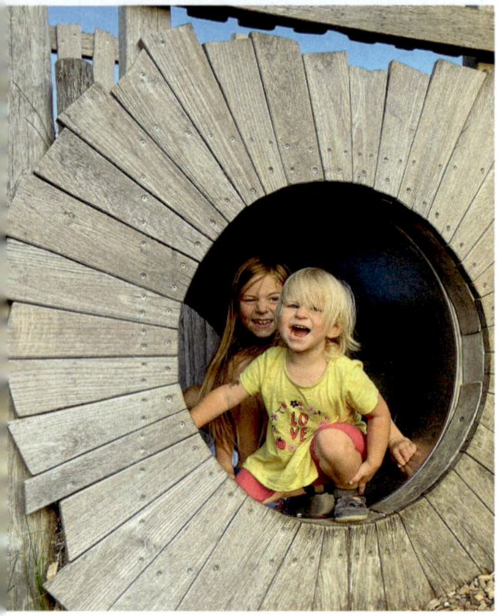

Am Ende der Straße treffen wir auf eine **Kreuzung** ⑥, an der sich eine Informationstafel für Wanderungen und ein **Rastplatz** befinden. Wir laufen am Wanderparkplatz vorbei und erreichen den **Abzweig zur Burg**. Ab hier folgen wir der Beschilderung »Zur Burg« und laufen den Fahrweg entlang um den Burgberg herum. Auf der Rückseite des Berges führt die Straße steil hinauf und wir genießen hier bereits den tollen Fernblick. In der **Burg Hartenstein** ⑦ befindet sich ein Restaurant mit Biergarten und bestem Ausblick.

Nach einer Pause steigen wir über die schmale Straße »Am Burgberg« hinab in den Ort und biegen an der Hauptstraße rechts ab. Wir gehen an der Kirche und am Brunnen in der Ortsmitte vorbei und kommen zur Bushaltestelle. Hier gehen wir rechts in die Höflaser Straße und zur Schule. Daneben sehen wir den Dorfladen, ein Café und den dazugehörigen großen **Spielplatz** ⑧.

Hier endet unsere Tour und wir laufen ohne den Schlenker auf den Burgberg auf dem selben Weg zurück nach Velden.

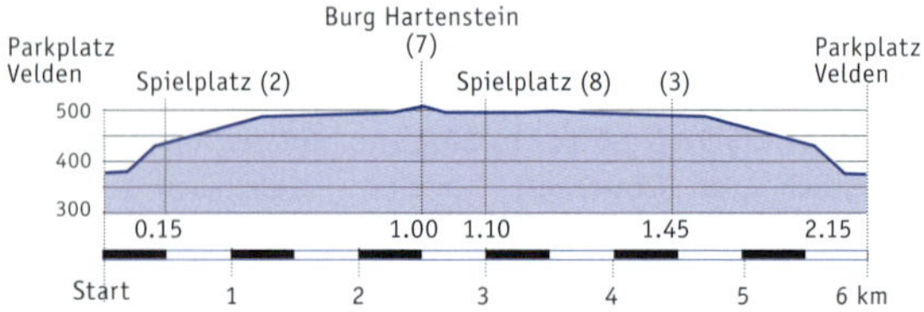

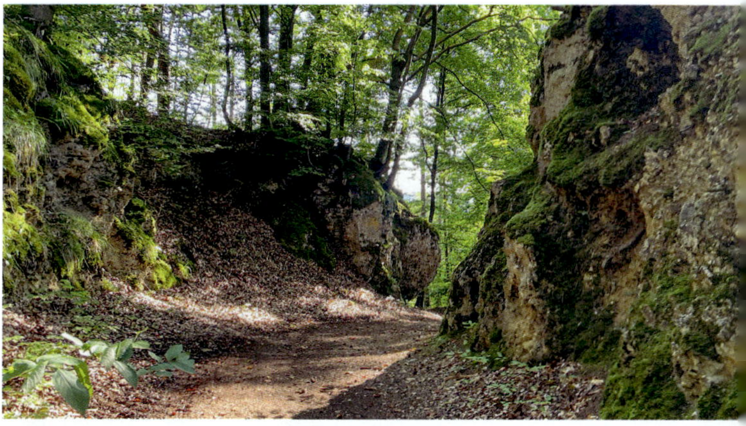

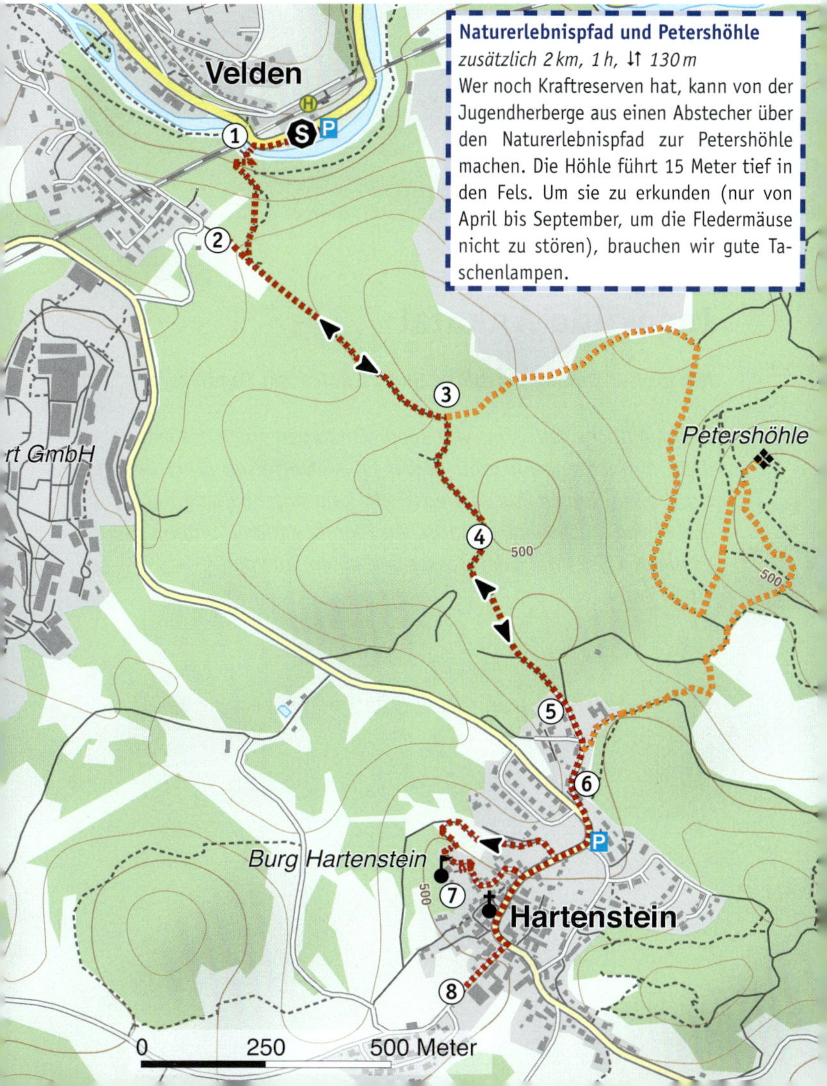

Naturerlebnispfad und Petershöhle

zusätzlich 2 km, 1 h, ⇅ 130 m

Wer noch Kraftreserven hat, kann von der Jugendherberge aus einen Abstecher über den Naturerlebnispfad zur Petershöhle machen. Die Höhle führt 15 Meter tief in den Fels. Um sie zu erkunden (nur von April bis September, um die Fledermäuse nicht zu stören), brauchen wir gute Taschenlampen.

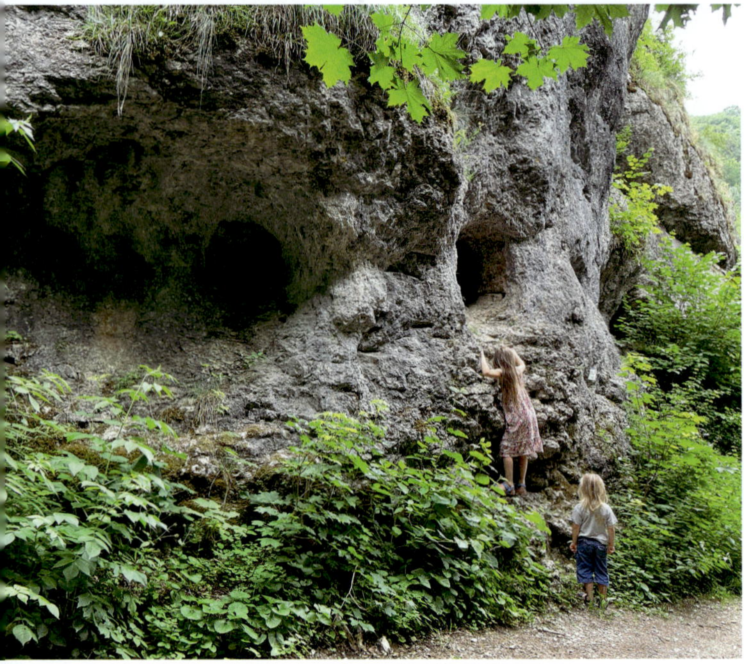

130 m

STRECKE 4,9 km

1 h 45

ab 6

Tour 22:
Ins wilde Ankatal

Mit großer Durchgangshöhle und Picknick am Pegnitzufer

Die gemütliche Tour führt von Rupprechtstegen durch das magische, dicht bewachsene Ankatal: Vorbei an Kletterfelsen führt der Weg zur großen Raumhöhle Andreaskirche und anschließend nach Lungsdorf und an der wildromantischen Pegnitz entlang. Unterwegs gibt es einen Kiosk direkt am Wasser und einen Spielplatz.

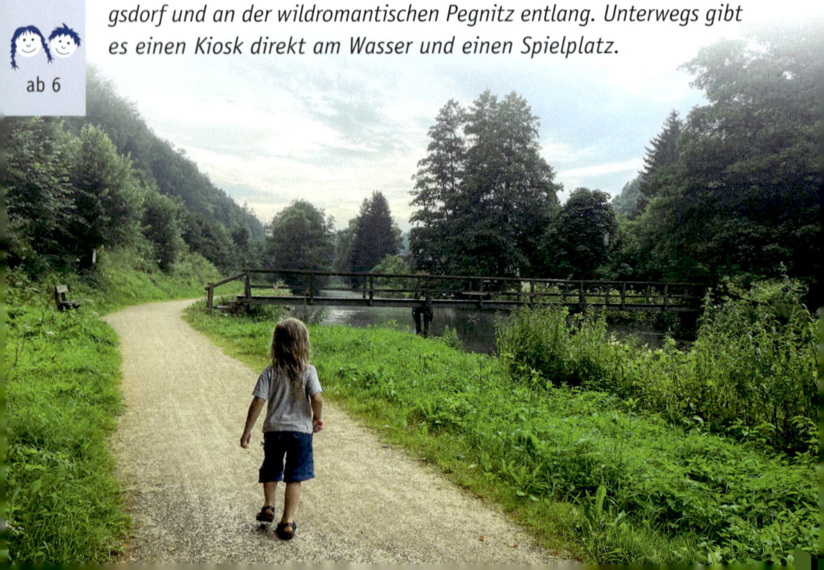

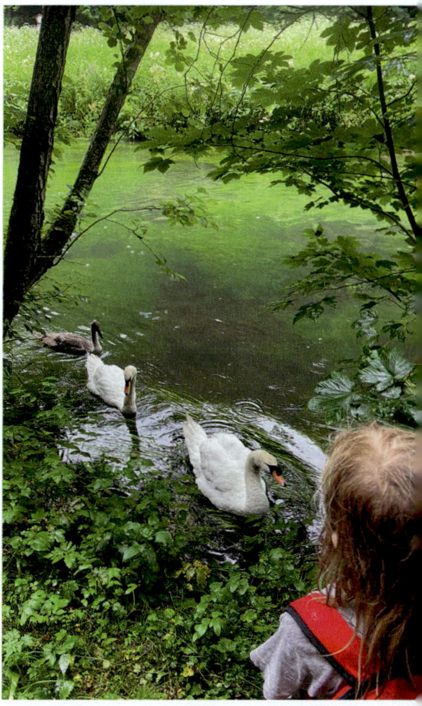

Wanderung: Vom Wanderparkplatz überqueren wir die Straße und sehen gleich die ersten großen Felsen. Bereits am Waldeingang kommen wir an der Ankatalwand vorbei und sehen links einige **Kletterfelsen** ①, die wie ein Labyrinth von den Kindern erkundet werden können.

Wir folgen der Wegmarkierung »Rotes Kreuz« auf einen leicht ansteigenden breiten Weg. An der Abzweigung halten wir uns links und folgen dem Pfad bis zur **Andreaskirche** ②. Die große Raumhöhle liegt ein wenig versteckt auf der linken Seite. Sie ist große genug, um darin zu picknicken.

Dann kehren wir zurück zum Wanderweg und folgen der Markierung aus dem Wald hinaus. Wir überqueren eine Wiese und kommen kurz darauf an eine **T-Kreuzung** ③, an der wir rechts abbiegen. Wir folgen jetzt bis Lungsdorf der Markierung »blaues Kreuz« – zuerst auf einen schmalen, felsigen Weg. Hier blüht es im Frühsommer oft besonders üppig. Dann

Andreaskirche – Ein Ort nicht nur für Gottesdienste

Die große Raumhöhle wurde wohl bereits von Kelten genutzt. In der späteren Zeit hielten Christen hier ihre Gottesdienste ab. Die geräumige Felsenhalle besitzt drei Eingänge, ist elf Meter lang, 20 Meter breit und sieben Meter hoch und wirkt dadurch ähnlich wie ein Kirchenschiff. Die Karsthöhle ist ganzjährig kostenfrei begehbar und eignet sich ideal für eine gemütliche Rast.

TOUREN-STECKBRIEF

Anfahrt: Von der A 9, Abfahrt Hormersdorf in Richtung Velden / Rupprechtstegen fahren. In Hormersdorf links abbiegen und Walldorf und Raitenberg durchqueren. In Rupprechtstegen geht es steil den Berg hinab und an der Kreuzung nach links Richtung Velden. Am Ortsausgang befindet sich der Wanderparkplatz auf der rechten Seite. **GPS N 49°36'04.8", E 11°29'12.3"**.

Anspruch und Charakter: Gemütliche Familienwanderung durch das dicht bewachsene Ankatal und auf breitem Schotterweg zurück. Das letzte Drittel führt direkt am Flussufer entlang.

Highlights: Kletterfelsen, Große Raumhöhle, Kiosk mit Spielplatz, Wasservögel.

Einkehr: In den Sommermonaten Kiosk in Lungsdorf mit Brotzeit, Kaffee und Kuchen, Rastwaggon in Rupprechtstegen.

In der Nähe: Rastwaggon und Spielplatz Rupprechtstegen, Happurger Baggersee.

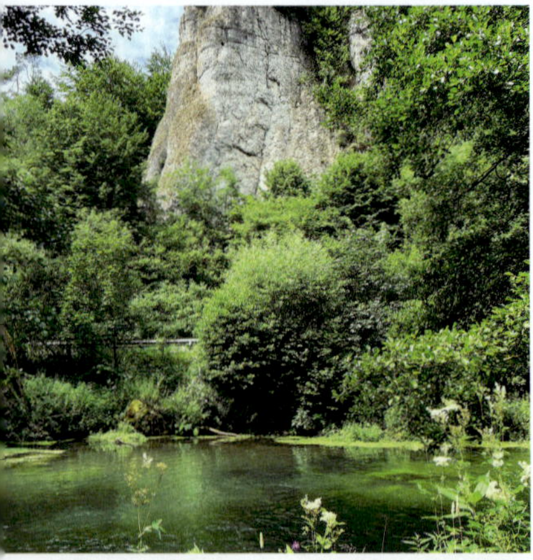

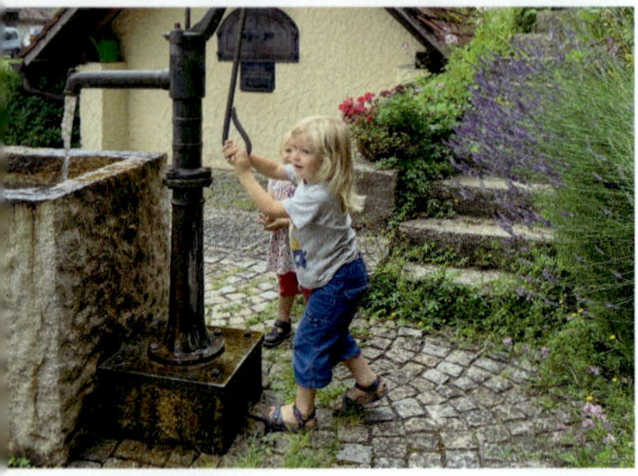

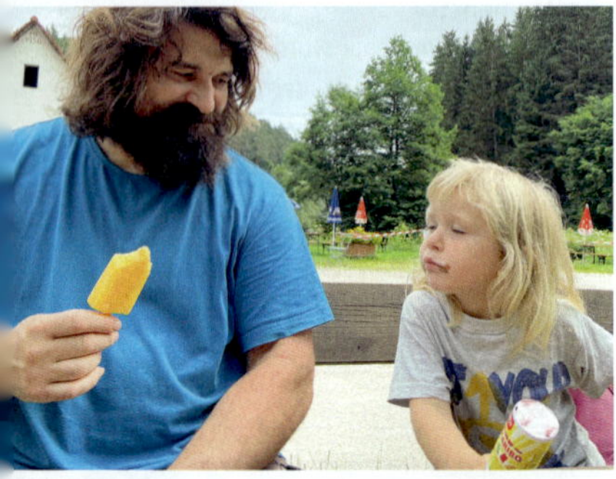

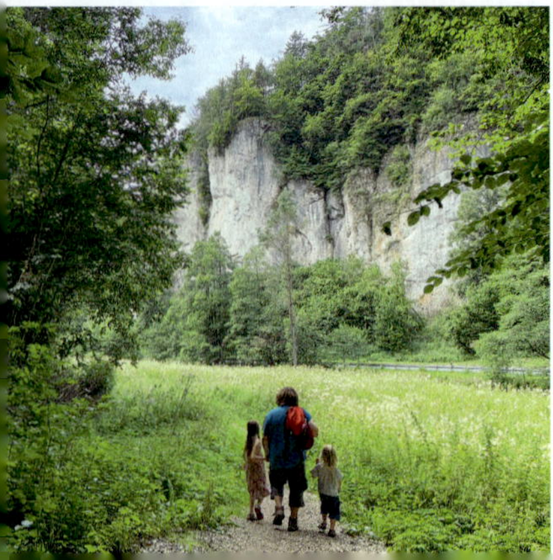

steigen wir hinauf in den Wald und kommen wieder auf einen breiten Wanderweg. An dessen Ende geht es eine Treppe hinauf zu einem **Schotterweg** ④. Hier biegen wir rechts ab und laufen am Waldrand entlang hinunter nach Lungsdorf. Hinter einer Rechtskurve sehen wir die ersten Häuser und erreichen einen **Picknickplatz mit Brunnen** ⑤.

Wenige Meter weiter biegen wir an der Straße nach rechts ab und überqueren diese kurz darauf. Auf der linken Seite sehen wir neben dem Wanderparkplatz einen **Kiosk** ⑥, der in den Sommermonaten neben Getränken auch Brotzeiten, Kuchen und Eis aus einer Manufaktur anbietet. Auch einen kleinen Spielplatz finden wir hier.

Nach der Rast direkt am Flussufer machen wir uns nun auf den Rückweg. Dazu überqueren wir die **Holzbrücke** und laufen den ebenen Weg zwischen Wald und Fluss mit der Markierung »grünes Kreuz« entlang. Nachdem wir unter der **Eisenbahnbrücke** ⑦ hindurchspaziert sind, folgen wir dem schmalen Schotterpfad mit der Markierung »grüner Strich« immer an der Pegnitz entlang. An einigen Stellen können wir zwischen den Bäumen die gegenüberliegende Felswand sehen.

Dann passieren wir erneut eine Eisenbahnbrücke ⑧. Wer Glück hat, sieht auf dem Fluss auch

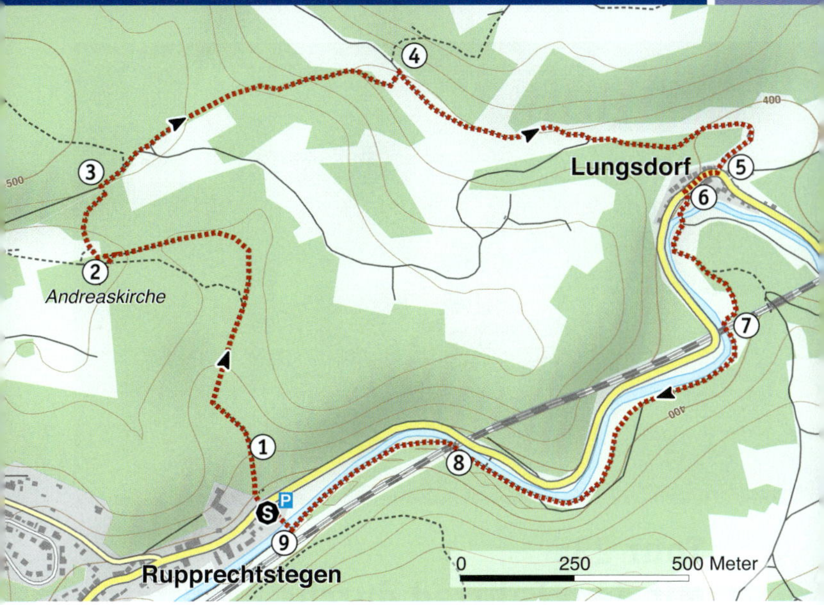

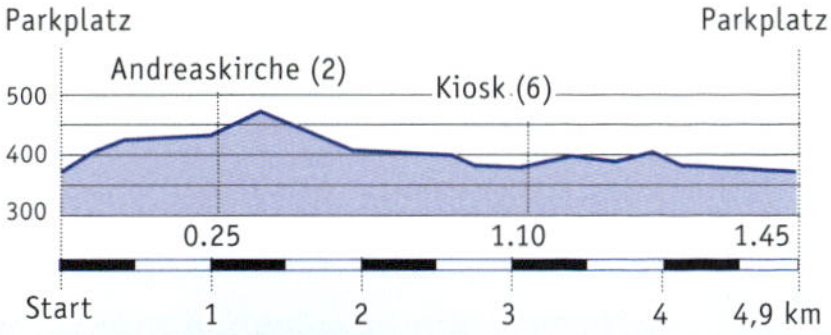

Wasservögel wie Schwäne oder Enten und kann Wasseramseln beobachten. Knapp 400 Meter weiter führt uns eine **Holzbrücke** ⑨ über die Pegnitz und direkt zurück zum Wanderparkplatz, an dem wir gestartet sind.

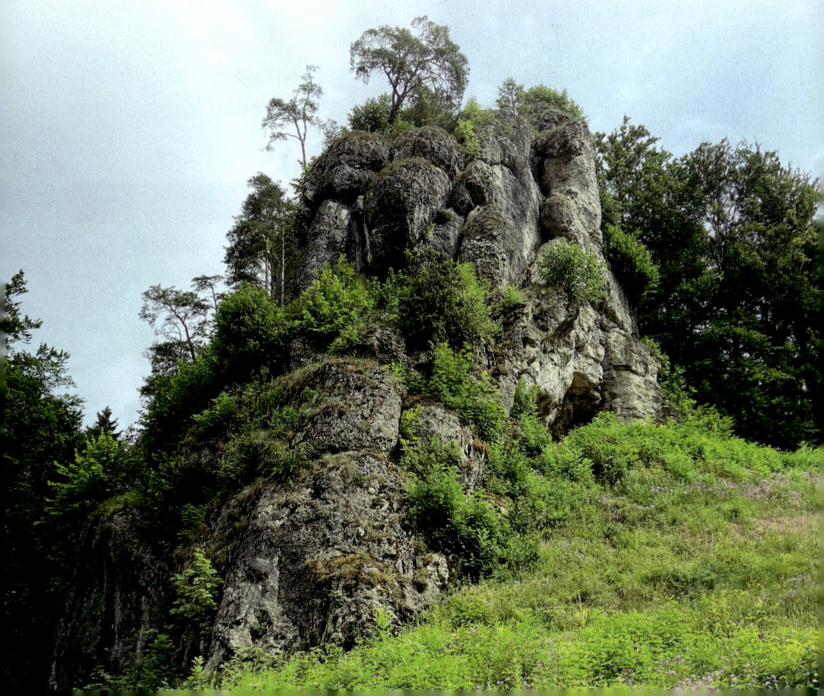

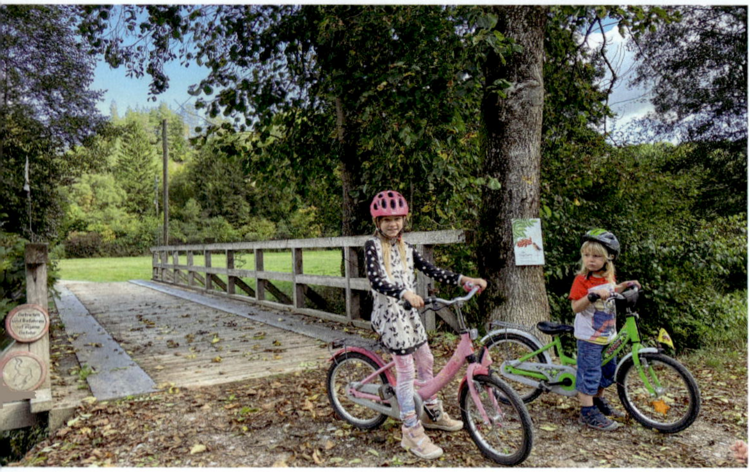

110 m

160 m

STRECKE 20,5 km

2 h 30

ab 6

Tour 23: Mit dem Fahrrad durchs Pegnitztal

Von Rupprechtstegen nach Hersbruck

Eine Fahrradtour durch das romantische Pegnitztal zeigt die schönsten Seiten dieser Region: Jurafelsen, die schroff am Rand der Felder aufragen, ein gemächlich fließender Fluss und sattgrüne Mischwälder. Das alles sehen wir auf der Tour von Rupprechtstegen nach Hersbruck. Dazwischen gibt es außerdem eine nette Einkehrmöglichkeit an einem Dorfladen und einen Spielplatz direkt an der Strecke. Die Tour ist ideal auch für ganz kleine Radfahrer geeignet, da sie mit wenigen Steigungen stets auf breiten Wegen verläuft. Zudem besteht an mehreren Stellen die Möglichkeit abzukürzen, indem man in den Zug steigt.

TOUREN-STECKBRIEF

Anfahrt: Von der A9, Abfahrt Hormersdorf geht es Richtung Velden / Rupprechtstegen. In Hormersdorf links abbiegen und durch Walldorf und Rautenberg nach Rupprechtstegen fahren. Nach dem steilen Berg abwärts an der Kreuzung rechts abbiegen und durch den Ort fahren. Am Ortsende nach links abbiegen zum Bahnhof. Der Parkplatz befindet sich direkt am Bahnhof in Rupprechtstegen. **GPS N 49°35'51.9", E 11°28'50.1".**

Anspruch und Charakter: Einfache Fahrradstrecke, die auch für die Kleinsten schon leicht zu fahren ist und dennoch nichts an landschaftlichen Reizen einbüßt. Die Strecke kann individuell verkürzt oder verlängert werden. Um der Strecke gut folgen zu können, empfiehlt es sich, den GPS-Track herunterzuladen.

Highlights: Mehrere Badestellen, Rastplätze, Spielplätze und Cafés.

Einkehr: Gasthäuser in Artelshofen, Vorra, Alfalter, Eschenbach, Hohenstadt und Hersbruck. Café Inselblick, Dofladen Vogelbeere und Pizzeria Toni in Vorra, Rastwaggon in Rupprechtstegen.

In der Nähe: Hirtenmuseum, Fackelmann Therme Hersbruck, Badeseen in Happurg.

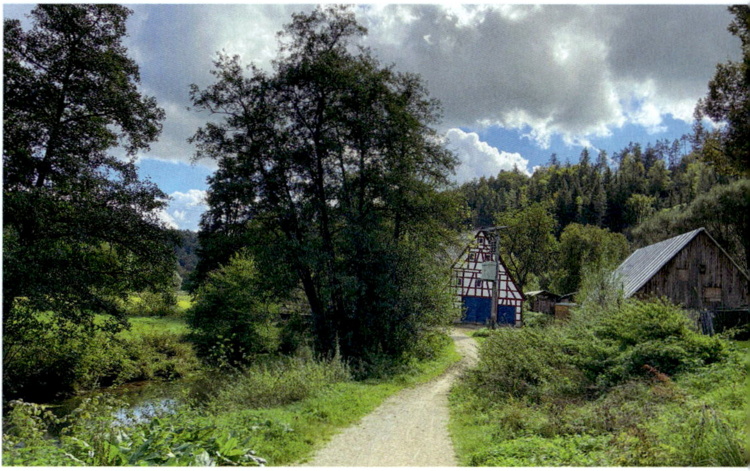

Fahrradtour: In unmittelbarer Nähe des Parkplatzes am **Bahnhof in Rupprechtstegen** locken schon vor dem eigentlichen Start der Rast-Waggon und ein Spielplatz direkt an der Pegnitz. Dann geht es vom Bahnhof zunächst für ein kurzes Stück auf die Bundesstraße, wo wir rechts abbiegen und den Berg hinunter radeln. Anschließend fahren wir über die Brücke und biegen dahinter scharf nach links ab in den **Mühlenweg**.

Auf der schmalen Teerstraße fahren wir direkt am Fluss entlang und mit etwas Glück können wir hier im Sommer Schwäne und ihre Jungen beobachten. Nachdem wir am **Seniorenheim** vorbeigefahren sind, mündet die Straße in

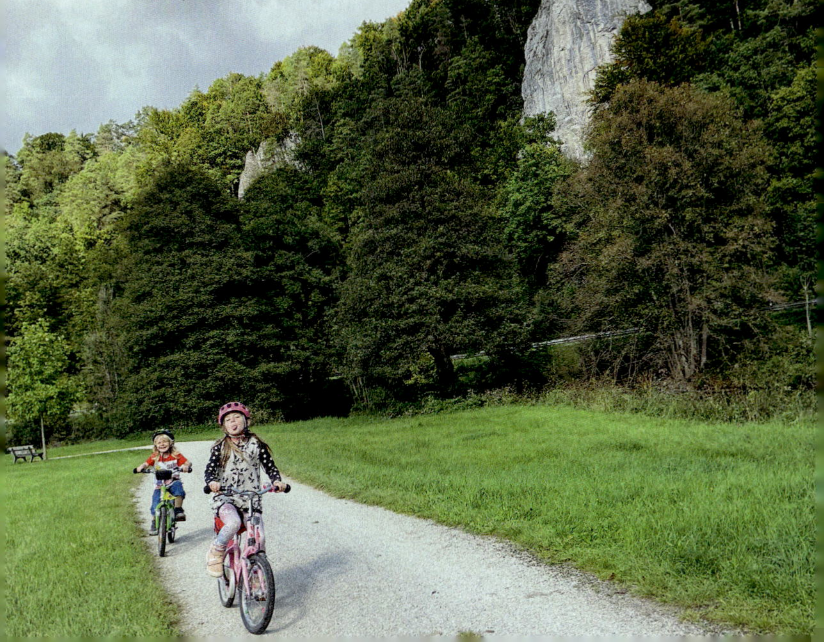

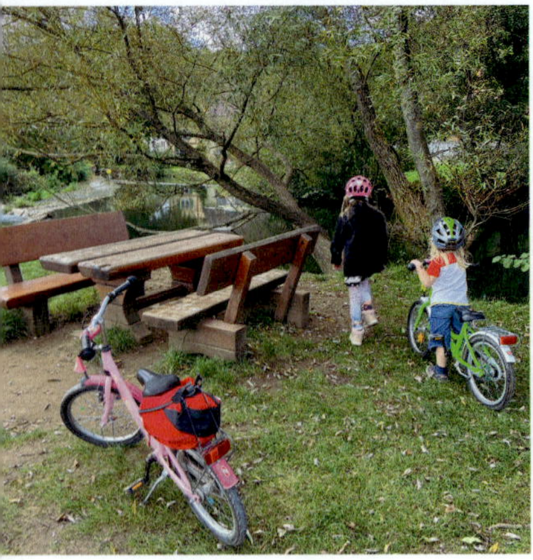

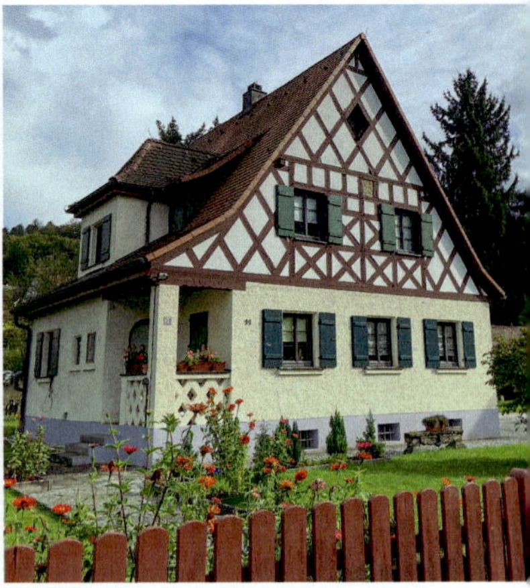

einen breiten, ebenen Schotterweg, der uns gemütlich zur **Harnbacher Mühle** bringt. Wir fahren am Mühlenhaus vorbei und überqueren bald darauf eine **Bachbrücke** ①. Hier ist eine niedrige Wasserstelle, die an warmen Tagen zum Baden oder Abkühlen einlädt.

Anschließend fahren wir ein Stück durch den Wald und einen Hügel hinauf. Wir bleiben dabei auf dem breiten Weg und erreichen kurz vor Enzendorf eine **Bank** mit Ausblick auf das Pegnitztal und die Zugstrecke. Von hier aus fahren wir in den Ort hinein und halten uns dabei rechts. Wer mag, fährt der abbiegenden Hauptstraße nach und sieht nach der Brücke rechts einen kleinen **Spielplatz** ②.

Wir folgen den Markierungen in **Richtung Hersbruck** und biegen am Ortsende rechts auf den Radweg ab. Kurz darauf überwinden wir abermals eine kurze Steigung im Wald und fahren anschließend unter einer **Eisenbahnbrücke** hindurch.

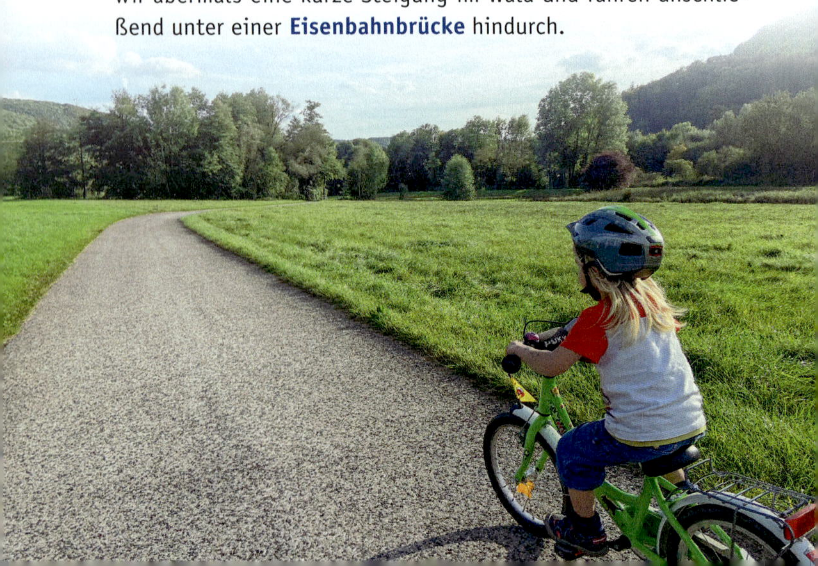

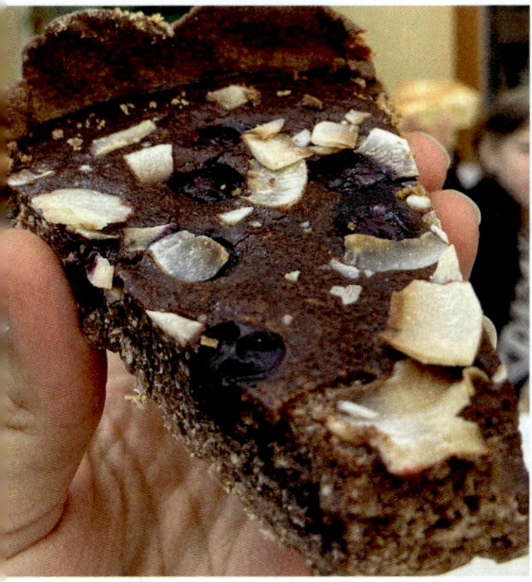

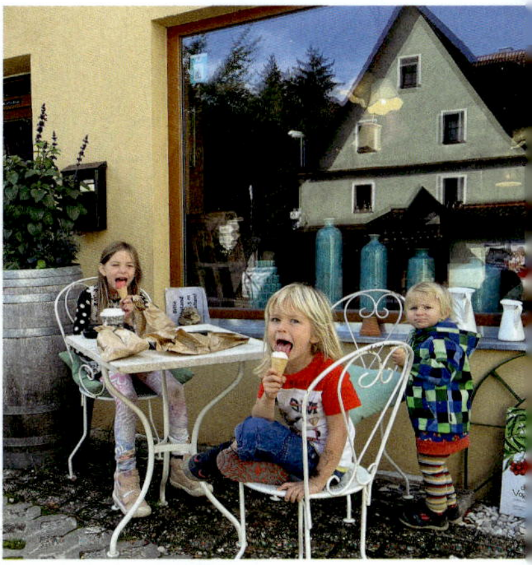

Bald führt der Radweg gemütlich durch die saftigen Wiesen und wir sehen gegenüber einige markante Felsen. Auf der linken Seite befindet sich hier ein Wanderparkplatz, der über eine **Brücke** zu erreichen ist. Wir radeln weiter und erreichen kurz darauf einen **Rastplatz am Wasser** ③. Wer genau hinsieht, findet hier deutliche Spuren, die Biber an den Bäumen hinterlassen haben.

Der Radweg führt weiter an der Pegnitz entlang und wir unterqueren abermals die **Eisenbahnlinie** und überqueren kurz darauf die Pegnitz über eine **Fußgängerbrücke** ④. Hier sehen wir bereits die Ortschaft Artelshofen. An der nächsten Abzweigung geht es rechts über die Brücke und zurück ans südliche Pegnitzufer. Noch einmal kreuzen wir die Eisenbahn und radeln schließlich zwischen Kuhweiden hindurch nach **Artelshofen**.

Ein schmaler Pfad an der Pegnitz führt uns dabei zur Straße. Hier sehen wir links an der Brücke die **Gastwirtschaft »Zum Pechwirt«**. Wir überqueren die Straße geradeaus. Rechts ist das Schloss Artelshofen zu sehen. Am Ortsausgang finden wir einen **Rastplatz** ⑤, an dem auch Kanufahrer gerne Halt machen.

Auf der geteerten Straße fahren wir vorbei an einzelnen Häusern und erreichen bald den **Bahnhof Vorra** ⑥ und damit die erste Möglichkeit zur Rückkehr mit dem Zug. Zur Weiterfahrt halten wir uns links und erreichen in Vorra das **Inselcafé** ⑦. Hier kann man besonders im Sommer idyllisch seine Rast bei Kaffee und Kuchen direkt auf der Flussterrasse einnehmen. Eine weitere Einkehrmöglichkeit besteht im **Dorfladen »Vogelbeere«**, der sich nur wenige Meter weiter vorne auf der rechten Seite befindet und ebenfalls eine Auswahl an Kaffee und Kuchen bietet.

Hinter dem Dorfladen biegen wir an der Kreuzung links ab und überqueren die Pegnitz. Rechts steht das **Schloss Vorra,** hinter dem wir gleich wieder rechts abbiegen. Wir fahren durch das Wohngebiet, am Kindergarten vorbei und aus dem Ort hinaus. Noch einmal geht es leicht bergan und wieder unter der **Eisenbahnlinie** hindurch.

Auf dem Schotterweg kommen wir am **Rastplatz** ⑧ bei Düsselbach vorbei und haben anschließend einen sehr gemütlichen Streckenabschnitt vor uns, bis wir den **Rastplatz Alfalter** ⑨ erreichen. Direkt an der Pegnitz haben wir wieder die Möglichkeit zum Picknicken und Baden. Wer mag, kann über die Holzbrücke nach rechts in den Ort und zu einem kleinen Spielplatz fahren.

Wir biegen hier nach links ab, bleiben am östlichen Flussufer und fahren über die **Eisenbahnbrücke**. Es folgt wieder ein gemütlicher Abschnitt, bei dem wir auf dem ebenen Weg durch das idyllische Flusstal radeln, bis wir den Ort **Eschenbach** erreichen. An der Hauptstraße biegen wir nach rechts ab, **überqueren die Brücke** und befinden uns jetzt auf der westlichen Flussseite. Gleich hinter der Brücke befindet sich rechts ein Wanderparkplatz. Wir biegen hier links ab und sehen den Sportplatz und gegenüber einen **Spielplatz** ⑩.

Wir radeln weiter und kommen am **Campingplatz Pegnitztal** vorbei, welcher kurz vor der Ortschaft Hohenstadt liegt. Gegenüber sehen wir den **Bahnhof Hohenstadt** ⑪, an dem wir abermals die Strecke beenden könnten.

Wir bleiben auf dem Radweg in Richtung Hersbruck, überqueren die Hauptstraße und fahren direkt an den Bahnschienen entlang bis zum **Bahnübergang** ⑫. Achtung! Hier ist erhöhte Vorsicht geboten. Wir überqueren hier die Bahngleise auf der Straße, biegen gleich danach links ab und fahren immer an den Schienen entlang. Auf ebener Strecke erreichen wir **Hersbruck**.

Der Radweg endet hier und wir fahren auf der Straße weiter durch ein Wohngebiet (Buchstraße). Wir halten uns weiterhin parallel zur Bahnstrecke, überqueren die Kreuzung in die Gartenstraße und erreichen kurz darauf den **Bahnhof von Hersbruck** ⑬. Wir schieben wir die Fahrräder durch die Unterführung, um zum Bahnhofsplatz und den Zügen zu gelangen.

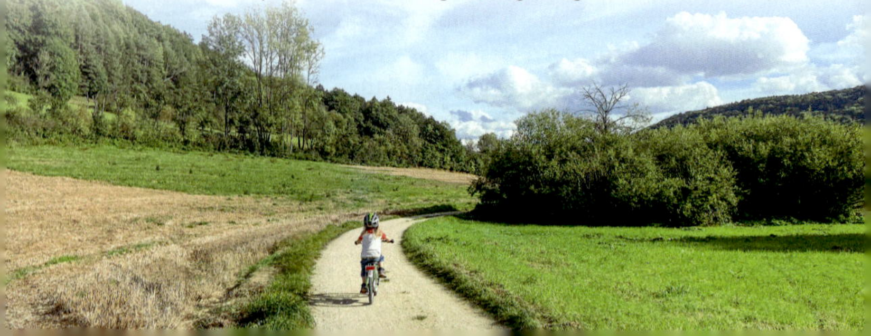

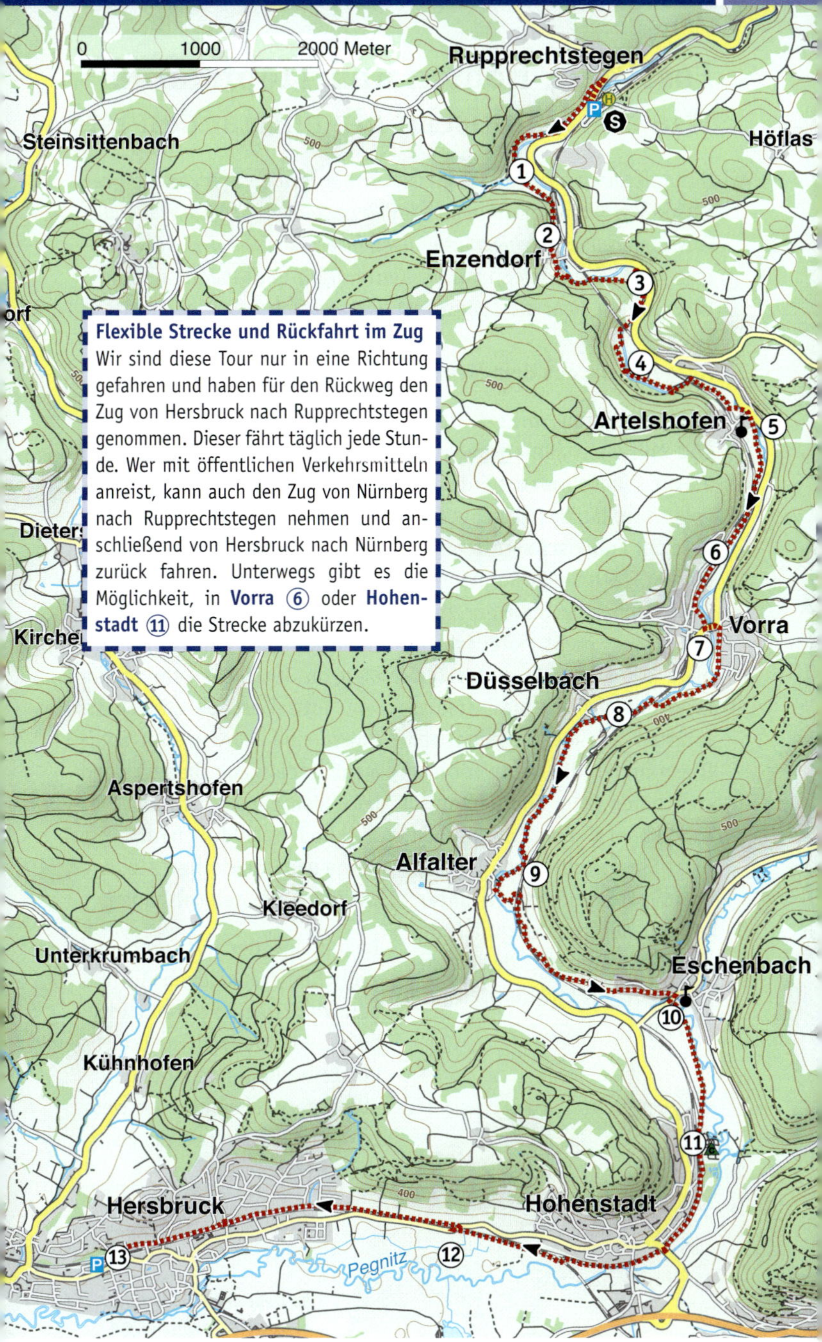

Flexible Strecke und Rückfahrt im Zug

Wir sind diese Tour nur in eine Richtung gefahren und haben für den Rückweg den Zug von Hersbruck nach Rupprechtstegen genommen. Dieser fährt täglich jede Stunde. Wer mit öffentlichen Verkehrsmitteln anreist, kann auch den Zug von Nürnberg nach Rupprechtstegen nehmen und anschließend von Hersbruck nach Nürnberg zurück fahren. Unterwegs gibt es die Möglichkeit, in **Vorra** (6) oder **Hohenstadt** (11) die Strecke abzukürzen.

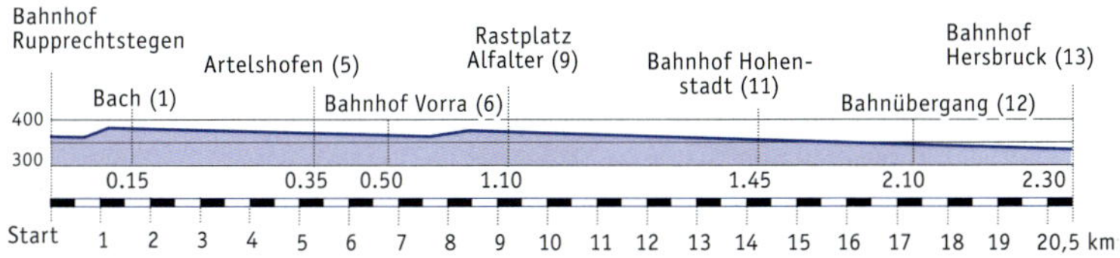

Fossilien, Höhlen und Tropfsteine
Wie die Fränkische Alb entstanden ist

Die Karstlandschaft der Fränkischen Alb ist geprägt von bizarren Felsformationen, weitläufigen Höhlensystemen, steil aufragenden Felstürmen und durchlöcherten Gesteinsbrocken – ein wahres Paradies für kleine Höhlenforscher, Kletteraffen und Abenteurerinnen. Doch warum sieht die Landschaft hier eigentlich so aus?

Aufgetaucht aus dem Meer

In der Jurazeit, die vor rund 200 Millionen Jahren begann, als die Dinosaurier die Erde bevölkerten, lag das gesamte Gebiet der Fränkischen Alb unter einem Flachmeer. So nennen Wissenschaftler ein Meer, dessen Wasser nicht tiefer ist als etwa 200 Meter. In dieser Zeit lagerten sich mächtige Gesteinsbrocken am Meeresgrund ab. Diese bilden die heute für uns sichtbaren Fels- und Gesteinsformationen der Fränkischen Alb. Sie lassen sich grob in drei Gesteinsschichten unterteilen: der Schwarzjura oder auch Lias genannt, der Braunjura (Dogger) und der Weißjura (Malm).

Fossilien im Schwarzjura

Die Bereiche des Schwarzjuras lagen im küstennahen Bereich und sind sehr reich an Fossilien. Wir finden in ihren obersten Schichten eine Vielzahl von kleinen, aber gut erhaltenen Ammoniten. Die schneckenförmigen Kopffüßler kamen im Jurameer sehr häufig vor. Tote Tierchen sanken zu Boden und wurden von Sediment, Steinstaub, bedeckt und im Boden eingeschlossen. Dieser Boden bildet heute die Berge der Fränkischen Alb, wie wir ja gerade gelernt haben.

Im Bereich der mittleren und südlichen Fränkischen Alb haben wir also eine gute Chance, bei unseren Wanderungen solche Versteinerungen zu finden. Vor allem das Altmühltal ist weltbekannt für sein reiches Fossilienvorkommen.

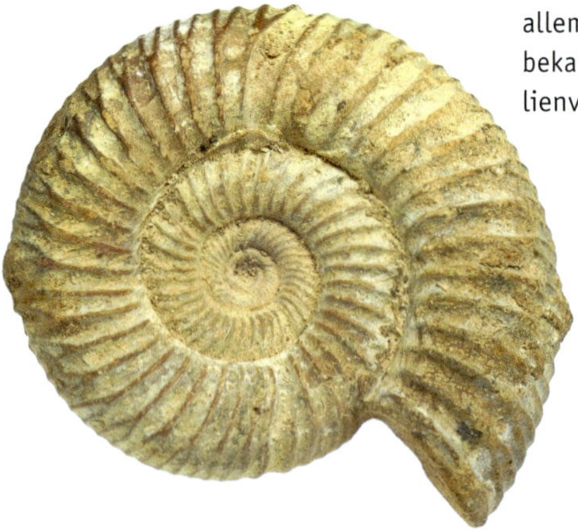

So sieht ein Ammonit aus. Es braucht häufig nur ein gutes Auge, um die schneckenförmigen Fossilien im Fels zu entdecken.

Wer beim Wandern nicht fündig wird, kann auch einen Steinbruch mit Fossiliensuchstelle besuchen. Die Schatzsuche macht meist der ganzen Familie Spaß.

Fossiliensuche im Steinbruch
In diesen Steinbrüchen im Altmühltal können wir auf Spurensuche gehen und selbst Versteinerungen ausgraben:
Fossiliensammelstelle in Titting, Fossilien-Besuchersteinbruch Mühlheim, Hobby-Steinbruch Solnhofen, Fossiliensteinbruch Eichstätt, Fossiliensteinbruch Schamhaupten. Weitere Infos unter dem Punkt Fossiliensuche unter www.naturpark-altmuehltal.de.

Roter Stein im Braunjura

Die Erdschicht des Braunjura, auch Dogger genannt, zeichnet sich optisch durch ihre rotbraune Farbgebung aus. Diese Gesteine enthalten einen hohen Anteil an feinverteilten Eisenverbindungen und wurden früher gerne als Baustoff verwendet. Sie überlagern die Schichten des Schwarzjura und weisen ebenfalls eine große Zahl an Fossilien auf.

Über und unter der Erde

Die Gesteinsschichten des Weißjura, die auch als Malm bezeichnet werden, sind vor allem im Oberjura zu finden. Ihre Kalke und Dolomite prägen die Landschaft der Fränkischen Alb vor allem im mittleren und nördlichen Bereich. Auf den Erhebungen des früheren Meeresbodens siedelten sich Kalkschwämme an, die über Jahrmillionen zu Schwammriffen und Algenkrusten wurden.

Durch die tektonische Anhebung Süddeutschlands in der Kreidezeit wurde aus dem Gebiet der Fränkischen Alb Festland. In Folge dessen wurden die brüchigen weißen Malmschichten stark abgetragen und verkarsteten, wodurch das für die Region so typische Landschaftsbild mit Felstürmen, Höhlen und Trockentälern entstand.

Was ist eigentlich Karst?

Eine Karstlandschaft entsteht auf stark kalkhaltigem Boden durch den Einfluss von ablaufendem Wasser. Wasser löst das im Kalkstein vorhandene Kalziumkarbonat aus dem Stein und hinterlässt Rinnen und Löcher. Der Stein verwittert. Je tiefer diese Rinnen werden, desto schneller versickert das Wasser und sammelt sich dann tief unter der Erdoberfläche in Höhlen. Auch diese Höhlen werden mit der Zeit immer weiter ausgefressen und entwickeln sich zu unterirdischen Flüssen, Seen und Höhlensystemen. Diesen Vorgang bezeichnet man als Verkarstung.

In einer Karstlandschaft gibt es kaum Oberflächengewässer wie Bäche und Seen, weil das Wasser einfach zu schnell abfließt. Sie ist geprägt durch unterirdische Höhlen und Flüsse. Die gesamte Fränkische Alb ist durchzogen von einer unterirdischen Höhlenstruktur, die an vielen Stellen für Besucher begehbar ist. Viele der Touren in diesem Buch zeigen diese landschaftliche Besonderheit und laden uns zu Entdeckungstouren über und unter der Erde ein. Einen guten Eindruck dieser Höhlen bekommen wir auf einigen Touren wie zum Beispiel **[› Tour 24]**, aber auch bei **[› Tour 22 und 13]**.

Auch an der Oberfläche hinterlässt die Verkarstung Spuren in Form von **Felsnadeln oder Felsentoren**, durch die wir hindurch laufen können. So präsentieren sich die ehemaligen Riffe des Flachmeeres heute als reizvolle und abwechslungreiche Felsenlandschaft.

Im Laufe der Jahrmillionen entstanden auch große trockene **Raumhöhlen**, die in der Steinzeit teilweise bewohnt wurden. Eine der großen Höhlen, die sogenannte Andreaskirche, können wir auf **[› Tour 22]** begehen.

Eine weitere in der Fränkischen Alb häufig anzutreffende Höhlenform wird als **Durchgangshöhle** bezeichnet. Diese Höhlen haben einen Eingang und einen Ausgang oder sehen aus wie ein Felstunnel. Ein gutes Beispiel ist der große Lochstein im Veldensteiner Forst. **[› Tour 19]**

Das Höhlenkataster der Fränkischen Alb, in dem alle Höhlen der Region aufgeführt sind, verzeichnet 3719 Höhlen auf einer Fläche von 9086 Quadratkilometern im gesamten Gebiet.

Tropfsteinhöhlen – eine magische Welt unter Tage

Mit der Zeit sinkt das Wasserniveau in den unterirdischen Höhlen ab und sie laufen trocken. Ab diesem Zeitpunkt wird die Höhlung selbst nicht mehr aktiv vergrößert. Hier hinterlässt nur noch tropfendes Wasser seine Spuren. Dabei ent-

Die Vogelherdgrotte bei Neuhaus a.d. Pegnitz

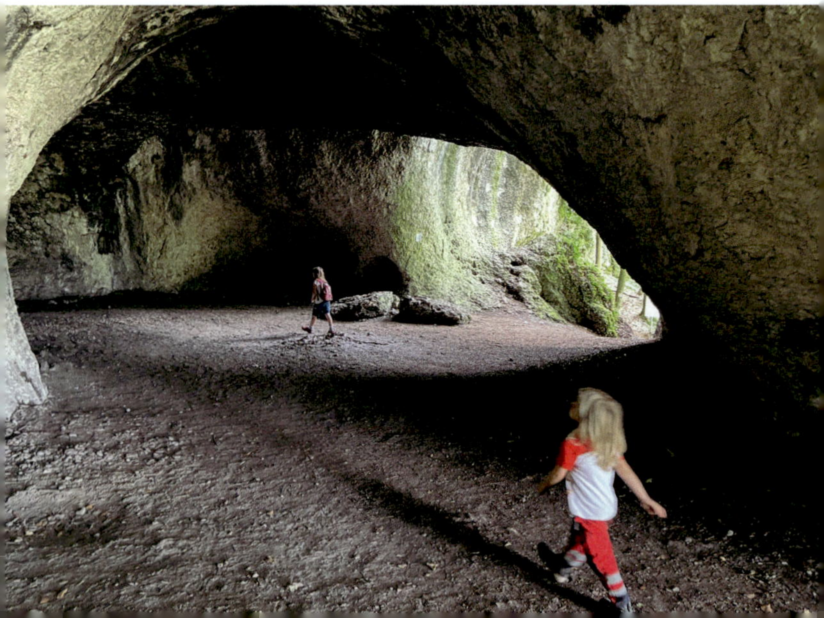

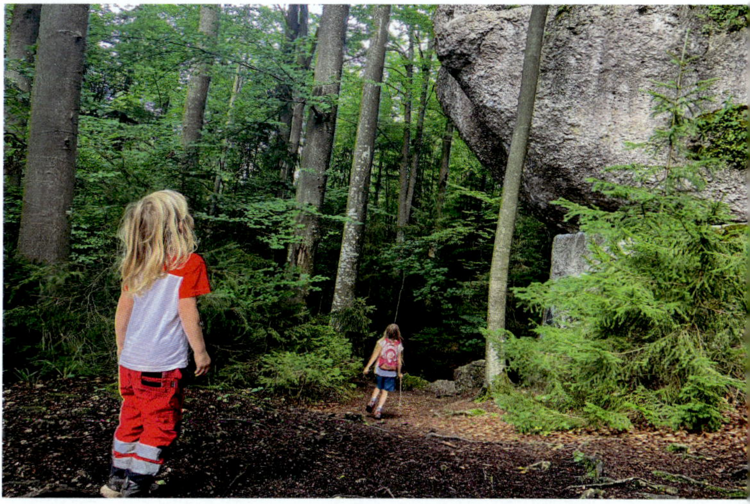

stehen bizarre Gebilde wie Tropfsteine, Sintervorhänge und Tropfwasserbecken. Das von oben in die Höhle eindringende Wasser ist von Kalk gesättigt und sammelt sich an der Decke der Höhle. Dort scheidet dieses Wasser etwas Calciumcarbonat aus; ein anderer Teil des Wassers tropft auf den Höhlenboden. Sowohl an der Höhlendecke als auch beim Auftreffen eines Wassertropfens am Höhlenboden wird der im Wasser gelöste Kalk wieder als Calzit ausgeschieden. Diese dünne Kalkschicht wird auch als »Sinter« bezeichnet. So entstehen zunächst dünne Kalkröhren, die dann in langer Zeit zu Sinterablagerungen oder zu großen **Tropfsteinen** heranwachsen.

Die von der Höhlendecke nach unten wachsenden Tropfsteine werden als **Stalaktiten** und die sich vom Höhlenboden nach oben ausbildenden Tropfsteine als **Stalagmiten** bezeichnet.

Tropfsteinhöhlen in Franken

Von den vielen Tausend Höhlen der Fränkischen Alb sind folgende sechs als Schauhöhlen für Besucher erschlossen:

- Teufelshöhle Pottenstein **[› Seite 37]**
- Binghöhle bei Streitberg **[› Seite 37]**
- Sophienhöhle **[› Seite 37]**
- Maximiliansgrotte **[› Tour 20]**
- Osterhöhle bei Trondorf **[› Seite 127]**
- König-Otto-Tropfsteinhöhle **[› Tour 39]**

Weitere Infos unter www.fsvf.de unter der Rubrik »Erlebnis«.

Wunderbar und eindrücklich sichtbar werden diese Zeugnisse der lebendigen Geologie in den Tropfsteinhöhlen der Fränkischen Alb. Jede Höhle hat ihren eigenen Charakter. Da gibt es grundlose Schächte, riesige Hallen, gewaltige Steinsäulen und märchenhafte, filigrane Kristallgrotten. In der Teufelshöhle wurde auch das Skelett eines riesigen Höhlenbären gefunden. Der Besuch dieser Schauhöhlen ist ein Erlebnis der besonderen Art und die meisten Kinder sind von der geheimnisvollen Welt unter Tage fasziniert.

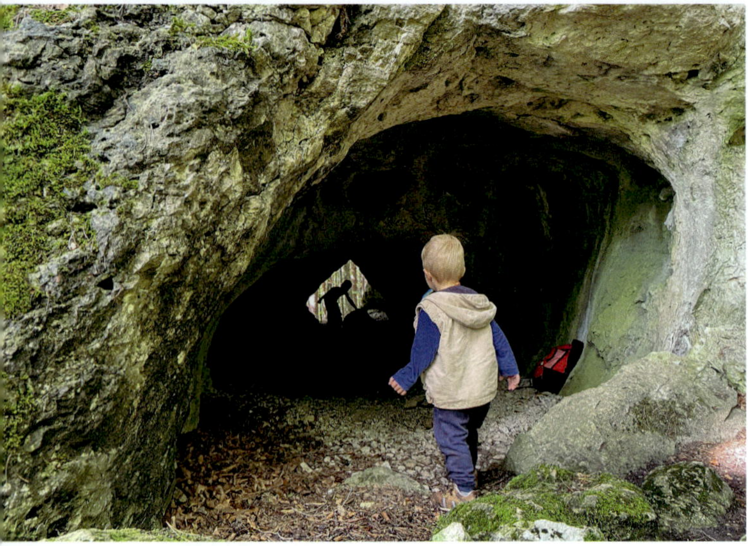

110 m

STRECKE 4,3 km

1 h 30

ab 6

Tour 24: Auf dem Fünf-Höhlen-Weg

Auf allen Vieren durch die Höhle

Insgesamt fünf Höhlen warten auf dieser Wanderrunde darauf, erkundet zu werden. Zwei davon sind nur auf allen Vieren zu begehen und können von mutigen Entdeckern und Höhlenforscherinnen mit Taschenlampe erkundet werden. Ein großes Felsentor und zwei weitere größere Höhlen machen diese Strecke zum echten Familienabenteuer.

Wanderung: Von unserem Parkplatz laufen wir zunächst am Straßenrand entlang den Berg hinauf, bis wir rechts die Markierung »grüne 3 / Höhlenweg« sehen. Hier biegen wir rechts in den

TOUREN-STECKBRIEF

Anfahrt: Von der B 14 geht es durch den Kreisverkehr Richtung Hohenstadt. Dort rechts abbiegen in Richtung Neuhaus a.d. Pegnitz/Velden. Nach Hohenstadt rechts abbiegen Richtung Hirschbach. Hier geht es durch Eschenbach, Fischbrunn und Hirschbach hindurch und am Ortsende von Hirschbach nach rechts Richtung Schmidtstadt. Hier den Berg hochfahren, auf der rechten Seite gibt es eine kleine Parkbucht für drei bis vier Autos. **GPS N 49°32'57.3", E 11°33'20.6".**

Anspruch und Charakter: Spannende Tour mit Abenteuergarantie. Der Weg verläuft überwiegend im Wald. Teilweise ist Trittsicherheit nötig. In zwei Höhlen kann man nur hineinkrabbeln. Taschenlampe mitnehmen!

Highlights: Insgesamt fünf begehbare Höhlen und ein großes Felsentor.

Einkehr: Direkt auf der Strecke gibt es keine, dafür im nächsten Ort: Gasthäuser in Hirschbach.

In der Nähe: Wasselbauernhof.

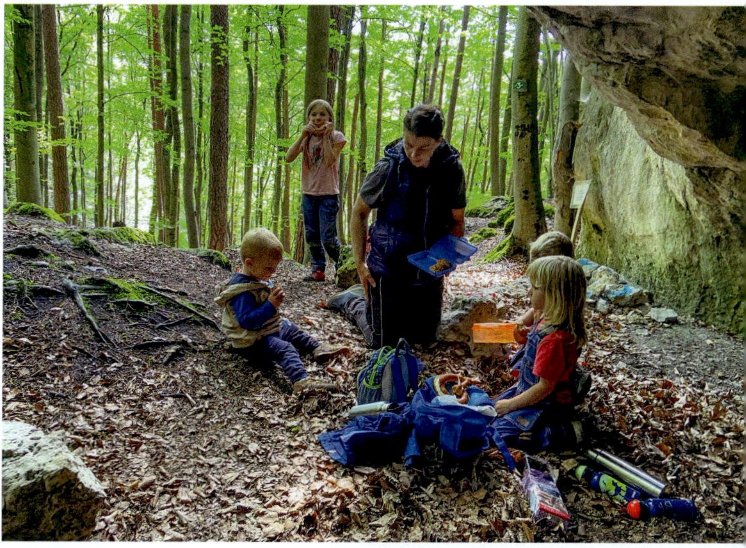

Waldweg ein und folgen gleich darauf der Markierung an der **Kreuzung** nach links. Nach nur wenigen Gehminuten erreichen wir die **Dürrnberghöhlen** ①, die links etwas oberhalb des Weges liegen. Wir sehen im Felsmassiv mehrere kleinere und größere Höhlen und entdecken dann die Markierung »grüne 3«, die direkt in die Höhle zeigt. Nun ist voller Körpereinsatz gefragt, denn die Höhle kann nur auf Knien durchquert werden. Wer sich nicht traut, kann aber auch auf demselben Weg zurücklaufen.

Abstecher zum Wasselbauernhof

Unweit der Wanderstrecke befindet sich vor dem Ortseingang von Schmidtstadt auf der rechten Seite der Wasselbauernhof. Auf dem Hof, der besonderen Wert auf biologische Landwirtschaft und artgerechte Haltung der Tiere legt, kann man frische Milch, Milchprodukte und weitere Erzeugnisse aus eigenem Anbau erwerben.

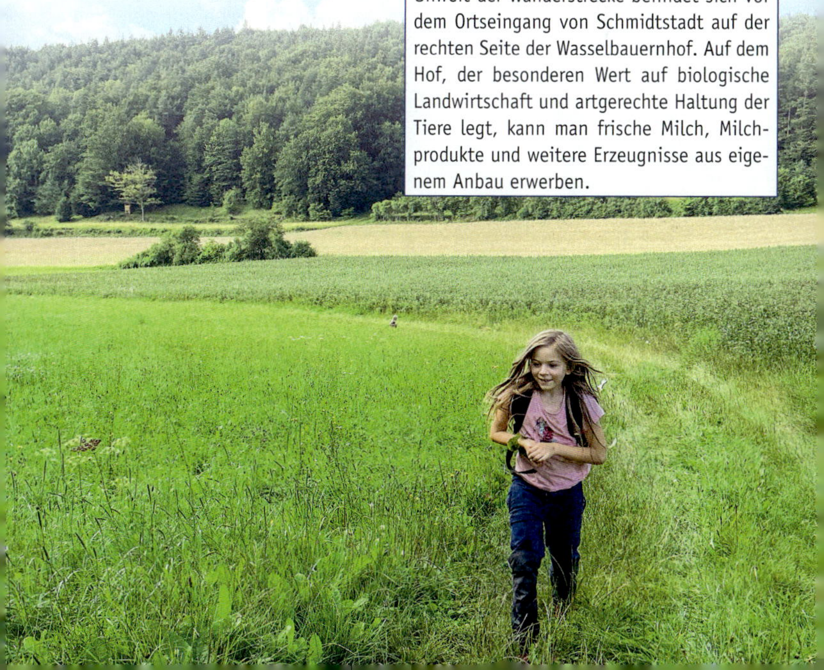

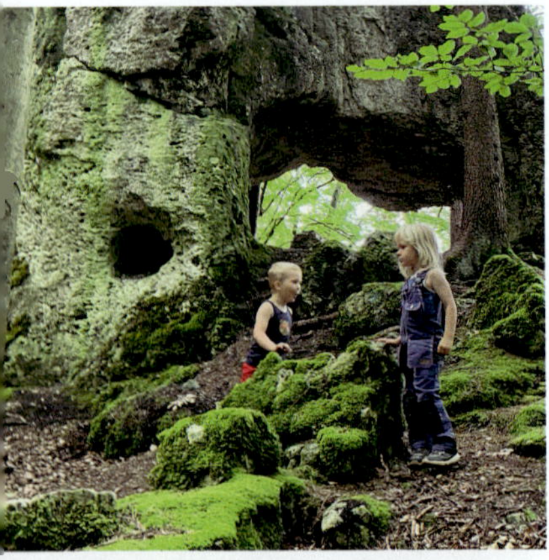

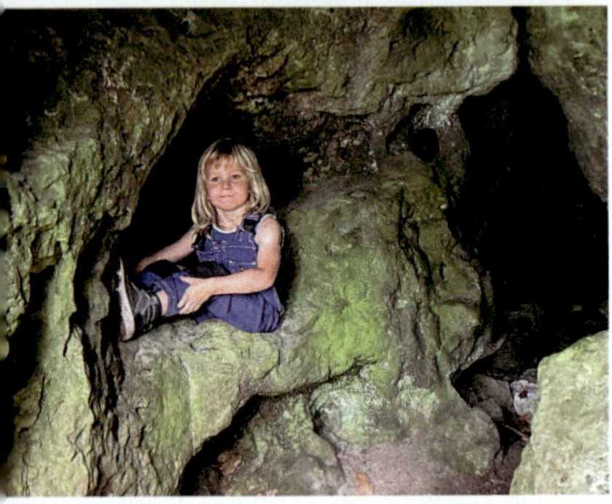

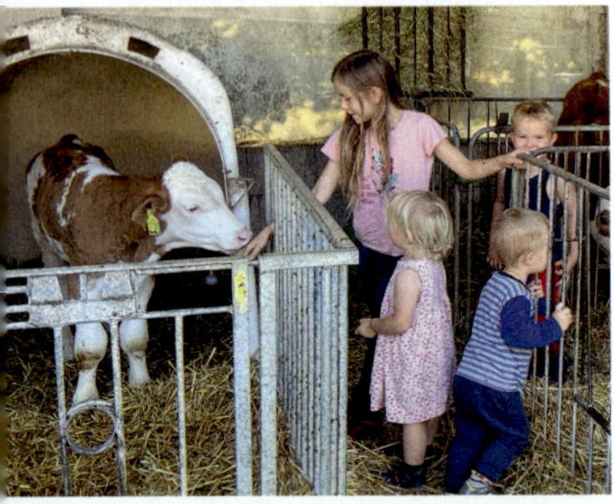

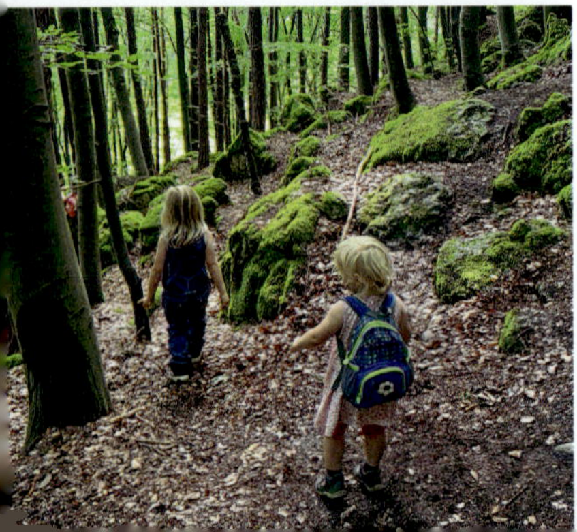

Hinter dem Durchschlupf biegen wir an der nächsten **Wegkreuzung** rechts ab und laufen zur Straße zurück. Diese überqueren wir und wandern auf einem geteerten Fahrweg bergauf in den Wald in Richtung Hauseck. Wir kommen an eine Lichtung und sehen von hier aus die Ortschaft Hauseck. An dieser **Kreuzung** ② biegen wir links ab und laufen auf dem Wiesenpfad am Waldrand entlang.

Am Waldrand beginnt ein Wanderweg, der mit einem blauen Strich markiert ist. Wir folgen dem Waldweg aufwärts bis zur **Schloßberghöhle** ③. Vom Weg aus erkennen wir eine massive Felswand und kraxeln über Wurzeln und kleine Felsbrocken hinauf zur Felsengrotte. Hier legen wir eine Rast ein. Während die Kinder durch die Schloßberghöhle weiter unten krabbeln, nehmen wir den Weg um das Felsmassiv herum und sehen auf der Rückseite oberhalb das große **Felsentor**. Links davon kommen die Kinder aus der Höhle heraus.

Von hier aus folgen wir unserer blauen Markierung und steigen den Pfad hinab. Auf der linken Seite sehen wir das **Fuchsloch** ④, einen schmalen Gang, der in den Berg hineinführt und zum Erkunden mit der Taschenlampe einlädt. Anschließend steigen wir den Berg hinab, verlassen den Wald und wandern links am Waldrand entlang weiter.

Wir treffen auf eine **T-Kreuzung** ⑤ und biegen rechts ab. Jetzt folgen wir der Markierung »grüner Punkt«, die uns zwischen Wiesen und Feldern an mehreren abzweigenden Wegen vorbei, lotst. Es geht rund um den Berg mit dem Weiler Hauseck herum und hinab zur Straße, die in den Ort hineinführt. Von der Kreuzung mit **Schilderbaum** ⑥ können wir entweder auf der Straße bergab zurück zum Auto laufen oder nach links abbiegen, um auch die letzte Höhle der Tour zu besuchen.

Wir laufen nach links in Richtung **Brünnlesloch** ⑦. Dieser Weg ist wieder mit dem blauen Strich markiert. Wir finden die Höhle links oberhalb des Weges, idyllisch und ein wenig versteckt im Wald gelegen. Dann begeben wir uns auf den Rückweg zum Parkplatz. Der Weg verläuft dabei zunächst in Kurven durch den Wald hinab und dann über ein weites Feld, von dem aus wir die **Straße** und unseren Parkplatz schon sehen können.

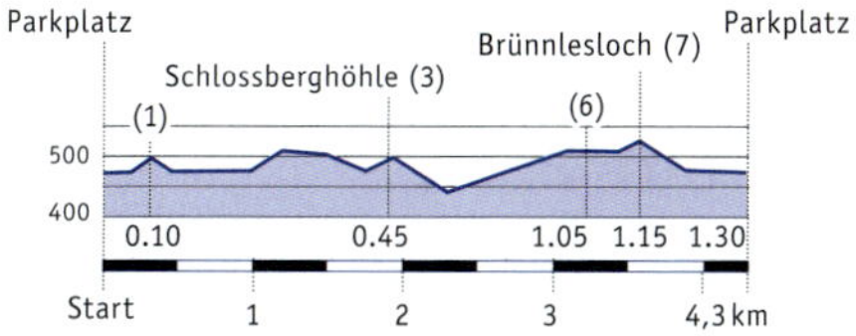

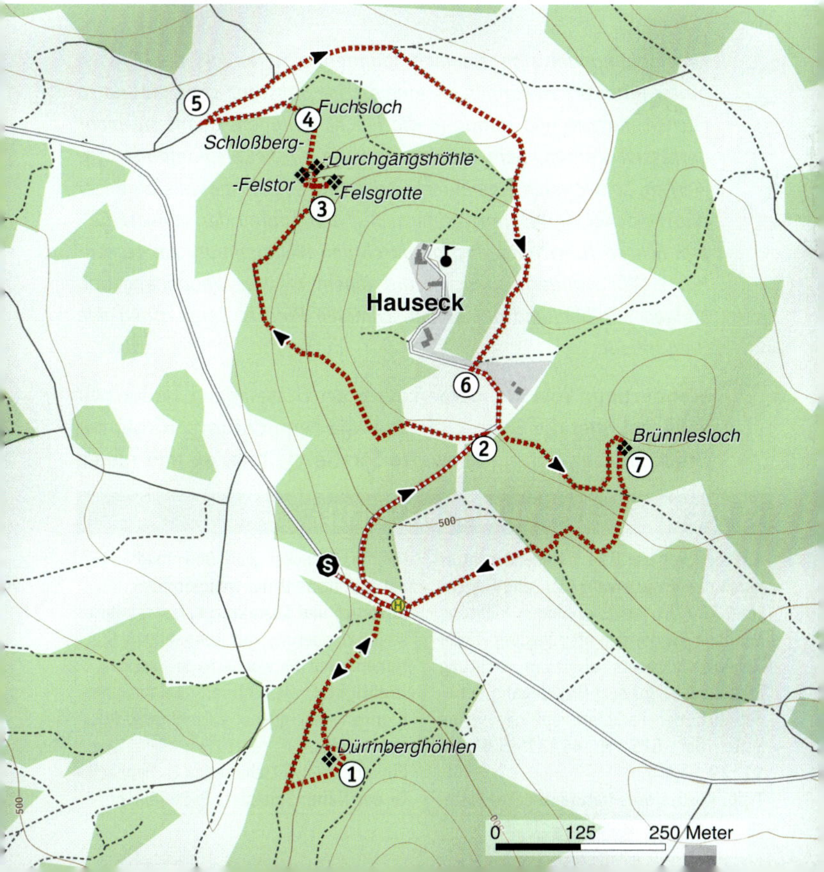

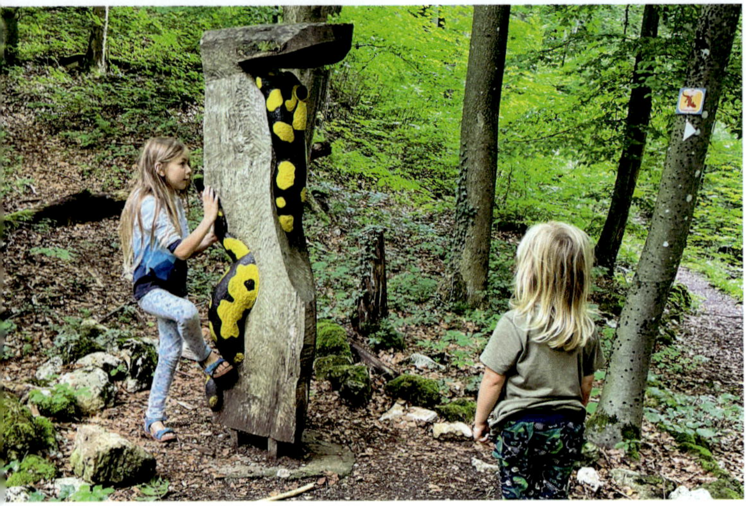

130 m

STRECKE 2,6 km

1 h 15

ab 6

Tour 25: Auf der Spur des Salamanders

Von Eschenbach zur Luisenhütte

Feuersalamander sind ziemlich spannende Tiere. Aus den Drüsen hinter ihren Ohren können sie eine giftige Substanz spritzen und so Füchse, Katzen und Hunde in die Flucht schlagen, damit sie nicht gefressen werden. Seinen Schwanz kann ein Feuersalamander abwerfen, so wie auch eine Eidechse das tut. So lebt dieses kleine Tier relativ sicher in unseren Wäldern. Auf den Spuren der schwarz-gelben Echsen führt ein Lehrpfad durch den Wengleinpark zur Luisenhütte. Wir wandern zunächst auf einem breiten Wanderweg und steigen anschließend auf einem schmalen Pfad in Serpentinen den Berg hinauf.

Wanderung: Vom Wanderparkplatz am Ortseingang laufen wir zunächst über die Brücke, die über die Pegnitz führt. Hinter der Brücke biegen wir in die **zweite Straße** ① links ab und folgen

TOUREN-STECKBRIEF

Anfahrt: Von der B 14 kommend geht es durch den Kreisverkehr Richtung Hohenstadt. Im Ort rechts abbiegen Richtung Neuhaus an der Pegnitz / Velden. Hinter Hohenstadt rechts abbiegen Richtung Eschenbach. Vor dem Ortseingang befindet sich der Parkplatz auf der linken Seite bei **GPS N 49°31'45.8", E 11°29'17.8"**.

Tipp: Kostenloses Naturentdecker-Material für Besucher zum Download unter naturschutzzentrum-wengleinpark.de.

Anspruch und Charakter: Kurze, teilweise steile Wanderung mit spannenden Stationen inmitten wunderbarer Natur.

Highlights: Heroldturm, Salamanderbrunnen und -quelle, Luisenhütte, Aussichtspunkt.

Einkehr: Gastwirtschaften in Eschenbach.

In der Nähe: Spielplatz Eschenbach.

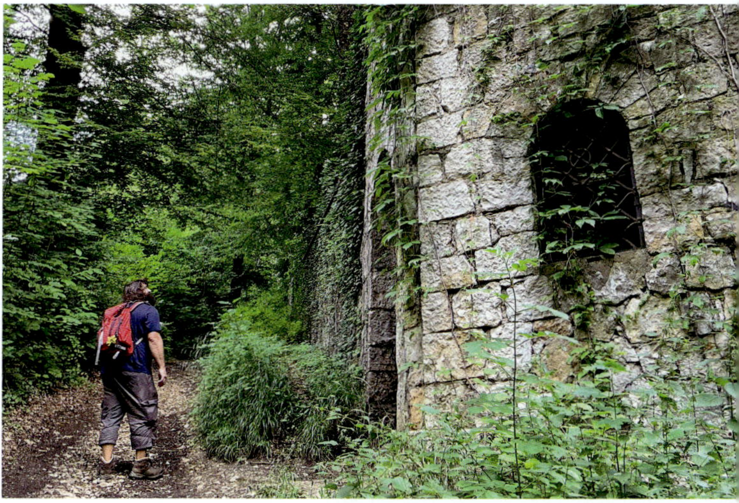

dabei der Markierung »blaues Kreuz«. Nach etwa 150 Metern biegen wir dann links ab in Richtung Wengleinpark.

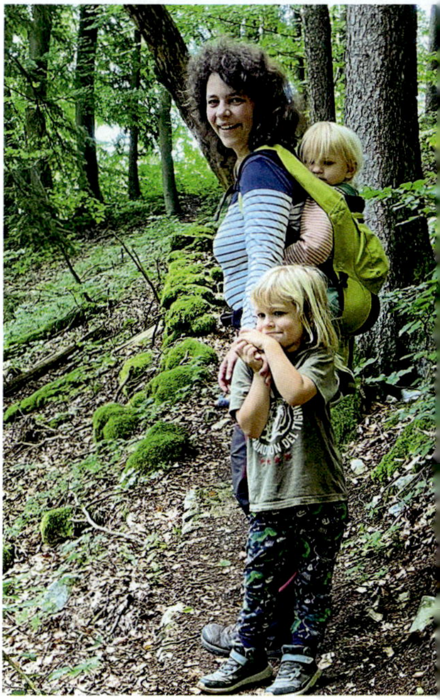

Am Ortsende laufen wir auf dem Schotterweg den Berg hinauf. An der nächsten **Kreuzung** ② sehen wir rechts eine Informationstafel. Hier können wir einen Flyer mitnehmen, der die verschiedenen Wanderwege zeigt. Rechts steht hier der Heroldturm und geradeaus sehen wir einen Brunnen, an dem bereits die ersten Salamander zu entdecken sind. An dieser Stelle biegen wir rechts ab und folgen dem Wanderweg vorbei am Heroldturm und einigen Mauerresten.

Auf einem breiten Wanderweg laufen wir durch den Wald, bis wir die **Salamanderquelle** ③ erreichen. Auf einer Tafel lesen wir Wissenswertes zu den kleinen Tieren und erkunden die Quelle. Neben der Quelle biegen wir nach links in einen unscheinbaren Pfad ab, der durch kleine Hinweistafeln mit Salamandern gekennzeichnet ist.

Es geht zuerst bergauf und dann noch einmal relativ eben am Hang entlang und wir sehen bald eine weitere Infotafel. Nach

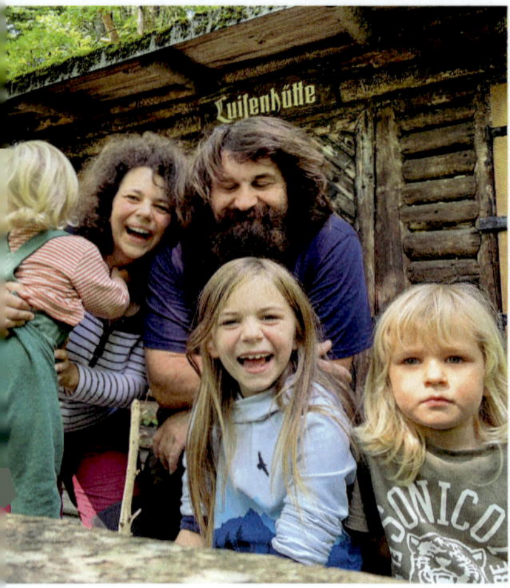

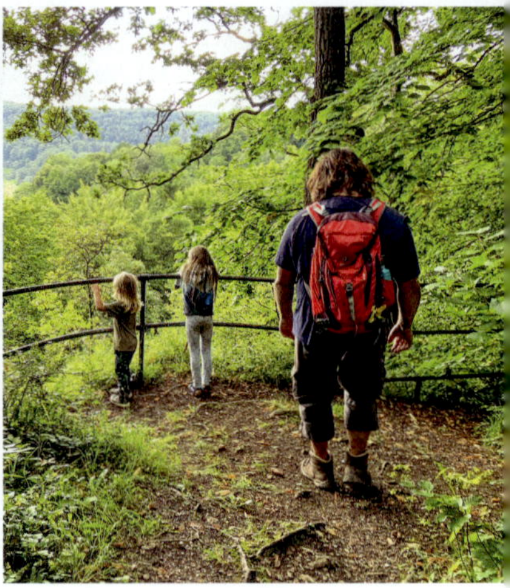

Naturschutzzentrum Wengleinpark
Der Wengleinpark wurde in den 1930er Jahren vom Schwabacher Nadelfabrikanten und Naturliebhaber Carl Wenglein zu einem der ersten Naturschutzgelände Deutschlands gestaltet. Seit 1987 wird es durch den Bund Naturschutz stets weiter saniert und instand gehalten. Die zuständige Ortsgruppe bietet für Gruppen und Schulklassen, aber auch für interessierte Familien kostenlos spannendes Lehr- und Informationsmaterial an.
naturschutzzentrum-wengleinpark.de

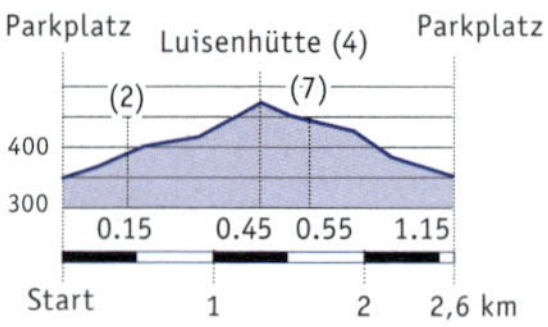

etwa 300 Metern biegen wir noch einmal rechts ab auf den Urwaldsteig. Es geht jetzt steil bergauf und durch mehrere enge Serpentinen hinauf zu einer Waldlichtung, auf der die **Luisenhütte** ④ steht. Wir folgen dem Weg rechts und gleich wieder links zur Hütte. Bei Regen gibt es hier die Möglichkeit, geschützt auf einer überdachten Terrasse zu sitzen. Die Hütte ist aber nicht bewirtschaftet.

Von der Hütte steigen wir über die Lichtung hinab und laufen auf dem Wanderweg zurück, vorbei an der Abzweigung zum Urwaldsteig. Auf der linken Seite sehen wir hier eine kleine **Hütte** und kurz darauf erreichen wir einen **Aussichtspunkt** ⑤.

Nach einer Kurve steigen wir eine felsige Treppe hinab zur **Informationshütte Wengleinpark** ⑥. Von hier aus führt der weitere Weg schmal und verwachsen an den Felsen vorbei und wir erreichen bald darauf die **Ritterschlucht** ⑦. Wir wandern auf einem Steg am Felsenhang entlang und steigen dann eine Treppe hinab.

Wir folgen dem Wanderpfad bis zu einem großen **Feuersalamander** ⑧ aus Holz. Hier geht es rechts und auf einem felsigen, ausgesetzten Weg weiter bergab. Auf einer Lichtung entdecken wir noch die **große Ödlandschrecke** ⑨. Kurz darauf treffen wir auf den breiteren Wanderweg, biegen rechts ab und laufen auf

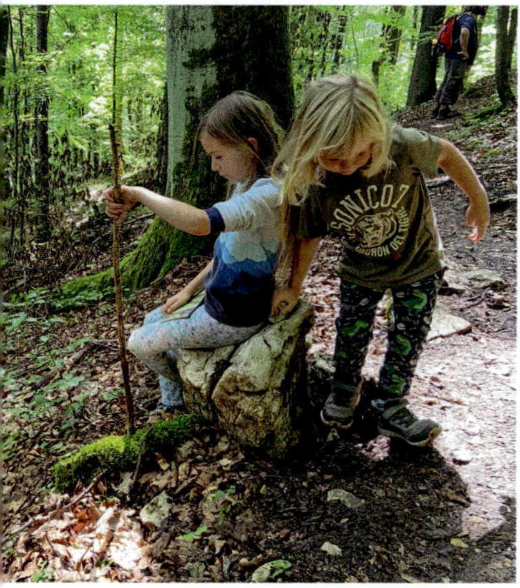

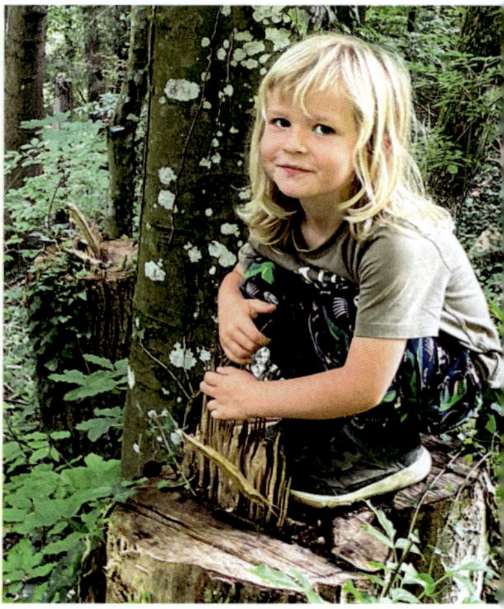

der vom Hinweg vertrauten Strecke zurück. Wer mag, kann vom Wanderparkplatz aus noch einen Abstecher zum **Spielplatz ⑩** machen, der gleich gegenüber dem Sportplatz liegt.

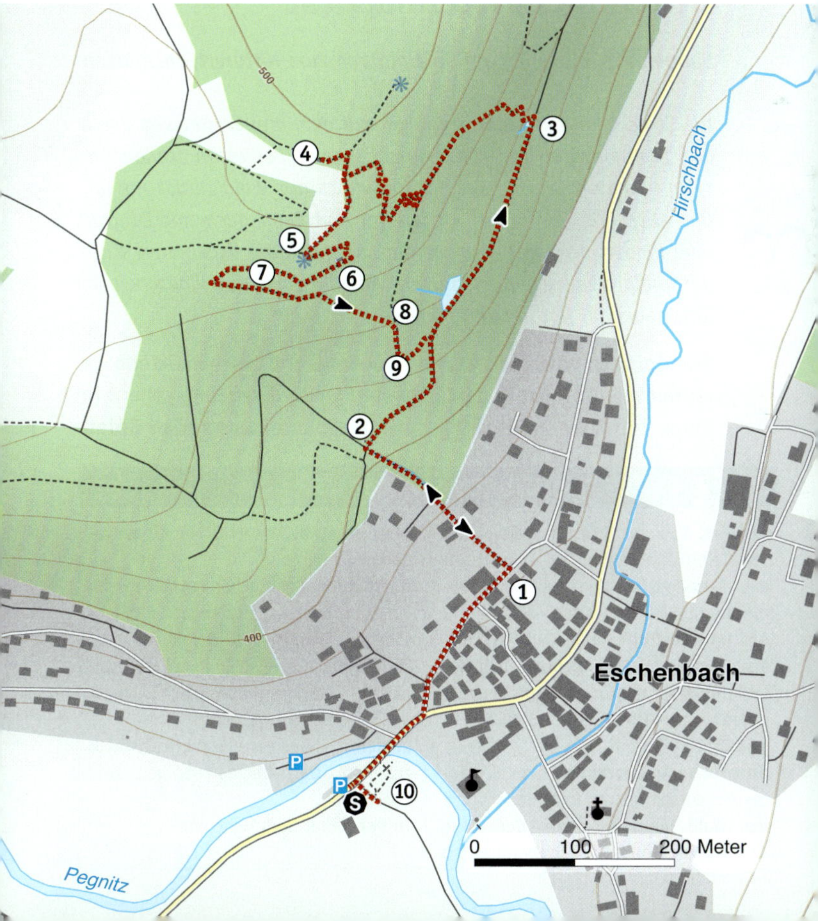

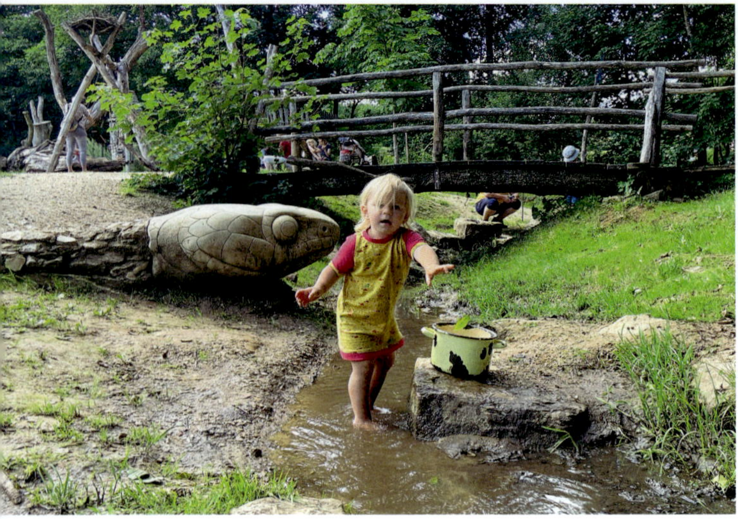

150 m

STRECKE 6,9 km

2 h 45

ab 6

Tour 26:
Durch das Sittenbachtal

Spannende Tour mit zwei Spielplätzen zum Naturerlebnisgarten

Die Strecke verläuft zunächst eben auf dem breiten Radweg durch das Sittenbachtal und führt anschließend über einen steilen Anstieg in die Ortschaft Stöppach und durch den Wald zurück ins Tal. Der Abschnitt im Tal ist barrierefrei und kann auch mit Laufrad oder Kinderwagen gefahren werden. An der Route liegen zwei schöne Spielplätze und der krönende Abschluss ist das Planschen im Sittenbach im Naturerlebnisgarten.

Wanderung: Vom Parkplatz an der Schule in Kirchensittenbach laufen wir zunächst in den Erlenweg. An der **Kreuzung** sehen wir einen Trafoturm und gleich links daneben einen großen **Spiel-**

TOUREN-STECKBRIEF

Anfahrt: Von der B 14 im Kreisverkehr vor Herbruck abfahren. In Altensittenbach (Ortsteil von Hersbruck) links abbiegen in Richtung Kirchensittenbach. Am Ortsende links abbiegen Richtung Schule. Der Wanderparkplatz befindet sich direkt vor der Grundschule Kirchensittenbach. **GPS N 49°33'30.4", E 11°25'09.8".**

Anspruch und Charakter: Familienwanderung durchs Tal und (optional) durch den Wald über den Berg. Der steile Abstieg von Stöppach nach Dietershofen verlangt etwas Vorsicht. Mit Kinderwagen begehbar.

Ausrüstung: Badesachen mitnehmen für den Naturerlebnisgarten oder zum Planschen im Sittenbach!

Highlights: Tetzelschloss, zwei Spielplätze, Trinkwasserbrunnen, Schlucht und Naturerlebnisgarten.

Einkehr: Landpension Postwirt, Gasthaus zur Post, Gastwirtschaft Sörgel, zwei Bäckereien.

In der Nähe: Burg Hohenstein.

platz ① mit mehreren Häuschen, einer langen Rutsche und einem großen Sandkasten. Im oberen Bereich plätschert das Wasser. Eine erste Pause ist kaum zu umgehen.

Anschließend laufen wir den Erlenweg weiter und überqueren am Ende die **Brücke** zur Hauptstraße. Hier biegen wir rechts ab und marschieren auf dem Gehsteig durch den Ort. Links steht die **Kirche** oben auf dem Felsen und kurz darauf erreichen wir rechts das **Tetzelschloss**. Bei einer der beiden Bäckereien im Ort können wir uns noch mit Proviant eindecken.

Bevor wir den Ortsausgang erreichen, sehen an einer Kreuzung die **Wandermarkierung »grüner Punkt«** ②. Wir biegen hier rechts ab und folgen dem Wegzeichen, bis wir den **Fahrradweg** in Richtung Aspertshofen erreicht haben. Auf dem breiten Asphaltweg laufen wir zwischen Pferdekoppel und Sittenbach entlang und erreichen bald einen idyllischen **Rastplatz** ③ direkt am Wasser. Wir halten uns links auf dem Weg nahe am Bach.

Am Ortseingang von Aspertshofen überqueren wir die Brücke und sehen auf der rechten Seite eine schöne **Rastanlage mit Trinkwasserbrunnen** ④. Hier gibt es auch einen Zugang zum Bach, der die Kinder zum Erkunden einlädt.

Nach einer Pause überqueren wir die Straße und folgen dem Straßenverlauf in Richtung »Stöppach«. Achtung: Wir laufen hier ein Stück an der Straße entlang, ohne Fußweg. Nach ein paar Häusern sehen wir am Ortsende eine **Abzweigung** nach links, der wir folgen. Nach einem kurzen Anstieg erreichen wir den zweiten **Spielplatz** ⑤. Er liegt auf einer Anhöhe über dem Sittenbachtal und gewährt uns einen tollen Ausblick. Im hinteren Bereich gibt es einen Picknickplatz mit Grill.

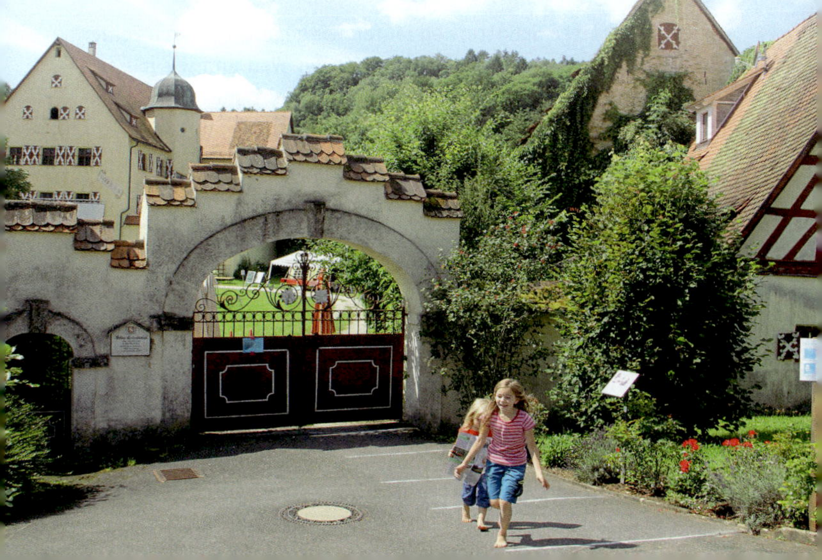

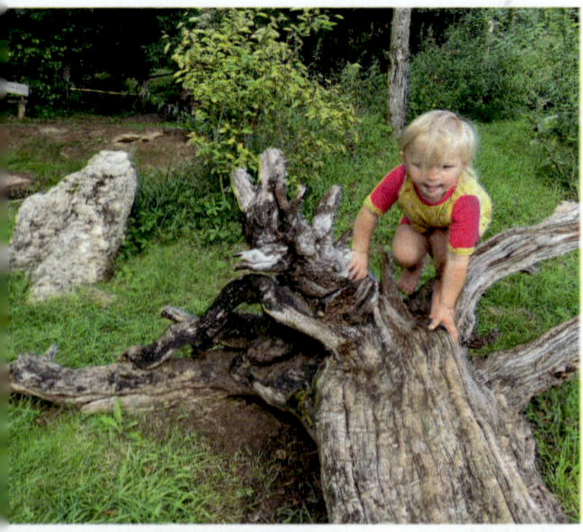

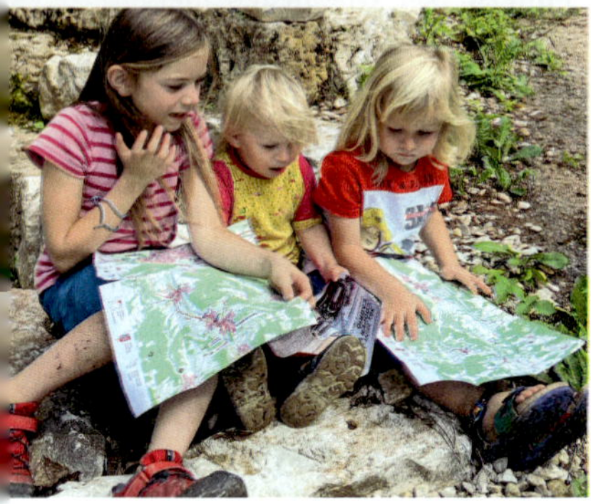

Wer die Strecke abkürzen will, kann hier den geteerten Weg zurück nach Kirchensittenbach laufen.

Wir biegen am Spielplatz rechts ab und steigen den steilen Berg hinauf. Am Waldrand mündet die Straße in einen breiten Schotterweg. Wir folgen ihm nach rechts und gehen am **nächsten Abzweig** ⑥ wieder rechts. Wir laufen jetzt auf der Hochebene gemütlich durch den Wald. Nach einer langgezogenen Kurve mit sanftem Anstieg sehen wir rechts eine **tiefe Schlucht** ⑦. Am Grunde der Schlucht entdecken die Kinder ein kleines Wasserrad und seilen sich mit Hilfe eines Stricks, der am Baum befestigt ist, ab.

Nach diesem Abenteuer erreichen wir bald den Waldrand und eine **Kreuzung** ⑧. Wir halten uns zweimal rechts und laufen auf den Ort zu und kurz darauf an den für die Region typischen Fachwerkhäusern vorbei. An der ersten Kreuzung biegen wir nach links ab. Am Ortsende sehen wir dann die Wandermarkierung »blauer Punkt/Fränkischer Gebirgsweg«, der wir nach links und an der folgen **Verzweigung** ⑨ nach rechts folgen.

Über den breiten Schotterweg laufen wir gemütlich durch Felder und Wiesen. Kurz vor dem Wald endet der Weg und wir müssen eine Wiese überqueren. Der Wegweiser steht hier an einigen Büschen und ist erst in der Mitte der Wiese zu sehen. Dann führt ein felsiger, sehr steiler, ausgesetzter Abstieg durch den Wald nach unten bis zum **Schützenhaus** ⑩.

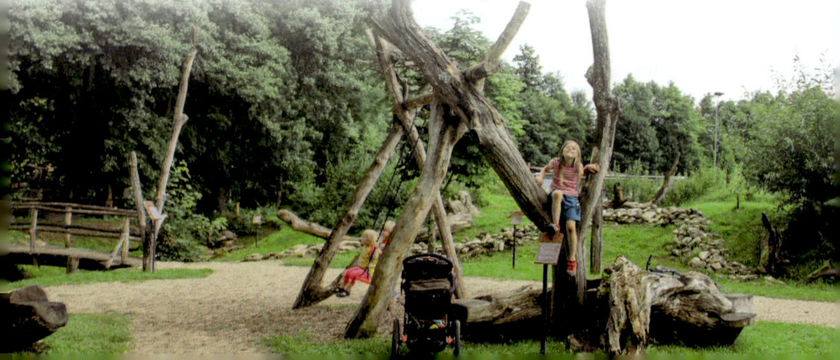

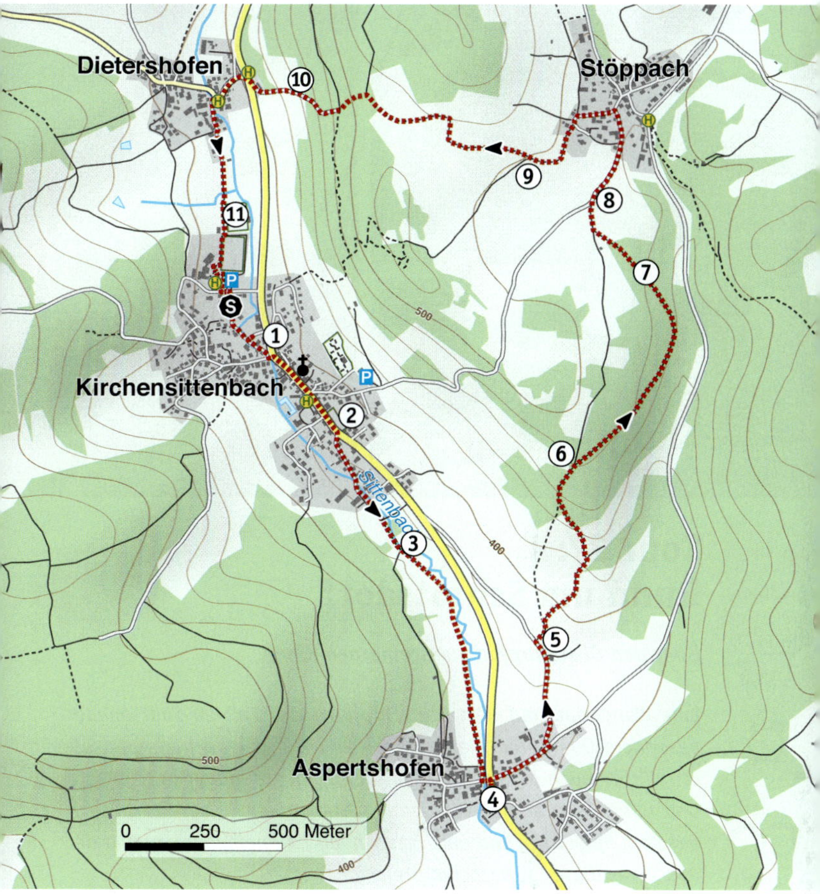

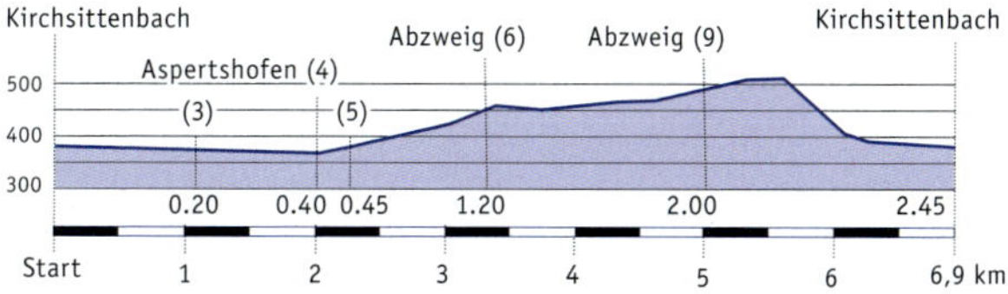

Von hier aus laufen wir auf der Straße weiter hinunter bis zur **Landstraße**. Diese überqueren wir und befinden uns jetzt im Ort Dietershofen. In der **Ortsmitte** sehen wir einen großen **Pferdehof** und biegen hier nach links ab. Auf dem ebenen Weg geht es nun zwischen den Pferdekoppeln hindurch und wir erreichen nach wenigen hundert Metern auf der linken Seite den **Naturerlebnisgarten ⑪** – einen herrlichen Rastplatz mit Kräuterlehrpfad, Wasserspielplatz und Baumhaus.

Am Sportplatz, an dem eine lange Hangrutsche die Kinder lockt, laufen wir dann vorbei bis zur Schule und erreichen wieder den Parkplatz.

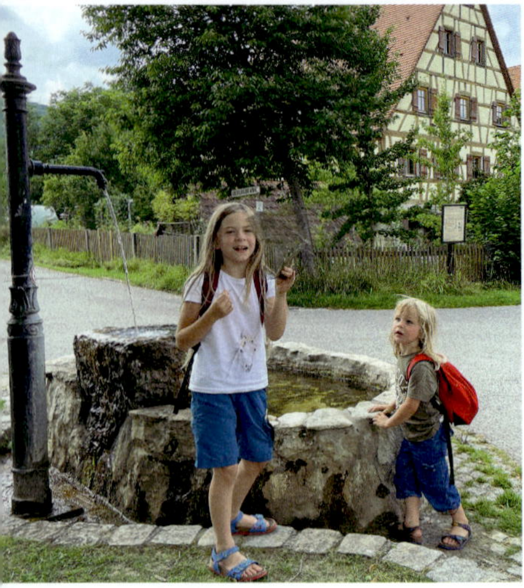

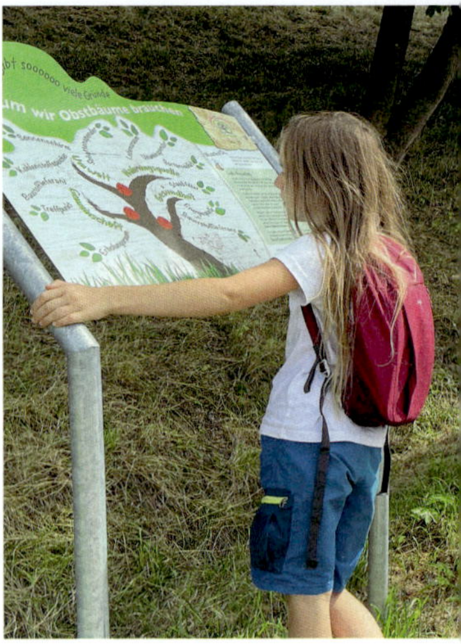

170 m

STRECKE 5,5 km

2 h 15

ab 8

Tour 27:
Rund um Schrotsdorf

Über den Obstlehrpfad zur steinernen Rinne

Eine Wanderung auf dem Obstlehrpfad entwickelt im Spätsommer besondere Qualitäten, denn die vielen unterschiedlichen Apfelsorten dürfen auch probiert werden. Dann geht es hinauf in den Wald und über einen steilen Anstieg zur Steinernen Rinne. Ein Besuch auf dem Spielplatz und eine Erfrischung im Kneippbecken sind der Abschluss dieser abwechslungsreichen Tour.

Wanderung: Vom Wanderparkplatz am Ortseingang von Schrotsdorf laufen wir zunächst an der Straße entlang in die Ortsmitte.

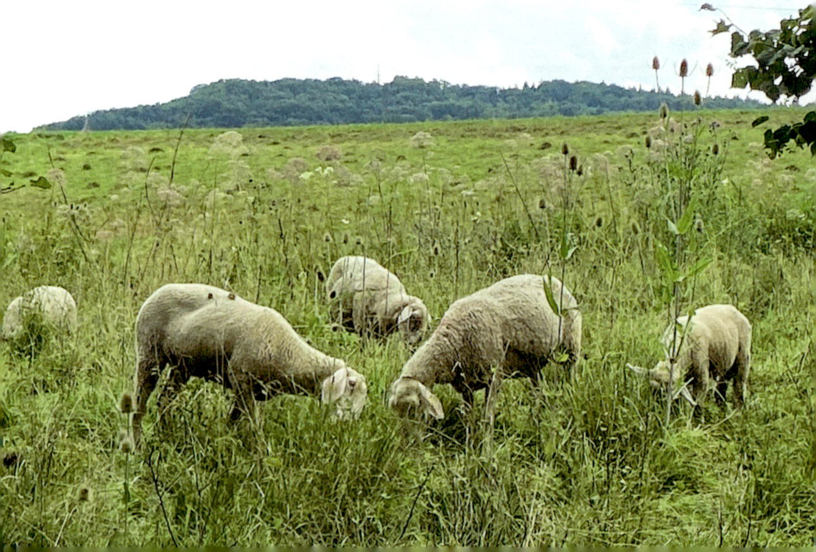

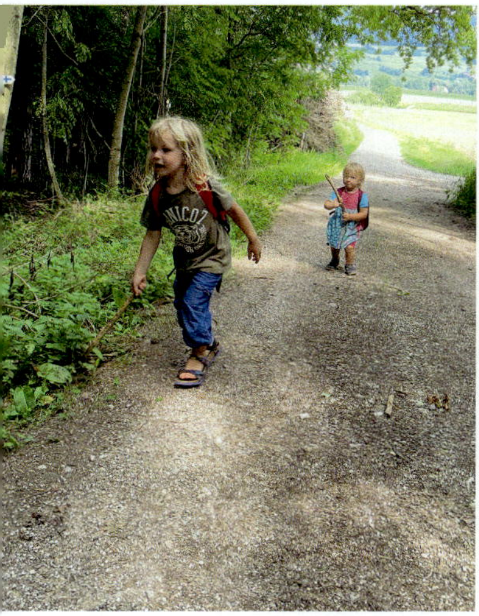

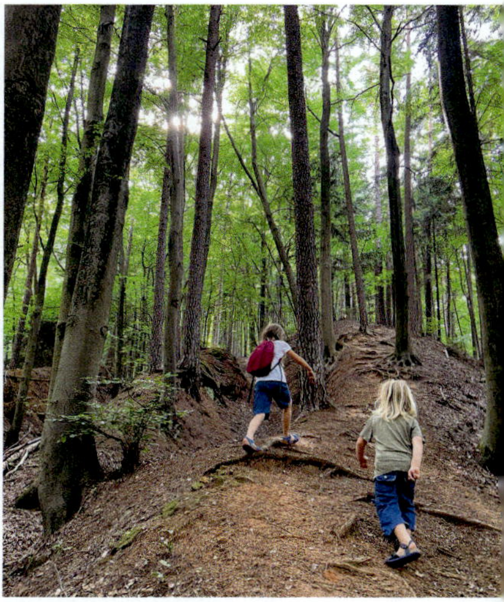

Dort sehen wir einen **Brunnen und einen Rastplatz**. Wir halten uns links und kommen zu einem **Regiomat ①**, in dem die Produkte eines Bauernhofes zum Verkauf stehen.

Auf der asphaltierten Straße laufen wir an großen Fachwerkhäusern vorbei und immer geradeaus. Auf der linken Seite befindet sich eine Wiese, auf der oft viele Schafe weiden. Dahinter beginnt der **Obstlehrpfad ②**. Wir entdecken die erste Informationstafel und folgen der Markierung. Der Weg steigt hier ein Stück an und mündet nach einigen Metern in eine gepflasterte Straße. Wir halten uns rechts und sehen auf der rechten Seite eine Streuobstwiese mit vielen unterschiedlichen Apfelsorten, die im Spätsommer gerne probiert werden dürfen.

Nach einem mäßigen, steten Anstieg treffen wir kurz vor dem Waldrand auf einen **Rastplatz mit herrlicher Aussicht ③**. Nach einer Pause wandern wir in den Wald hinein, biegen an der nächsten **Abzweigung** rechts ab und folgen ab hier der Markierung

TOUREN-STECKBRIEF

Anfahrt: Von der B 14 geht es durch den Kreisverkehr bei Hersbruck in Richtung Sulzbach/Happurg. An der nächsten Kreuzung rechts abbiegen Richtung Henfenfeld/Engeltal. Nach Henfenfeld nach links abbiegen, durch Engeltal fahren und weiter Richtung Offenhausen. Vor Offenhausen geht es rechts nach Schrotsdorf. Der Wanderparkplatz befindet sich gleich vor dem Ortseingang auf der rechten Seite. **GPS N 49°27′22.9″, E 11°24′15.3″.**

Anspruch und Charakter: Zunächst gemütliche Wanderung auf dem Obstlehrpfad und im Hammerbachtal, dann steiler Anstieg zur steinernen Rinne.

Highlights: Rastplatz mit Ausblick, Obstwiese, Steinerne Rinne, Spielplatz und Kneippbecken.

Einkehr: Mehrere Gastwirtschaften in Offenhausen und Engeltal.

In der Nähe: Abenteuerspielplatz Henfenfeld.

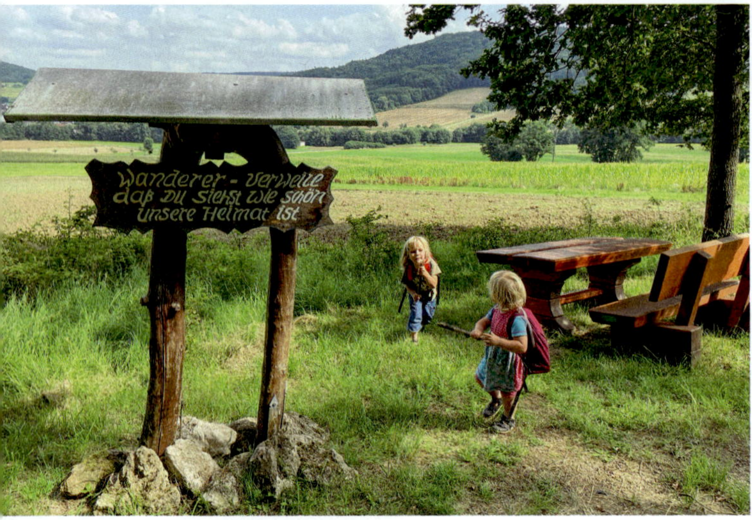

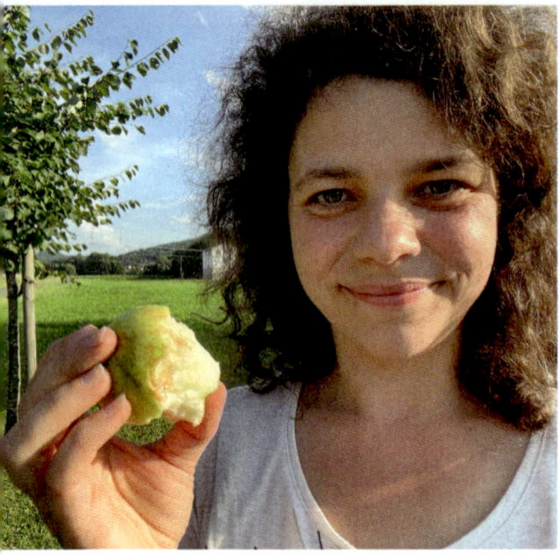

»blaues Kreuz/Steinerne Rinne«. Auf einem ebenen Schotterweg laufen wir durch den Wald, bis wir eine **Kurve** ④ erreichen, die abwärts führt. An dieser Stelle biegen wir in einen unscheinbaren Weg nach links ab und brauchen nun ein wenig Orientierung. Auf dem Waldpfad geht es steil den Berg hinauf und wir sehen eine tiefe Schlucht im Wald. Über die Wurzeln kraxeln wir empor und laufen anschließend den Pfad entlang. Bald darauf erreichen wir die **Steinerne Rinne** ⑤, über die ein Holzsteg führt. Sie besteht aus Kalkauftürmungen, auf denen sanft das Wasser plätschert.

Nach einer kurzen Rast geht es weiter und wir folgen ab hier der Markierung »grüne 8/Frankenweg« bis nach Hallershof. Nach einem ziemlich zugewucherten Wegstück erreichen wir einen breiten **Forstweg** und biegen rechts ab. Der Weg schlängelt sich hinab und wir wandern gemütlich zur nächsten **Kreuzung** ⑥.

Auch hier biegen wir wieder rechts ab und folgen den Markierungen in Richtung Hallershof. Nach etwa 400 Metern führt uns das **Wegzeichen »grüne 8/Frankenweg«** ⑦ noch einmal nach rechts. Wir bleiben nun auf dem Weg, bis wir aus dem Wald herauskommen und die Ortschaft sehen. Direkt an der ersten **Kreuzung in Hallershof** ⑧ biegen wir nach rechts ab. Auf der geteerten Straße laufen wir nun oberhalb des Hammerbachs ent-

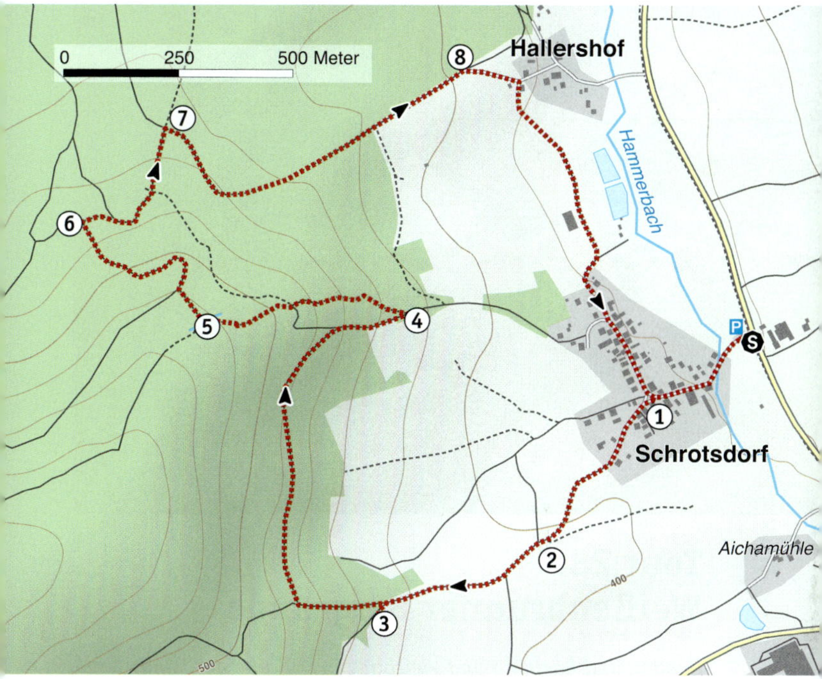

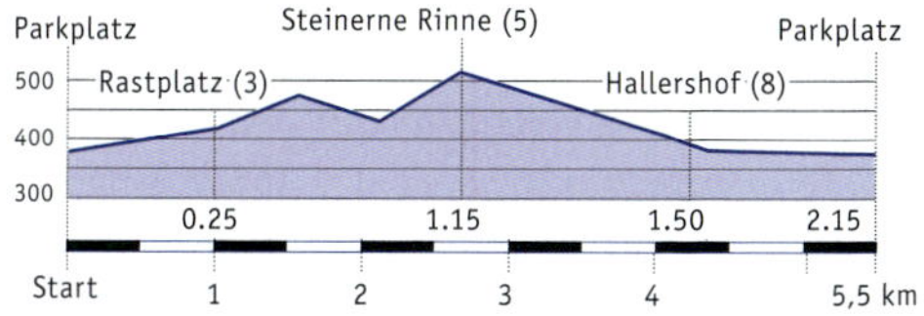

lang und erfahren auf Infotafeln Wissenswertes über die Mühlen in der Region.

Wir erreichen den **Ortseingang Schrotsdorf** und spazieren zwischen historischen, gut erhaltenen Fachwerkhäusern weiter. In der Ortsmitte sehen wir wieder den **Brunnen** ① und biegen nach links ab, um zum Parkplatz zurückzukommen. Dabei kommen wir noch an einer Raststation mit Kneippbecken vorbei, an dem wir den Ausflug ausklingen lassen können. Etwas weiter hinten auf der Wiese finden die Kinder auch noch einen Spielplatz, auf dem sie sich austoben können.

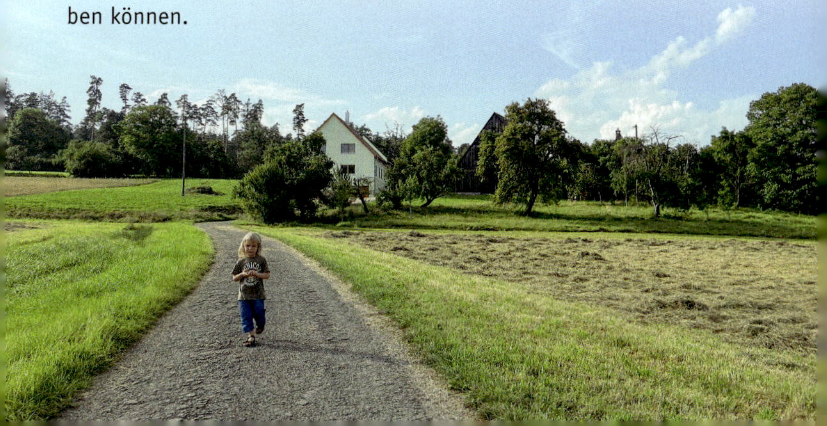

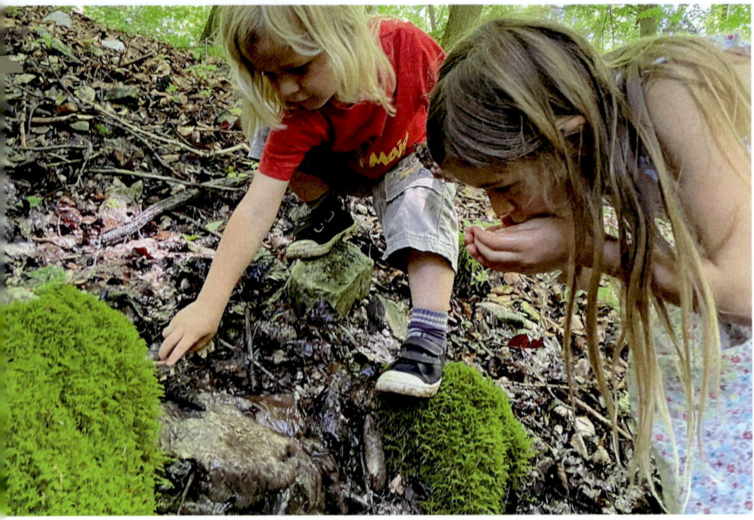

140 m

STRECKE 5,7 km

2 h 15

ab 6

Tour 28: Weißenbrunner Bergrunde

Quellen und Bächlein und Weitblick ins Nürnberger Land

Durch den mittelfränkischen Wald führt die Tour zunächst langgezogen den Berg hinauf und dann an mehreren Quellen und mit herrlichem Ausblick auf das Nürnberger Land zurück ins Tal. Eine einfache, gemütliche Waldwanderung mit schöner Erfrischung.

Wanderung: Vom Wanderparkplatz laufen wir zunächst am **Naturbad** vorbei und biegen dann in den Forstweg ein, der zwischen Bad und Campingplatz in den Wald führt. Den Campingplatz sehen wir auf der rechten Seite.

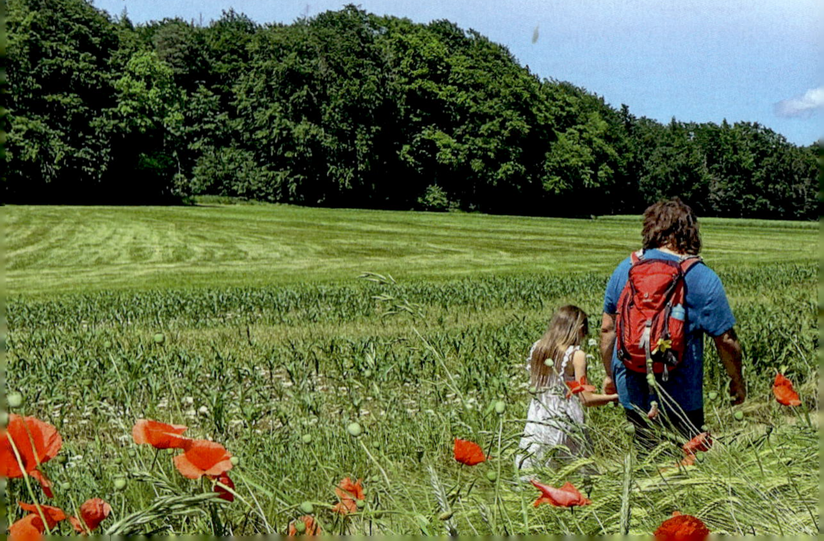

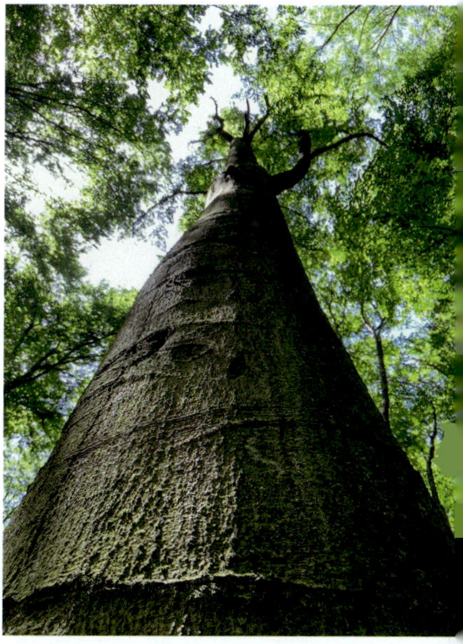

Wir laufen entlang eines Bächleins, das munter mit klarem Wasser neben dem Schotterweg plätschert. Dann geht es auf dem breiten Forstweg steil bergauf. Wir folgen dem Weg durch eine langgezogene Linkskurve. Dahinter wird es flacher und rechts am Weg befindet sich eine **Quelle** ①. Das glasklare Wasser sprudelt hier aus den moosbedeckten Gesteinsspalten und fließt in einem kleinen Bachlauf hinab ins Tal.

Unser Weg geht nun auf der Höhe weiter. Um uns herum wachsen riesige Buchen, die im Sommer prima Schatten spenden. Wir treffen auf eine **T-Kreuzung** ②, halten uns rechts und laufen nun auf dem ausgeschilderten »Gottfried-Stammler-Weg«, der mit einem roten Kreuz markiert ist, bis zur nächsten Kreuzung. Dort wechseln wir nach links auf den **»Fränki-**

TOUREN-STECKBRIEF

Anfahrt: Von der B6 Ausfahrt Altdorf/Leinburg abfahren, Richtung Leinburg fahren und nach Weißenbrunn abbiegen. In Weißenbrunn der Beschilderung »Naturbad« folgen. Der Parkplatz befindet sich direkt vor dem Naturbad bei **GPS N 49°25'43.6", E 11°21'46.2"**.

Anspruch und Charakter: Einfache Wanderung mit steilem Anstieg zu Beginn und mehreren Quellen unterwegs. Der Weg verläuft überwiegend auf breiten Forstwegen.

Highlights: Mehrere Quellen, kleiner Wasserfall, Ausblick, Naturbad.

Einkehr: Gasthaus Schwarzer Adler, Gasthof Zum Lindenhof, Pizzeria Olimpia.

In der Nähe: Naturbad Weißenbrunn.

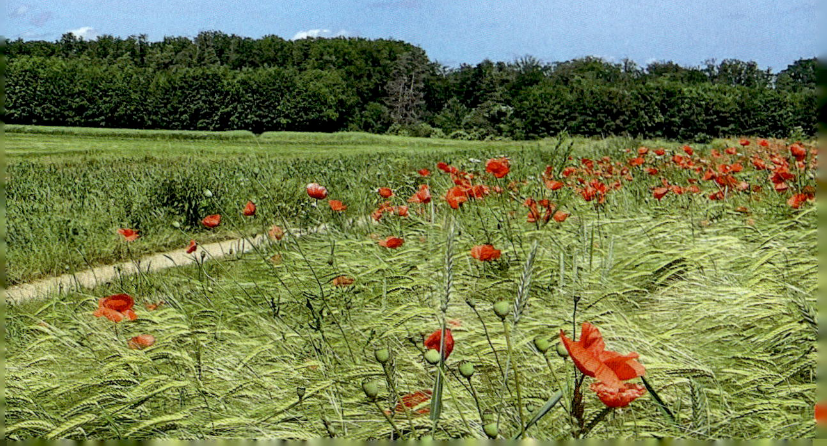

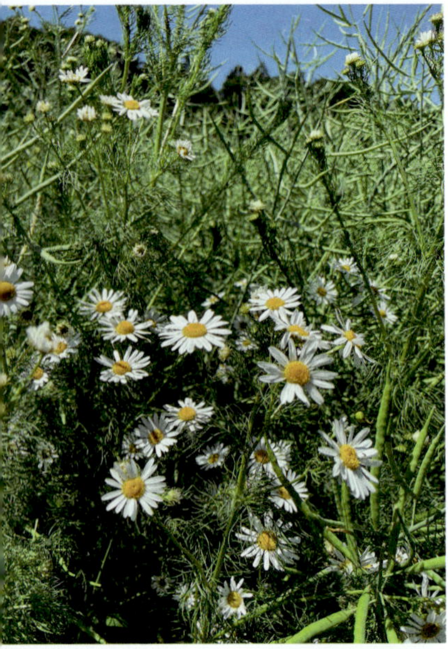

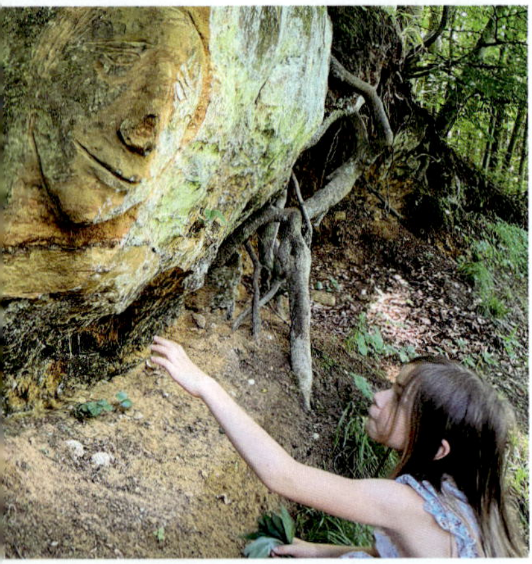

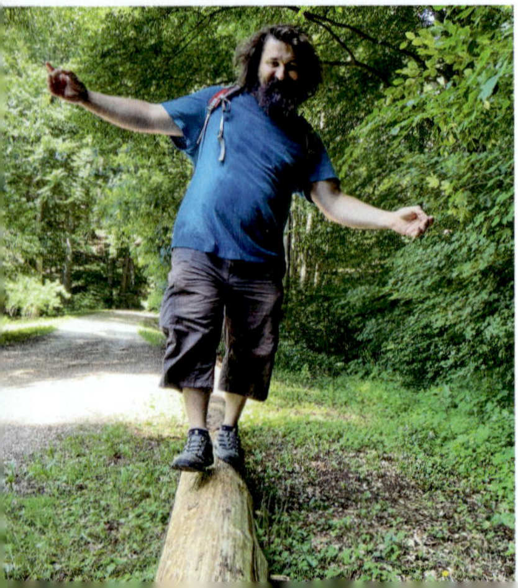

schen Dünenweg« ③ der eben am Hang entlangführt. Dabei erreichen wir eine Waldlichtung, auf der im Sommer die Wildblumen in üppiger Pracht blühen.

Die nächste **Kreuzung** ④ überqueren wir geradeaus – immer noch dem Dünenweg folgend. Auf dem dicht bewachsenen Weg laufen wir auf weichem Waldboden, bis wir eine Wegmarkierung auf der linken Seite sehen. An dieser **Abzweigung** ⑤ biegen wir links ab und folgen dem schmalen, teils ausgesetzten Steig hinab zu einer weiteren **Quelle** ⑥. Das kalte, klare Wasser quillt hier zwischen den Felsspalten hervor.

Hier geht es links und von nun an folgen wir dem breiten geschotterten Fahrweg, der ohne Schatten und mit leichtem Gefälle und einigen Panoramablicken etwas weiter unten am Hang zurück führt. Der Weg ist mit einem gelben Punkt markiert und sehr einfach zu gehen. Wir freuen uns über den einen oder anderen Baumstamm zum Balancieren und entdecken in den Sandsteinfelsen ein lustiges Gesicht.

In der scharfen Rechtskurve machen wir einen kurzen Abstecher zu einem kleinen **Wasserfall** ⑦, bevor wir durch den lichten Wald rechts weiter hinablaufen.

Am Waldrand haben wir einen grandiosen Ausblick über die Streuobstwiesen bis nach Nürnberg. Am Ende des Schotter-

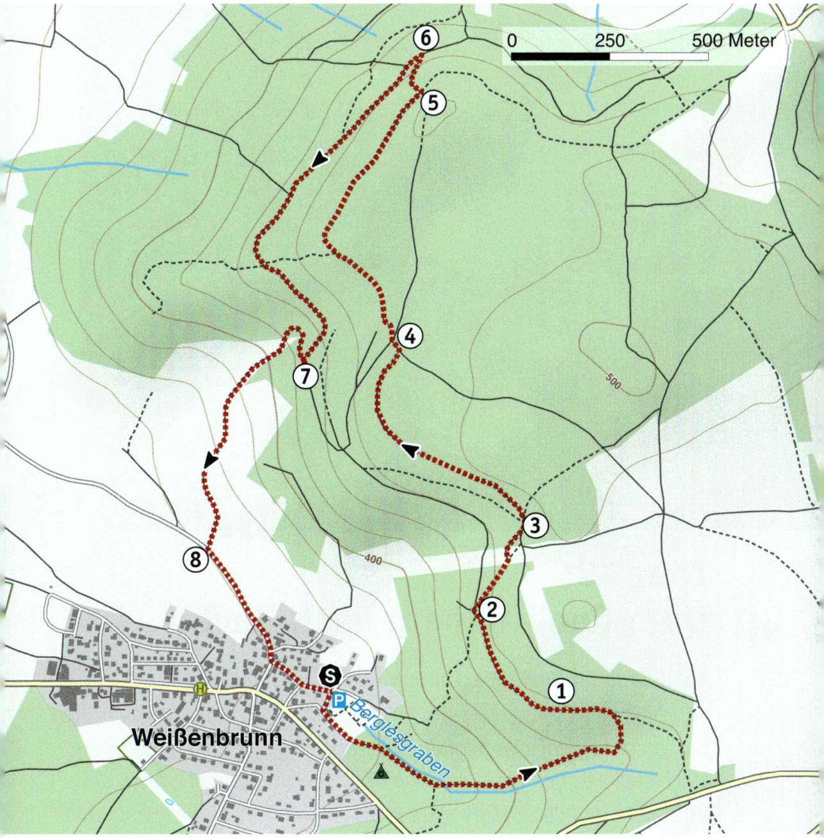

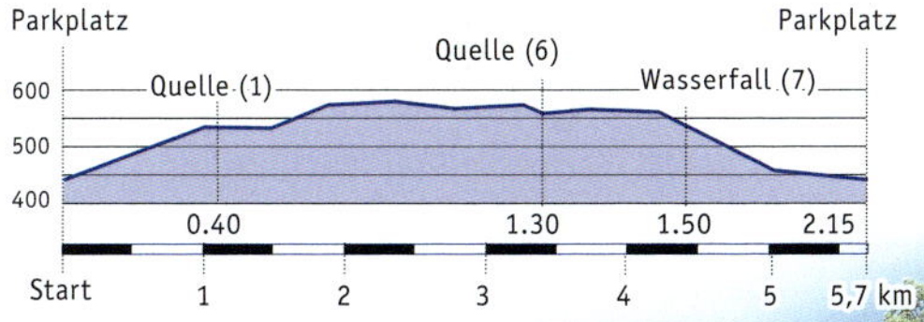

weges treffen wir auf die **Winner Straße** ⑧ und biegen nach links ab. Wir spazieren in den Ort hinein und biegen nach links in die Badstraße ab. Am Ende der Badstraße erreichen wir den Parkplatz.

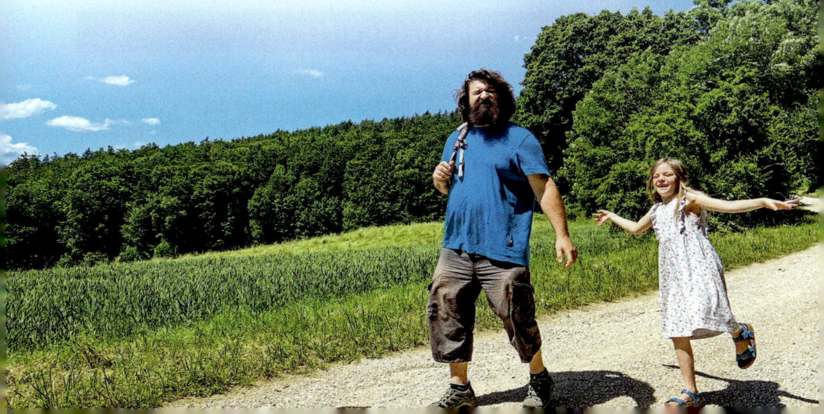

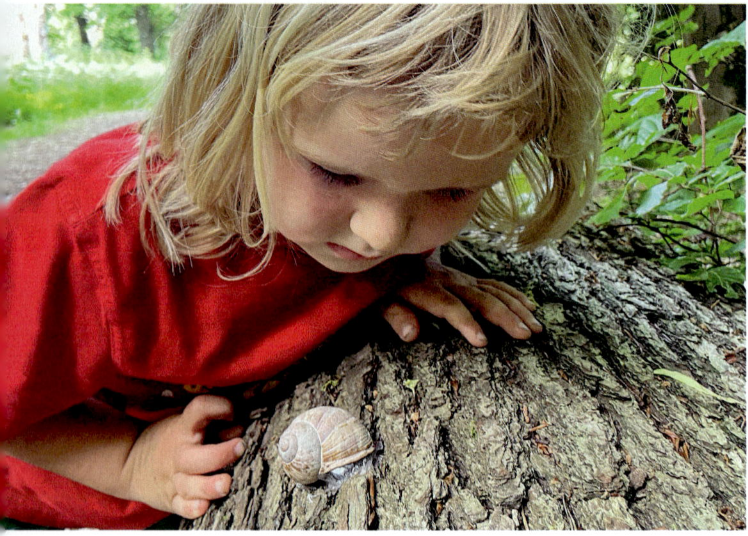

240 m

STRECKE 11,6 km

4 h 30

ab 8

Tour 29: Über den Keilberg nach Kucha

Abkühlung im Kneippbecken am Abenteuerspielplatz

In stetem bergauf und bergab führt diese Tour auf den Keilberg zu einer Kirchenruine und hinab nach Kucha – größtenteils durch den Wald. Das Highlight ist der große Wasser- und Abenteuerspielplatz mit Kneippbecken in Kucha. Eine landschaftlich abwechslungsreiche Strecke, die auch mit Buggy oder Laufrad zu bewältigen ist.

Wanderung: Vom Wanderparkplatz laufen wir auf dem sonnigen, ebenen Schotterweg entlang und genießen den Ausblick über die Getreidefelder, den Blick nach Klingenhof und die umliegende Landschaft. An der großen **Kreuzung** ① folgen wir dem breiten Schotterweg geradeaus und erreichen kurz darauf den Wald.

TOUREN-STECKBRIEF

Anfahrt: Von der A 6, Ausfahrt Altdorf/Leinburg in Richtung Leinburg fahren. Rechts abbiegen nach Weißenbrunn und durch Weißenbrunn fahren. Am Ortsende geht es steil den Berg hinauf. Oben angekommen befindet sich der Wanderparkplatz auf der linken Seite bei **GPS N 49°25'36.5", E 11°22'34.8"**.

Anspruch und Charakter: Lange Wanderung mit viel Auf- und Abstieg durch meist bewaldetes Gebiet, über den Klingenhofer Anger und durch das Hammerbachtal.,überwiegend auf breiten Forst- und Schotterwegen. Die Tour ist eignet für Laufrad und Kinderwagen.

Highlights: Kapellenruine Keilberg, Ausblick, Spielplatz mit Kneippbecken in Kucha.

Einkehr: Gasthof Grüner Baum Kucha, Gasthof Hupfer in Offenhausen.

In der Nähe: Baggersee Happurg.

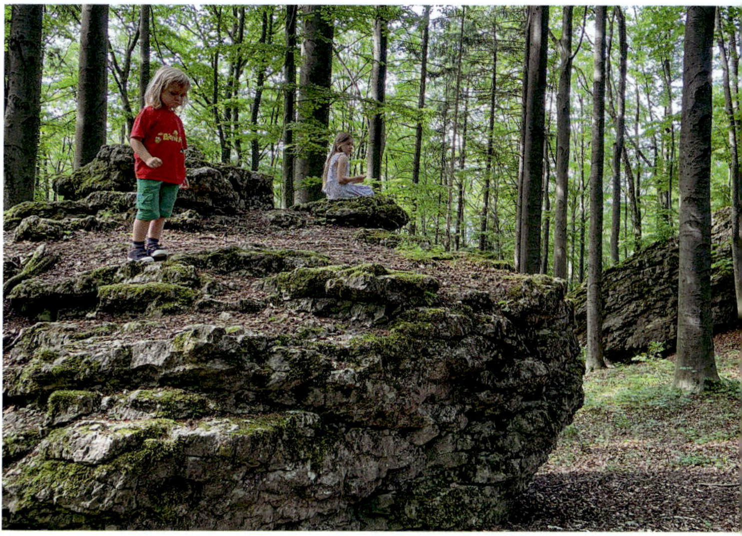

Hier wandern wir sanft abwärts und ignorieren alle Abzweige, bis wir auf eine **T-Kreuzung** ② treffen. Dort biegen wir rechts ab. Nach etwa 400 Metern verlassen wir den Wald und vor uns liegt der Klingenhofer Anger, ein Naturschutzgebiet. Noch vor den ersten Häusern treffen wir auf eine eine **Kreuzung** ③. An dieser liegt eine große Schaf- und Ziegenweide. Wir folgen hier der Markierung »blaues Kreuz« nach links in Richtung Engelthal und wieder in den Wald hinein.

Der breite Forstweg führt nun in leichten Kurven immer steiler bergab. Wir ignorieren alle abzweigenden Wege, bis wir eine große **Waldkreuzung** ④ erreichen. An dieser biegen wir nach rechts ab. Am **Abzweig nach Egensbach** bleiben wir auf dem ansteigenden breiten Weg und laufen hinauf zur nächsten **Kreu-**

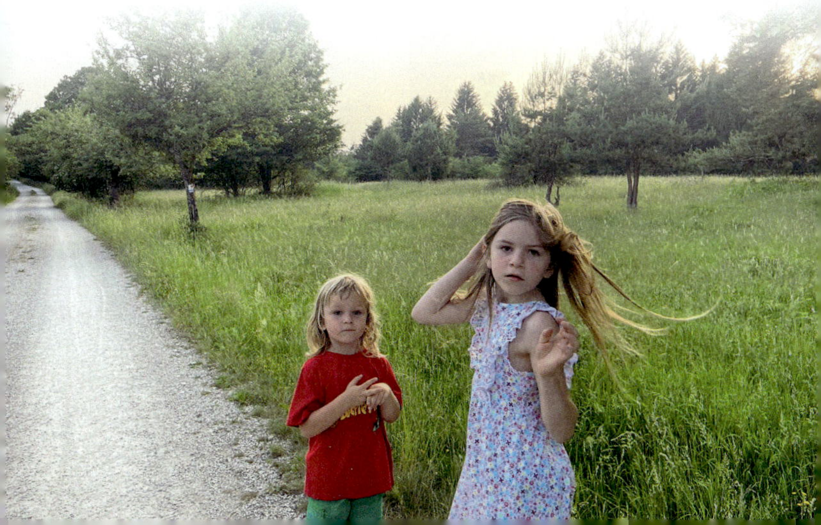

zung ⑤. Hier geht es links nach Birkensee und wir überqueren die Kreuzung geradeaus. Der gegenüberliegende Weg ist schmal und nicht so leicht zu erkennen. Wer einen Kinderwagen dabei hat, sollte rechts abbiegen, um den Anstieg auf dem schmalen Pfad auf dem Forstweg zu umfahren. Ansonsten kraxeln wir hier jetzt steil bergauf, überqueren den Fahrweg geradeaus und erreichen dann die Hochebene und den **Rastplatz am Keilberg** ⑥.

Der große Funkmast zeigt uns unser Ziel. Wir biegen zuerst nach links ab zum Burgstall und der ehemaligen **Kapelle Keilberg**. Hier stehen ein rekonstruierter Turm sowie einige Mauerreste, die die ehemalige Kapelle darstellen. Direkt daneben finden die Kinder ein paar spannende Kletterfelsen.

Nach unserer Rast kehren wir zum **Funkmast** ⑦ zurück und sehen die Wegmarkierung »roter Punkt« direkt dahinter. Der schmale, laubbedeckte Hohlweg führt hier steil ins Tal hinab, und wir haben etwas Mühe, den Buggy abzubremsen. Wir kreuzen den Fahrweg und können bald darauf am Ende des Weges die Ortschaft Offenhausen erkennen. Kurz vor dem Ort steht am Weg eine **Bank** ⑧ unter großen Eichen. Hier können wir noch einmal den den Ausblick über das Hammerbachtal genießen.

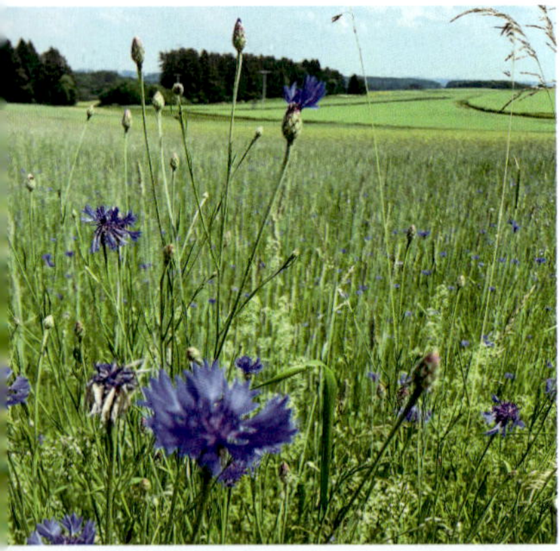

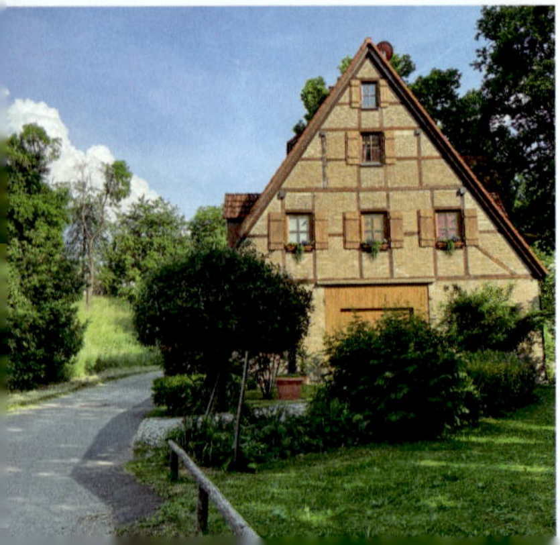

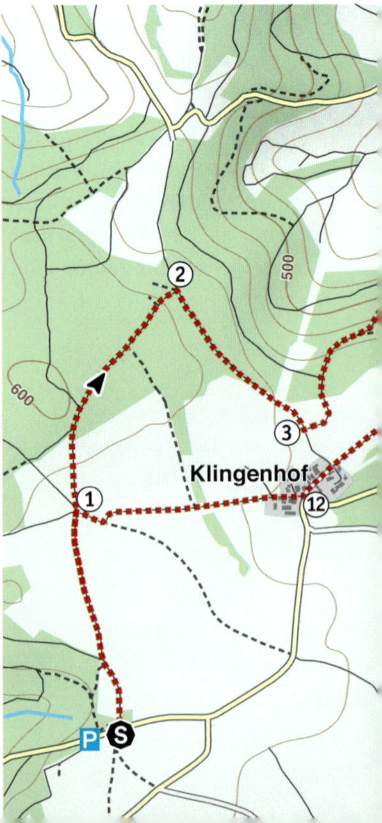

Anschließend laufen wir auf dem Schotterweg am **Friedhof** vorbei und biegen am Ende des Weges nach rechts auf die **Straße** ab. Wer in Offenhausen einkehren möchte, biegt an dieser Stelle nach links ab und läuft in die Ortschaft.

> **Badesachen mitnehmen!**
> An heißen Tagen bieten das Kneippbecken sowie das kleine Bächlein am Spielplatz in Kucha eine echte Erfrischung. Es lohnt sich auf jeden Fall, Bade- oder zumindest Wechselkleidung einzupacken!

Von hier laufen wir ohne weitere Steigung am Hammerbach entlang, bis wir die Ortschaft **Kucha** erreichen. Kurz vor dem Ortseingang treffen wir auf eine **Kreuzung** ⑨. Wer nun Lust auf eine Einkehr hat, biegt hier links ab und dreht eine Runde durch den Ort.

Wir kommen an einem ersten malerischen Fachwerkhaus vorbei und erreichen eine Kreuzung **mit einem Brunnen**. Hier geht es links zum Gasthaus mit fränkischer Küche.

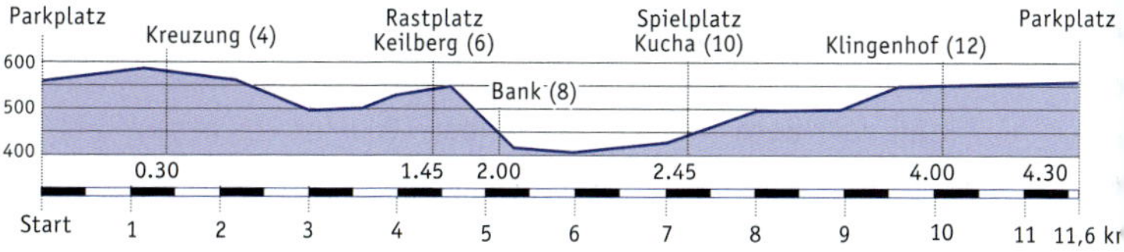

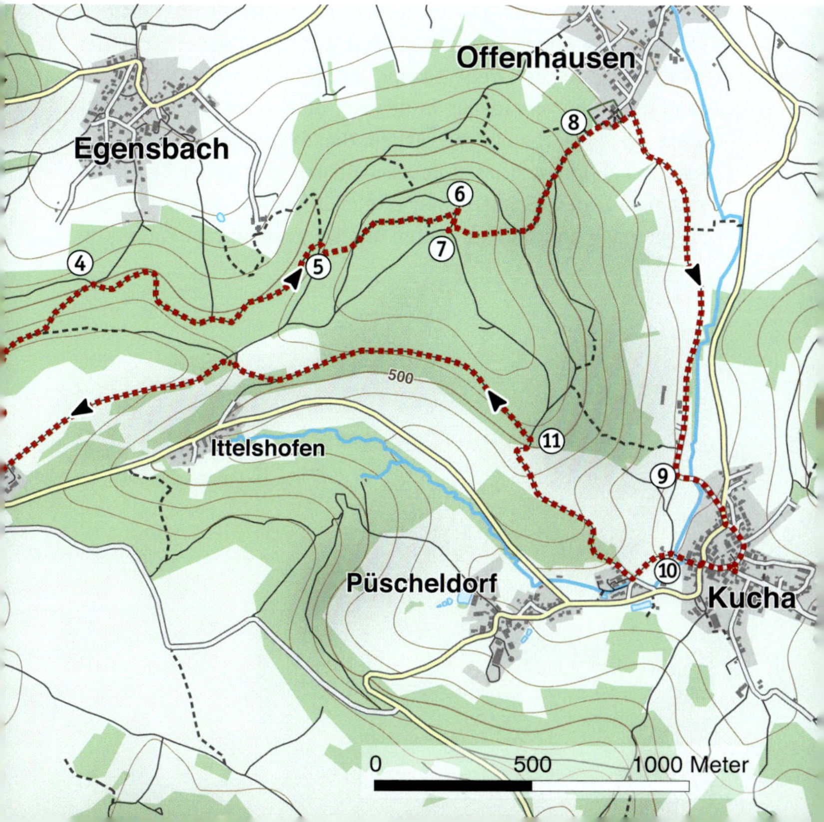

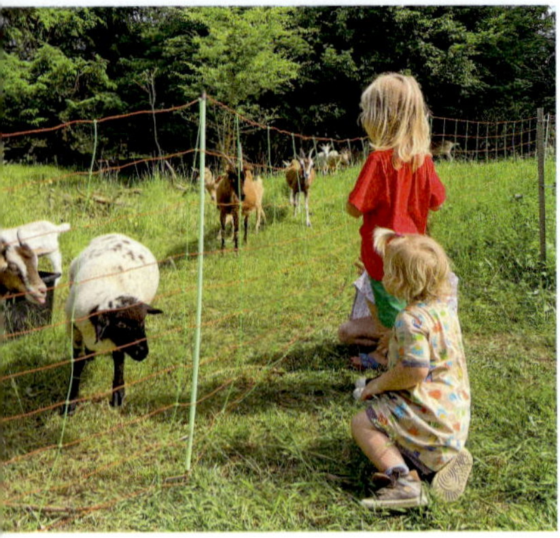

Vorbei an der Bushaltestelle laufen wir wieder zur **Hauptstraße**. Diese überqueren wir und spazieren durch die Gasse, die am Bach entlangführt. Sie ist mit einem blauen Strich markiert. Am Ende der Gasse erreichen wir auf der linken Seite den weitläufigen **Spielplatz** ⑩. Die Highlights sind ein schmaler Bachlauf, ein Tunnel mit Rutsche darüber, das schön angelegte Kneippbecken und der überdachte Rastplatz.

Dann machen wir uns auf den Rückweg. Dazu laufen wir die Straße am Spielplatz weiter und folgen auch an der nächsten **Kreuzung** der Markierung »blauer Strich« nach rechts in Richtung Klingenhof. Die geteerte Straße schlängelt sich in den Wald hinein und steil den Berg hinauf. Nach einer scharfen Rechtskurve sehen wir den **Abzweig** ⑪ nach links und folgen hier und an allen folgenden Kreuzungen der Markierung »Klingenhof«.

Auf einem breiten Weg erreichen wir nach zwei Kilometern den Klingenhofer Anger und laufen jetzt auf der anderen Seite der Schafweide. An der Wegkreuzung mit Wandertafel am Ortseingang gehen wir geradeaus in den Ort hinein, bis wir den **Rastplatz** ⑫ an der Hauptstraße sehen. Hier biegen wir rechts ab und wandern an einem großen Bauernhaus mit origineller Bemalung vorbei. Auf dem Schotterweg erreichen wir die **Kreuzung** ①, biegen nach links ab und laufen den Weg zurück zum Parkplatz.

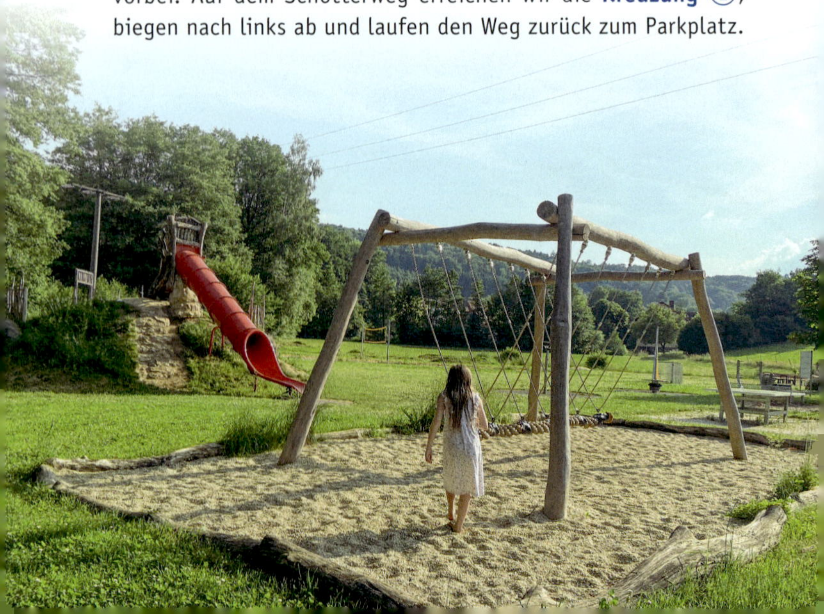

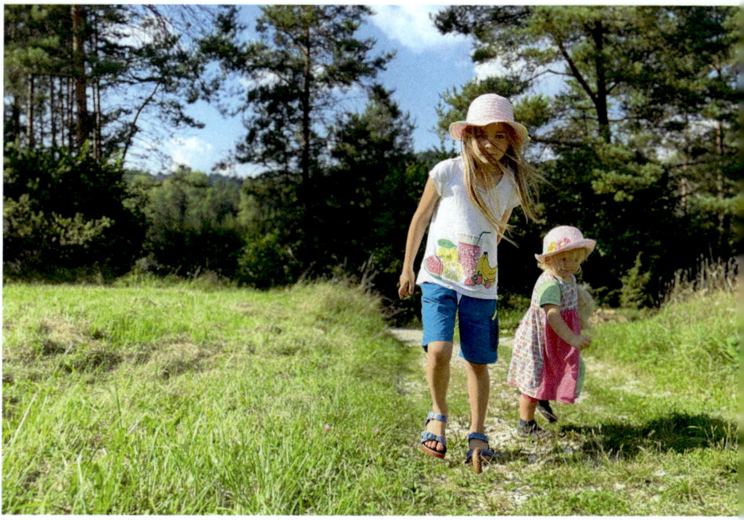

Tour 30: Spaziergang durchs Rinntal

Kleine Wanderung um Alfeld

60 m

STRECKE 2,2 km

50 min

ab 4

Gemütlicher Spaziergang durchs Rinntal mit anschließendem Spielplatzbesuch. Eine einfache Tour auf dem Naturlehrpfad, die bereits für die kleinsten Entdeckerinnen und Entdecker gut zu laufen und dennoch landschaftlich sehr reizvoll ist.

Wanderung: Vom Wanderparkplatz hinter der Schule geht es zunächst zum **Spielplatz** ①, dort halten wir uns links und überqueren eine kleine **Holzbrücke**, die uns auf einen Wanderpfad bringt. Beschildert ist der Weg mit der Markierung »grüner Ring/Naturlehrpfad«.

Nach nur wenigen Gehminuten erreichen wir eine **felsige Passage** und steigen hinauf zu einer **Bank,** die auf der Anhöhe unter dürren Kiefern steht. Hier haben wir einen wunderbaren Ausblick über den beschaulichen Ort Alfeld.

TOUREN-STECKBRIEF

Anfahrt: Von der A6, Ausfahrt Alfeld geht es direkt nach Alfeld. Durch Alfeld durch und kurz vor dem Ortsausgang Richtung Hersbruck/Offenhausen links abbiegen Richtung Schule. Der Wanderparkplatz befindet sich direkt hinter der Grundschule bei **GPS N 49°25′52.1″, E 11°32′46.0″**.

Anspruch und Charakter: Leichte Wanderung ohne große Steigung. Die Tour verläuft größtenteils auf Wiesenwegen und durch das autofreie Rinntal.

Highlights: Naturlehrpfad, Aussicht, Spielplatz am Wasser.

Einkehr: Gasthof Metzgerei Scharfes Eck, Café Insider, Bäckereien, Gaststätte Berghof.

In der Nähe: Bow Vision 3D-Parcours.

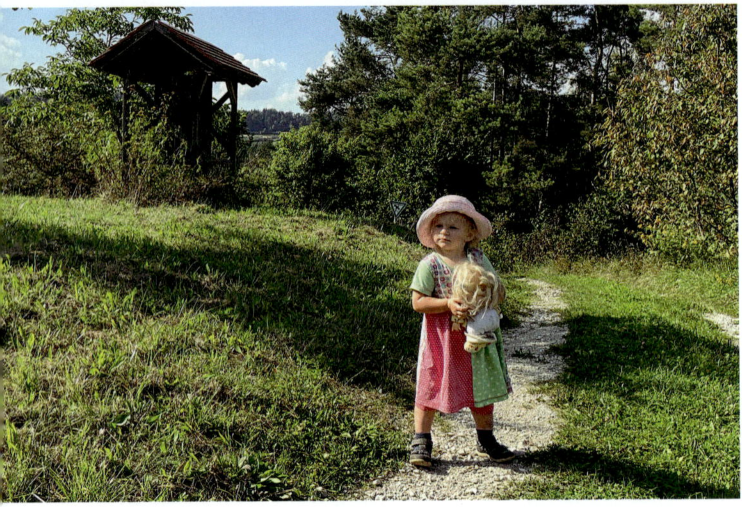

Nach etwa 50 Metern treffen wir auf eine **Verzweigung** ② und gehen rechts auf einem Wiesenpfad weiter. Jetzt geht es wieder abwärts, bis wir den Schotterweg am **Wasserwerk** ③ erreichen. Hier stehen Informationstafeln zum Thema Wasser und Trinkwasseraufbereitung in der Karstregion Hersbruck.

Vom Wasserwerk folgen wir den grünen Wegweisern mit der Aufschrift »Naturlehrpfad« nach links und gelangen nun ins **Rinntal**. Auf einem sonnigen Wiesenpfad geht es ohne große Steigung immer geradeaus. Unterwegs bewundern wir Blumen, Kräuter, Schmetterlinge und Krabbeltiere. Am Ende des Weges stehen wir an einer **T-Kreuzung** ④ und folgen der Wegmarkierung »grüner Ring« nach links. Auf den Lehrtafeln am Weg erfahren wir Wissenswertes über den Ackerbau und die typischen Merkmale eines Trockentales.

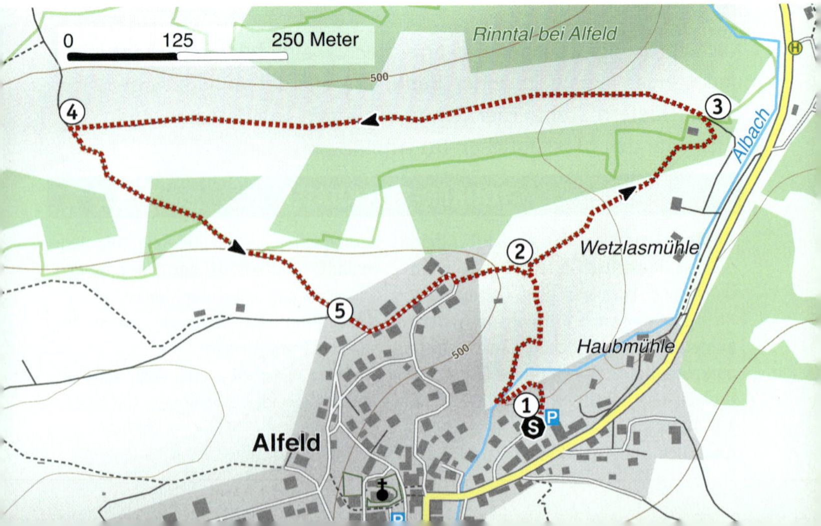

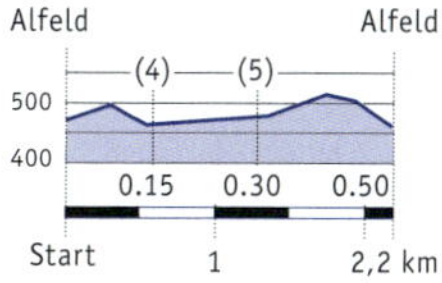

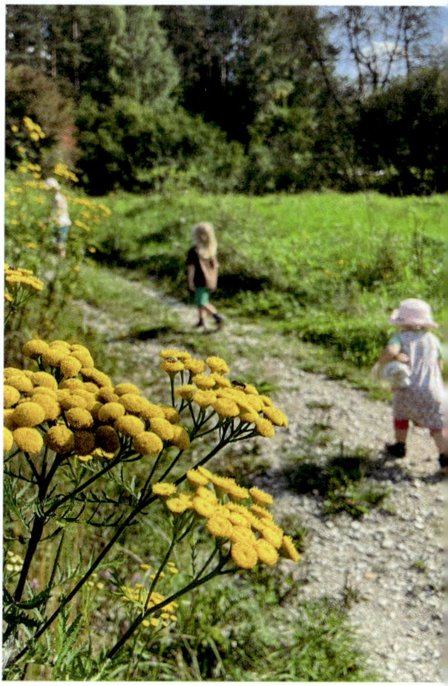

Die leicht kurvige Strecke führt den Berg hinauf und quert eine Kreuzung. Oben angekommen laufen wir durch Obstwiesen und entdecken eine **Bank** ⑤, die sich gut für eine Pause eignet.

Von hier aus folgen wir nun der Straße in den Ort hinein und laufen den Berg hinab. An der nächsten Kreuzung können wir dem Naturlehrpfad in die Ortsmitte folgen, um im Gasthaus einzukehren. Wer lieber zum Spielplatz und auf dem kürzesten Weg zum Parkplatz will, biegt mit uns links ab. Über die Anhöhe westlich des Ortes gelangen wir zurück zur **ersten Kreuzung** ① und steigen, an Bank und Felsen vorbei, den Steig zum Spielplatz hinab.

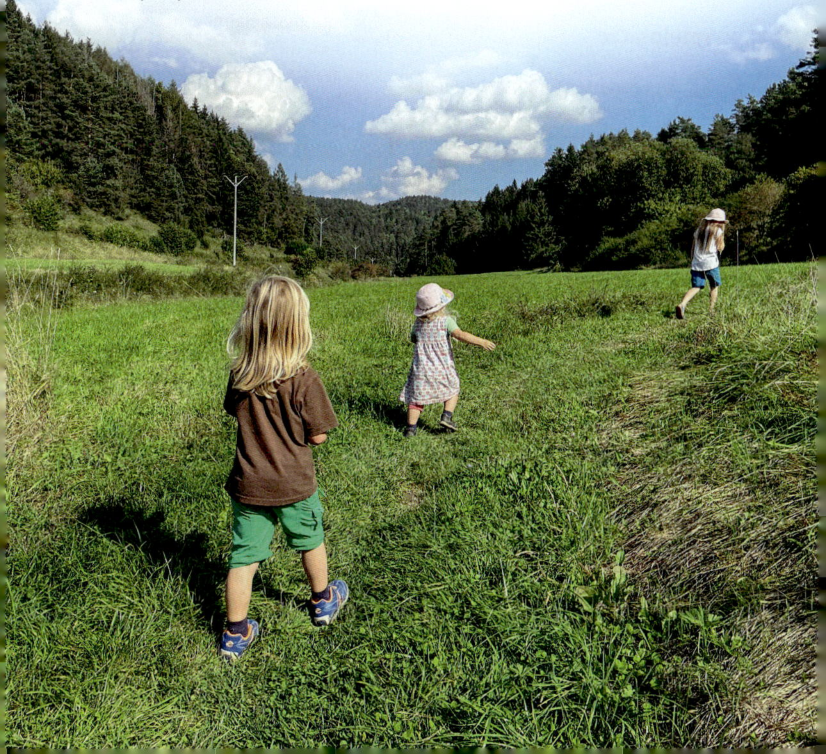

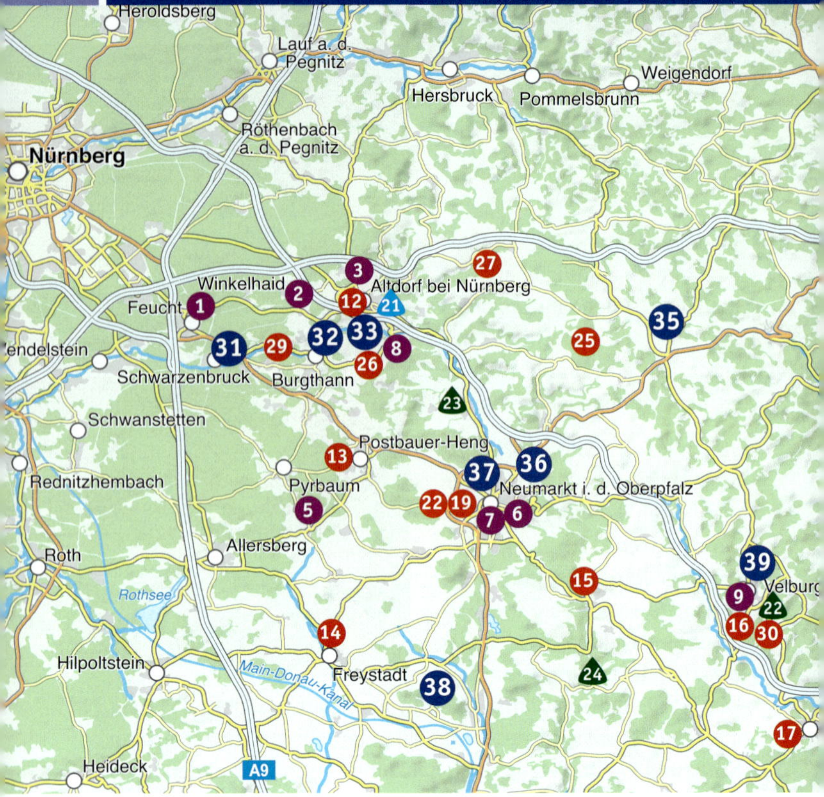

Spielplätze

1 Bienengartenspielplatz Feucht
GPS N 49°23'02.8", E 11°12'40.0"
Spielplatz im Feuchter Forst (Am Reichswald 48) mit Kletterparcours, Röhrenrutsche, Nestschaukel, großem Sandbereich und schönen Picknickplätzen mitten im Wald.

2 Spielplatz Winkelhaid
GPS N 49°23'31.7", E 11°18'28.7"
Großer Mehrgenerationen-Spielplatz mit Balancierparcours, großer Sand- und Matschfläche, breiter Rutsche, Seilbahn, überdachtem Picknickplatz und Schaukeln. Vor Ort gibt es eine Toilette mit Wickelplatz.

3 Spielplatz Altdorf
GPS N 49°23'11.1", E 11°21'39.7"
Großer Spielplatz in der Schießhausstraße nahe der Innenstadt von Altdorf mit Nestschaukel, Rutsche, Kletterturm, Karussell, Lokomotive, Buddelplatz und Balancierparcours.

4 Spielplatz Hahnbach
GPS N 49°32'01.4", E 11°47'50.7"
Weitläufiger, parkähnlicher Spielplatz mit Wasserlauf, Kletterturm, Nestschaukel und Rutsche. Im hinteren Bereich ragt ein Piratenboot über die Vils.

5 Spielplatz Pyrbaum
GPS N 49°16'26.2", E 11°18'31.0"
Großer Spielplatz mit Klettergerüst, Nestschaukel, Wippe, Seilgerüst, Rutsche und großem Sandkasten mit Sonnenschutz im Ortsteil Rengersricht.

6 Waldspielplatz Neumarkt
GPS N 49°16'55.1", E 11°29'14.4"
Weitläufiger Spielplatz (Wolfsteinstraße) mit Bereichen für unterschiedliche Altersgruppen. Seilbahn, Baumhäuser, großer Kletterparcours, Picknickplätze unter Bäumen und Bolzplatz.

7 Wasserspielplatz Neumarkt
GPS N 49°16'53.1", E 11°27'43.4"
Weitläufiger Wasserspielplatz im Stadtpark mit Wasserschraube, Schaufelrad, Badeteich und Balanciersteg.

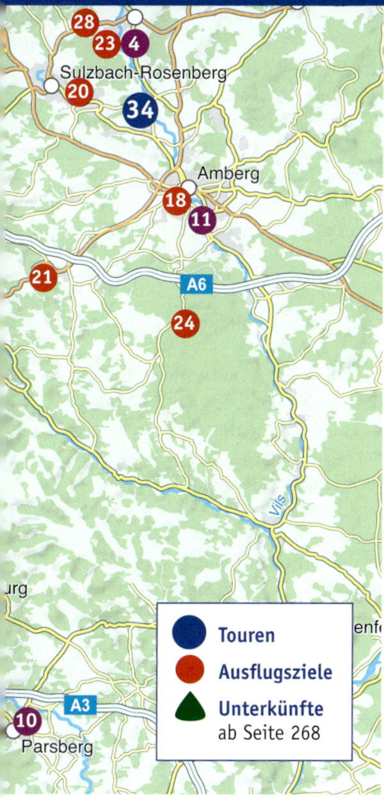

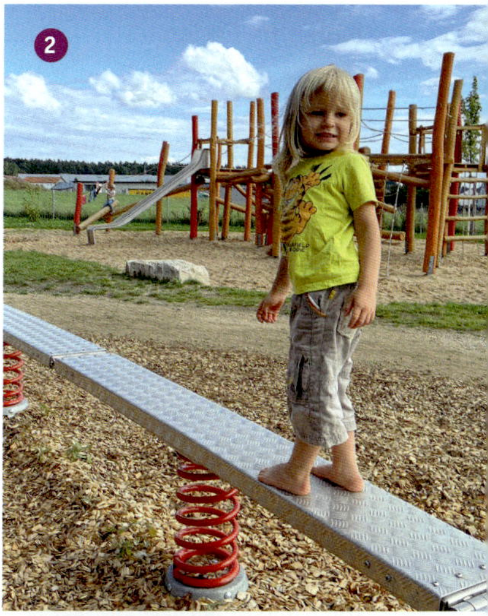

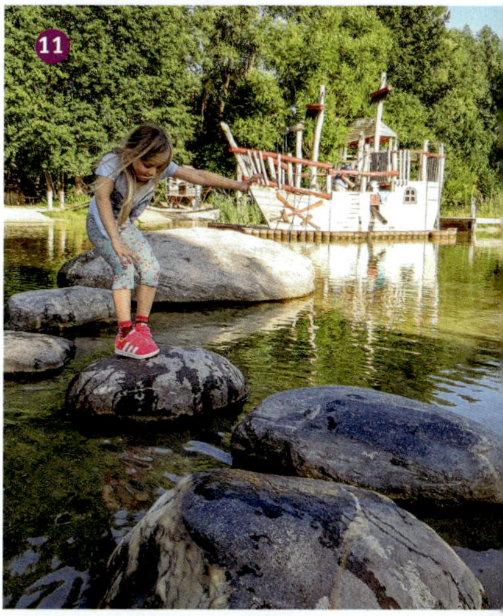

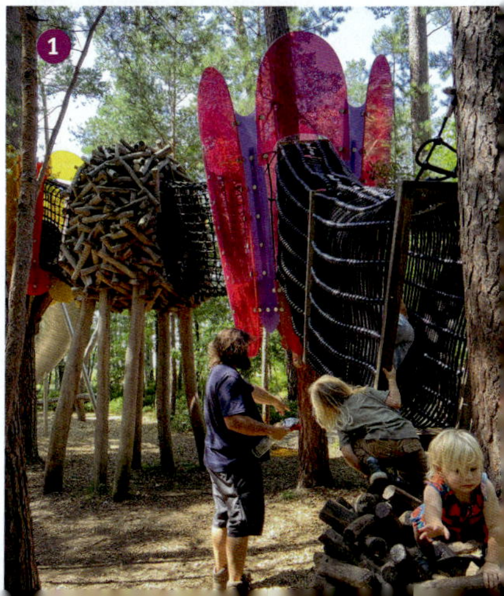

8 Spielplatz Rasch

GPS N 49°22'08.9", E 11°22'40.1"
Der neue Spielplatz am Rascher Berg liegt direkt an einem Bach. Mit Hängebrücke und Steg, Karussell, Piratenboot, Hängematte, Schaukel, Picknickplatz und Bolzplatz.

9 Spielplatz Velburg

GPS N 49°14'03.0", E 11°40'04.6"
Großer Spielplatz am Ortseingang mit Schaukel, Rutsche, Karussell und neu errichtetem Piratenboot.

10 Bergspielplatz Parsberg

GPS N 49°09'39.0", E 11°43'19.1"
Weitläufiger Spielplatz im Stadtpark mit Piratenboot, Kletterparcours, Seilbahn und Spielhäusern.

11 Piratenspielplatz Amberg

GPS N 49°25'53.8", E 11°52'06.0"
Großer Spielplatz auf dem ehemaligen LGS Gelände an der Vils, mit Piratenboot, großem Weiher, Wasserstrecke, Steinlandschaft, Buddelstrand mit Spielhaus, Schaukeln und mehr.

Baden im Freien

12 Freibad Altdorf

GPS N 49°23'12.3", E 11°21'49.4"
Das Freibad bietet Besuchern ein großes Becken mit Sprungturm und einen abgegrenzten Nichtschwimmerbereich. Ein besonderer Spaß ist die breite Wellenrutsche.
Geöffnet Mo bis Fr 9–12 Uhr, 12.30–16.30 Uhr, 17–20 Uhr, Sa, So 9–12 Uhr, 12.30–15.30 Uhr, 16–19 Uhr. €3, Kinder €1,40. Hagenhausener Str. 8, 90518 Altdorf bei Nürnberg, Tel. 09187 5240. www.freibad-altdorf.de

13 Naturfreibad Postbauer-Heng

GPS N 49°18'11.3", E 11°20'47.0"
Das Naturbad befindet sich auf dem großzügig angelegten Freizeitgelände der Gemeinde mitten in schöner Natur am Waldrand. Neben einem großen Spielplatz lockt vor allem der Wasserlauf mit Staustufen und Felsen kleine Besucher an. Kleines Becken mit Sonnenschutz, großer Schwimmteich mit Nichtschwimmerbereich und große Liegewiese mit schattenspendenden Bäumen. Auf dem Gelände befindet sich auch eine Minigolf-Anlage.
Ganzjährig kostenfrei nutzbar. Centrum 11, 92353 Postbauer-Heng. www.postbauer-heng.de

14 Naturbad Freystadt

GPS N 49°12'11.8", E 11°20'55.6"
Freibad an einem kleinen See mit weitläufiger Liegewiese. Der große Schwimmbereich, Tischtennisplatten, Beachvolleyballfelder und der Kinderspielplatz sind frei zugänglich und kostenlos nutzbar. Neu gestalteter Kleinkindbereich mit Bachlauf und Stauwehr zum Matschen, Baden und Spielen. Außerdem gibt es einen Kiosk und einen Grillplatz.
Geöffnet Mo bis Fr 10–12.30 und 13.30–19 Uhr, Di bis 21 Uhr, Sa, So 10–9 Uhr.

15 Naturbad Deining

GPS N 49°13'59.2", E 11°32'16.3"
Das idyllische Naturbad liegt im Tal der weißen Laber vor den Toren des Ortes. Großes Naturschwimmbecken mit Wellenrutsche, Sprungturm und Nichtschwimmerbereich. Für die kleineren Besucher gibt es ein Planschbecken mit Felsen. Die Becken sind von natürlichem Bewuchs und Schilf umgeben. Im Eingangsbereich am Kiosk gibt es einen Mehrgenerationen-Bewegungspark.
Die Badesaison ist in der Regel von Mai bis Mitte September. Der Eintritt ist frei. Velburger Str. 40, 92364 Deining, Tel. 09184 83000. deining.de

16 Naturbadesee Velburg

GPS N 49°13'01.3", E 11°40'00.5"
Der im Zuge der Flurbereinigung angelegte Badesee wird durch Quellwasser gespeist und umfasst eine Fläche von 10.000 Quadratmetern. Für Nichtschwimmer gibt es ein ausgedehntes Flachufer, für die Kinder ein integriertes Kinderplanschbecken und einen Kinderspielplatz. Des Weiteren findet man verschiedene Badestege und Einstiegstreppen und neben der Liegewiese ein Beach-Volleyball-Feld und eine Tischtennisplatte.

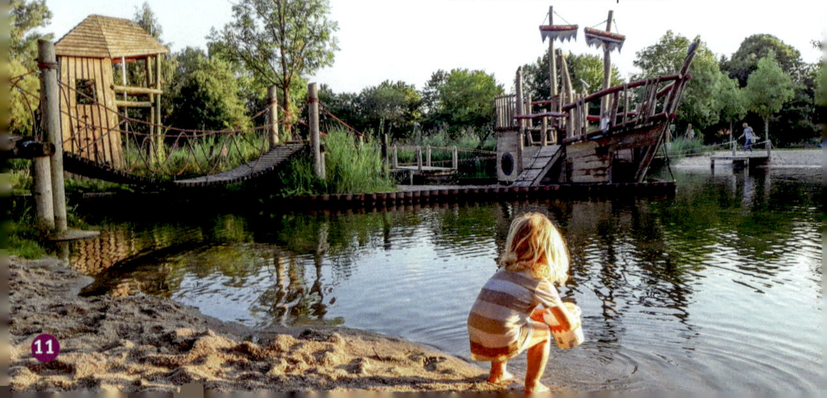

Geöffnet während der Badesaison (Juni bis September) 9 – 20 Uhr. €2,50, Kinder 2 bis 16 Jahre €1. Seestraße 18, 92355 Velburg. velburg.de

17 Wellenfreibad Jura Mare

GPS N 49°09'32.0", E 11°42'29.6"
Parsbergs Freizeit-Highlight für Wasserratten umfasst vier Becken mit fast 3000 Quadratmetern Wasserfläche, darunter auch ein Sprungbecken, ein riesiges Wellenbecken und ein Kleinkindbereich. Außerdem gibt es eine große Liegewiese mit Bäumen.
Jahnstraße 18, 92331 Parsberg, Tel. 09492 5338. www.parsberg.de

Badespaß drinnen

18 Kurfürstenbad Amberg

GPS N 49°26'30.3", E 11°51'31.0"
Es stehen die üblichen Bereiche für Schwimmer und Nichtschwimmer zur Verfügung. Man kann aber auch im Warmwasserpool und in einem richtig heißen Whirlpool entspannen. Für die kleinsten Besucher gibt es ein Planschbecken, eine Babyrutsche, einen Schiffchenkanal und einen wasserspeienden Seehund. Für den Spaß bei den Größeren sorgen das Außenbecken, eine Grotte, der Strömungskanal und natürlich die 84 Meter lange »Black-Hole«-Riesenrutsche.
Geöffnet Mo bis Mi 9 – 21 Uhr, Do und Fr bis 22 Uhr, Sa und So 9 – 10 Uhr. Tagesticket €11,50, Kinder 6 bis 17 Jahre €6. Kurfürstenring 2, 92224 Amberg, Tel. 09621 603830. www.kurfuerstenbad-amberg.de

19 Schlossbad Neumarkt

GPS N 49°16'55.1", E 11°28'00.8"
Großes Erlebnisbecken mit Strömungskanal, Schaukelbucht, Bodensprudler, Nackendusche sowie Sprudelliege und Wasserfall. Außerdem stehen ein Schwimmerbecken, ein Solebecken und für die Kleinsten ein Kinderbecken zur Verfügung. Highlights für die größeren Kids sind die Wasserkletterwand sowie die Reifenrutsche mit Licht- und Soundeffekten.
Geöffnet Mo bis Sa 10 – 20.30 Uhr, So und Feiertags 9 – 20.45 Uhr. Preise für 4 Stunden €10, Kinder 3 bis 15 Jahre €6,50, Familie €20. Seelstraße 20, 92318 Neumarkt in der Oberpfalz. Tel. 09181 239209. schlossbad-neumarkt.de

Kultur und Museum

20 Erstes Bayrisches Schulmuseum

GPS N 49°29'31.0", E 11°45'50.3"
Nach dem Motto »Erfahren, Erleben & Anfassen« lassen zwei original eingerichtete Klassenzimmer aus der Zeit um 1875 und 1920 Geschichte lebendig werden. Das Schlößlschulhaus, welches 1979 zum Museum wurde, zeigt in 13 Ausstellungsräumen, wie Unterricht und Schulleben einst funktionierten.
Schloßbergweg 10A, 92237 Sulzbach-Rosenberg, Tel. 09661 7533. www.schulmuseum.org

21 Planetarium und Sternwarte

GPS N 49°23'52.8", E 11°44'25.2"
Die Kombination eines digitalen 3D-Planetariums mit einer modern ausgestatteten Sternwarte ist deutschlandweit einmalig. Im gemütlichen Kuppelbau wird mit einem digitalen 3D-Projektionssystem nicht nur der aktuelle Sternenhimmel über der Oberpfalz virtuell und dreidimensional dargestellt, sondern das gesamte Universum. Wenn das Dach über dem Observatorium dann langsam öffnet, erleben Besucher den Sternenhimmel nicht nur als spektakuläre Simulation, sondern auch in der Realität.
Zutritt für Kinder ab 4 Jahren. Allmannsberger Weg 20, 92289 Ursensollen, Tel. 0160 5739025. www.planetarium-ursensollen.de

Freizeitspaß

22 Wölpi Spielfabrik

GPS N 49°17'14.2", E 11°27'28.6"
Der Indoorspielplatz mit Kletterparcours, elektrisch betriebenen Quads für Kinder, Bällebad, Boulderwand, Tischtennisplatten, Hüpfburgen und vielem mehr sorgt für ausreichend Raum zum Austoben bei Regenwetter.
Geöffnet Fr 14 – 19 Uhr, Sa und So

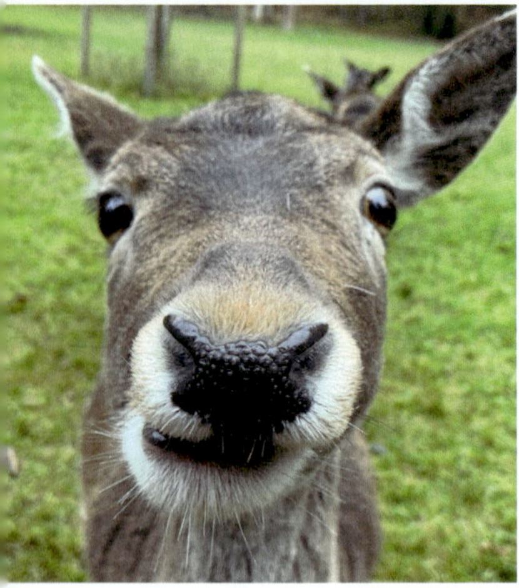

10–19 Uhr. €6 Kinder ab 3 Jahren €9,50, Preise für Torschlusspanik (ab 17 Uhr) €4,50, Kinder €6,50. Eggenstraße 17A, 92318 Neumarkt in der Oberpfalz, Tel. 09181 2651310. www.woelpiland.de

Tiere und Natur

23 Tierauffangstation »Das Nest«

GPS N 49°31'16.9", E 11°48'24.5"
In der Auffangstation für Wildtiere und Exoten leben rund 200 Tiere, darunter Stachelschweine, Füchse, Lamas, Kolkraben, Geier. Ein Besuch lässt sich gut mit der Einkehr im Biergarten und einem Stop auf dem nahe gelegenen Spielplatz verbinden. Bei unserer Kanufahrt auf der Vils [› Tour 34] kann man hier gut Pause machen.
Kümmersbuch 8, 92256 Hahnbach. »Das Nest« ist ganzjährig kostenfrei geöffnet. Um eine Spende wird gebeten. Tel. 0172 8226953, www.feuerhof.de/tierauffangstation.html

24 Waldhaus Hirschwald

GPS N 49°22'35.7", E 11°51'13.9"
Neben der Waldschänke mit Biergarten gibt es Schaugehege mit Rotwild und Wildschweinen. Außerdem finden wir hier auch einen schönen großen Spielplatz mitten im Wald.
Ganzjährig geöffnet. Eintritt frei. Waldhaus 1, 92289 Ursensollen, Tel. 09621 81184. www.naturparkhirschwald.de

25 Erlebnisfarm Bräunertshof

GPS N 49°22'08.9", E 11°31'28.6"
Im Streichelzoo des Bräunertshofs leben viele Tiere – vom Hasen über Ziegen bis hin zu Eseln. Sie können nicht nur gestreichelt, sondern auch gefüttert werden. Auch Ponyreiten für Kinder wird angeboten. Im Biergarten gibt es Kaffee und Kuchen oder ein kühles Bier für die Eltern.
Geöffnet Sa und in den Ferien 13–18.30 Uhr, So und Feiertags 11–18.30 Uhr. Bräunertshof 1, 92367 Pilsach, Tel. 09189 7428. www.erlebnisfarm-braeunertshof.de

26 Mit dem Treidelschiff auf dem Ludwig-Main-Donau Kanal

Von Mai bis September kann man an jedem ersten Sonntag im Monat mit dem historischen Treidelschiff Elfriede den alten Kanal entlangfahren. Dabei

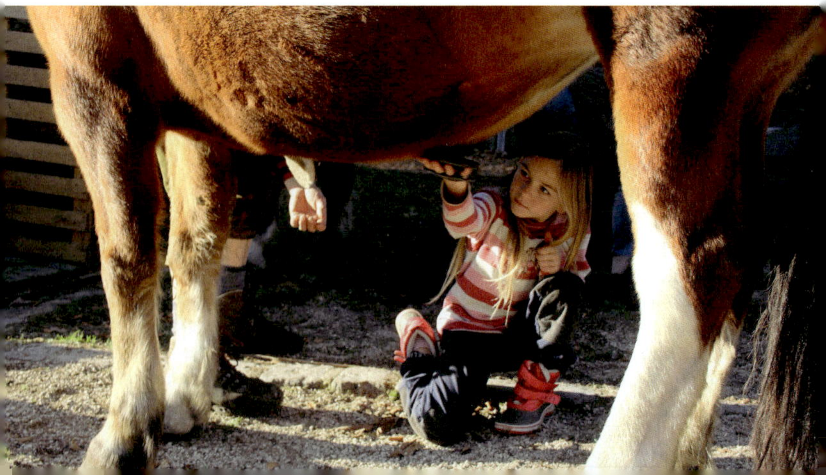

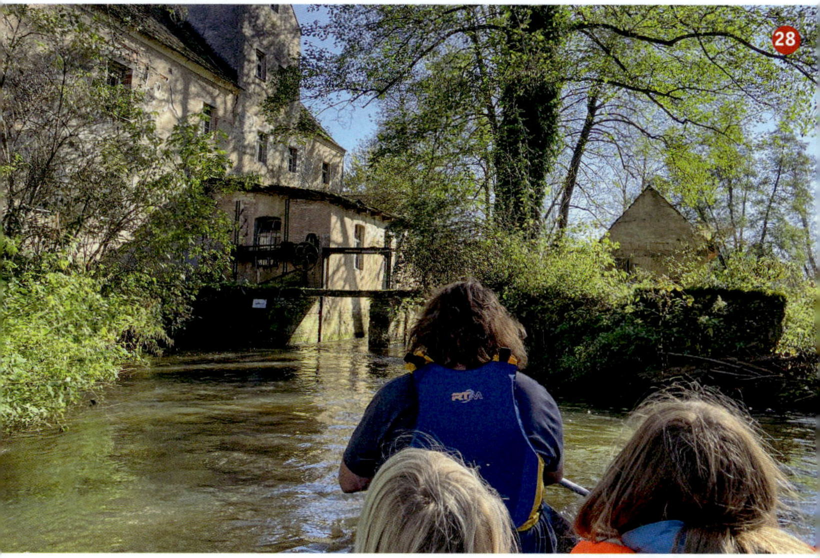

wird das Schiff wie vor 160 Jahren von einem Pferd gezogen und man gleitet lautlos über das Wasser.
Erwachsene €5, Kinder 7 bis 12 Jahre €2. www.burgthann.de

Reiten

27 Reiterhof Märchenmühle

GPS N 49°24'05.3", E 11°26'51.2"
Mit dem Pferd unterwegs über Wiesen und Felder – das ist möglich bei einem Ausritt in der Märchenmühle. Für die kleinen Besucher werden Ponyreitstunden in Kleingruppen angeboten. In den Ferien gibt es auch richtige Reiterferien für Kinder und Kinderreittage mit einem bunten Programm für Pferdefans ab sieben Jahren.
Kinderreitstunde €25, Kinderreittag €58–70. Mauertsmühle 1–2, 92348 Berg bei Neumarkt in der Oberpfalz, Tel. 0172 8410500. www.maerchenmuehle.de

Outdoorsport

28 Kanuverleih Hahnbach

GPS N 49°31'58.4", E 11°48'01.6"
Der familiengeführte Kanuverleih liegt direkt an der Vils und bietet Kajaks und Kanadier an. Er ist die Kanustation für unsere [› Tour 34].

29 Waldseilpark Rummelsberg

GPS N 49°21'48.9", E 11°16'06.7"
Im kleinen Waldseilgarten der Diakonie Rummelsberg gibt es insgesamt sieben verschiedene Parcours mit mehr als 50 Stationen inmitten des natürlichen Baumbestandes. Das Highlight ist die über 110 Meter lange Seilrutsche. Ein Waldspielplatz in unmittelbarer Nähe ist ideal für die ersten Klettererfahrungen der Kleinsten.
Geöffnet Sa und So 10–19 Uhr, Feiertags und bayrische Ferien 10–19 Uhr. €19, Kinder 6 bis 11 Jahre €11, Jugend 12 bis 17 Jahre €15. Rummelsberg 61, 90592 Schwarzenbruck. Tel. 0171-3572275. www.waldseilpark-rummelsberg.de

30 Hochseilgarten Velburg

GPS N 49°15'06.5", E 11°41'21.8"
Insgesamt sechs Routen gibt es im familienfreundlichen Hochseilgarten direkt neben der Tropfsteinhöhle. Auch ein Kleinkindparcours in niedriger Höhe ist dabei.
Geöffnet April bis Oktober. Sa und So 10–18 Uhr, während der bayrischen Ferien Di bis So 10–17 Uhr. €22, Jugend ab 16 Jahre €19, Kinder bis 15 Jahre €16, Kleinkinder ab 3 Jahre €8. St. Colomann, 92355 Velburg, Tel. 09182 446. www.erlebniswelt-velburg.de

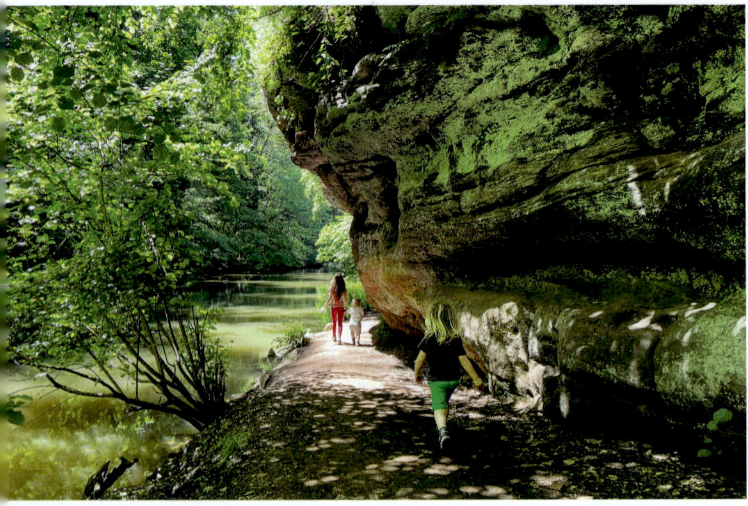

70 m

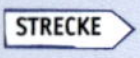

7,9 km

2 h 45

ab 8

Tour 31: Naturerlebnis Schwarzachklamm

Von Schwarzenbruck durch die Klamm und zum Faberschloss

Für eine Klammwanderung muss man nicht unbedingt in die Alpen fahren. Ein Ausflug ins Nürnberger Land reicht da schon! Die Schwarzachklamm hat dabei alles zu bieten, was wir von einer Klamm erwarten dürfen: Wasser, steile Felshänge, begehbare Höhlen und Holzstege, die übers Wasser am Felsen entlang führen. Die Tour ist eine ideale Familienwanderung, die auch für geübte kleine Entdecker gut zu laufen ist. Der Hinweg führt dabei durch die landschaftlich sehr reizvolle Schwarzachklamm mit Einkehrmöglichkeit im Biergarten. Auf dem Rückweg geht es dann gemütlich durch den Wald und vorbei am Faberschloss mit möglichem Abstecher zum Eisessen in Schwarzenbruck.

Wanderung: Vom Wanderparkplatz in Gsteinach aus laufen wir zunächst am **Sportplatz** vorbei, bis wir die Schwarzach erreichen. Hier biegen wir nach rechts auf den Wanderweg an der Schwarzach ab. Nun beginnt bereits das Naturschutzgebiet Schwarzachklamm und wir folgen dem ausgeschilderten Wanderweg mit der Markierung »blaues Kreuz/Fränkischer Dünenweg«.

Hier sehen wir auf der rechten Seite bereits die ersten rund geschliffenen Sandsteinfelsen. Kurz darauf erreichen wir den Wanderparkplatz am Ende der Straße und eine **Brücke** über die Schwarzach. Wir bleiben auf der rechten Seite des Flusses und sehen auf einer Lichtung die **ehemaligen Keller** ① des Gastbetriebes an der Schwarzach. Die höhlenähnlichen Räume laden

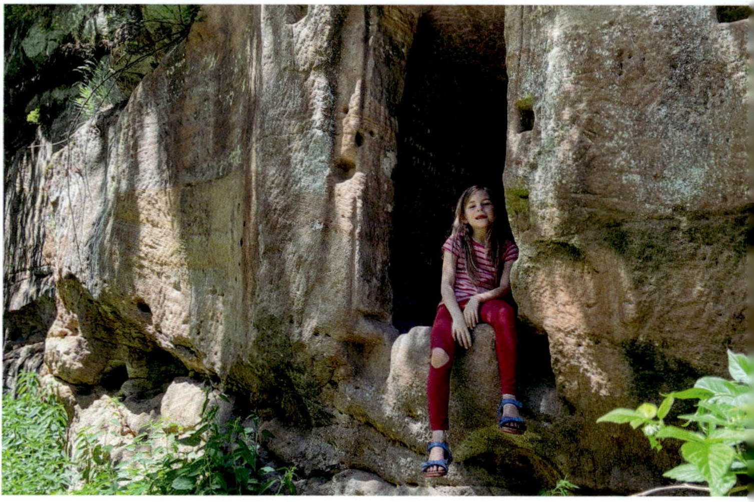

kleine Entdecker zum erkunden ein und werden von unseren Kids auf der Stelle als »Burg« erobert.

Der weitere Weg verläuft immer am Ufer der Schwarzach entlang. An manchen Stellen ragen die Felsen weit in den Weg hinein und wir wandern auf dem schmalen Weg zwischen der überhängenden Felswand und dem Fluss. Wenig später erreichen wir die **Gustav-Adolf-Höhle** ②, welche nach dem schwedischen König benannt ist. Hier können wir auf der Rastbank eine Pause einlegen, ehe wir durch das Felsentor am Ende der Höhle laufen. Der Weg ist hier im Sommer sandig und verläuft teils über die glatt geschliffenen Felsen. Achtung, rutschig!

Hinter dem Felsentor sehen wir auf der rechten Seite eine steile, durchlöcherte Felswand, die ehemals eine der Stützwände der Wohnhäuser in der Klamm war. Über eine Treppe steigen wir hinauf zum Felsenweg und laufen ein kurzes Stück an der asphaltierten Straße am Rande des Wohngebietes entlang, ehe es gut

TOUREN-STECKBRIEF

Anfahrt: Von der B8 Nürnberg – Neumarkt in Schwarzenbruck abfahren. Der Hauptstraße durch Schwarzenbruck folgen in Richtung Gsteinach. Die Hauptstraße mündet in die Gsteinacher Straße. Dort nach links abbiegen in den Morrweg Richtung Sportplatz. Vor dem Sportplatz befindet sich der Wanderweg auf der linken Seite bei **GPS N 49°21'18.0", E 11°14'03.0"**.

Anspruch und Charakter: Abwechslungsreiche Klammwanderung mit bizarren Felsen, Höhlen und Wasser. Rückweg überwiegend im Wald und an der Schwarzach entlang.

Highlights: Gustav-Adolf Höhle, Badestellen, Faberschloss.

Einkehr: Waldschänke Brückkanal an der Schwarzachklamm, Restaurant Schwarzachstube und mmBlack's in Schwarzenbruck.

In der Nähe: Bienengarten Waldspielplatz, Wasserspielplatz Innenstadt, Freibad Feuchtasia.

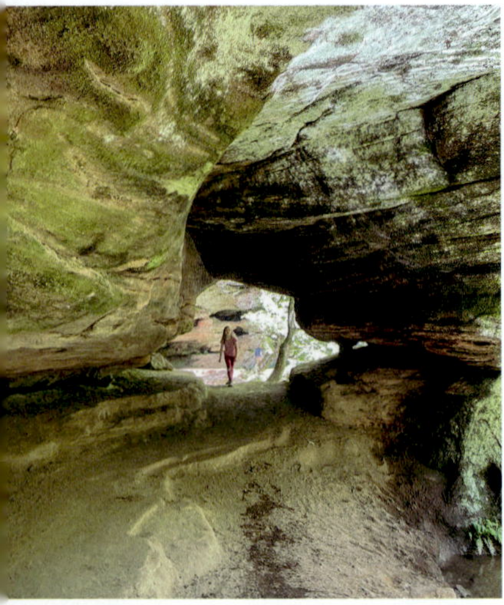

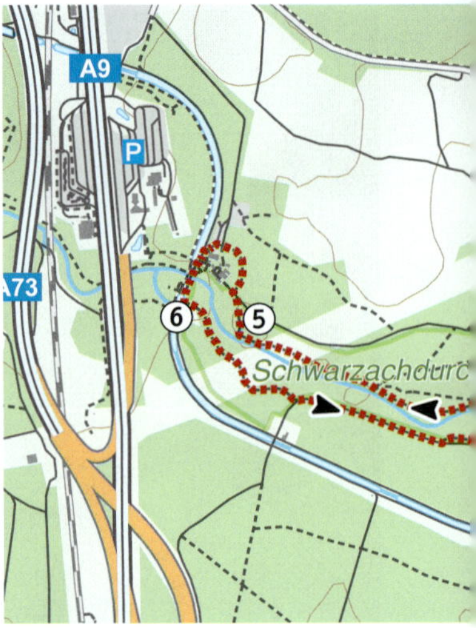

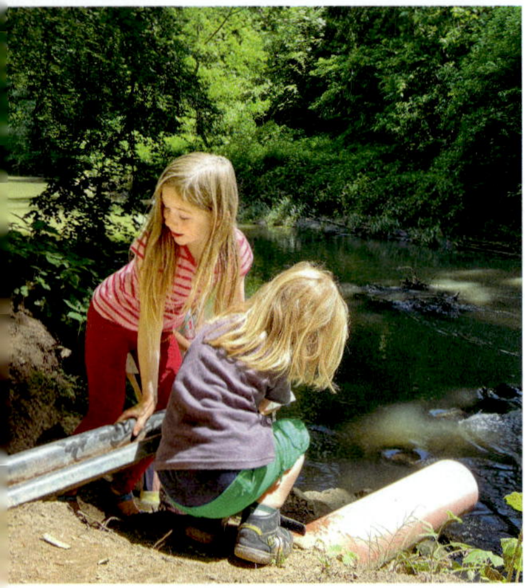

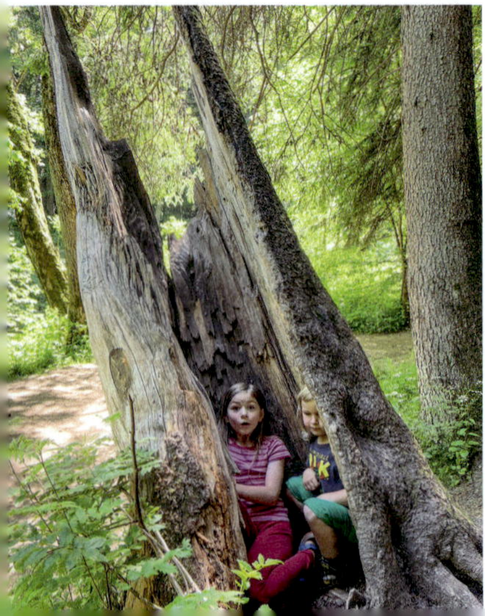

hundert Meter weiter wieder über eine lange Treppe zum **Flusskraftwerk** ③ und hinab in die Klamm geht.

Die vielen Wurzeln und Felsen auf der rechten Seite des Weges laden zum Klettern und Erkunden ein, sodass wir nur langsam vorwärts kommen. Eine große Lichtung eignet sich für eine Rast. Bald darauf kommen wir an einer **Holzbrücke** vorbei, über die wir den Weg abkürzen könnten.

Wir bleiben hier auf der rechten Seite der Schwarzach und erreichen kurz darauf über einen Steg die **Karlshöhle** ④. Eine Holztreppe führt durch den Felsen hindurch in die Höhle. Anschließend durchqueren wir eine der schmalsten Stellen der Klamm und der Weg führt nun über **Holzstege** teilweise über das Wasser und an den Felswänden entlang.

Nach der engen Passage erreichen wir wieder ein weitläu-

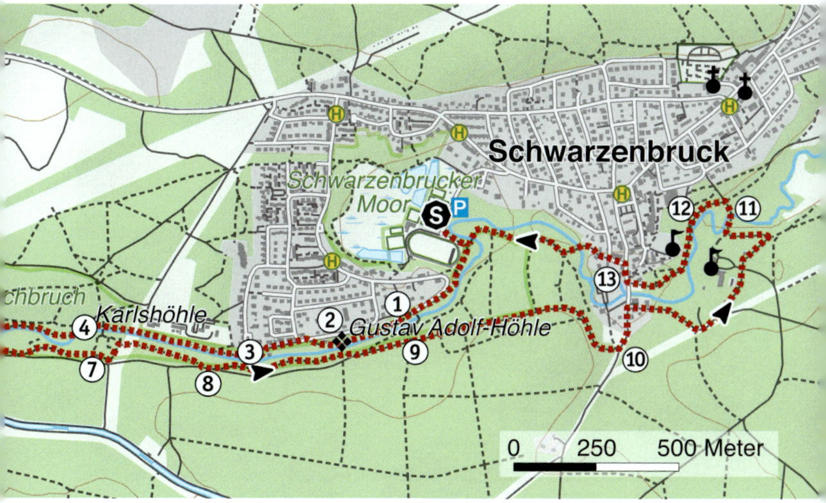

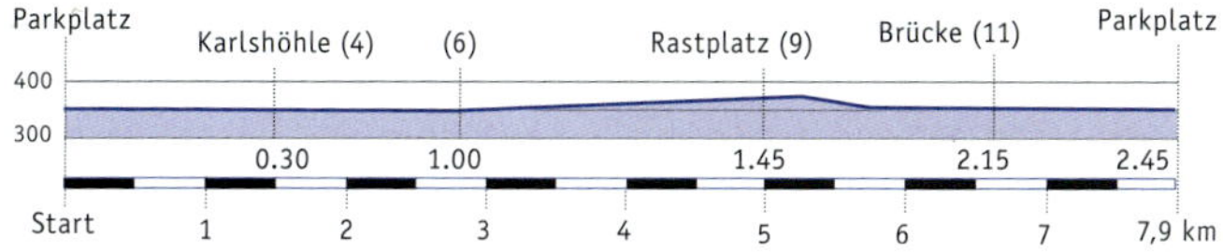

figeres Waldstück, das zum Picknick auf den Baumstämmen einlädt. Der Weg verläuft weiter eben an der Schwarzach entlang, bis wir in der Kurve eine **Badestelle** ⑤ und rechts oberhalb eine kleine Quelle erreichen. Wer mag, kann sich hier eine Abkühlung holen. Anschließend steigen wir die lange Treppe hinauf zum **Biergarten**.

Dort folgen wir der Beschilderung »Zum Brückkanal« und laufen durch das Waldstück zum Wanderparkplatz vor dem Biergarten. Hier sehen wir den Kanal und laufen auf dem betonierten Seitenrand am Kanal entlang über die Schwarzach. Am Ende des Übergangs sehen wir eine **Kreuzung** ⑥ und biegen nach links ab. Von hier aus an führt ein ebener Waldweg oberhalb der Schwarzach auf der anderen Seite der Klamm zurück.

Wir folgen dem Weg durch den Wald und haben unterwegs mehrmals die Möglichkeit für eine Rast. An einem **Rastplatz** ⑦ führt eine Treppe hinab zur Holzbrücke an der Karlshöhle. An dieser Stelle könnten wir auch hinabsteigen und den Weg durch die Klamm zurück laufen. Wenn wir auf dem Waldweg bleiben, erreichen wir kurz darauf einen **Aussichtspunkt** ⑧, der uns einen schönen Blick in die Klamm gewährt. Ein weiterer **Rastplatz** ⑨ folgt und hier haben wir erneut die Möglichkeit, die Strecke abzukürzen und durch die Klamm zurück zum Parkplatz zu laufen. Wir folgen dem Waldweg immer geradeaus und ignorieren alle Abzweigungen, bis wir die **Straße** ⑩ erreichen.

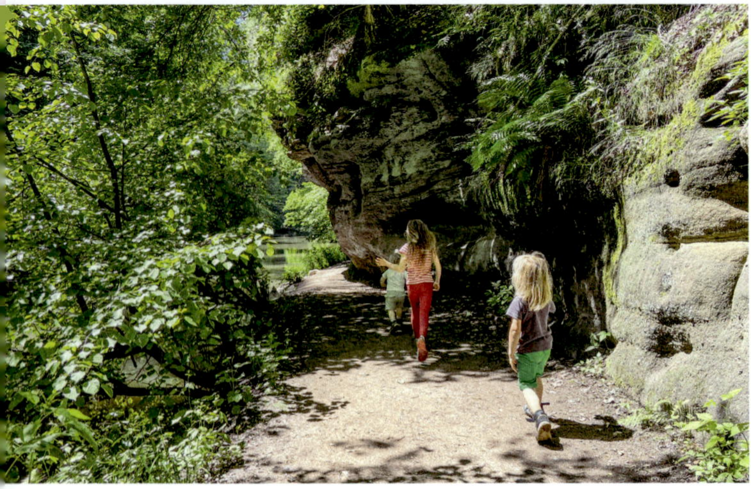

Wir biegen nach links ab und folgen kurz darauf der Abzweigung rechts in Richtung »Faberschloss/Seniorenheim« nach rechts und laufen auf der Straße zum Faberschloss. Auf dessen rechter Seite führt unser Wanderweg in den Wald und steil hinab ins Tal der Schwarzach. An der ersten **Abzweigung** halten wir uns links und überqueren die Schwarzach auf einer **Brücke** ⑪.

Wer Lust auf ein Eis hat, kann hier geradeaus nach Schwarzenbruck laufen. Der kürzeste Weg zurück führt nach links und auf dem Pfad an der Schwarzach entlang. Hier gibt es noch einmal eine breite, seichte **Stelle in der Schwarzach** ⑫, die an heißen Tagen ideal für einen kurzen Badespaß ist.

Rechts oben sehen wir das Petzsche Schloss und links das Faberschloss. Dann treffen wir auf die **Straße** ⑬, biegen rechts und gleich wieder links ab und folgen dem Hirtenweg, der uns zurück zum Wanderweg an der Schwarzach bringt. Wir folgen ihm über eine kleine Brücke, passieren vor der letzten Kurve rechts noch einmal eine Bademöglichkeit in der Schwarzach und laufen dann über eine Brücke und rechts am Sportplatz vorbei zum Parkplatz zurück.

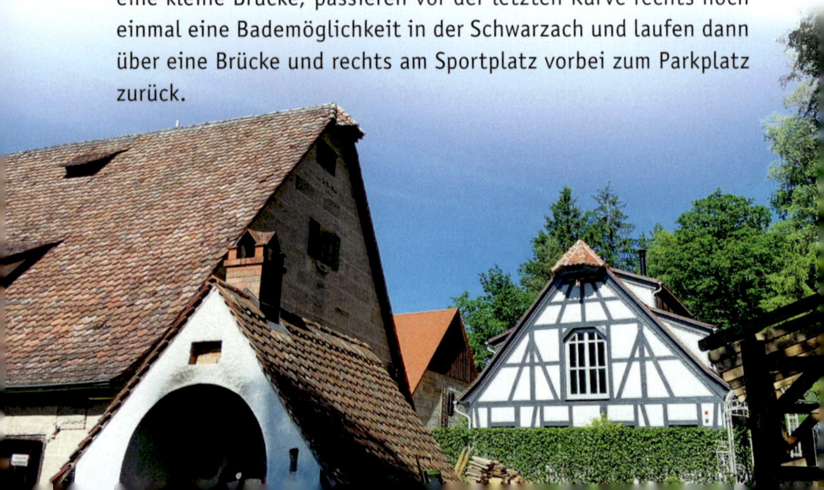

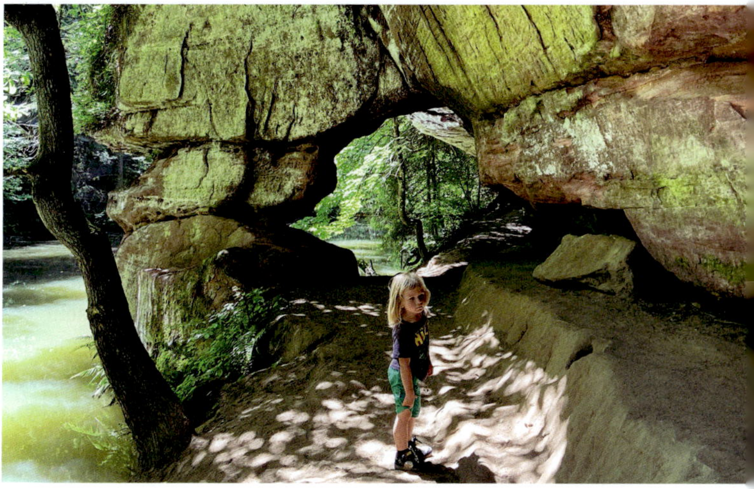

Räthsandstein und Wasser

Weite Teile der mittleren Fränkischen Alb, vor allem die Gebiete am Rande des Gebirgszuges hin zum Flachland um das Städtedreieck Nürnberg-Fürth-Erlangen, sind vom sogenannten Rhätsandstein geprägt. Sandstein ist eine Mischung aus Sand und Geröll, die durch toniges Material zusammengehalten wird. Alle Sandsteinarten sind relativ weich und bröckelig, was wir auch selbst ausprobieren und erfahren können. An manchen Sandsteinfelsen bröselt der Sand ab, wenn man mit der Hand darüber reibt.

Entstehung und Aussehen

Sandstein ist ein sehr weit verbreitetes Gestein. Es gibt ihn fast überall auf der Welt und er stammt aus ganz unterschiedlichen Zeitepochen. Der Räthsandstein im Tal der Schwarzach entstand vor etwa 215 Millionen Jahren. Damals setzten sich am Rand eines großen flachen Meeresbeckens Sand und Schlamm aus den umgebenden Bergen ab. Der Sand wurde zu Sandstein verfestigt, aus dem Schlamm entstand ein tonhaltiges Gestein.

Aus diesen beiden Materialien bestehen die beiden unterschiedlichen Schichten im Räthsandstein. Die Tonschichten enthalten organische Substanzen und Eisenverbindungen, was sie dunkler färbt als die Sandsteinschichten und dem Stein sein typisches Aussehen verleiht. Die beiden Materialien haben sich oft in sich kreuzenden Schichten abgelagert, was mit der Entstehungsgeschichte erklärbar ist.

Der Boden in den flachen Uferzonen des Jurameeres war in ständiger Bewegung. Das auf- und ablaufende Wasser verlagerte die Sandbänke und vermischte den Sandstein mit dem

Schluchten im Räthsandstein
Schluchten sind das perfekte Wanderziel für heiße Sommertage. Die Temperaturen zwischen den Felswänden bleiben moderat und das Wasser lädt dann zum Planschen und Spielen ein. Touren mit viel Kraxelei und Wasser finden wir zwischen Altdorf und Burgthann bei der Teufelskirche [› Tour 32] und in der Wolfsschlucht [› Tour 33]. Am Ende der beiden Schluchten wartet jeweils ein kleiner Wasserfall. Sehr eindrucksvoll ist auch die Teufelsbadstube bei Kalchreuth [› Tour 11]. In dieser Rhätsandsteinschlucht hat das abfließende Wasser rundgeschliffene Felsformationen zurückgelassen.

tonhaltigen Schlamm. Durch den Einfluss des Windes und die unregelmäßigen Strömungen des Jurameeres und der Flüsse entstanden dabei die ungleichmäßigen Kreuzschichten.

Schluchtenbildung im Rhätsandstein

Da der Sandstein so weich ist, entstehen durch abfließendes Wasser schnell tiefe Rinnen. Auch Regen und Wind lösen Sandkörner aus dem Stein und tragen sie einfach davon. Diesen Vorgang nennt man Erosion. Über Jahrhunderte eindringendes Wasser löste die weicheren Schichten im Stein auf. So haben sich auf der Fränkischen Alb einige Flüsse tief in den Sandstein gegraben und imposante Schluchten gebildet.

Beim Wandern finden wir Sandsteinschluchten vor allem in der mittleren Fränkischen Alb im Nürnberger Umland. Ein besonders eindrucksvolles Beispiel ist die Schwarzachklamm bei Feucht [› Tour 31]. Hier sieht man deutlich, wie sich die Schwarzach durch ihr starkes Gefälle und die damit enorme Erosionskraft tief in das Rhätsandgestein eingegraben hat. Wir können am Flussufer durch die Schlucht laufen – zwischen senkrecht aufragenden Felsen.

Schauen wir genauer hin, erkennen wir an den Steilwänden eine teilweise wabenartige Struktur und viele kleine Löcher. Sie entstehen, wo Wasser in den Sandstein eindringen konnte und die tonhaltigen Bindeschichten löst. Dort wo das Bindemittel gelöst wird, dringt Wasser leichter ein. Folglich verstärkt sich dieser Vorgang selbst, bis das Bindemittel entfernt ist. Dann bröckelt der lose Sand ab und es entstehen Löcher. Zurück bleiben an einigen Stellen harte Bereiche, die aussehen wie Wabenwände. Den losen Sand finden wir zu unseren Füßen auf dem Wanderweg.

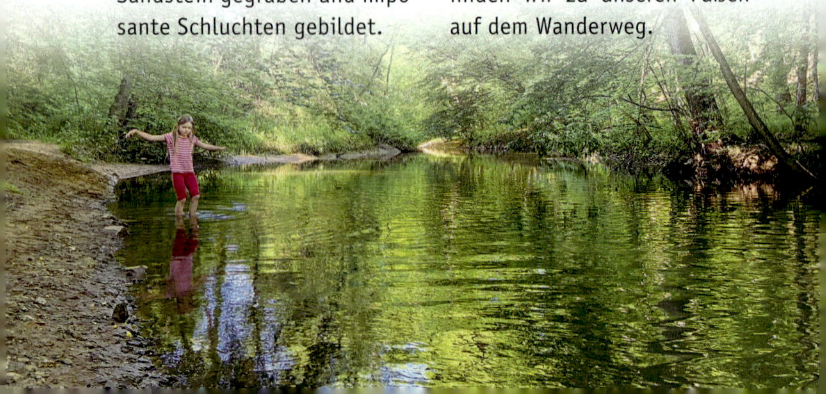

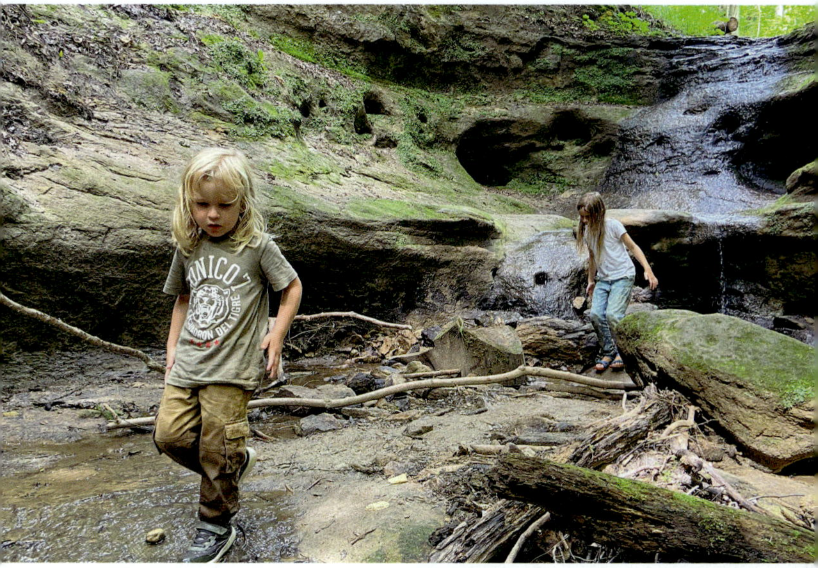

Tour 32:
Von Burgthann nach Grünsberg

100 m

STRECKE 6,5 km

2 h 15

ab 6

Spannende Klammwanderung zur Teufelskirche

Der Weg zur Teufelskirche führt immer am Bach entlang: erst auf einem breiten Weg, dann über Stege und zwischen Felsbrocken hindurch in eine feuchte, finstere Waldschlucht, die »Teufelskirche« genannt wird. Die Sage erzählt, dass der Teufel sie in den Boden riss, als er sich hier einen Ritter holte. Dieser war der Herr auf Burg Thann und er jagte einen Hirsch – verbotenerweise am Karfreitag. Als er das Tier in die Enge trieb, löste sich ein Fels und erschlug den skrupellosen Jäger. Der Schauplatz der schaurigen Geschichte ist durchaus einladend – es gibt hier einen kleinen Wasserfall und Felsen, die zum Klettern und Erkunden einladen.

TOUREN-STECKBRIEF

Anfahrt: Von der A 3, Ausfahrt Altdorf/Burgthann geht es Richtung Burgthann. Durch Weinhof fahren und anschließend nach links abbiegen, den Berg hinab nach Grünsberg. In Burgthann nach links abbiegen Richtung Schwarzenbach und an der Verkehrsinsel nach rechts abbiegen. Der Wanderparkplatz befindet sich auf der rechten Seite gegenüber dem Spielplatz. **GPS N 49°21‘27.3“, E 11°19‘19.2“.**

Anspruch und Charakter: Abenteuerliche Wanderung in die Sandsteinschlucht. Die Hälfte der Tour führt auf unwegsamem Terrain über Holzstege und Felsbrocken zum Wasserfall. Die restliche Strecke verläuft auf einem Radweg und auf ebenen Waldwegen.

Highlights: Sandsteinschlucht, Wasserfall, Bademöglichkeit, Quelle, Spielplatz.

Einkehr: Gasthaus Postmeister in Grünsberg, Landgasthof Blaue Traube und weitere Gasthöfe in Burgthann.

In der Nähe: Burg Thann.

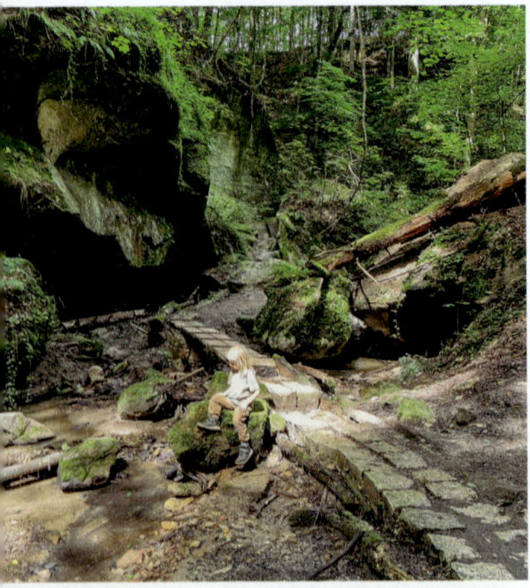

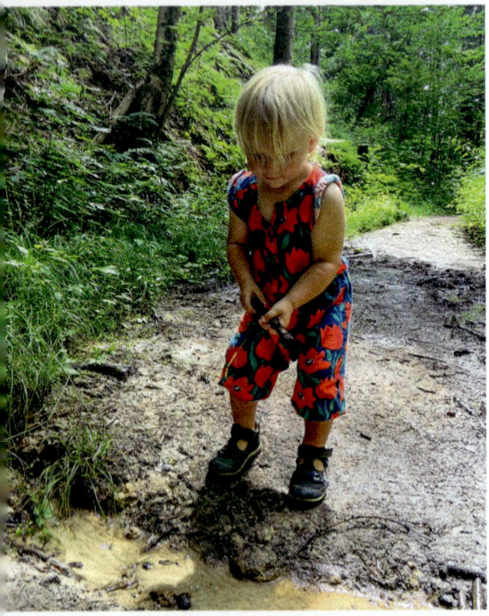

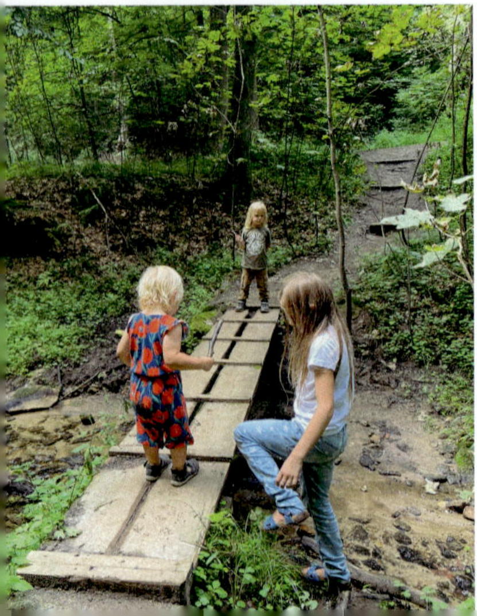

Wanderung: Vom Wanderparkplatz gegenüber dem Spielplatz laufen wir zur **Landstraße** und überqueren diese an der Verkehrsinsel. Anschließend folgen wir der Gibitzenhofstraße und biegen an der ersten **Abzweigung** ① nach links ab.

Bevor es zum Gewerbegebiet geht, sehen wir auf der linken Seite eine **Brücke über die Schwarzach**, die wir überqueren. Anschließend folgen wir rechts dem Fahrrad- und Fußweg am Fluss entlang in Richtung Grünsberg.

Kurz vor dem Ort führt auf der rechten Seite ein breiter **Schotterweg** ② in den Wald, dem wir folgen. Er ist als Fahrradweg markiert und führt in Richtung Rasch. Nach wenigen Minuten sehen wir an einem **Abzweig** Wandermarkierungen und biegen links ab, um der »grünen 4« zu folgen.

Der Wanderpfad steigt leicht an, bis wir die **Abzweigung zur Teufelskirche** ③ erreichen. Hier laufen wir den steilen Anstieg hinauf. Der Weg wird enger und ist von großen Wurzeln durchzogen. Durch dichten Wald geht es über mehrere Holzstege immer weiter in die enger werdende **Sandsteinschlucht** ④. Wir überqueren eine kleine Brücke über einen seitlichen Zulauf und kraxeln über quaderförmige Steinbrocken und Holzstege weiter hinauf. Der Weg wird enger und anspruchsvoller, wir steigen über Felsbrocken und umgestürzte

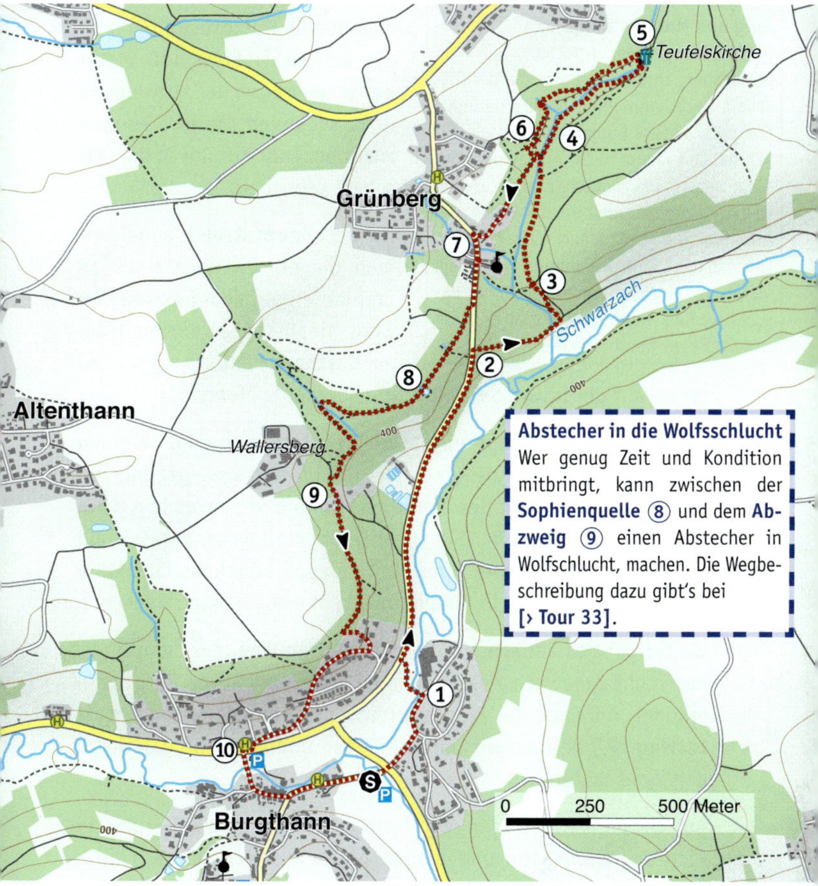

Abstecher in die Wolfsschlucht
Wer genug Zeit und Kondition mitbringt, kann zwischen der **Sophienquelle** ⑧ und dem **Abzweig** ⑨ einen Abstecher in Wolfschlucht, machen. Die Wegbeschreibung dazu gibt's bei **[› Tour 33]**.

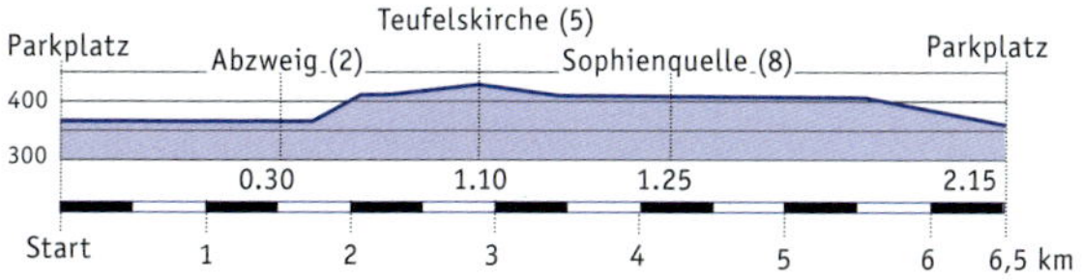

Baumstämme und wandern an hohen Felswänden entlang. An manchen Stellen bedarf es der Zuhilfenahme der Hände, um nicht abzurutschen. Am Ende des abenteuerlichen Weges in die Schlucht erreichen wir die sogenannte **Teufelskirche** ⑤. Ein kleiner Wasserfall stürzt über die Felswände der Schlucht und lädt zum Planschen ein. Dann wollen noch die glatt geschliffenen Sandsteinfelsen mit ihren vielen Aushöhlungen und Vorsprüngen erkundet werden.

Neben der Teufelskirche steigen wir dann eine lange **Treppe** hinauf und haben von oben nochmal einen guten Blick in die mit Efeu behangene Felsenfront. Auf dem Waldweg oberhalb der Schlucht folgen wir weiter der **Markierung »grüne 4«** und über-

Burg und Museum Burgthann
Hoch oben in der Ortschaft auf dem Göckelsberg thront die Burg, die der Ortschaft Burgthann ihren Namen verleiht. Die gut erhaltene Burganlage aus dem 12. Jahrhundert kann nach Anmeldung besucht werden. Das angeschlossene Museum, welches Exponate rund um das Leben und Arbeiten in historischen Zeiten zeigt, kann in den Sommermonaten an jedem ersten und dritten Sonntag im Monat besucht werden. Nähere Infos gibt es unter www.museum-burgthann.de.

queren eine **Holzbrücke** ⑥ über ein Seitental. Etwa 100 Meter weiter geht es an der Abzweigung links auf einen breiten, ebenen Waldweg. Er bringt uns in die Ortschaft Grünsberg.

An der **Hauptstraße** angekommen biegen wir nach links ab und laufen auf dem Gehweg den Berg hinab. Dabei kommen wir am **Gasthaus Post** ⑦ vorbei und sehen auf der linken Seite das Grünsberger Schloss.

Am Ortsende erreichen wir auf der rechten Seite einen kleinen Wanderparkplatz, an dem rechts ein Waldweg abzweigt, dem wir folgen. Wir passieren den Dolderlesbrunnen und erreichen dann die **Sophienquelle** ⑧. Sie ist mit Sandsteinen eingefasst und von beiden Seiten über eine große Treppe begehbar. Das klare Wasser sammelt sich in einem großen moosbedeckten Becken.

Weiter geht es zunächst auf einem breiten Weg, der dann in einen recht zugewachsenen schmalen Pfad in Richtung Burgthann mündet. Am Ende des Pfades erreichen wir einen breiten **Schotterweg** ⑨, an dem wir links abbiegen und leicht bergab durch den Wald laufen.

Am Ortseingang folgen wir weiter der Wandermarkierung in Richtung Burgthann und biegen bei den ersten Häusern links und gleich wieder rechts ab in den **Reinholdshöheweg**. Wir folgen dem Straßenverlauf bis zur **Landstraße** ⑩ und überqueren diese an der Ampel.

Leicht links versetzt geht es dann weiter in die Schwarzachstraße und über eine Brücke. Wer mag, hat hier die Möglichkeit, einzukehren oder einen Abstecher zur Burg Burgthann zu machen. Wir biegen links ab und bleiben auf der Schwarzachstraße, bis wir den Wanderparkplatz erreichen. Gegenüber befindet sich ein Spielplatz mit einem schattigen Picknickplatz und Zugang zur Schwarzach, was im Sommer für eine herrliche Erfrischung nach der Wanderung sorgt.

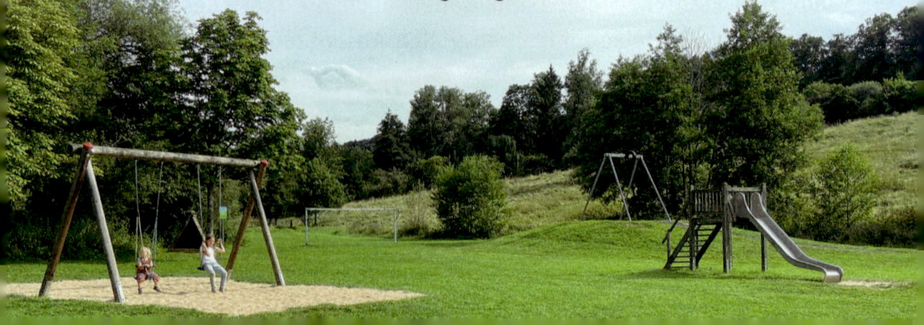

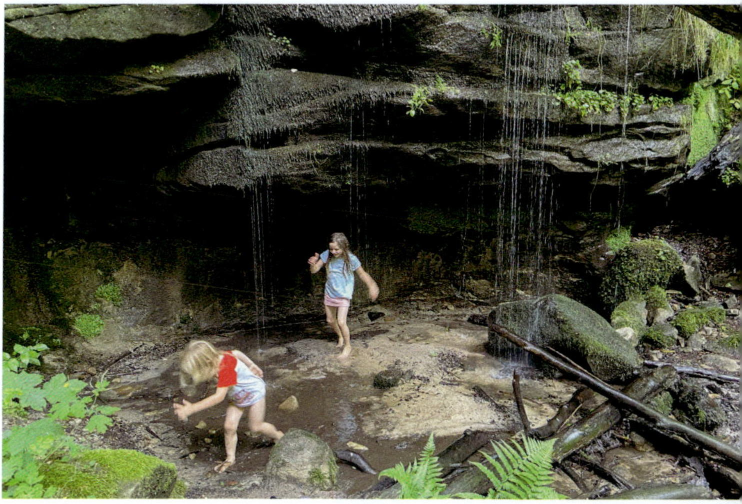

Tour 33:
Durch die Wolfsschlucht

Eine Abenteuertour mit Kletterpartie am Wasserfall

30 m

STRECKE 1,8 km

45 min

ab 8

Die 250 Meter lange Wolfsschlucht ist eine weitere Räthsandsteinschlucht bei Burgthann. Durch die Schlucht fließt ein kleiner Bach, der etwas weiter oben am Berg entspringt und wenig später in die Schwarzach mündet. An Schluchtende fällt er als kleiner Wasserfall über eine drei Meter hohe Felsstufe – zumindest wenn es ausreichend viel geregnet hat. Der Weg dorthin ist kurz, aber abenteuerlich. Aus dem Bachtal kraxeln wir dann über eine steile Felswand nach oben und spazieren gemütlich durch den Wald zurück.

Wanderung: Vom Wanderparkplatz folgen wir zunächst dem breiten, ebenen Waldweg. Bald erreichen wir Dolderlesbrunnen, eine kleine, ziemlich zugewachsene Wasserstelle. Kurz darauf stehen wir an der **Sophienquelle** ①, die mit großen Sandstein-

TOUREN-STECKBRIEF

Anfahrt: Von der A3, Ausfahrt Altdorf/Burgthann geht es Richtung Burgthann. Durch Weinhof fahren und anschließend nach links abbiegen, den Berg hinab nach Grünsberg. Am Ortsende befindet sich der Wanderparkplatz auf der rechten Seite bei **GPS N 49°22'12.5", E 11°19'34.5"**.

Anspruch und Charakter: Abenteuerliche Wanderung zum Wasserfall. In der Schlucht ist Klettern nötig, um die Felsen zu überwinden. Ansonsten gemütliche Wald- und Wiesenwege.

Ausrüstung: Badesachen, feste Schuhe für die Kletterpartie sind empfehlenswert.

Highlights: Quelle, Wasserfall, Kletterfelsen.

Einkehr: Gasthaus Postmeister in Grünsberg.

In der Nähe: Mit dem Treidelschiff auf dem Ludwig-Main-Donau Kanal.

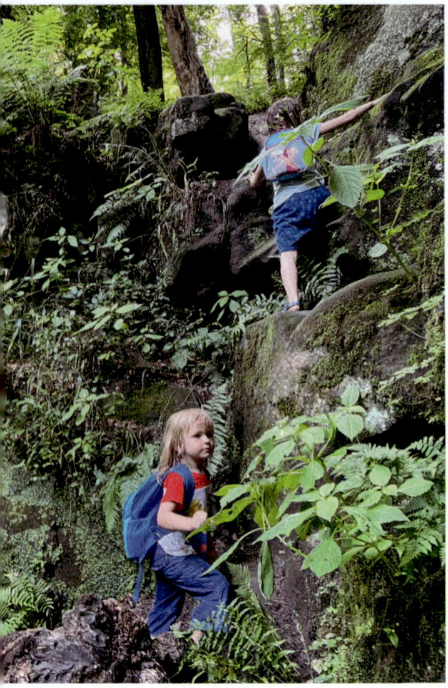

quadern gemauert wurde, die das Wasser in einem großen Becken auffangen.

Von der Quelle folgen wir weiter dem breiten Weg mit der **Markierung »blaues Kreuz«**, der bald in einen schmalen Pfad mündet. In der folgenden Rechtskurve wählen wir den **Abzweig** ② nach rechts.

Hier wird die Wegführung undeutlich. Wir überwinden einige Baumstämme, die im Weg liegen, und **überqueren den Bach** ③ über große Felsbrocken.

Hinter einem Gewirr aus umgestürzten Bäumen erkennen wir bald darauf den **Wasserfall** ④. Das Wasser stürzt über eine hohe Felskante hinab. Auf dem sandigen Boden können wir gut barfuß durch den Wasserfall laufen die Abkühlung genießen.

Dann überqueren wir den Bach – wer sich traut, kann dazu auch unter dem Wasserfall hindurch laufen – und sehen auf der rechten Seite die teilweise glatt geschliffenen und ausgetretenen Felsen. Der oberhalb liegende Weg ist nur schwer erkennbar und kann nur durch eine Kletterpartie über die großen Felsen erreicht werden. Wir nehmen also die Hände zur Hilfe.

Auf einer Zwischenebene sehen wir den Wasserfall von oben und im hinteren Bereich einen weiteren kleinen Wasserlauf und ein aus Ästen gebautes Lager unter dem Felsüberhang, das erkundet

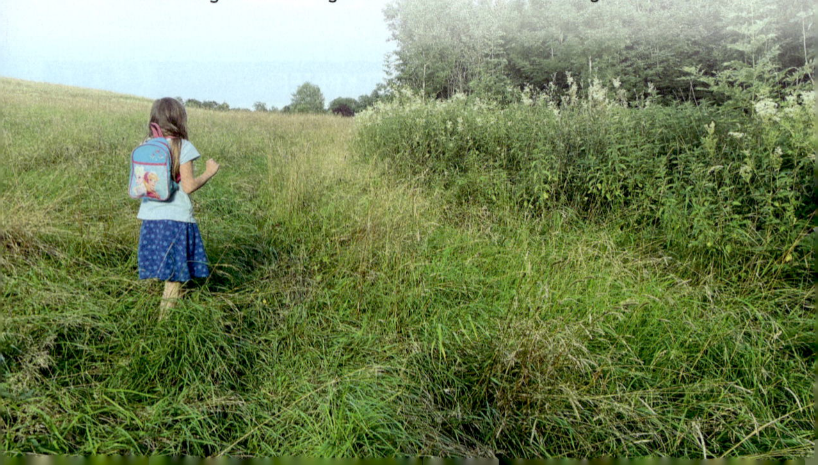

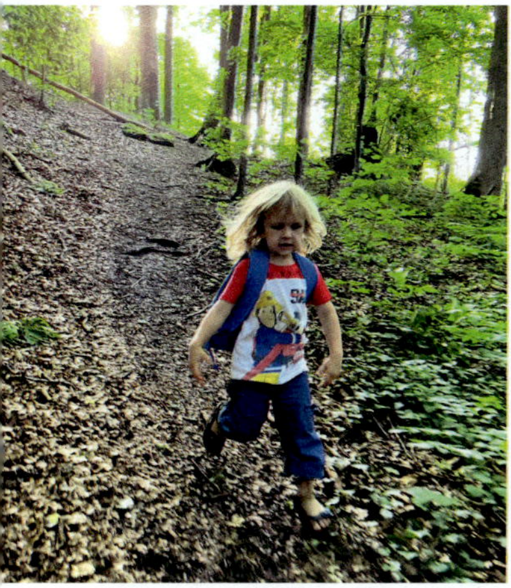

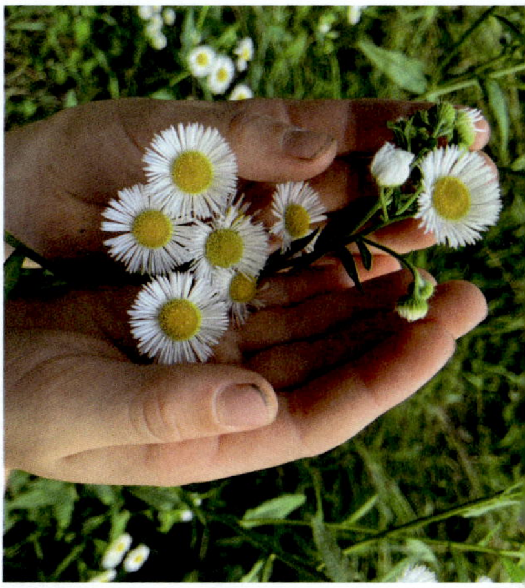

werden kann. Nach einer Pause erklimmen wir die restlichen Höhenmeter und erreichen wieder einen zivilisierten **Waldweg** ⑤.

Durch den Laubwald wandern wir an einer Hütte vorbei und erreichen nach gut 100 Metern eine **Kreuzung an einer Wiese** ⑥. Hier biegen wir nach rechts ab und folgen dem Wiesenpfad am Waldrand entlang. Der Weg ist hier nur unzureichend markiert, vor allem die **Abzweigung** ⑦ nach rechts mitten in der Wiese ist nur schlecht erkennbar. Sie liegt dort, wo wir uns dem Wald nähern. Wir folgen dem unscheinbaren Pfad und erreichen bald einen breiten Waldweg, auf dem wir recht steil hinab steigen. Unten angekommen treffen wir unseren Hinweg und biegen nach links ab zum Parkplatz.

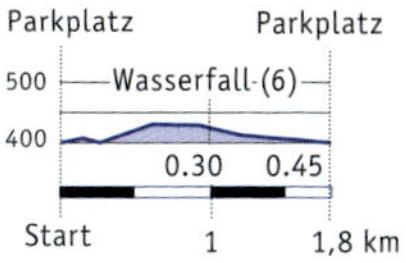

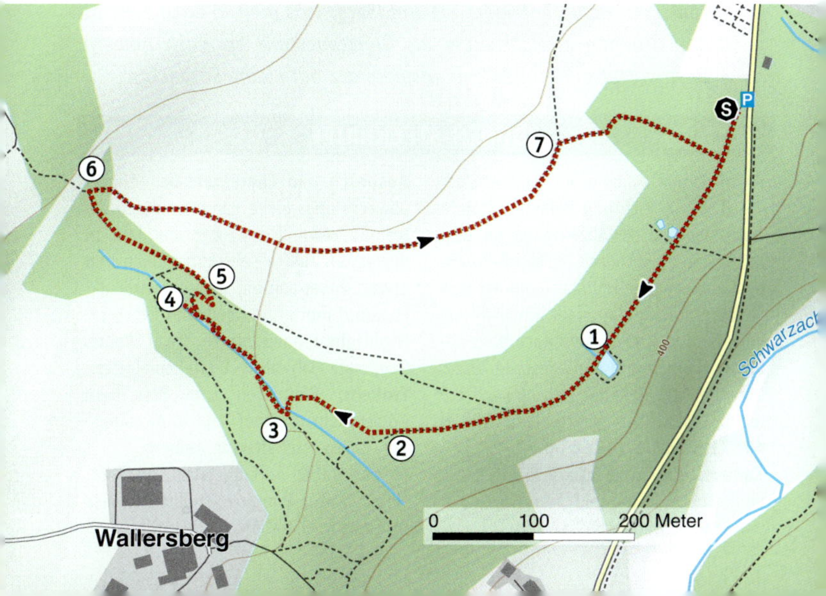

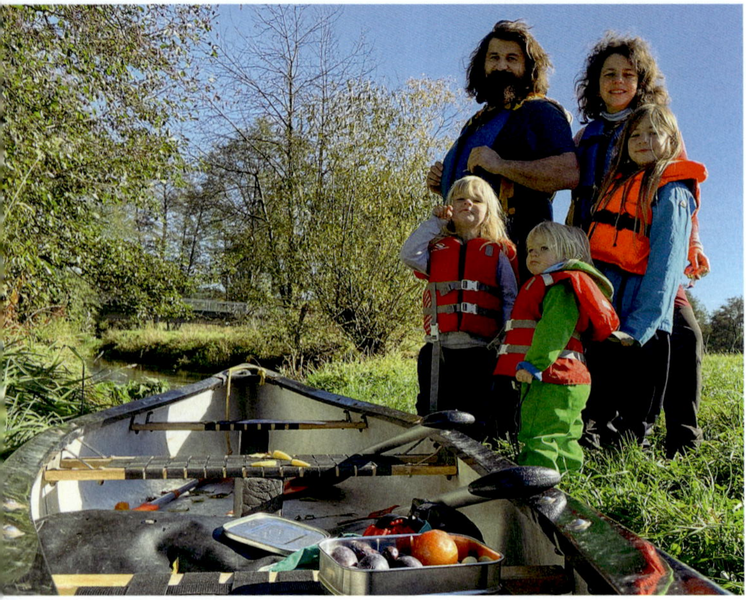

STRECKE 8 km

3 h

ab 6

Tour 34: Mit dem Kanu auf der Vils

Abwechslungsreiche Wasserreise nach Traßlberg

Die Vils ist einer der langsam fließenden Flüsse in Bayern und eignet sich daher ideal für eine Kanutour mit der ganzen Familie. Der erst sehr schmale Verlauf und die vielen Mäander machen die Fahrt besonders abwechslungsreich und landschaftlich sehr reizvoll. Die Tour geht dabei entweder bis Traßlberg, was man in etwa zwei bis drei Stunden erreicht, oder als Ganztagestour bis nach Amberg. Dort wartet ein großer Piratenspielplatz auf kleine Entdecker.

TOUREN-STECKBRIEF

Anfahrt: Von Amberg aus geht es über die B 299 in Richtung Reihung / Grafenwöhr, dann an der Abzweigung zur B 14 in Richtung Hahnbach / Sulzbach-Rosenberg abbiegen. In Hahnbach auf der B 14 bleiben, durch die Altstadt hindurch und kurz vor dem Kreisverkehr nach links abbiegen in Richtung »Anlegestelle Zille«. Der Parkplatz befindet sich hier auf der rechten Seite im Marktgraben. **GPS N 49°31'57.8", E 11°48'00.7".**

Kanuverleih: Kurze Tour € 35 pro Kanu, lange Tour €45 pro inkl. Transfer. www.kanuverleih-hahnbach.de

Anspruch und Charakter: Gemütliche, abwechslungsreiche Kanutour durch die malerische Landschaft der Oberpfalz. In der ersten Hälfte sehr kurvenreich und etwas zugewachsen, später wird der Flusslauf breiter und begradigt.

Highlights: Kanu fahren, zwei Wehre, Spielplatz Hahnbach, Piratenspielplatz.

Einkehr: Biergarten Zum Petern in Kötzersricht, Gasthof Kopf in Altmannshof, Gastwirtschaften in Amberg.

In der Nähe: Auffangstation für Wildtiere, großer Piratenspielplatz mit See in Amberg, Osterhöhle bei Sulzbach.

Kanutour: Wir starten unsere Tour in Hahnbach an der Vilsbrücke. Vom Parkplatz am Kanuverleih Hahnbach geht es los und wir setzen die Boote an der ruhigen Vils ins Wasser. Zunächst geht es auf dem flachen und langsam fließenden, gut ausgebauten Flussabschnitt in Richtung Süden.

Nach etwa einem Kilometer erleben wir die Vils bereits von ihrer schönsten Seite. Der Fluss schlängelt sich hier durch weite Landschaften, enge, schnellere Abschnitte wechseln mit weitläufigen Kurven. Die weit in das Wasser reichenden Äste der Bäume machen diesen Abschnitt zu einem besonderen Abenteuer.

Nach etwa 40 Minuten Fahrt sehen wir auf der rechten Seite in einer Kurve einen **Rastplatz** ① mit mehreren Picknickbänken. Hier ist eine Pause möglich. Kurz nach der Raststation erreichen wir den Ort **Kümmersbuch**.

Aus der Ferne sehen wir bereits die ehemalige Mühle und dahinter das **erste Wehr** ②. Wir halten uns hier rechts und steigen kurz vor dem Wehr aus, um das Kanu wenige Meter über eine Wiese zu tragen. Hungrige Paddler können hier auch Pause machen, in den Ort laufen und in den ruhigen und gemütlichen **Biergarten Beim Petern** einkehren.

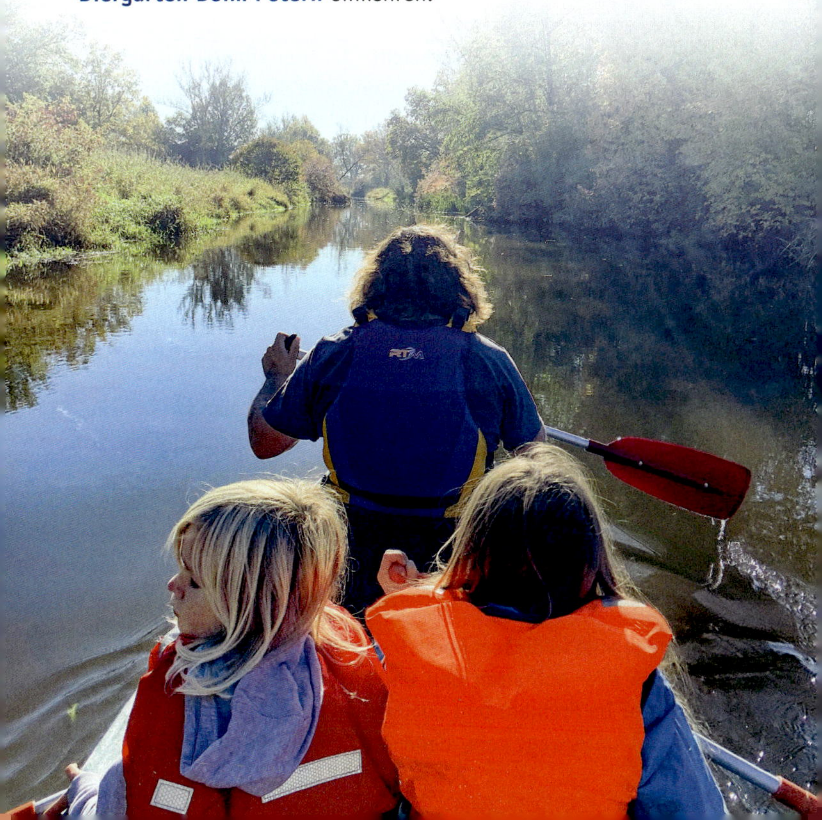

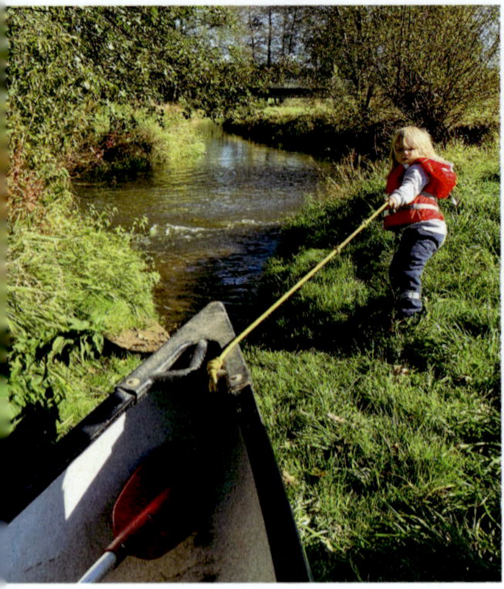

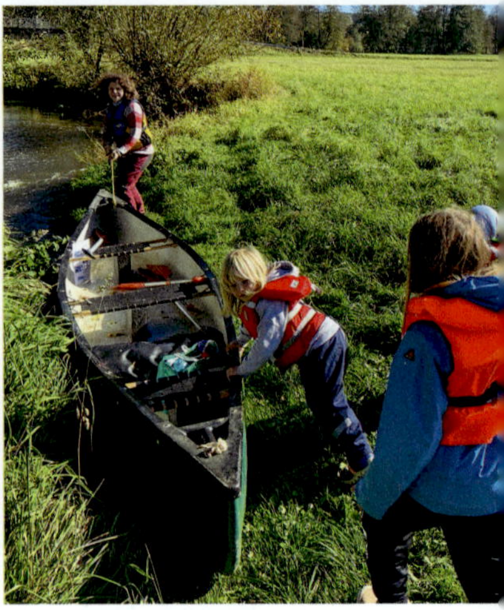

Wir setzen unsere Boote nach dem Umtragen unterhalb des Wehres wieder ins Wasser. Achtung: Der Einstieg ist nicht befestigt und kann hier sehr rutschig sein.

Wir paddeln gemütlich weiter und fahren unter einer **Brücke** hindurch, ehe wir auf einem ruhigen Streckenabschnitt weiter Richtung Kötzersricht fahren. Nach einer S-Kurve sehen wir auf der linken Seite die Ortschaft und erreichen nach einer weiteren Kurve das **Wehr von Kötzersricht** ③. Hier können wir uns das Umtragen sparen und auf der linken Seite durch den alten Mühlkanal fahren. Hinter dem Wehr erwarten uns ein paar Stromschnellen, die uns zügig vorantreiben.

Wir unterqueren eine weitere **Brücke** ④ und befinden uns dann auf einem Abschnitt, auf dem es weniger Kurven, dafür aber mehr steinige Stellen gibt. Wir weichen den Steinen und Ästen aus und paddeln weiter, bis wir auf der rechten Seite den **Laubhof** ⑤ sehen. In der Linkskurve haben wir die Möglichkeit, an Land zu gehen, um den Hofladen mit regionalen Produkten zu besuchen.

Hat man Laubhof hinter sich gelassen, erreicht man ein weitläufiges **Schilfgebiet**. Hier können wir uns im wahrsten Sinne des Wortes treiben lassen und die Ruhe auf der Vils genießen. Während der Fluss bei Hahnbach an manchen Stellen nicht breiter als ein Bachlauf ist, zeigt er sich hier, einige Kilometer weiter, beinahe wie ein See. Der Abschnitt zwischen Laubhof und Laubmühle ist der breiteste und weitläufigste in der nördlichen Vils.

Wir begegnen in diesem Bereich einer Familie von Schwänen, die sich am Ufer aufhalten und uns aus sicherer Entfernung beobachten. Im Frühjahr und Sommer sollte man hier mit erhöhter Vorsicht unterwegs sein, denn die Schwaneneltern beschützen

Familienfreundliche Vermietung mit Allround-Service

Der Kanuverleih Hahnbach bietet einen Allround-Service für Paddelnde an. Interessierte bekommen an der Einstiegstelle in Hahnbach das Kanu sowie Paddel, Schwimmwesten und viele Tipps für die Strecke mit auf die Tour. An der gewünschten Ausstiegsstelle erfolgt dann die Abholung durch den Vermieter und der Rücktransport nach Hahnbach. www.kanuverleih-hahnbach.de

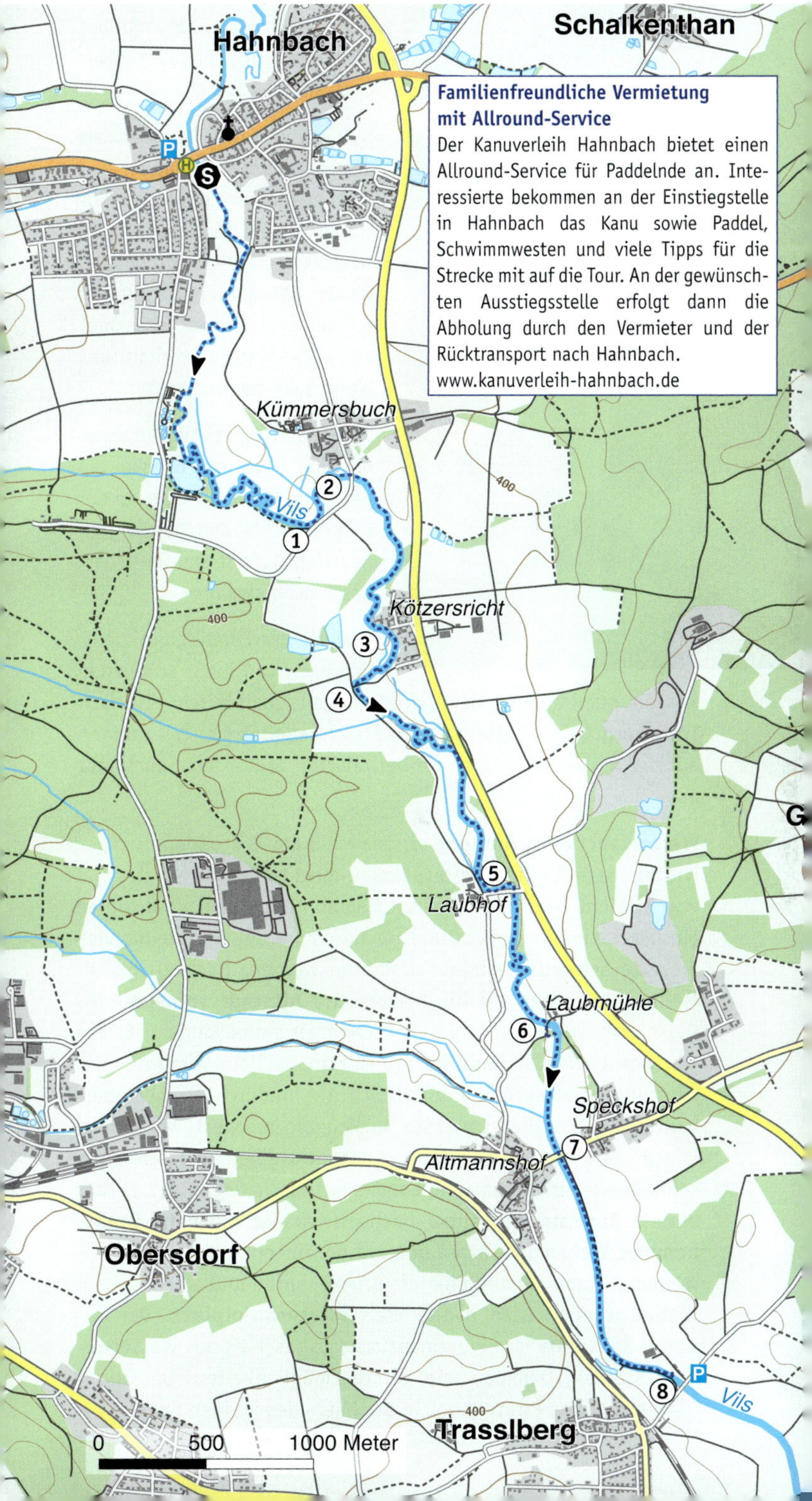

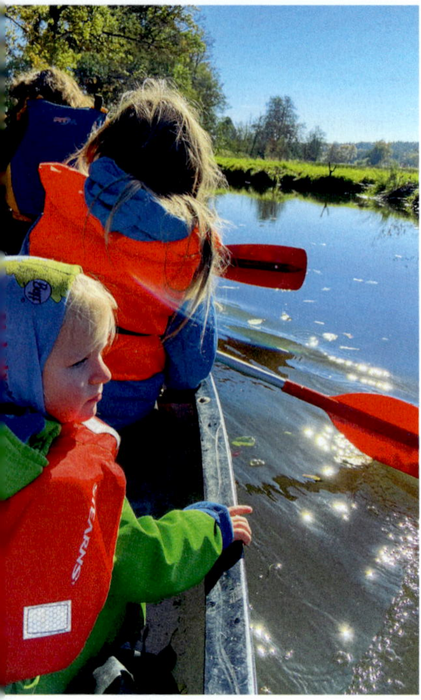

ihren Nachwuchs und fühlen sich durch die Paddler unter Umständen gestört.

Nun erreichen wir das **Wehr an der Laubmühle** ⑥ und steigen auf der rechten Seite aus. Wir tragen unser Kanu auf einem schmalen Schotterweg über eine Weide, überqueren die Zufahrt zur Mühle und setzen unser Boot etwa 100 Meter unterhalb des Wehres wieder ins Wasser.

Wir paddeln weiter bis Altmannshof und unter der **Brücke** ⑦ hindurch. Wer mag, kann vor der Brücke rechts den befestigten Ausstieg nutzen und im Ort im Gasthaus einkehren.

Hier ist der Fluss schon ziemlich breit und fließt ohne enge Kurven oder andere Herausforderungen gemächlich bis nach **Traßlberg** ⑧, wo die Halbtagestour beendet ist. Wir steigen auf der linken Seite über die betonierten Stufen am Sportplatz aus.

Weiterfahrt nach Amberg: zusätzlich 8 km, 3 Stunden.
Wer bis nach Amberg weiterpaddeln möchte, bleibt auf der Vils und erreicht bald den Stadtteil Neumühle, wo der renaturierte Flusslauf wieder abwechslungsreicher ist. Große Steine und vereinzelte Schwellen müssen umfahren werden. Nach 20 bis 30 Minuten erreichen wir die **historische Altstadt von Amberg**. Diese von der Wasserseite zu besuchen, ist ein besonderes Erlebnis. Vorbei an der **Basilika St. Martin** paddeln wir unter der jahrhundertealten Amberger Stadtbrille hindurch – einer überbauten Brücke, die ein wenig an Venedig erinnert. Wir lassen uns mitten durch die belebte Altstadt treiben und erreichen schließlich das ehemalige Landesgartenschaugelände. Hinter einer langgezogenen Kurve beenden wir die Fahrt am **Drahthammer Wehr** und steigen hier auf der linken Seite aus.
Wer mag, kann von hier über die Brücke laufen und erreicht nach wenigen Gehminuten den großen **Piratenspielplatz**. Der gesamte Spielplatz ist eine gigantische Landschaft aus Wasserwegen, Steinen, Dämmen und Versteckmöglichkeiten. Das Highlight bildet das Piratenboot in der Mitte des kleinen Sees.

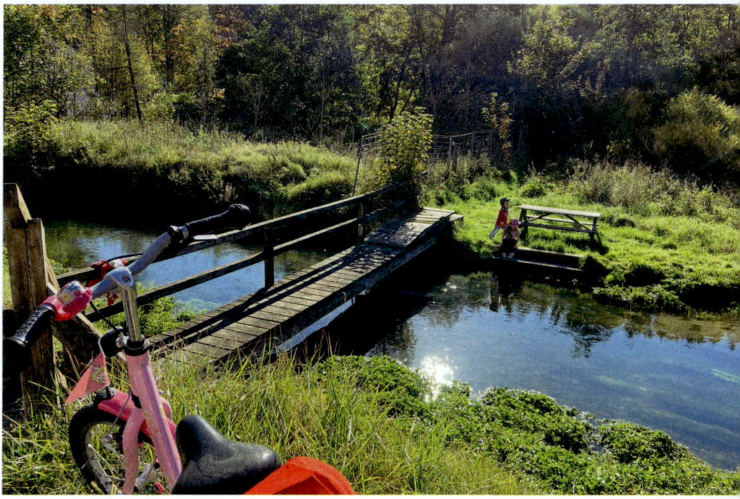

Tour 35: Malerisches Lauterachtal

140 m

STRECKE 20 km

2 h 30

ab 6

Gemütliche Radtour am Fluss entlang

Ein ebener Radweg führt von Lauterhofen über Kastl bis zum Fledermausturm durch das liebliche Lauterachtal. Die Region trägt auch den Namen »Toskana Bayerns« und ist geprägt von duftenden Wacholderheiden und markanten Felswänden. Wir radeln an zwei schönen Spielplätzen und zwei Kneippanlagen vorbei und erfahren Wissenswertes rund um die Fledermaus. Wer möchte, kann diese Tour verlängern und noch weiter durch das Tal fahren.

Radtour: Vom Parkplatz am ehemaligen Bahnhof fahren wir die Bahnhofstraße entlang bis zu einer **Kreuzung mit einem Picknickplatz**. Hier biegen wir rechts und gleich wieder links ab und folgen dem Rad- und Wanderweg. Auf dem schmalen Schotter-

TOUREN-STECKBRIEF

Anfahrt: Von der A 3, Abfahrt Neumarkt geht es zur Landstraße B299. Hier geht es weiter in Richtung Kastl/Ursensollen/Amberg. An der Kreuzung links nach Lauerhofen und gleich nach dem Supermarkt nach rechts abbiegen. Beim Betonwerk links in die Neumarkter Straße fahren und bei der Bank wieder nach links in die Bahnhofstraße. Am Bahnhof rechts halten. Der Parkplatz befindet sich hinter dem alten Bahnhofsgebäude bei **GPS N 49°22'06.3", E 11°35'58.9"**.

Anspruch und Charakter: Einfache Fahrradtour auf gut ausgebauten Wegen im malerischen Flusstal.

Highlights: Zwei Spielplätze, zwei Kneippanlagen, Fledermausturm, Burg.

Einkehr: Gastwirtschaften in Lauterhofen und Kastl, Pizzeria und Eiscafe am Spielplatz in Kastl.

In der Nähe: Schweppermannsburg, Klosterburg Kastl, Freibad Kastl.

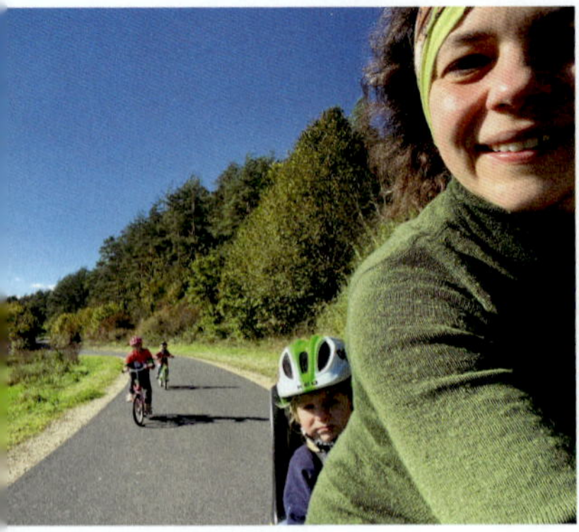

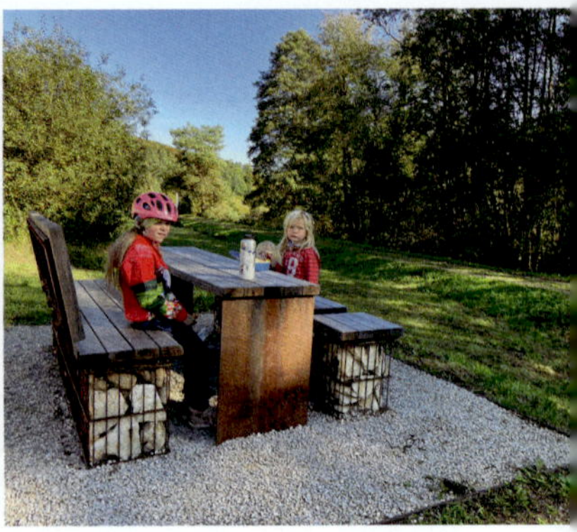

weg fahren wir zwischen Häusern hindurch und über zwei Brücken, die hoch oben über Straßen führen. Bevor wir den Wald erreichen, haben wir von einem **Picknickplatz** ① einen herrlichen Ausblick über die Ortschaft und die Umgebung.

Wir radeln in den Wald und auf einem gemütlichen Weg leicht abwärts. Hier kommen wir am **Sägewerk Hadermühle** ② vorbei und folgen nun dem Schotterweg direkt an der Lauterach entlang. Auf dem ebenen Weg erreichen wir bald einen weiteren, besonders schönen **Picknickplatz** ③ am Wasser.

Auf der asphaltierten Straße geht es weiter zwischen Fluss und Felsen entlang zum winzigen Weiler **Pattershofen** ④. Dann erreichen wir **Pfaffenhofen**. Auf der rechten Seite sehen wir hier eine kleine Holzbrücke über die Lauterach und auf der anderen Uferseite einen idyllischen **Picknickplatz in der Wiese**.

Wir bleiben auf der Straße und sehen bald auf der anderen Seite des Tals die Schweppermannsburg. Ohne große Anstrengung folgen wir dem Radweg, bis wir den **Marktplatz in Kastl** ⑤ erreichen. Wer möchte, kann hier in einem der Gasthäuser eine Pause einlegen.

Wir überqueren den Marktplatz und biegen noch vor der **Brücke über die Lauterach** nach links ab. Hier sehen wir bereits die mächtige **Klosterburg**, die hoch über dem Ort auf dem Berg thront. Vorbei an einigen historischen Gebäuden des Ortes erreichen wir bald darauf das Ortsende und biegen kurz vor der Amberger Straße nach rechts ab auf den markierten **Fahrradweg** ⑥. Dabei unterqueren wir zunächst eine Brücke der Landstraße. 400 Meter weiter biegen wir rechts ab und überqueren die Lauterach über eine schmale **Brücke**.

Nach einem kurzen Anstieg zweigt der Radweg nach links ab und wir folgen seinem Verlauf parallel zur Straße, bis wir die **Kläranlage** ⑦ erreichen. Hier mündet der asphaltierte Radweg in ei-

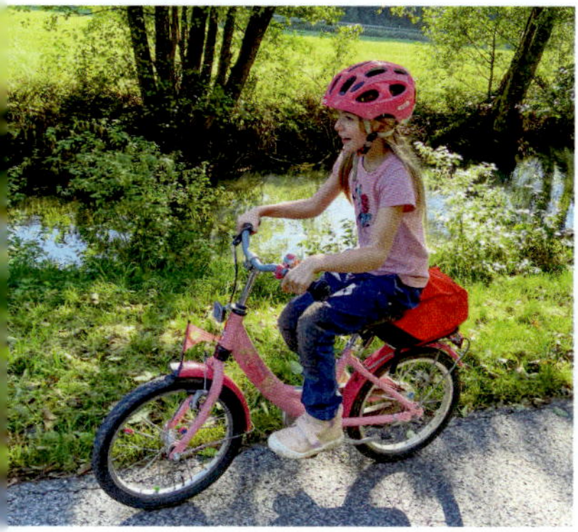

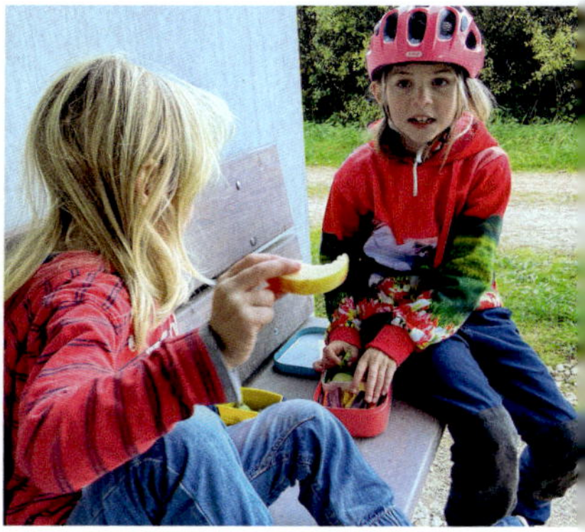

nen befestigten Schotterweg, der entlang der Lauterach durch das malerische Tal führt. Auf der rechten Seite begleitet uns der Wald, während wir auf der gegenüberliegenden Seite einen herrlichen Blick auf die Felsmassive des bayrischen Juras haben.

Nach wenigen Minuten erreichen wir den **Fledermausturm** ⑧, der uns zu einer Rast einlädt. Für kleine Radler ist diese Entfernung zum selbst fahren gut machbar. Wer mit größeren Kindern unterwegs ist, kann dem Lauterachtal-Radweg durch das wildromantische Flusstal bis Mühlhausen oder weiter folgen.

Wir kehren an dieser Stelle um und fahren zunächst auf demselben Weg zurück. Dabei kommen wir wieder an der **Kläranlage** ⑦ vorbei und erreichen bald darauf den Ortseingang von Kastl. Im Gegensatz zum Hinweg fahren wir nun nicht bis zum Marktplatz zurück, sondern verlassen den markierten Radweg und folgen der Hohenburger Straße nach links durch die gepflasterte Gasse und über zwei Bachbrücken bis zur **Kneippanlage** ⑨. Hier sehen wir auch den Spielplatz von Kastl und legen eine Pause zum Toben und Abkühlen ein.

Um etwas Abwechslung in den Rückweg zu bringen, können wir mit fitten Radlern auf der südlichen Seite der Lauterach bleiben. Dieser Weg beinhaltet aber kurz vor Pfaffenhofen eine etwas knifflige Stelle. Dazu radeln wir hinauf zur Bundesstraße und überqueren diese an der Ampel. Auf der linken Seite gibt es ein kleines **Eiscafé mit Pizzeria**. Wir fahren hier nach rechts direkt durch den Hof der Feuerwehr und erreichen bald den schmalen Schotterpfad oberhalb der Häuser. Hier können wir bequem mit schönstem Ausblick auf die Klosterburg und das Lauterachtal durch den lichten Wald radeln. Es geht leicht bergauf und bald erreichen wir Pfaffenhofen. Kurz vor dem Ort wird der **Weg sehr schmal** ⑩ und wir steigen ab, um auf dem schmalen, steilen Pfad bergab zu schieben. Dann geht es ein kurzes Stück neben der Bundesstraße entlang und wir erreichen den Ort unterhalb

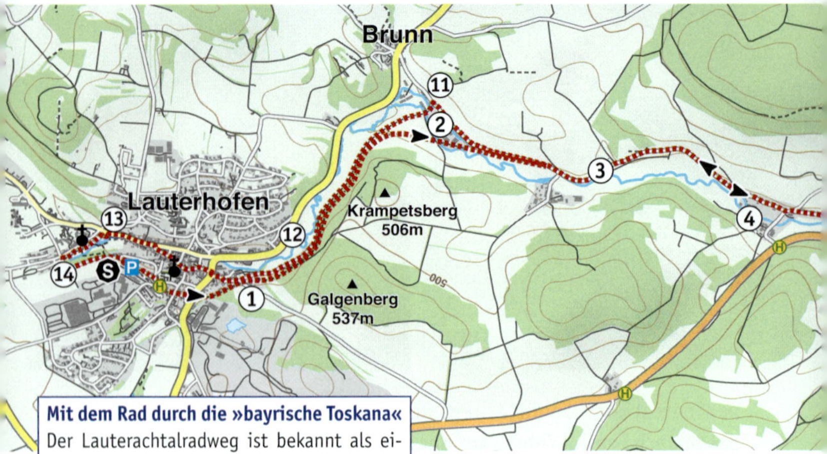

Mit dem Rad durch die »bayrische Toskana«
Der Lauterachtalradweg ist bekannt als einer der malerischen Radwege durch den Bayerischen Jura. Diese Tour von Lauterhofen nach Kastl ist besonders für Familien mit kleinen Kindern gut geeignet. Wer jedoch mehr Ausdauer hat, sollte sich das weitere Lauterachtal nicht entgehen lassen. Die gesamte Strecke von Kastl bis Schmidmühlen beträgt 24 Kilometer und ist gut markiert und leicht zu radeln.
Weitere Infos gibt es unter amberg-sulzbacher-land.de/de/lauterachtalradweg.html.

der Burg. Wer möchte, kann hier das Rad stehen lassen und zu Fuß über den Wanderweg hinauf zur Burg laufen.

Wir fahren an der **Kirche** vorbei und biegen an der Kreuzung danach rechts ab. Anschließend überqueren wir die Bundesstraße und treffen wieder auf unseren Hinweg und den offiziellen Fahrradweg, dem wir folgen bis zur Picknickstelle in der Nähe der **Hadermühle**.

Anders als auf dem Hinweg bleiben wir nun auf der Straße und fahren rechts an der **Hadermühle** ② vorbei. Hier steigt die Straße leicht an. Wir biegen an der **Hansmühle** ⑪ nach links ab und folgen den Radwegmarkierungen in Richtung Lauterhofen. Auf dem breiten Schotterweg fahren wir hier durch das weite Tal und überwinden am Waldrand entlang die letzte große Steigung hin zur **Bachhaltermühle** ⑫. Anschließend folgen wir der Straße hinauf zur Kreuzung, an der wir rechts abbiegen. Wir sehen hier parallel verlaufend die alte Bahnstrecke, auf der wir auf dem Hinweg gefahren sind. Wer möchte, kann an dieser **Kreuzung** ① auch links auf den Hinweg wechseln.

Wir folgen der Martinsstraße hinein in den Ort. An der **Kreuzung** sehen wir gegenüber die Apotheke und fahren daran vorbei und hinauf auf den Michelsberg. Geradeaus sehen wir die Kirche St. Martin und auf der rechten Seite die »Alte Mälze«. Hier biegen wir rechts ab und fahren über das Kopfsteinpflaster hinab auf den **Marktplatz mit Brunnen**. Am Ende der Straße überqueren wir eine Brücke, biegen nach links ab und fahren in Richtung

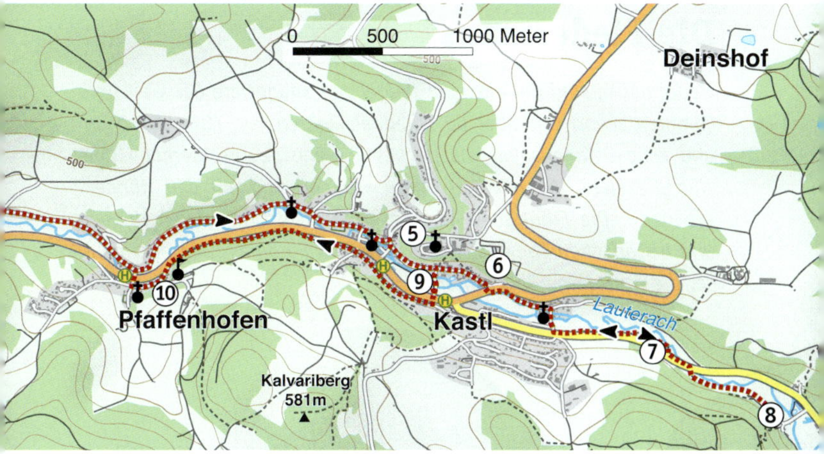

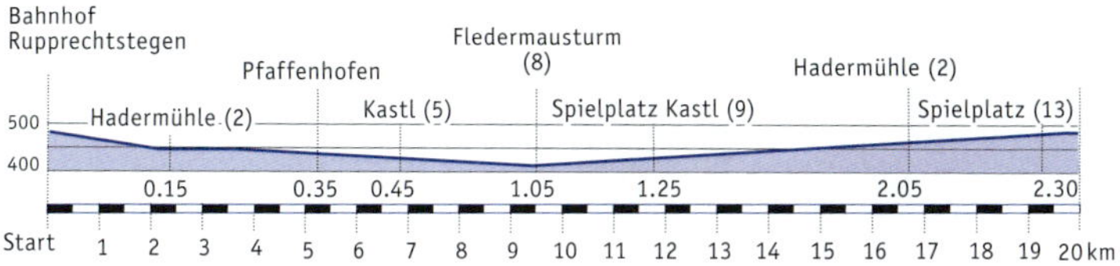

Ortsausgang, wo wir auf der linken Seite den großen **Spielplatz** ⑬ entdecken. Ein kleiner See, viele Spielgeräte und ein überdachter Rastplatz laden zum Bleiben ein.

Dann durchqueren wir die hübsch angelegte Parkanlage und treffen am Ende auf die **Kneippanlage** ⑭ an der Lauterachquelle. Nach einer letzten Erfrischung biegen wir am **Rastplatz** nach links ab und fahren auf der Straße zurück zum Parkplatz.

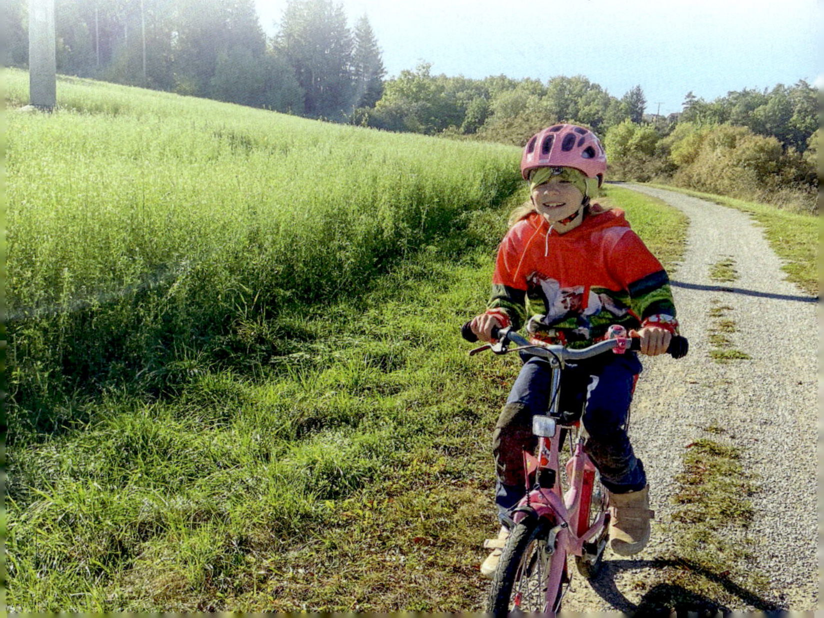

Die Fledermaus

Fledermäuse sind die einzigen fliegenden Säugetiere der Welt und kommen schon seit über 60 Millionen Jahren vor. Mit Ultraschall und Echo-Ortung gehen sie nachts auf emsige Insektenjagd. Sie sind die Tiere, die mit den Ohren »sehen« und mit den Händen »fliegen«. Die Fränkische Alb mit ihren vielen tausenden Höhlen und historischen Gemäuern ist ein wahres Paradies für Fledermäuse, die dort gerne überwintern.

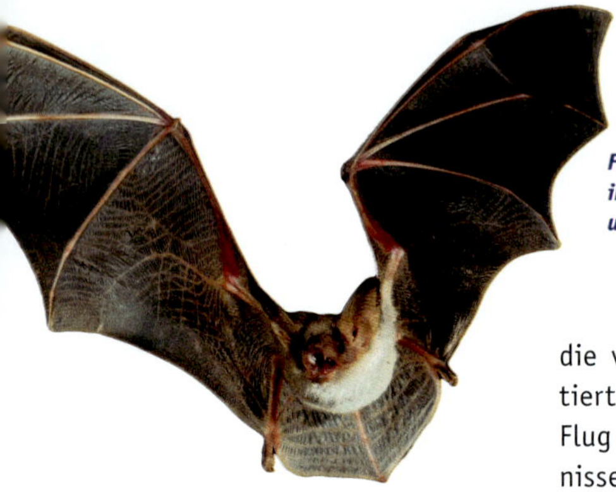

Fledermäuse orientieren sich im Flug mit Hilfe ihrer Ohren und mit Ultraschallwellen.

Fledermäuse gehören zusammen mit den Flughunden zu den Fledertieren. Alle Fledermäuse haben ein dichtes Fell, das braun oder grau gefärbt ist. Tagsüber suchen sie sich ein kühles, dunkles Versteck. Sie hängen dabei kopfüber in Bäumen oder an Felsen. Die Zehen an ihren Hinterbeinen tragen dazu kräftige Krallen.

Die Vorderbeine einer Fledermaus spannen ihre Flügel auf. In der Dämmerung schwärmen die Tiere aus, um auf die Jagd nach Insekten zu gehen. Bei ihrem Flug durch die dunkle Nacht orientieren sich Fledermäuse über ihre Ohren: Sie verwenden dazu das Echo. Das Tier stößt Ultraschallwellen aus, die von Gegenständen reflektiert werden. So nimmt sie im Flug Beutetiere und Hindernisse wahr.

Im Gebiet der Fränkischen Alb leben etwa 25 Fledermausarten, wie zum Beispiel der Große und kleine Abendsegler, die Bartfledermaus, die Breitflügelfledermaus und das Braune Langohr. Sehr selten ist die Große Hufeisennase, die mit knapp 40 Zentimetern Flügelspannweite auch als die größte Fledermausart in Europa gilt. In Deutschland kommt sie nur an zwei Orten vor. Eine der Kolonien wurde 1992 in Hohenburg auf dem Truppenübungsplatz Hohenfels entdeckt. Dort wurde seit über 60 Jahren nicht mehr gedüngt oder mit Spritzmitteln wie Insektiziden gearbeitet. Für die große Hufeisennase, die sich von Käfern und Nachtfaltern ernährt, gibt es dort genug Futter.

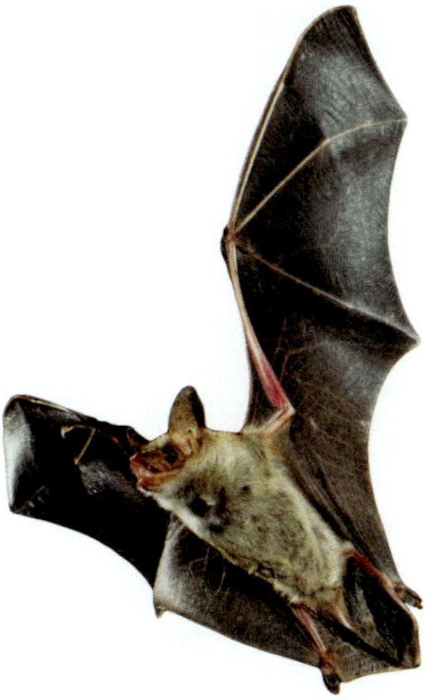

Die Fledermaus im Winter

Im Winter gibt es kaum Insekten. Fledermäuse finden dann nicht mehr genug Futter und begeben sich in Winterruhe. Im Oktober suchen sie sich ihr Winterquartier. Häufig sind das Höhlen oder Ruinen, aber auch Keller, Felsvorsprünge, Stollen oder Brunnen sind beliebte Orte. Ein Winterquartier muss eine möglichst hohe Luftfeuchtigkeit haben, da die Tiere sonst zu sehr austrocknen.

Während der Ruhephase werden der gesamte Energiehaushalt und der Stoffwechsel so weit heruntergefahren, dass die Fledermäuse kaum Energie benötigen und die Fettreserven über den Winter ausreichen. In dieser Zeit ist es überlebenswichtig für eine Fledermaus, dass sie nicht gestört wird. Fliegen die Tiere auf, verbrauchen sie zu viel Energie und überleben den Winter nicht. Deshalb ist der Zutritt in die Höhlen wie auch auf manche Festungen und Ruinen von Oktober bis März untersagt.

Fledermausmekka Lauterachtal
Im insektenreichen Lauterachtal mit seinen vielen Höhlen in den Felswänden finden die Fledermäuse ein wunderbares Zuhause. Dort leben 14 verschieden Fledermausarten. Für ihren Schutz wurden sogenannte Fledermaustürme errichtet. Einen dieser Türme können wir auf der Radtour durch das Lauterachtal entdecken **[› Tour 35]**. Im Fledermaushaus in Hohenberg gibt es viel Informatives rund um die nachtaktiven Säuger.
Die Ausstellung kann nach vorheriger Anmeldung bei Rudi Leitl, Tel. 09626 9299772, besucht werden.

Fledermäuse in der Nacht erleben
In der Felsenstadt Pottenstein im Herzen der Fränkischen Schweiz werden Fledermausführungen für die ganze Familie angeboten. Während der nächtlichen Exkursion durch den Ort können bis zu 1000 Fledermäuse beobachtet werden.
Führung 1,5 Stunden €10 für Erwachsene und €5 für Kinder (6 bis 15 Jahre). Anmeldungen zwingend erforderlich. www.die-fraenkische-schweiz.com

Fledermausführung in der Binghöhle
Ganz besonders spannend ist die Kinder-Führung »Fledermaus« in der Binghöhle, bei der wir auch noch eine besonders schöne Tropfsteinhöhle besuchen. Sie dauert etwa 40 Minuten und ist für Kinder ab sechs Jahren geeignet.
Voranmeldung Tel. 09196 340 oder 09196 929931. www.binghoehle.de

Bayerisches Fledermauszentrum
Das Fledermauszentrum befindet sich im Schloss Thurn bei Heroldsbach. Über 300 Fledermäuse leben seit einigen Jahren auf dem Dachboden des Schlosses. Die Ausstellung mit abwechslungsreichen Stationen wie dem Fledermaus-Puzzle und einem Schwarzlicht-Raum informiert über die Verhaltensweisen der fliegenden Jäger.
fledermauszentrum-schloss-thurn.de

Bund Naturschutz
Auf der Website des NABU werden alle 25 in Deutschland heimischen Fledermausarten mit Bildern vorgestellt. Man kann sich sogar ihren typischen Ruf anhören. *www.nabu.de*

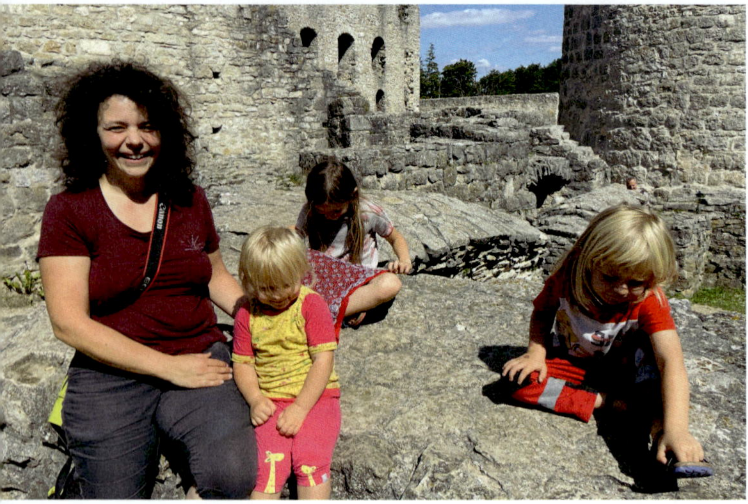

1–2 h

ab 4

Tour 36: Burgruine Wolfstein

Ausblick in der Oberpfalz

Einmal Ritter und Burgfräulein spielen? Die Burgruine Wolfstein bietet dafür genau die richtige Kulisse. Der spannende Ausflug mit tollem Fernblick und gut erhaltener Burgruine ist ein Spaß für die ganze Familie.

Wanderung: Vom Parkplatz, der in unmittelbarer Nähe zur Ruine liegt, schlendern wir wenige Minuten zum Gipfelkreuz und folgen dabei dem Wanderzeichen »bayerisches Wappen«. Am Gipfel können wir mit bestem Blick über die Stadt picknicken und auf schmalen Pfaden das Gelände rund ums Gipfelkreuz erkunden.

Gestärkt und gesättigt geht es anschließend auf dem schmalen Fußweg an der Höhenkante entlang in Richtung Burgruine. An vielen Stellen genießen wir die Aussicht und die Kinder spielen auf dem sogenannten Krähentisch, einem markanten Felsen. Kurz darauf verlassen wir den schmalen Pfad, kommen am Berg-

TOUREN-STECKBRIEF

Anfahrt: Von der B 299 geht es durch den Stadtkern von Neumarkt auf der Pelchenhofener Straße stadtauswärts in Richtung Fuchsberg. Kurz davor fahren wir links bergauf zum Parkplatz **GPS N 49°17'33.7", E 11°29'31.4".**

Anspruch und Charakter: Gemütlicher, überwiegend barrierefreier Rundgang.

Highlights: Spielen in der wildromantischen Ruine, Gipfelkreuz und Aufstieg auf den Bergfried, Ausblick.

Einkehr: Berggasthof Wolfstein, Willibald-Hofmann-Gaststätte Fuchsberg, Gastwirtschaften in Neumarkt.

In der Nähe: Waldspielplatz Neumarkt, Schlossbad Neumarkt.

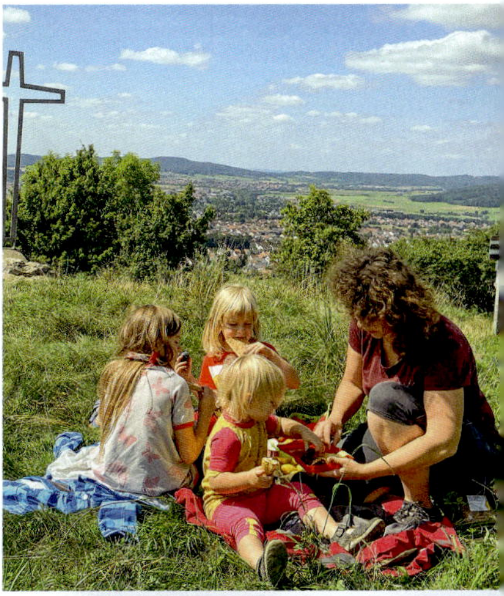

gasthof vorbei und erreichen nach wenigen 100 Metern den Eingang zur Burgruine. Eine Brücke führt über den Burggraben. Der Besuch ist jederzeit kostenfrei möglich.

Viele Mauern der ehemaligen Adelsburg aus dem 12. Jahrhundert sind noch sehr gut erhalten und bieten tolle Versteckmöglichkeiten. Der Ausblick ringsum über die Stadt Neumarkt und die gesamte Region ist grandios. In den Sommermonaten kann an Sonntagen auch der Bergfried, der steineren Turm im Zentrum der Ruine, besichtigt werden.

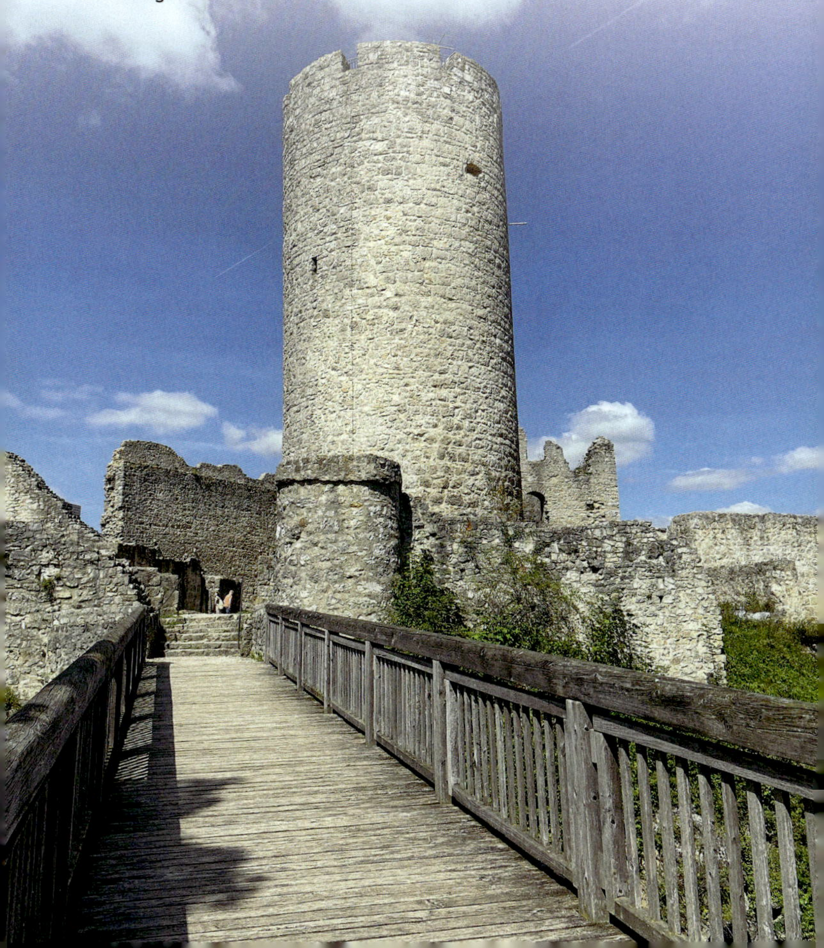

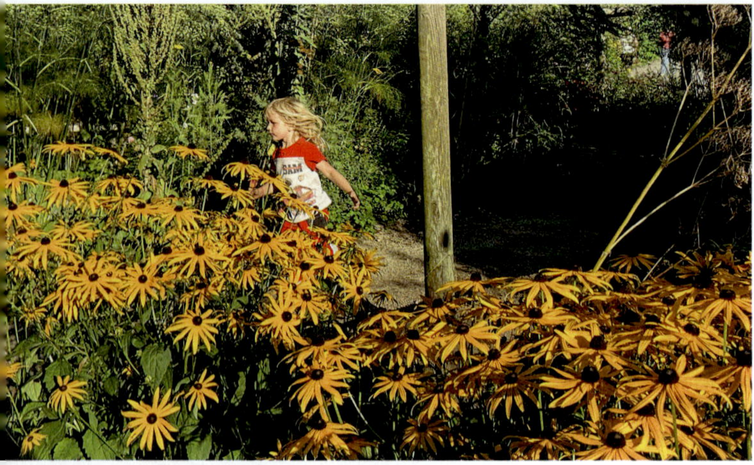

½ Tag

ab 4

Tour 37: Neumarkt ganz bunt

Spaziergang durch das Gelände der Landesgartenschau

Wer Ruhe und Erholung, Abwechslung und Natur in Stadtnähe sucht, wird im ehemaligen Landesgartenschaugelände von Neumarkt mit Sicherheit fündig. Ein gemütlicher Spaziergang für die ganze Familie wartet hier auf die Besucher. Der Park hat neben weiten Grün- und Blühflächen auch das eine oder andere Kinder-Highlight zu bieten.

Spaziergang: 1998 zur Landesgartenschau eröffnet, stellt das heutige LGS-Parkgelände ein beliebtes innerstädtisches Erlebnis- und Erholungszentrum dar. Das gesamte Areal erstreckt sich über eine Fläche von 30 Hektar und bietet jede Menge Abwechslung. Die fein geschotterten Wege sind außerdem ideal für Laufräder.

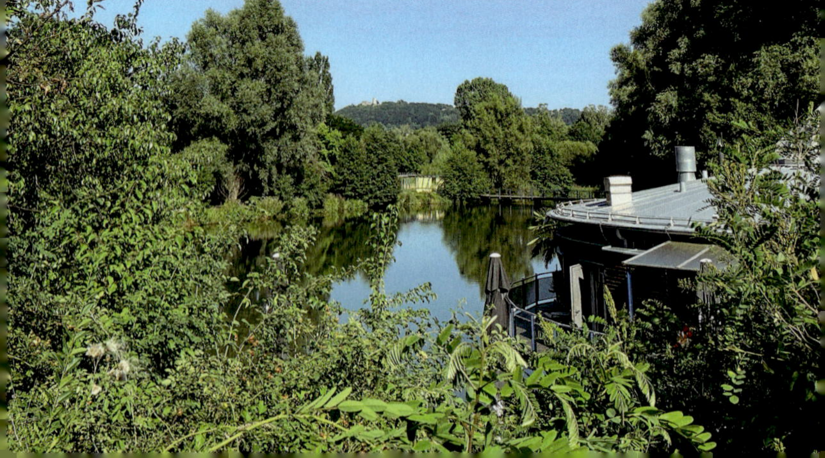

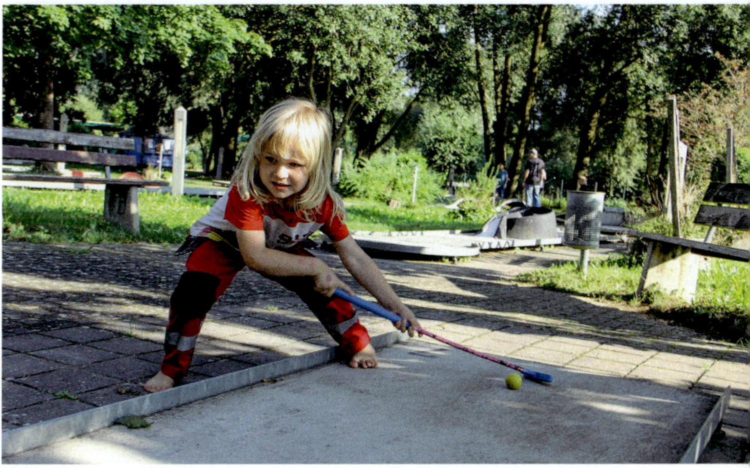

Vom Parkplatz schlendern wir durch die Parkanlage und kommen zunächst zu einem **See** mit Blumen, Schilf und Seerosen. Einige Brücken und Stege führen über das Wasser und wir können Fische, Libellen und Vögel beobachten. Über eine Brücke gelangen wir zur Bühne, auf der in den Sommermonaten wechselndes Programm geboten wird. Am Ufer gibt es auch noch das Seecafé.

Die zweite Hälfte des Geländes liegt auf der anderen Seite des Ludwig-Main-Donau-Kanals. Hier wartet der Hildegard-Kräutergarten mit duftenden Heilkräutern und Blumen und einem kleinen Wasserlauf. Unweit davon finden wir die Minigolfanlage »Wölpi«. Ihre 18 Bahnen liegen im Schatten der Bäume und sind bereits für kleine Spieler bestens geeignet. Außerdem gibt es hier einen großen Spielplatz. Die besonderen Highlights sind ein großes Piratenboot mit Wellenrutsche und ein Bachlauf, in dem sich die Kids an heißen Tagen abkühlen und Staudämme und Schleusen bauen können.

Auf dem Rückweg überqueren wir den Kanal wieder über die Fußgängerbrücke. Bevor wir zum Parkplatz kommen, machen wir noch einen Abstecher zum zweiten Spielplatz auf dem Gelände: dem Monster-Spielplatz. Ein in den Sand gegrabenes Ungetüm schlängelt sich hier über den Platz und lädt zum Balancieren, Klettern und Turnen ein.

TOUREN-STECKBRIEF

Anfahrt: Von der B 299 abfahren auf die Altdorfer Straße Richtung Zentrum und dann in die Dr.-Kurz-Straße, Beschilderung »Parkplatz / LGS«. **GPS N 49°17'19.0", E 11°27'23.9".**
Anspruch und Charakter: Ebene, barrierefreie Wege und üppiges Grün inmitten der Jurastadt Neumarkt.
Highlights: Zwei Spielplätze, Kräutergarten, Minigolf, Seecafe und Bühne.
Einkehr: Seecafé, Restaurant Bella Italia.
In der Nähe: Wölpi Spielfabrik, Burgruine Wolfstein, Spielplatz Seewiesen.

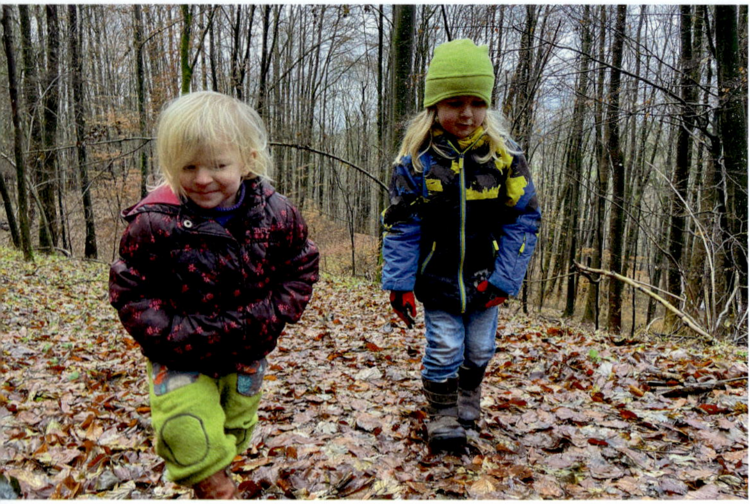

90 m

STRECKE 2,8 km

1 h

ab 6

Tour 38: Sulzbürg und Keltenspielplatz

Einmal um den Schlossberg

Vom beschaulichen Ort Sulzbürg, der malerisch in den Bergen eingebettet ist, geht es auf bequemen Forstwegen hinauf auf den Schloßberg mit bester Rundumsicht und einem spannenden Besuch auf dem Keltenspielplatz. Trotz steilem Anstieg ist der Weg barrierefrei und mit Kinderwagen begehbar.

Wanderung: Vom Parkplatz am Marktplatz laufen wir zunächst in die **Weingasse** und folgen dieser bergab aus dem Ort hinaus. Die asphaltierte Straße mündet bald in einen Forstweg und führt uns in den Wald. Nach 500 Metern erreichen wir eine große **Waldkreuzung** ① und biegen nach rechts ab. Der Weg ist mit einem weißen Punkt auf brauner Fläche markiert.

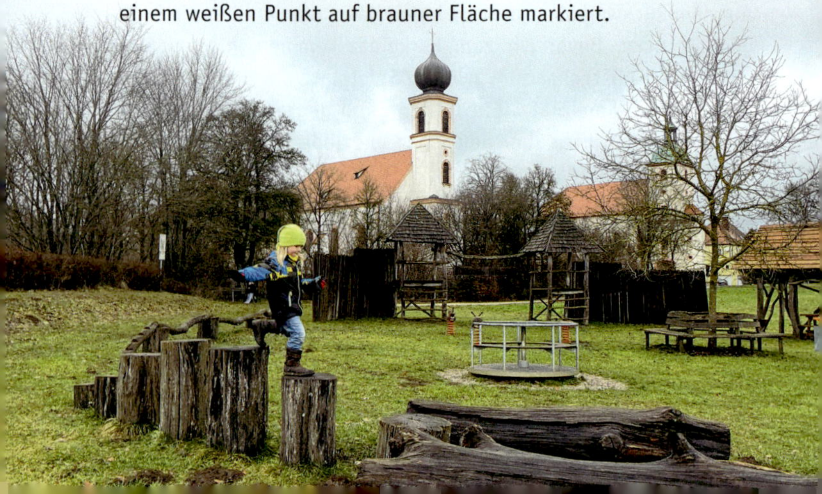

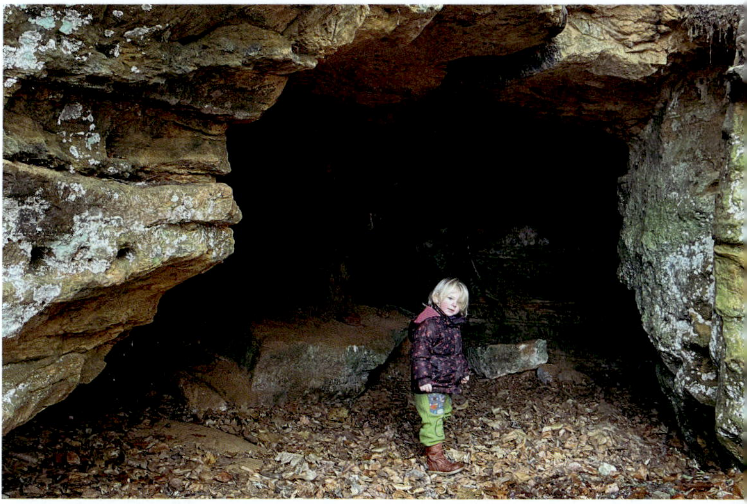

In der Kurve sehen wir einen gemütlichen **Rastplatz**, kurz darauf folgt auf der rechten Seite eine **Abzweigung** ②, die steil bergauf durch den Wald zur Familientagungsstätte führt. Hier kann die Wanderung über die Serpentinen durch den Wald abgekürzt werden, für Kinderwagen ist der Weg allerdings nicht geeignet.

Wir halten uns geradeaus und folgen dem Wegverlauf durch den Wald zur nächsten **Kreuzung** ③. Dort biegen wir nach rechts ab und steigen steil auf dem breiten Waldweg hinauf. Wir haben hier einen guten Blick auf die rot-orangen Sandsteinwände, auf denen die Häuser thronen, und entdecken hier einige selbstgebaute Tipis aus Ästen.

Dann erreichen wir das Hochplateau, und biegen zuerst links ab und gehen zum **Skilift** ④. Von dort haben wir einen wunderbaren Ausblick ins Tal. Gehen wir noch ein Stück weiter, stehen wir kurz darauf am **Pandurenloch** ⑤. Die kleine Höhle ist leider

TOUREN-STECKBRIEF

Anfahrt: Von der B 299 Neumarkt - Berching geht es nach dem Betonwerk Max Bögl nach rechts Richtung Freystadt. Im Kreisverkehr Richtung Freystadt abbiegen und nach Rocksdorf fahren. In Rocksdorf links abbiegen nach Sulzbürg. Es geht den Berg hinauf, an einem Parkplatz (weitere Parkmöglichkeit GPS E 49°11'16.1", E 11°24'56.6") und am Skilift vorbei. Wir fahren durch den Ort und folgen der Straße »Am Vorderen Berg« bis zum Marktplatz. Dort befindet sich ein kostenfreier Parkplatz bei **GPS N 49°10'46.3", E 11°24'43.9".**

Anspruch und Charakter: Leichte, barrierefreie Wanderung auf breiten Forstwegen und durch den Ort mit bestem Ausblick und großem Spielplatz.

Highlights: Ausblick, Picknickplatz im Wald, großer Keltenspielplatz.

Einkehr: Gasthaus zur Linde, Restaurant La Dolce Vita.

In der Nähe: Naturbad Freystadt.

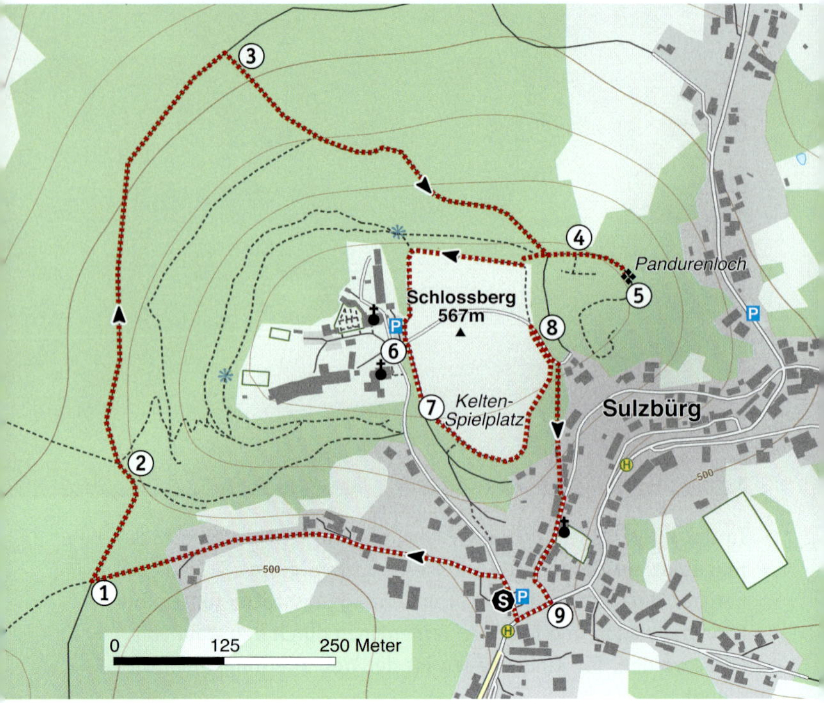

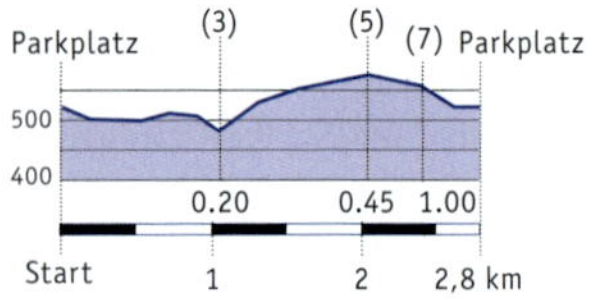

Landl-Museum

Im Landl-Museum sind Versteinerungen aus dem Jurameer wie auch Fundstücke aus der Steinzeit gesammelt. Ein weiterer Teil der Ausstellung beschäftigt sich mit der Geschichte der Sulzbürg und dem Handwerk und Leben früherer Zeiten. Das Museum ist jeden Samstag und Sonntag von 14–16 Uhr geöffnet.

www.muehlhausen-sulz.de

Weitere Infos beim Museumsleiter Herrn Schiller, Tel. 09185 5008190.

nicht mehr für Besucher zugänglich, aber dennoch sind die Felsen einen Besuch wert.

Anschließend laufen wir zum Skilift und zur Kreuzung zurück und gehen durch den Hohlweg auf die große Wiese. Vorbei an den **Kirchen** ⑥ laufen wir zum großen **Keltenspielplatz** ⑦. Schaukeln, Kletterparcours, Wipptiere und ein überdachter Sitzplatz sorgen für viel Abwechslung. Das Highlight ist die große Wellenrutsche mit Ausblick übers Tal.

Vom Spielplatz aus laufen wir den Pfad an der Hangkante entlang und genießen den Ausblick über den Ort. An der **Kreuzung mit dem Fahrweg** ⑧ biegen wir nach rechts in den Pointweg ab. Von hier aus laufen wir auf dem asphaltierten Weg steil bergab in den Ort hinein. Dabei kommen wir an einer weiteren Kirche vorbei und erreichen bald darauf den Marktplatz. Wer mag, kann hier noch einen Abstecher ins **Landl-Museum** ⑨ machen.

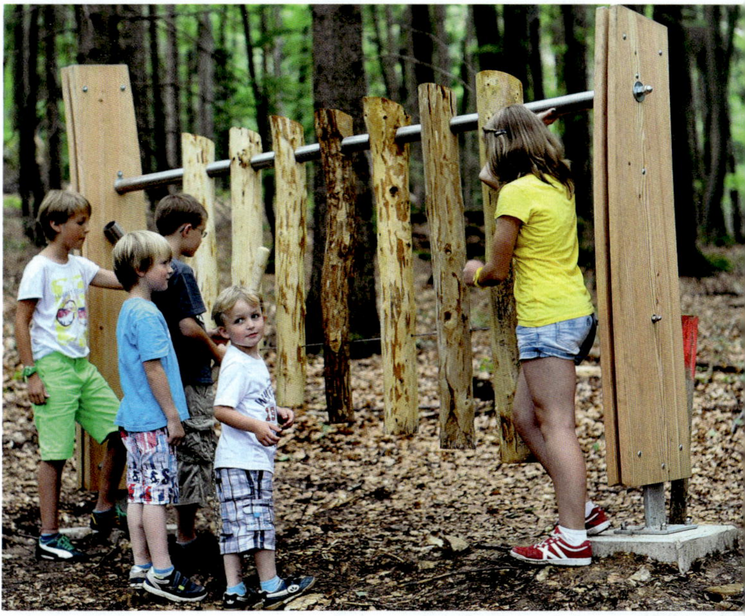

Tour 39: Naturerlebnispfad Velburg

Eine Zeitreise durch den Wald

100 m

STRECKE 5 km

1 h 45

ab 6

Auf dem Walderlebnispfad am Fuße der Burgruine von Velburg erwarten uns insgesamt 20 abwechslungsreiche und spannende Stationen, die zum Erforschen und Ausprobieren einladen. Der gesamte Weg steht unter dem Motto »ZEIT.reise« und lädt Besucher dazu ein, im Wald zu entschleunigen und den Zeitdruck hinter sich zu lassen.

Wanderung: Der Weg beginnt am Wanderparkplatz am Burgberg bei der Burgruine Velburg und verläuft auf teils schmalen Pfaden durch den dicht bewachsenen Wald. Unterwegs kommen wir

TOUREN-STECKBRIEF

Anfahrt: Von der A3 Ausfahrt Velburg geht es Richtung Velburg. Im Kreisverkehr am Ortseingang geradeaus durchfahren, an der Tankstelle vorbei in die Neumarkter Straße. Es geht den Berg hinauf in Richtung Burgruine und zum Wanderparkplatz bei **GPS N 49°14'07.3", E 11°40'32.2"**.

Anspruch und Charakter: Ausreichend Zeit für die Stationen einplanen! Wir empfehlen mindestens ein halben Tag für diesen Ausflug.

walderlebnispfad-velburg.de

Markierung: Walderlebnispfad.

Highlights: Sonnenuhr, Barfußpfad, Kletterfelsen, Tierquiz, Kaleidoskop.

Einkehr: Gaststätten im Ort Verlburg.

In der Nähe: Erlebniswelt Velburg mit Tropfsteinhöhle, Badesee und Hochseilgarten.

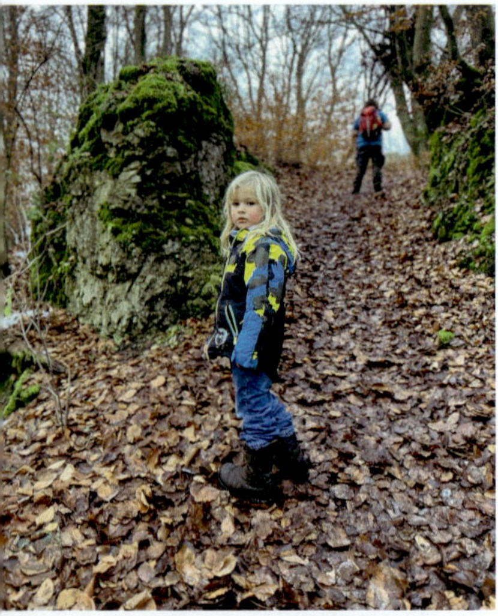

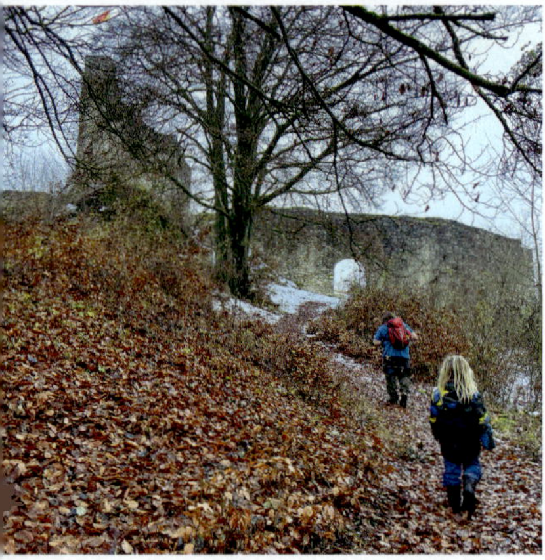

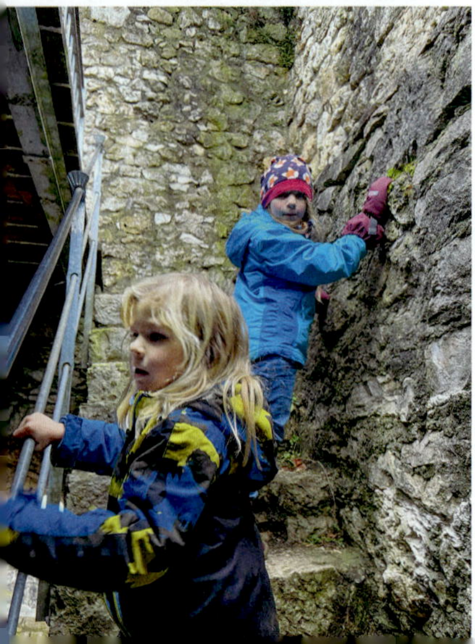

an den unterschiedlichsten Stationen zum Mitmachen vorbei. Gleich am Eingang zum Wanderweg steht eine Sanduhr und stimmt uns auf das Thema ein. Der Weg verläuft durch einige felsige Abschnitte und wir folgen stets dem Markierungszeichen des Walderlebnispfades.

Auf der Anhöhe sehen wir auf der linken Seite eine lebende **Sonnenuhr** und können an sonnigen Tagen mit dem Schatten experimentieren.

An der dritten Station befindet sich eine Kreuzung. Wer mag, kann hier einen kurzen Weg rund um den Burgberg laufen. Dann biegen wir nach links ab und erreichen bald den **Barfußpfad** und kurz darauf Station fünf, die im Zeitraffer die Zersetzung darstellt.

Die nächsten Stationen sind nun etwas weiter voneinander entfernt und wir steigen einen langgezogenen Anstieg hinauf. Auf dem Weg zum Gipfel der Anhöhe kommen wir zu den nächsten Stationen. Wir erfahren Wissenswertes über die verschiedenen Baumarten und messen bei Station sieben unsere **BEST.zeit**.

Durch den dichten Wald geht es weiter zu den Stationen acht bis zwölf. Hier finden wir ein spannendes **Tierquiz** und können uns auf der **Sinnesschaukel** ausruhen. Auch für größere Kinder ist hier Spannendes geboten. An der Station **UR.zeit**

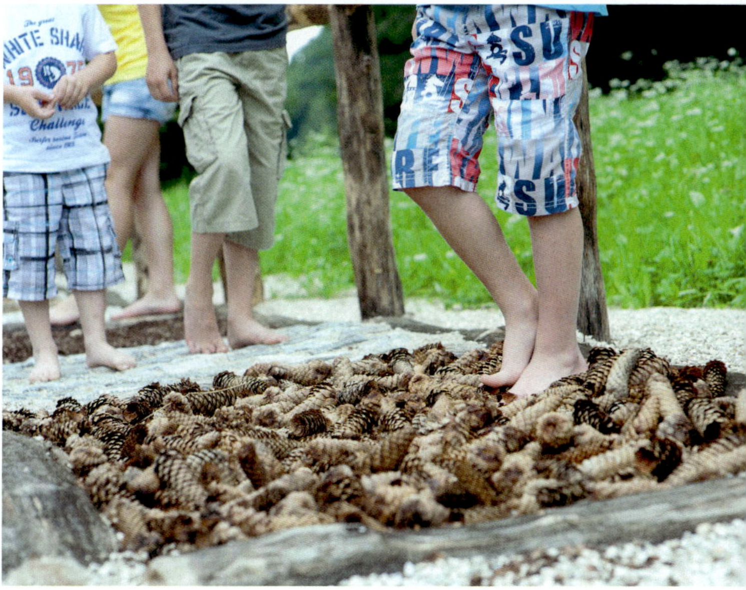

geht es um die Entstehungsgeschichte unserer Erde.

Aufstieg zur Burgruine
Wer mag, kann direkt vom Wanderparkplatz über den steinigen Pfad hinauf zur Burgruine Velburg laufen, von der aus man einen grandiosen Ausblick über die Umgebung hat.

Bald darauf haben wir die Anhöhe erreicht und befinden uns **im Reich des Höhlenbären**. Auf der linken Seite entdecken wir den Felsen »Schwammerl« und steigen ab dann steil hinab zur Kreuzung. Hier führt der Weg auch zur **König-Otto-Tropfsteinhöhle**, die man nach etwa 900 Metern Fußweg erreicht.

Wir bleiben auf dem Walderlebnispfad und folgen den Markierungen zu den nächsten Stationen. Durch den Wald kommen wir an weiteren bizarren Felsformationen vorbei und gelangen zu den Stationen **AUS.zeit** mit Zitaten und einem Kaleidoskop. Kurz darauf können wir das Alter der Bäume bestimmen, unserer Fantasie freien Lauf lassen und hautnah erfahren, wie ein Baumtelefon funktioniert.

Auf einem schmalen Trail, der auch gerne von Mountainbikern genutzt wird, laufen wir zu den letzten Stationen des Pfades. Dabei erfahren wir noch einmal einiges über die Erdgeschichte und können bei den **ZEIT.spuren** Informationen über das Werden und Vergehen entdecken. Den Abschluss der Tour bildet die Station 20 mit einem spannenden Quiz.

Von nun an folgen wir den Markierungen zurück zum Wanderparkplatz.

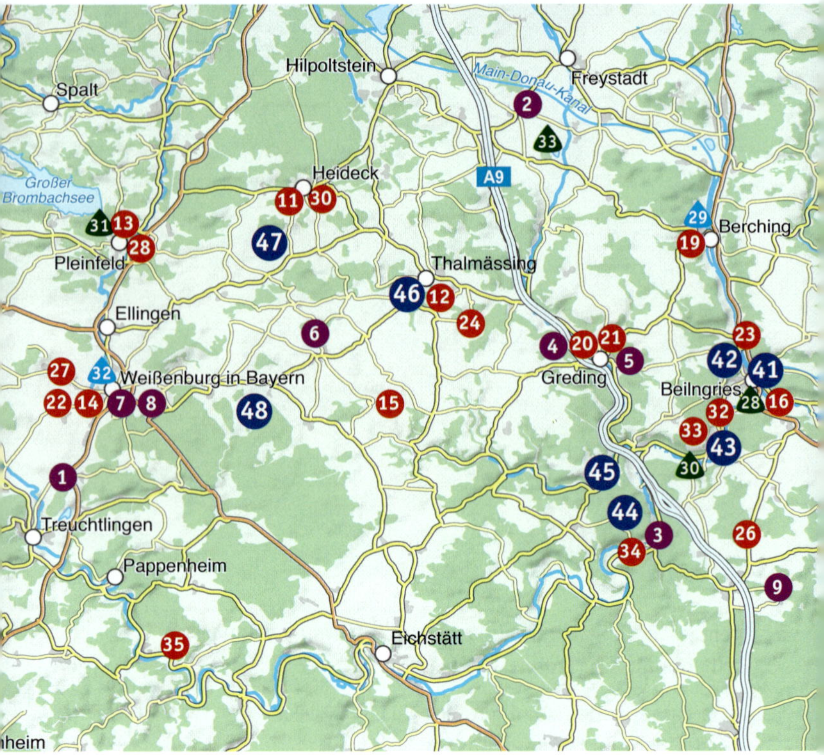

Spielplätze

1 Spielplatz Treuchtlingen
GPS N 48°59'03.0", E 10°54'59.3"
Großer, neu angelegter Spielplatz in der Wohngegend von Mandlfeld mit großem Kletternetz, Spielturm, Nestschaukel, Rutsche und Häuschen.

2 Spielplatz Meckenhausen
GPS N 49°10'28.3", E 11°17'40.7"
Idyllisch am Ortsrand gelegener Spielplatz mit großem Klettergerüst, Wackelbalken, Karussell, Hangrutsche und Stehwippe.

3 Spielplatz Kipfenberg
GPS N 48°57'10.3", E 11°23'40.4"
Im Kurpark direkt an der Altmühl gelegen befindet sich der große Spielplatz mit Kletterturm und Röhrenrutsche, Schaukeln, überdachten Picknickplätzen und Klettergerüst.

4 Spielplatz Hausen
GPS N 49°03'30.2", E 11°19'18.6"
Spielplatz mit Holzburg zum Klettern und Rutschen, Boulderwand, Nestschaukel, Picknickplatz, Sandkasten und Wasser- und Matschbereich mit Brunnen.

5 Spielplatz Greding
GPS N 49°02'39.9", E 11°21'08.7"
Weitläufiger Spielplatz an der historischen Stadtmauer (Badergasse 4) mit modernem Edelstahl-Klettergerüst, Kleinkindbereich mit Spielhaus und Rutsche, Picknickplatz, Matschbereich mit Wasserlauf.

6 Spielplatz Nennslingen
GPS N 49°03'16.6", E 11°07'36.9"
Großer Abenteuerspielplatz im Wald (Krohenlohweg) mit Seilbahn, mehreren (Nest-) Schaukeln, Wippe, Klettergerüst, Reck und Picknickplätzen unter Bäumen.

7 Spielplatz Weißenburg
GPS N 49°01'38.7", E 10°58'15.0"
Großer Spielplatz im Burggraben hinter der historischen Stadtmauer (Südliche Ringstraße 16) mit Stiergerüst

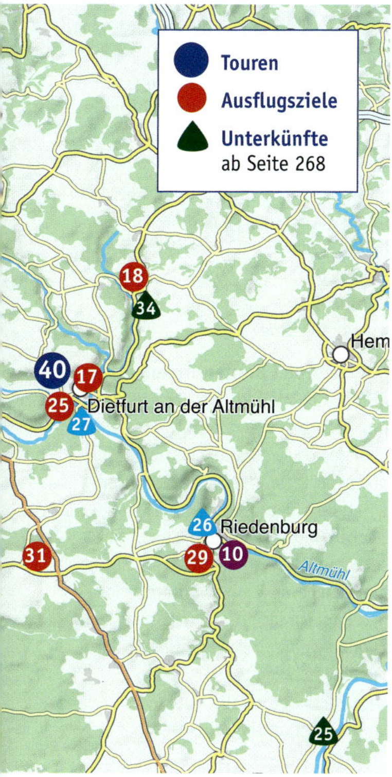

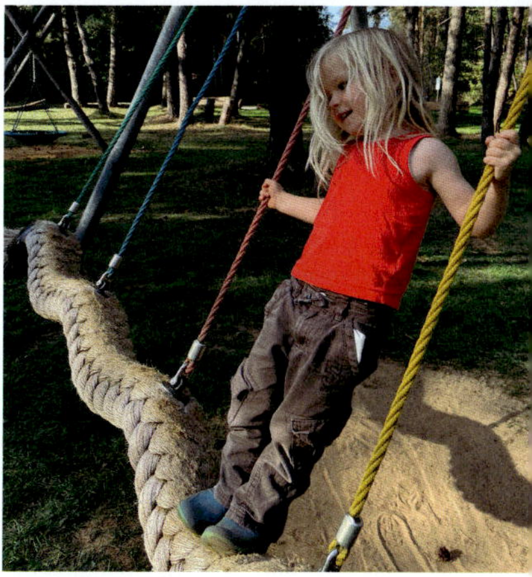

zum Klettern, Rutsche, Sandkasten, Nestschaukel, Karussell und Picknickplatz.

8 Spielplatz Weißenburg
GPS N 49°01'40.4", E 10°58'57.0"
Weitläufiger Spielplatz in einer Parkanlage mit Baumhaus mit Kletternetz, Tischtennisplatte, Sand- und Matschbereich mit Wasserlauf, Karussell, Balancierpfad, Klettergerüst und Picknickbänken im Schatten.

9 Spielplatz Denkendorf
GPS N 48°55'19.2", E 11°29'24.3"
Großer Spielplatz mit Klettergerüst, Hängebrücke, Röhrenrutsche, Wipptier und Schaukel in der Annette-Thoma-Straße 2.

10 Spielplatz Riedenburg
GPS N 48°57'34.2", E 11°41'00.3"
Kleiner Spielplatz im Drei-Burgen-Park (Mühlstraße) mit flacher Wasserstelle und Wassertretanlage am Schambach zum Planschen und Baden.

Baden im Freien

11 Freibad Heideck
GPS N 49°07'41.1", E 11°06'40.2"
Das beheizte Freibad verfügt über ein Schwimmer-, ein Nichtschwimmer- und ein Kinderplanschbecken. Dazu gibt es eine Breitwellenrutsche sowie einen Fünf-Meter-Sprungturm. Auf dem Gelände befinden sich auch ein Volleyballfeld und eine Tischtennisplatte. Ein separater Planschbereich sowie ein Spielplatz mit Rutsche, Wippe, sonnengeschütztem Sandkasten, Schaukel und Klettergerüst steht den kleinsten Badegästen zur Verfügung.
Geöffnet 9–13 Uhr und 14–19.30 Uhr. €3,50, Kinder 6 bis 16 Jahre €2. Tel. 09177 917. www.heideck.de

12 Freibad Thalmässing
GPS N 49°04'50.8", E 11°12'47.4"
Das am Ortsrand gelegene Schwimmbad bietet eine große Liegewiese, die genug Schatten, aber auch sonnige Plätze hat. Das große Becken ist in einen Schwimmer- und Nichtschwimmerbereich geteilt.
Geöffnet Mitte Mai bis Mitte September täglich 9–20 Uhr. €2,50, Kinder ab 8 Jahren €1,50. Tel. 09173 359. www.thalmaessing.de

13 Waldfreibad Pleinfeld
GPS N 49°06'35.4", E 10°58'28.0"
Das Waldbad verfügt über ein großes Becken mit Breitrutsche, ein Fun-

Becken mit Schaukelbucht, Massagedüsen, Bodensprudel, Wasserfall und einer Sitzbank mit Sprudelplätzen sowie ein Kinderplanschbecken. Für die Kleinsten gibt es einen großen Wasser- und Matschbereich mit Staustufen. Im Kiosk bekommt man Eis und Snacks.
Geöffnet Mitte Juni bis August 9–20 Uhr, bis Mitte September 10–19 Uhr. €3,50, Kinder ab 6 Jahren €1,50. Tel. 09144 927254. www.pleinfeld.de

14 Limesbad Weißenburg

GPS N 49°01'28.6", E 10°58'22.0"
Im weitläufigen Bad stehen ein großes Schwimmerbecken, ein Sprungbecken mit Fünf-Meter-Turm, ein Entspannungsbecken sowie ein großes Erlebnisbecken zur Verfügung. Ein Highlight ist die lange Römerrutsche. Für die Kleinsten gibt es ein Kinderbecken mit kleiner Rutsche, Dusche und Sonnenschutz direkt neben der Liegewiese.
Geöffnet Mai bis September 9–19 Uhr, Juni bis August 9–20 Uhr. Tageskarte €3,70, Kinder 4 bis 17 Jahre €2,50, Familie €9,50. Tel. 09141-999550. www.limesbad.de

15 Bechtaler Weiher

GPS N 49°01'19.8", E 11°10'49.6"
Naturbadeteich in herrlicher Tallage direkt am Fluss Anlauter mit großer Liegewiese und kostenfreiem Parkplatz. Im Ort gibt es zwei Hofläden und oberhalb des Weihers ragt die Burgruine Bechtal auf.

16 Freibad Beilngries

GPS N 49°01'37.5", E 11°28'23.3"
Es gibt ein 50-Meter-Schwimmerbecken mit Rutsche und ein Planschbecken. An der Liegewiese stehen ein Spielplatz, zwei Beachvolleyballplätze und eine Tischtennisplatte zur Verfügung. Sonnenschirme und Liegen können kostenlos ausgeliehen werden.
Geöffnet Mo bis So 9–19.30 Uhr, ab 1. September 10–18 Uhr. Tageskarte €2,50, Kinder ab sechs Jahren €1,50, Familie €5,50. Tel. 08461 7212. www.beilngries.de

17 7-Täler-Panoramabad Dietfurt

GPS N 49°02'25.1", E 11°33'58.1"
Das Panoramabad liegt idyllisch am Waldrand inmitten der Natur und mit herrlichem Ausblick über den Ort. Es verfügt über ein beheiztes Schwimmbecken mit Sprungturm, ein Nichtschwimmerbecken mit Wasserschwall- und Jetanlage, eine Röhrenrutsche sowie einen Kleinkinderbereich.
Geöffnet Mo 13–20 Uhr, Di bis So 9.30–20 Uhr. €3, Kinder €1,50, Familie €6. Tel. 08464 473. www.dietfurt.de

18 Naturbad Breitenbrunn

GPS N 49°04'46.3", E 11°37'23.9"
Das Naturbad filtert sein Wasser ohne Chemie. Es liegt direkt am Campingplatz am Ortsrand von Breitenbrunn. Es steht ein großes naturbelassenes Becken mit Schwimmer- und Nichtschwimmerbereich zur Verfügung. Eine große Liegewiese mit schattenspendenden Bäumen lädt zum Entspannen ein.
Zugang während der Badesaison Mai bis Mitte September 9–19 Uhr, kostenfrei. Tel. 09495 94030. www.breitenbrunn.de

Badespaß drinnen

19 Erlebnisbad Berle

GPS N 49°06'42.4", E 11°26'17.3"
Der große Erlebnisbereich mit Strömungskanal, Nackendusche, Rutsche, Massagendüsen, Kinderplantsch- und Aktionsbecken ist ideal für Familien. Highlight für größere Kids ist die große Röhrenrutsche. Eltern finden Entspannung im Hot-Whirl-Pool, in den Kneippduschen oder im großzügigen Dampfbad.
Geöffnet Mo bis Fr 10–20.30 Uhr, Sa, So, Feiertags 9–19.30 Uhr. Preise für 2,5 Stunden: Erwachsene €5,50, Kinder und Jugendliche €3,50. Kinder unter 6 Jahren sind frei. Am Festpl. 4, 92334 Berching, Tel. 08462 27373. www.berching.de

20 Gredinger Sport- und Freizeitbad

GPS N 49°02'38.1", E 11°21'24.4"
Das Ganzjahresbad verfügt über ein großes Becken mit Nichtschwimmer-

zone und Massagedüsen. Im Sommer sorgt das Außenbecken mit Rutsche und Spielplatz zusätzlich für Spaß. Die Attraktion für die Kleinsten ist das Planschbecken mit Schiffchenkanal und Wasserfall. Für Eltern gibt es die neugestaltete Saunalandschaft mit finnischer Blocksauna, Sanarium, Dampfbad und Ruhetempel.
Geöffnet Mo 13–16 Uhr, Do, Sa, So und Feiertags 9–20 Uhr, Di, Mi, Fr 13–20 Uhr. 1,5 Stunden €3, Jugend 6 bis 17 Jahre €2, Kinder 2 bis 5 Jahre €1. Tel. 08463 1265. www.greding.de

Kultur und Museen

21 Archäologie Museum

GPS N 49°02′44.6″, E 11°21′08.5″
Im Museum sind Funde der archäologischen Grabungen bei Großhöbing und aus Greding ausgestellt. Der Museumsrundgang führt von der Eiszeit bis ins hohe Mittelalter. Das Highlight ist die rekonstruierte Grablegung von fünf Kriegern aus der Zeit um 700 nach Christus. Von Mai bis Oktober gibt es einmal im Monat für €4 eine 60-minütige Führung.
Geöffnet Mo, Di 9–12 und 14–16 Uhr, Mi, Fr 9–12 Uhr, Do 9–12 und 14–17.30 Uhr, So und Fr 13–18 Uhr. €4, Kinder 7 bis 17 Jahre €2, Familie €10. Marktplatz 8, 91171 Greding, Tel. 08463 90460. www.greding-museum.de

22 Bayerisches Limes Informationszentrum

GPS N 49°01′53.8″, E 10°58′14.4″
Eine Ausstellung nicht nur zum Anschauen! Wer in die Welt der Römer eintauchen möchte, kann hier auch selbst in den Helm eines römischen Gladiators schlüpfen.
Geöffnet Mitte März bis Mitte November 10–17 Uhr. Mitte November bis Dezember 10–12.30 und 14–17 Uhr. Eintritt frei. Doktor-Martin-Luther-Platz 3–5, 91781 Weißenburg in Bayern, Tel. 09141-907189. museen-weissenburg.de

23 Erlebniswelt Wasserstraße

GPS N 49°03′19.0″, E 11°27′52.6″
In der ehemaligen Mühle direkt am Main-Donau-Kanal gibt es für die Besucher Spannendes zu den Themen Schifffahrt und Wasserstraßen zu erfahren. Die interaktiven Stationen, wie zum Beispiel die Hörstation, an der Schifffahrer und Bauingenieure erzählen, machen den Besuch für Groß und Klein zum Erlebnis. Am Schifffahrtsimulator können Kinder selbst zu Kapitän oder Kapitänin werden.
Geöffnet März bis Anfang November 8–18 Uhr. Eintritt frei. Gösselthalmühle 2, 92339 Beilngries, Tel. 08461 64110. beilngries.de

24 Geschichtsdorf Landersdorf

GPS N 49°03′47.4″, E 11°14′58.2″
Im Thalmässinger Thalachtal wurden schon in der Steinzeit Menschen sesshaft. Während im Archäologischen Museum in Thalmässing Fundstücke und Mitmach-Elemente Einblicke in die frühgeschichtliche Zeit geben, kann man im Geschichtsdorf in Landersdorf die Steinzeit direkt erleben. Die drei originalgetreu rekonstruierten Häuser aus der Steinzeit, der Zeit der keltischen Besiedelung und das Bajuwarenhaus sind begehbar. Einmal jährlich findet im Geschichtsdorf ein Keltenfest statt.
Die Häuser sind frei zugänglich. www.thalmaessing.de

25 Mühle Dietfurt

Einst lieferte die mittlerweile 550 Jahre alte Mühle in Dietfurt den Strom für die gesamte Stadt. Noch heute läuft die historische Mühle mit ihren 53 Lederriemen, die allein durch Wasserkraft betrieben werden. Sie ist damit die letzte immer noch mit alter Technik funktionstüchtige Mühle in der Region.
Geöffnet täglich von 8–20 Uhr. Führungen finden um 10, 14, 16 Uhr bei laufender Mühle statt. Erwachsene €3 (bei stehender Mühle) bzw. €4 (bei Führung mit laufender Mühle), Kinder bis 16 Jahre €1,50 bzw. €2. muehle-dietfurt.jimdo.com

26 Dinosauriermuseum Altmühltal

GPS N 48°57'8.5",E 11°28'8.2"

Im Dinopark Altmühltal bei Denkendorf gibt es Urzeit-Geschichte hautnah zu erleben. Zum Park gehört eine Museumshalle mit echten Fossilien. Hier stehen auch die Knochen eines riesigen Tyrannosaurus Rex und das Skelett eines Archaeopterix. In der Mitmachhalle können Kids auch selbst den Hammer schwingen und nach Fossilien suchen.

Ergänzt werden die Infos im Museum mit einem 1,5 Kilometer langen Rundweg durch den Wald, in dem sich Dinosaurierfiguren in Lebensgröße verstecken. Im Wald steht auch ein großer Picknickplatz zur Verfügung.

Eintritt €19,50, Kinder 4 bis 14 Jahre €12,50. Kinder unter 4 Jahren sind frei. Rabatte für Gruppen, Senioren und Familien sind möglich. www.dinopark-bayern.de.

Freizeitspaß

27 Minigolf Weißenburg

GPS N 49°01'28.6", E 10°58'22.0"

Die Turnieranlage mit 18 gut gepflegten Bahnen liegt direkt neben dem Limes-Freibad. Ein Imbiss mit überdachter Sonnenterasse lädt anschließend zum Verweilen ein.

Geöffnet Mai, Juni und September Di bis So und Feiertags 14–18 Uhr, Juli und August bis 19 Uhr. €3, Jugend bis 17 Jahre €2,50. Badstraße 5. www.limesbad.de

28 Fürst Carl Sommerrodelbahn

GPS N 49°05'39.7", E 10°59'23.8"

Bei schönem Wetter kann man auf dem Freizeitgelände der Fürst-Carl-Brauerei in Pleinfeld nahe des Brombachsees Minigolf spielen, Bungee-Trampolin springen oder auf der Sommerrodelbahn eine rasante Fahrt mit dem Bob wagen.

Geöffnet Sa und So 13–18 Uhr. Tageskarten (alles inklusive) €13,50, Kinder 3–14 Jahre €11.

Nur Sommerrodelbahn €3,50, Kinder 3 bis 7 Jahre €1,50, Teens 8 bis 14 Jahre €2,50. Gewerbepark Ausfahrt B2, 91785 Pleinfeld. Tel. 09144 924054. www.fuerst-carl.de

Tiere und Natur

29 Jagdfalkenhof Schloss Rosenburg

Das mittelalterliche Schloss Rosenburg thront majestätisch auf der Felsnase über der Stadt Riedenburg. In der einmaligen Kulisse werden zwei Mal täglich Flugshows mit frei fliegenden Greifvögeln gezeigt. Eine Besichtigung der Burg und viel Wissenswertes um die Könige der Luft runden das Erlebnis ab.

Geöffnet April bis Mitte Oktober. Flugschau Di bis So um 11 und 15 Uhr. €8, Kinder 5 bis 15 Jahre €5.

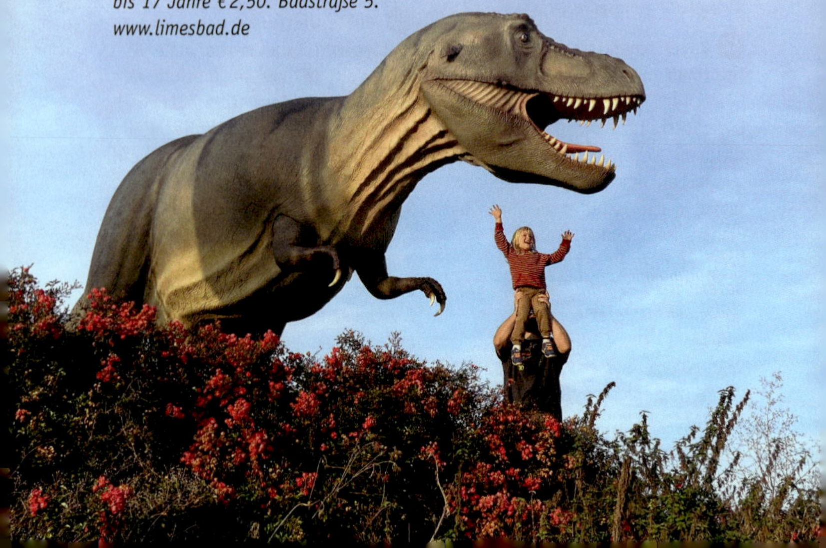

Schloßweg 7, 93339 Riedenburg, Tel. 09442 2752. falkenhofrosenburg.de

30 Kutschfahrten

GPS N 49°07'46.3", E 11°07'33.4"
In Heideck kann eine zwei-, vier-, oder fünfspännige Pferdekutsche für den Familienausflug gebucht werden. Die Termine werden individuell abgesprochen.
Preis auf Anfrage bei den Betreibern Ute und Andreas Matern, Ziegelmoos 2, 91180 Heideck, Tel. 09177 487070.

Reiten

31 Reitstall Stenzenhof

GPS N 48°57'08.6", E 11°33'01.7"
Auf dem Reiterhof wird ausschließlich Einzelunterricht angeboten. Für die Kleinsten gibt es Führstunden auf dem Pferd (ab vier Jahren). Feriengäste können in einfachen Zimmern direkt auf dem Hof unterkommen.
Einzelführung (15 Minuten) €15, Longieren oder Unterricht etwa 30 Minuten für Kinder €20, für Erwachsene €25. Stenzenhof 2, 93336 Altmannstein, Tel. 01753 435317. stenzenhof.de

Outdoorsport

32 Altmühltaler Abenteuerpark

GPS N 49°02'09.6", E 11°27'45.4"
Der Abenteuerpark in Beilngries bietet sieben verschiedene Parcours mit unterschiedlichen Schwierigkeitsgraden. Das Klettern ist für Kinder ab sechs Jahren möglich. Für jüngere Gäste gibt es einen Kinderspielplatz.
Geöffnet April bis Oktober 10–19 Uhr. 3 Stunden €27, Jugend 12 bis 15 Jahre €23, Kinder 6 bis 11 Jahre €20, Familie €60. Tel. 08461 602990. www.altmuehltaler-abenteuerpark.de

33 Der sonnige Altmühltaler

GPS N 49°00'13.6", E 11°27'06.3"
Für eine Kanufahrt auf der Altmühl kann man hier Equipment für die ganze Familie ausleihen. Die Einsteiger-Tour ist unsere [› Tour 44].

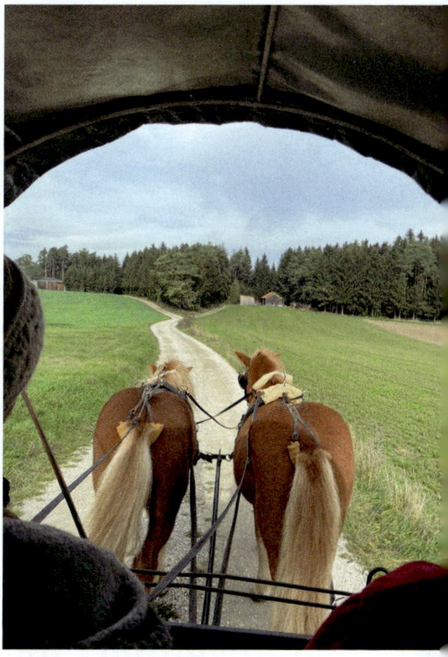

34 Kanuverleih Kanuuh

GPS N 48°56'58.6", E 11°23'21.6"
Hier kann man gleich von der Kanustation in Kipfenberg auf der Altmühl lospaddeln. Angeboten werden Touren mit zwölf bis 16 Kilometern Länge, was für Familien mit Kindern ab sechs Jahren gut zu machen ist. Auch Mehrtagestouren sind möglich.
Halbtagestour €55–75. Tel 08421 2110. www.kanuuh.de

35 Kanuverleih Aktivmühle

GPS N 48°53'29.6", E 10°59'58.9"
In der Aktivmühle können Kanus für Halbtages- oder Tagestouren gemietet werden. Außerdem gibt es auch eine geführte Familientour. Hier wird nicht nur Kanu gefahren. Die erfahrenen Guides halten mit den Kids Ausschau nach Biberspuren oder laden zum Volleyball-Match am Ufer ein, während die Eltern gemütlich Pause machen. Die Tour startet in Dietfurt, und verläuft bis Solnhofen und ist für Kinder ab vier Jahren geeignet.
Erwachsene €59, Kinder 3 bis 12 Jahre €39, Jugendliche 13 bis 16 Jahre €49. Tel. 09145 836818, www.aktivmuehle.de

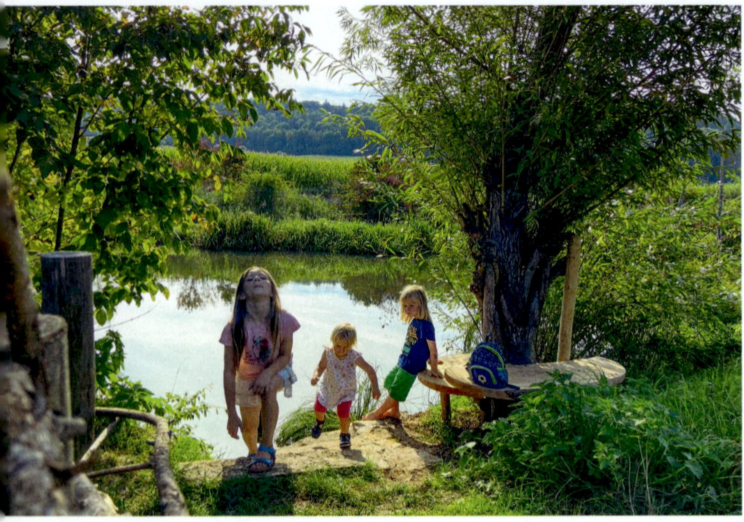

80 m

STRECKE 9,2 km

3 h 15

ab 6

Tour 40: Steinzeitdorf und Biberspielplatz

Von Dietfurt nach Töging und an der Altmühl entlang

Bei dieser abwechslungsreichen Wanderung durch das malerische Altmühltal ist das Thema Wasser von zentraler Bedeutung. Von der historischen Altstadt Dietfurt geht es über den Barfußpark zum Main-Donau-Kanal und in ein Steinzeitdorf. Höhepunkt der Wanderung ist der Biberspielplatz in Töging. Auf dem Rückweg kreuzen wir die Altmühl und zum Schluss besuchen wir den Generationenspielplatz und die Eisdiele am Marktplatz.

Wanderung: Vom Parkplatz laufen wir zunächst die Maxstraße entlang und biegen nach rechts in die Weiherstraße ab. Hier überqueren wir die **Brücke**, biegen nach links ab und sehen bereits den **Barfußpark** ① auf der linken Seite. Wir tasten uns über den Pfad mit verschiedenen Untergründen und finden Abkühlung im Fluss.

Anschließend folgen wir der Straße und der **blauen Wandermarkierung »W1, Dietfurter Wasserwege«** und erreichen bald das Ortsende. Wir laufen durch die Unterführung unter der Landstraße und biegen links ab in Richtung Sportboothafen.

Am **Hafen** ② geht es rechts ab – nun auf dem »W2« der Dietfurter Wasserwege. Er ist hier auch als Kanalradweg ausgeschildert. Kurz darauf erreichen wir bereits den Main-Donau-Kanal und laufen den schnurgeraden, ebenen Weg am Wasser entlang bis zur **Schleuse** ③. Mit etwas Glück liegen gerade einige Schiffe

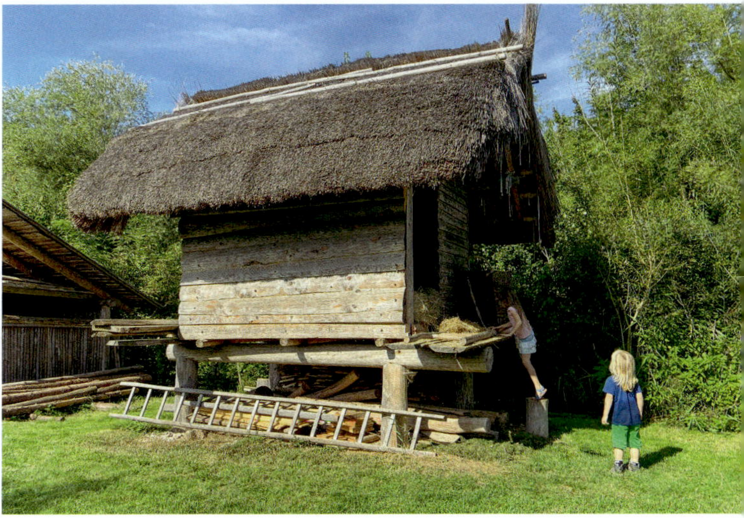

in der Schleuse und wir können beobachten, wie das Schleusen funktioniert.

Wir halten uns rechts, laufen hinauf zur Schleuse und überqueren diese. Auf der anderen Flussseite biegen wir nach links ab und bleiben weiter auf dem Wasserwanderweg W2. Hier sehen wir bereits das **Steinzeitdorf Alcmona** ④. Im rekonstruierten Dorf finden wir Hütten, Ställe und Werkstätten, die zeigen, wie Menschen in der Steinzeit gebaut und gelebt haben. Das Gelände ist offen begehbar und wir können uns in aller Ruhe umsehen.

Geschichte erleben im Steinzeitdorf Alcmona

Das gesamte Dietfurter Tal ist voller steinzeitlicher Funde und Relikte einer früheren Zeit. Im Steinzeitdorf Alcmona wird diese Geschichte erlebbar. Die rekonstruierten Gebäude zeigen dabei, wie das Leben und Arbeiten in dieser Zeit funktioniert haben. Dass dieser Ort wahrlich lebt, erkennt man an den regelmäßigen Veranstaltungen, die dort stattfinden, zum Beispiel Korbflechten, Kräuterkurse, Konzerte und vieles mehr. Informationen und aktuelle Veranstaltungen gibt es unter www.alcmona.de.

TOUREN-STECKBRIEF

Anfahrt: Von der B 299 Neumarkt - Neustadt a.d. Donau geht es in Beilngries Richtung Dietfurt ab. An der ersten Kreuzung bei Dietfurt links abbiegen in die Bahnhofstraße Richtung Innenstadt. Nach der Kurve rechts abbiegen in die Weiherstraße und anschließend links in die Maxstraße. Der große, kostenfreie Parkplatz befindet sich hier am Ende der Straße bei **GPS N 49°02′02.8″, E 11°35′09.0″**.

Anspruch und Charakter: Abwechslungsreiche Wanderung mit viel Wasser und spannenden Erlebnisstationen, meist über ebene, befestigte Wege. Bis auf ein kleines Stück im Wald Kinderwagentauglich.

Highlights: Barfußpark, Steinzeitdorf, Wasser- und Kletterspielplatz, Bibererlebnispfad, Generationenspielplatz, Kneippbecken.

Einkehr: Gasthaus zum Schloßwirt in Töging, Gasthaus Griesstetten, Gastwirtschaften in Dietfurt.

In der Nähe: Panoramabad Dietfurt, Mühlenmusem Dietfurt.

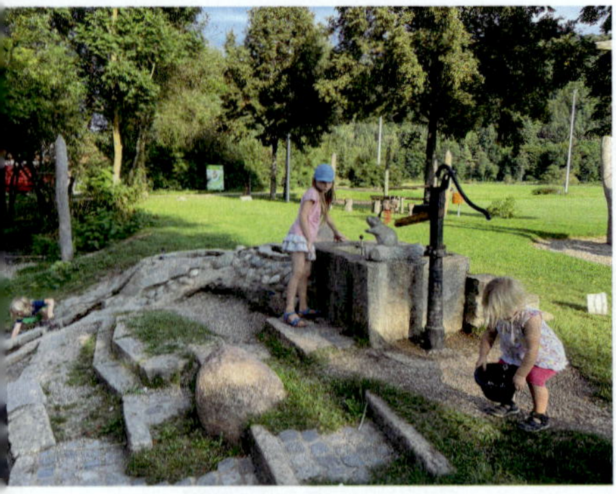

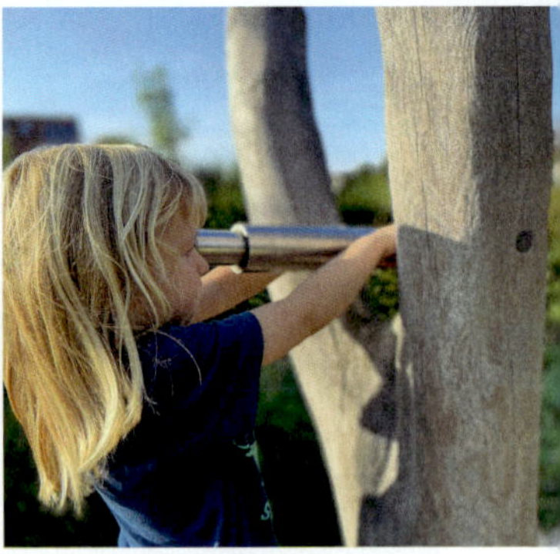

Dann spazieren wir auf dem Schotterweg weiter über die Felder, bis wir am Ende des Weges einen **Picknickplatz** ⑤ erreichen. Hier biegen wir nach rechts ab und wechseln auf den asphaltierten Rad- und Wanderweg. Durch eine Allee laufen wir in die Ortschaft Töging.

Hinter der Brücke über den Fußweg geht es links und wir erreichen das **Schloss Töging** mit Brunnen davor. An der Hauptstraße biegen wir links ab und laufen weiter. Auf der rechten Seite gibt es ein **Gasthaus mit schönem Biergarten** ⑥, in dem man gut Rast machen kann.

Wir laufen weiter und sehen die Bushaltestelle auf der gegenüberliegenden Seite am Sportplatz. Hier überqueren wir die Straße, biegen in die Angerstraße ein und überqueren die **Brücke**. Hier beginnen der **Biberpfad** und der dazugehörige weitläufige **Spielplatz** ⑦. Neben einem Kletterparcours aus Baumstämmen und mehreren Schaukeln, Wippen und einer Rutsche gibt es hier auch einen großen Wasserspielplatz, auf dem Kinder Dämme und Staustufen im Wasser bauen können wie ein Biber. Der Biber und sein Lebensraum sind auch das Thema des Spielplatzes.

Nach einer ausgedehnten Pause wandern wir auf dem frei geschotterten Weg weiter entlang des **Bibererlebnispfades**. Da-

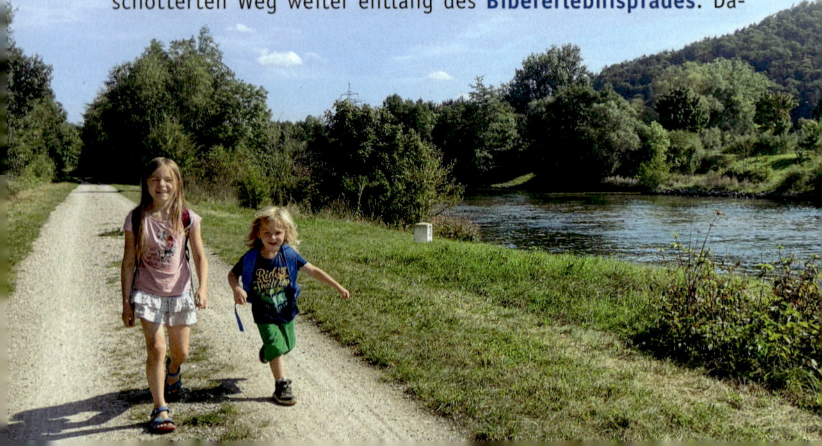

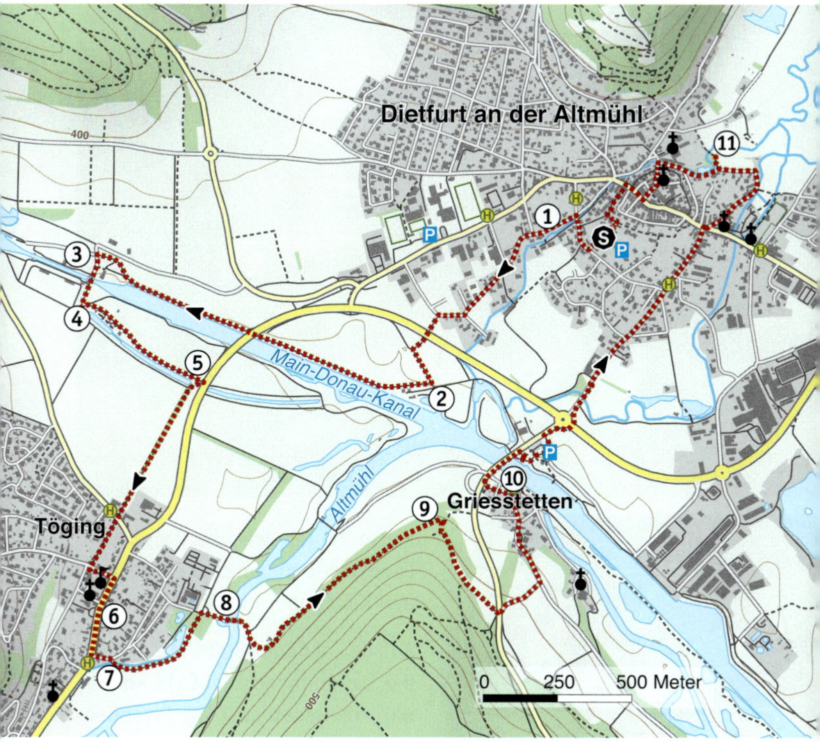

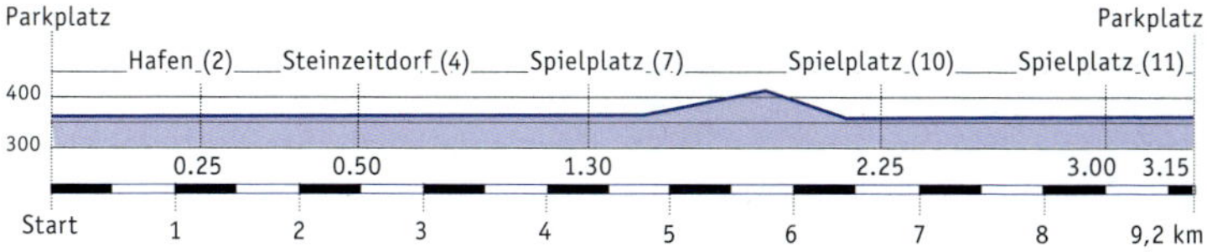

bei kommen wir an Stationen wie dem Insektenhotel, dem Fernrohr und der Hängematte vorbei. Der Biber als Maskottchen erklärt dabei auf kindgerechte Art seinen Lebensraum. Am Ende des Pfades biegen wir rechts ab und erreichen einen **Picknickplatz** ⑧ direkt an der Altmühl.

Über eine **Eisenbrücke** überqueren wir dann den Fluss und treffen sogleich auf eine **Kreuzung**. Hier ist Aufmerksamkeit nötig: Unser Weg führt auf dem Pfad mit der Markierung »Altmühltaler Panoramaweg« in den Wald hinein. Wir wandern den schmalen Wald- und Wiesenpfad stetig bergauf, erreichen schließlich am Ende eine **Treppe** ⑨ und steigen rechts hinauf. Am Waldrand entlang führt der Weg schließlich zur **Landstraße**, welche wir hier überqueren.

Über die geteerte Straße geht es dann links hinab in den Ort **Griesstetten**. Beim Gasthaus biegen wir links ab und erreichen einen weiteren **Spielplatz** ⑩ mit Blick zum Kanal. Nach einer

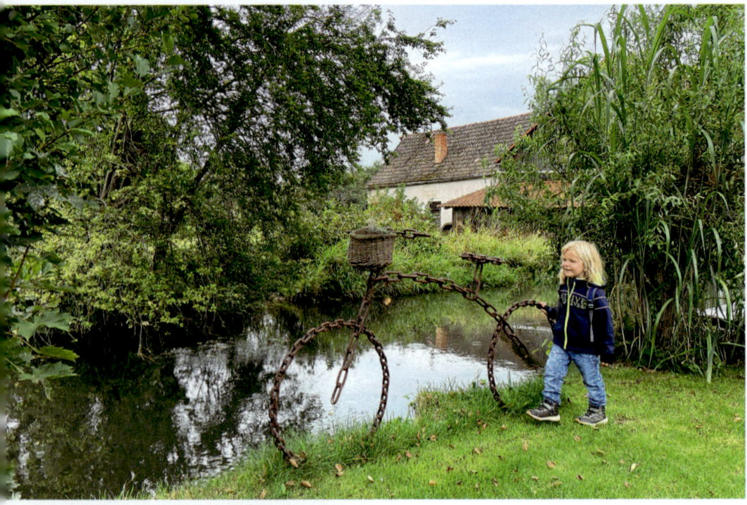

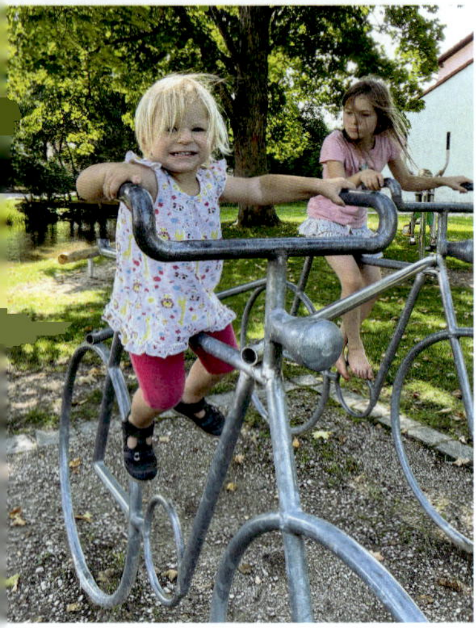

Pause laufen wir die Treppe zur Landstraße hinauf und überqueren den Kanal über die **Brücke**.

Auf der anderen Seite steigen wir die Stufen hinab zum **Café am Kanal**. Hier legen auch die Personenschiffe auf der Altmühl an und ab. Über den **Wohnmobilstellplatz** erreichen wir den Radweg, auf dem wir parallel zur Straße in Richtung Dietfurt gehen. Im Ort folgen wir der Griesstetter Straße bis zur Hauptstraße. Dort sehen wir die **Kirche** und laufen links davon in die Frauengasse.

Vorbei an den alten Häusern folgen wir der Gasse entlang bis zum **Bach mit Brücke**. Wir folgen dem Straßenverlauf nach links und erreichen den **Generationenpark mit Spielplatz** ⑪, der im Schatten großer Bäume liegt.

Vom Spielplatz geht es zurück zur Straße und rechts in den schmalen Weg entlang des Baches. Wir passieren eine **Kneippanlage** und sehen auf der rechten Seite das **Franziskanerkloster**. Hier biegen wir links in die Klostergasse ab, kommen an der **Kirche St. Ägidius** vorbei und halten uns an der übernächsten Kreuzung rechts. Wenige Schritte auf der Hauptstraße bringen uns zum historischen Marktplatz, wo wir uns zum Abschluss ein Eis holen können. Hinter der Metzgerei zweigt dann die Ledergasse ab, der wir zurück zum Parkplatz folgen.

Der Biber

Der Biber ist eines der größten Nagetiere der Welt und wird in zwei Arten unterteilt: den europäischen und den kanadischen Biber. Früher wurde der nachtaktive Nager exzessiv gejagt. Beliebt waren vor allem sein Fleisch und das Fell. Heute haben sich viele Biber wieder in Deutschland und insbesondere in der Fränkischen Alb angesiedelt, was vor allem den weitläufigen Schutzprogrammen und Auswilderungen in den letzten 50 Jahren zu verdanken ist. Biber leben in langsam fließenden und stehenden Gewässern mit Gehölzen nahe am Ufer und sind in vielen Flüssen und Seen der Region zu finden. Die Altmühl mit ihrer moderaten Strömung ist ein besonders beliebtes Biberrevier.

Flinker Schwimmer

Biber leben in selbst gebauten Höhlen, deren Eingang unter der Wasseroberfläche liegt, sodass sie in ihrem Bau vor Feinden sicher sind. Sie verbringen viel Zeit im Wasser und haben deshalb Schwimmhäute zwischen den Zehen. Während der Biber an Land häufig plump und behäbig wirkt, ist er im Wasser flink unterwegs und kann ausgezeichnet schwimmen und tauchen. Sein breiter, platter Schwanz, auch Kelle genannt, dient ihm beim Schwimmen als Ruder. Die stromlinienförmige Gestalt des Bibers ist dabei ideal, um den Energieverbrauch im Wasser niedrig zu halten. Durch seinen kompakten Körperbau entsteht außerdem ein sehr gutes Verhältnis von Körperoberfläche zu Körpervolumen, wodurch dem Tier im Wasser nicht zu viel Wärme verloren geht.

Kräftiger Biss

Am Ober- und Unterkiefer besitzt der Biber je zwei Schneidezähne, die bis zu dreieinhalb Zentimeter lang sind und nie aufhören zu wachsen. Die orange Färbung der Zähne sowie die damit verbundene Härte sind auf den Eisenoxidgehalt

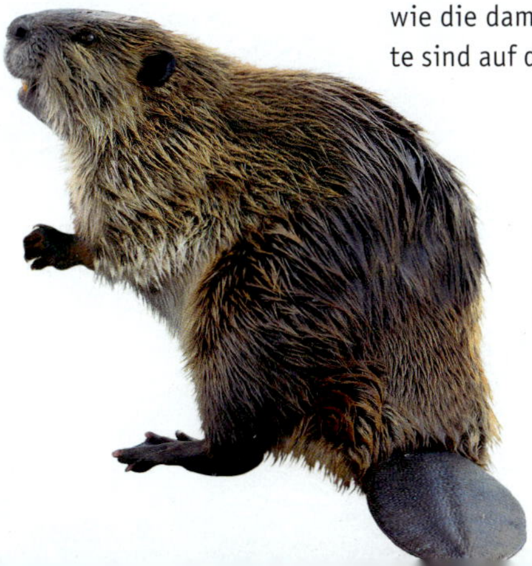

Biber haben ein dichtes braunes Fell und sind ganz eindeutig an ihrem breiten platten Schwanz zu erkennen, der ihnen im Wasser als Antrieb und Steuerruder dient.

Lebensraum Altmühltal

Der Biber bevorzugt langsam fließendes Gewässer mit einer ausreichenden Tiefe und genügend Baumaterial im unmittelbaren Umfeld. Im Altmühltal findet er perfekte Bedingungen. Die gut bewachsenen Ufer der Altmühl sowie die erdigen Uferkanten, in denen er gut graben kann, bieten einen idealen Lebensraum. Bei einer Kanufahrt entlang der Altmühl [› Tour 44] können wir den ein oder anderen Biberbau sehen und die Tiere beobachten. Die Nähe der Menschen stört Biber nur selten.

des Zahnschmelzes zurückzuführen. Durch das gegenseitige Abschleifen der oberen und unteren Zähne sind die Zähne immer messerscharf. Biber können so mit Leichtgkeit Sträucher zernagen und auch mächtige Bäume in wenigen Tagen fällen.

Landschaftsgestaltung

An den Bissspuren an ufernahen Bäumen kann man den Lebensraum des Bibers erkennen. Biber sind Vegetarier. Am liebsten fressen sie die jungen Zweige und Knospen hoch oben aus den Baumkronen. Im Winter wird aber auch Baumrinde akzeptiert. Als Futter bevorzugen die Tiere Weichhölzer wie Weiden und Pappeln.

Aus den größeren Ästen der gefällten Bäume wird dann der Biberbau gebaut, der einer richtigen Burg gleicht. Dazu braucht der Biber einen stillen Teich mit einem bestimmten Wasserstand, der den Höhleneingang unter Wasser hält. Wenn so ein Platz nicht zu finden ist, baut das Tier ihn einfach selbst. Aus Zweigen und Ästen errichtet er einen Damm, um den Bach zu stauen. Damit schafft er auch für viele weitere Tier- und Pflanzenarten einen geeigneten Lebensraum und trägt wesentlich zur Dynamik von Flusslandschaften bei. Vom Biber gestaltete Flüsse bieten einen sehr guten Hochwasserschutz.

Ein Biberdamm staut einen Bach zu einem flachen Teich.

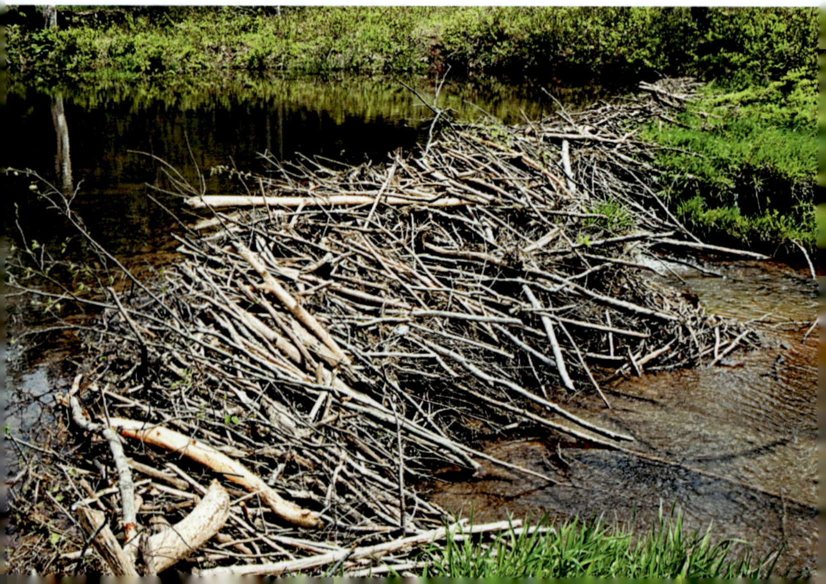

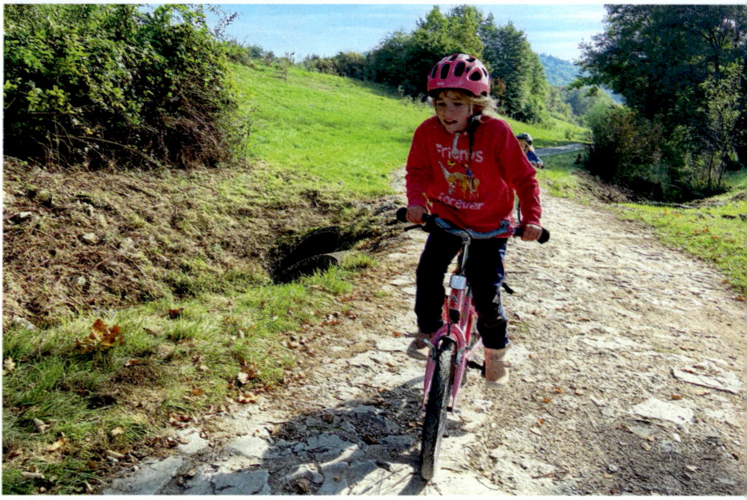

Tour 41: Radtour am Main-Donau-Kanal

80 m

STRECKE 20,5 km

2 h 30

ab 8

Von Beilngries nach Berching und zu zwei Wasserspielplätzen

Diese Radtour zwischen der Sulz und dem Ludwig-Main-Donau-Kanal führt von Beilngries nach Berching und stetig am Wasser entlang. Noch mehr Wasser gibt es auf den beiden großen Wasserspielplätzen. Die gesamte Strecke verläuft auf ebenen, meist befestigten Wegen und Straßen, größtenteils am Kanal entlang, sodass sie auch für kleine Radler und Radlerinnen geeignet ist.

Fahrradtour: Vom Parkplatz Mittelmühle fahren wir auf dem schmalen Schotterweg direkt rechts an der Sulz entlang. Am Ende des Pfades sehen wir oberhalb die Straße. Hier steigen wir ab und schieben um die enge Rechtskurve, bis wir die Straße erreichen. An der Kreuzung mit der **Neumarkter Straße** überque-

TOUREN-STECKBRIEF

Anfahrt: Von der A 9, Ausfahrt Altmühltal geht es zunächst durch Kinding, dann am Kratzmühlsee vorbei und nach Beilngries. In der Stadtmitte von Beilngries geht es geradeaus durch den Kreisverkehr und anschließend nach links Richtung B 299 / Neumarkt. Kurz vor der Bundesstraße rechts abbiegen in den Mittelmühlweg. Der große kostenlose Parkplatz befindet sich neben dem Acker auf der rechten Seite direkt an der Sulz. **GPS N 49°02'11.3", E 11°28'30.6".**

Anspruch und Charakter: Schöne Fahrradstrecke am Kanal entlang, auf befestigten Radwegen oder kleinen Straßen.
Highlights: Insgesamt fünf Spielplätze, davon zwei mit Wasserspielplatz, Eis essen in der mittelalterlichen Altstadt von Berching.
Einkehr: Gastwirtschaften in Beilngries und Berching.
In der Nähe: Erlebnisbad Berle in Berching, Altmühltaler Abenteuerpark.

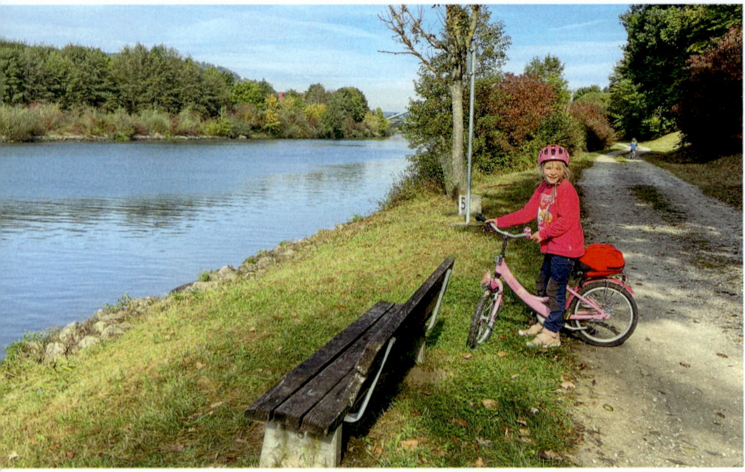

ren wir die Straße und biegen anschließend nach rechts in den **Stadtpark** ab. Am Weiher mit Springbrunnen vorbei radeln wir durch den Park und sehen am Ende die Hinweisschilder für Radfahrer. Vorbei an der **alten Bahnstation**, welche wir auf der linken Seite sehen, fahren wir den Berg hinauf und überqueren auf dem Radweg die **Brücke über den Kanal** ①.

Kurz nach der Brücke biegen wir in einer scharfen Linkskurve ab und fahren hinab zum **Radweg entlang des Kanals**, dem wir nach rechts folgen. Auf dem fein geschotterten, ebenen Weg geht es gemütlich am Wasser entlang. Hin und wieder sehen wir ein Schiff oder Motorboot vorbeifahren und genießen den Ausblick über die grünen Auen. Am **Altwasser** entlang, in dem wir oft Vögel beobachten können, fahren wir über eine schmale **Holzbrücke** ② und erreichen bald darauf **Gösselthal**.

Hier befinden sich die **Erlebniswelt Wasserwege** ③ sowie ein gemütlicher Rastplatz und ein kleiner Kletterspielplatz mit einem Holzboot. In der ehemaligen Mühle können Besucher sich über die Themen rund um Wasserstraßen und Schifffahrt informieren.

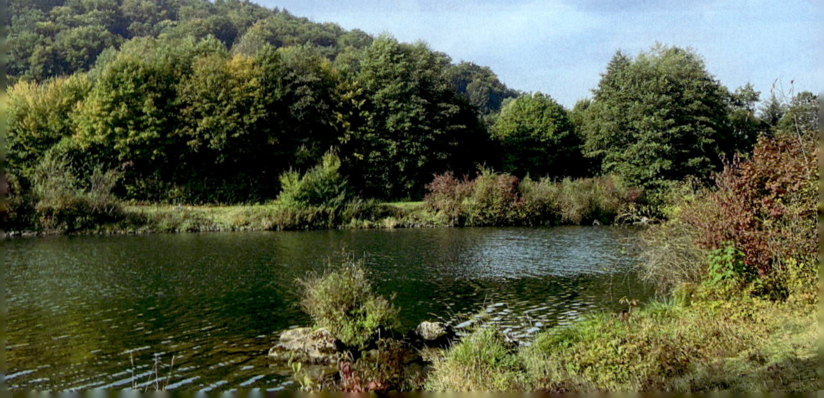

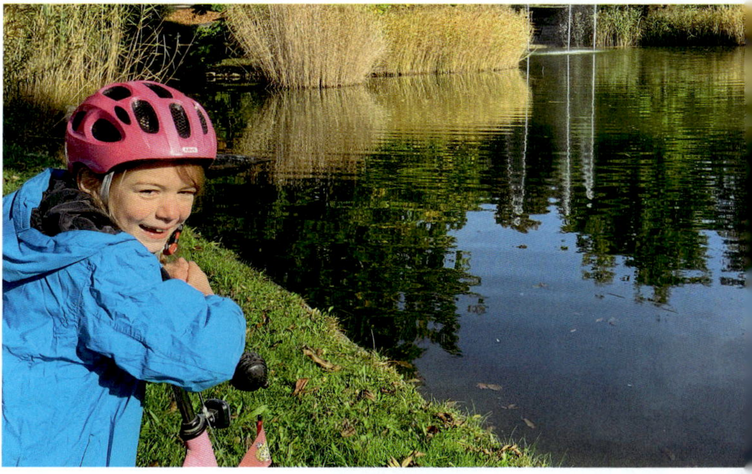

Wir radeln weiter am Wassers entlang und sehen auf der gegenüberliegen Seite des Kanals das **Kloster Plankstetten**. Dann erreichen wir die Brücke nach Eglasmühle, passieren weitere Altwasserarme und kommen an die **Schleuse von Berching** ④. Hier halten wir uns rechts, überqueren auf der Anhöhe die Kreuzung und folgen dem Hinweisschild für Radfahrer geradeaus.

Der asphaltierte Weg mündet hinter der Schleuse wieder in einen Schotterweg. Vor der nächsten Brücke sehen wir auf der rechten Seite eine Anhöhe, auf der sich ein **Obstgarten mit Rastplatz** ⑤ befindet. Von dort haben wir einen wunderbaren Ausblick. Auch die nächste Bank vor der Fußgängerbrücke am Ortsrand von **Berching** lädt noch einmal zur Pause ein, ehe wir die Innenstadt erreichen.

Von der Fußgängerbrücke fahren wir durch eine Allee und sehen auf der rechten Seite das **Stadttor**. Hier wechseln wir auf die Straße, durchqueren das Stadttor und folgen dem Straßenverlauf bis zum **mittelalterlichen Marktplatz**. Wer mag, kann hier in eine der Gastwirtschaften einkehren oder sich mit einem leckeren Eis verwöhnen. Bei der Eisdiele biegen wir dann links ab und radeln durch die Hubstraße zum nächsten **Stadttor**, hinter dem sich der erste große **Spielplatz** ⑥ befindet. Mit Holzburg, Seilbahn, Schaukeln und Rutschen zieht er die Kinder magisch an. Das Highlight ist der Wasserspielplatz, der mit einer Wasserschraube vom Fußweg aus per Hand mit Wasser gespeist wird. Besonders im Sommer sollten hier genug Zeit und unter Umständen Wechselkleidung eingeplant werden.

Nach dem ausgiebigen Toben geht es an der Stadtmauer entlang durch den Park und wir erreichen bald wieder den **Radweg an der Uferpromenade**. Für den Rückweg wechseln wir auf die an-

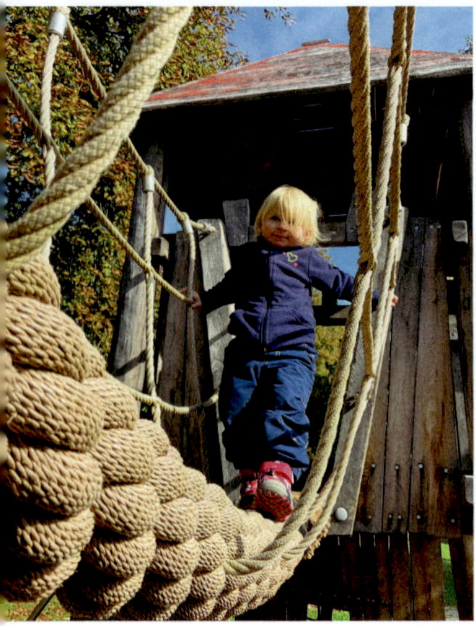

dere Seite des Kanals. Dazu überqueren wir die **Fußgängerbrücke** und biegen nach links ab auf den Radweg, der bald auf eine kleine Nebenstraße mündet. Wir radeln weiterhin parallel zum Kanal und leicht aufwärts. An der nächsten **Kreuzung** ⑦ biegen wir links ab und gelangen zur Schleuse Berching.

Hinter der Schleuse biegen wir rechts ab, um auf der westlichen Seite des Kanals zu bleiben. An der T-Abzweigung halten wir uns links und fahren weiter auf dem Schotterweg am Wasser entlang. Von hier haben wir einen guten Ausblick über das Tal. Bald mündet der Schotterweg in einen gepflasterten Weg und wir erreichen **Eglasmühle**.

In der Ortsmitte überqueren wir die Kreuzung geradeaus und radeln weiter in Richtung Plankstetten. Hier geht es kurzzeitig steil bergauf. Wir durchqueren Plankstetten und biegen im Ortszentrum an der **Kreuzung mit Bank** nach links ab. Von hier aus geht es an der Klostermauer entlang steil bergab und am Ende der Mauer biegen wir rechts ab. Auf der rechten Seite sehen wir das große **Kloster Plankstetten** und radeln weiter zum Ortsausgang, wo wir auf der rechten Seite einen kleinen **Spielplatz** ⑧ sehen.

Jetzt geht es auf einer schmalen Straße gemütlich über Felder und Wiesen nach **Biberbach**, wo wir an der ersten **Kreuzung** ⑨ nach links abbiegen und den Hinweisschildern für Radfahrer folgen.

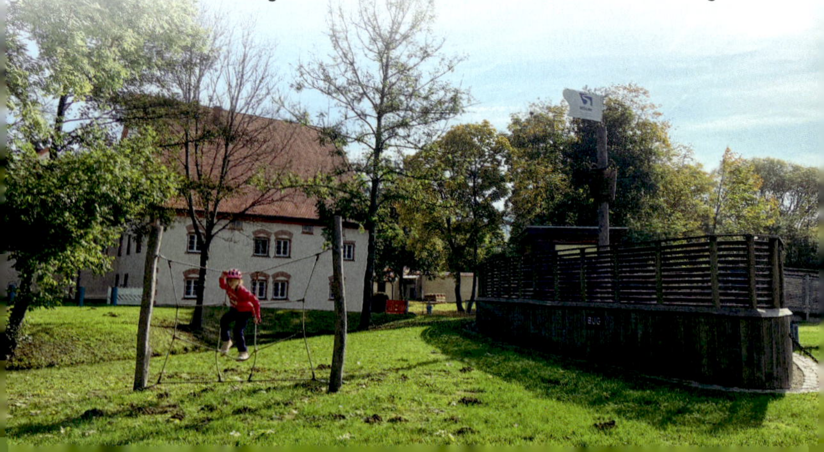

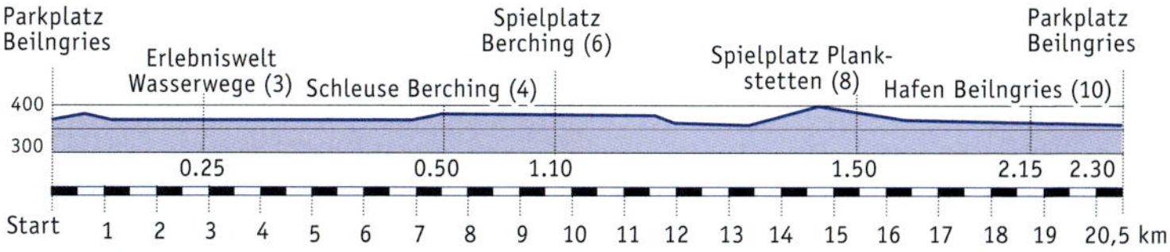
Parkplatz Beilngries
Erlebniswelt Wasserwege (3)
Schleuse Berching (4)
Spielplatz Berching (6)
Spielplatz Plank-stetten (8)
Hafen Beilngries (10)
Parkplatz Beilngries
400
300
0.25
0.50
1.10
1.50
2.15
2.30
Start
1 2 3 4 5 6 7 8 9 10 11 12 13 14 15 16 17 18 19 20,5 km

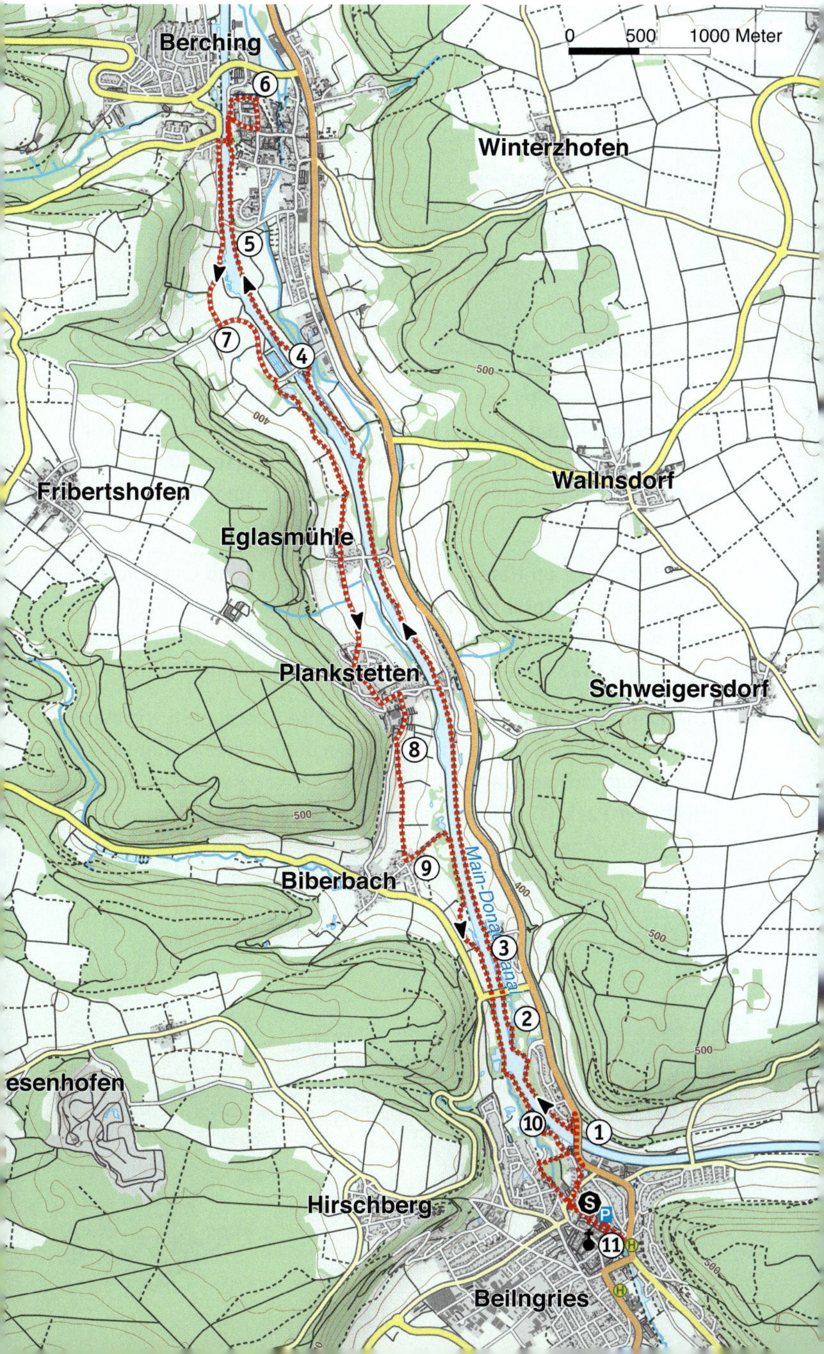
Berching
0 500 1000 Meter
Winterzhofen
Wallnsdorf
Fribertshofen
Eglasmühle
Plankstetten
Schweigersdorf
Biberbach
Main-Donau-Kanal
esenhofen
Hirschberg
Beilngries

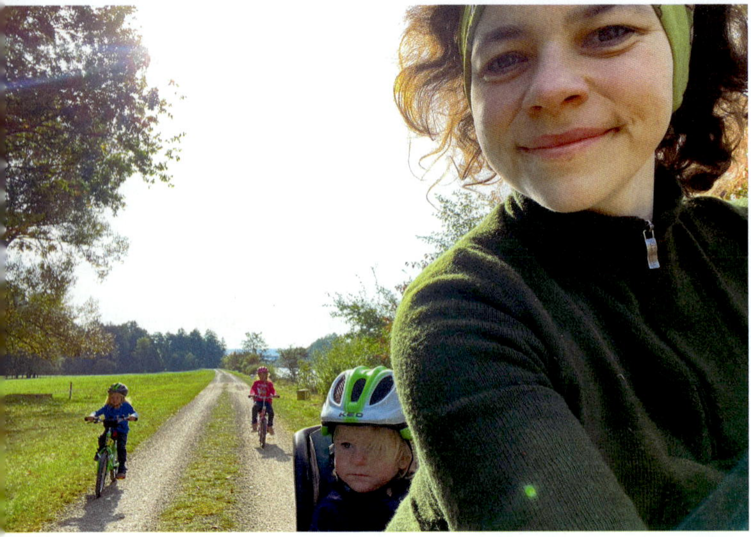

Wir überqueren den schmalen Forellenbach und biegen auf dem **Radweg am Kanal** nach rechts ab Richtung Beilngries. Nach kurzer Fahrt erreichen wir den **Hafen von Beilngries** ⑩, an dem sich ein Spielplatz mit großem Piratenboot und Nestschaukel befindet.

Vom Parkplatz am Hafen biegen wir nach rechts ab und kommen bald über eine **Holzbrücke**. Hinter der Brücke geht es nach links und wir erreichen noch einen kleinen Spielplatz. Dann geht es auf einem Pfad an der Sulz entlang weiter Richtung Innenstadt.

Die **Kreuzung an der Neumarkter Straße** überqueren wir diesmal geradeaus und kommen sogleich in den Sulzpark. Hier sehen wir einige Fitnessstationen und Rastbänke. Auch zum **Spielplatz im Park** ⑪ sind es nur noch wenige Meter. Dort wartet ein weitläufiges Areal mit Kletterturm, Drehkreiseln und großem Wasserspielbereich auf uns. Von dieser letzten Station fahren wir über eine kleine Brücke auf die rechte Seite der Sulz und erreichen kurz darauf den Parkplatz.

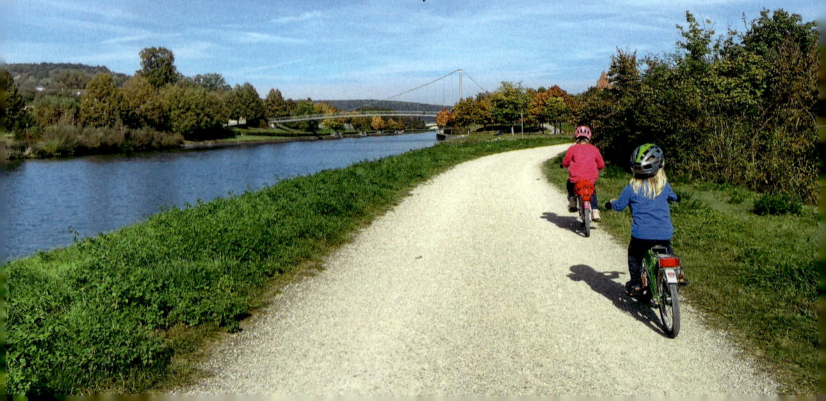

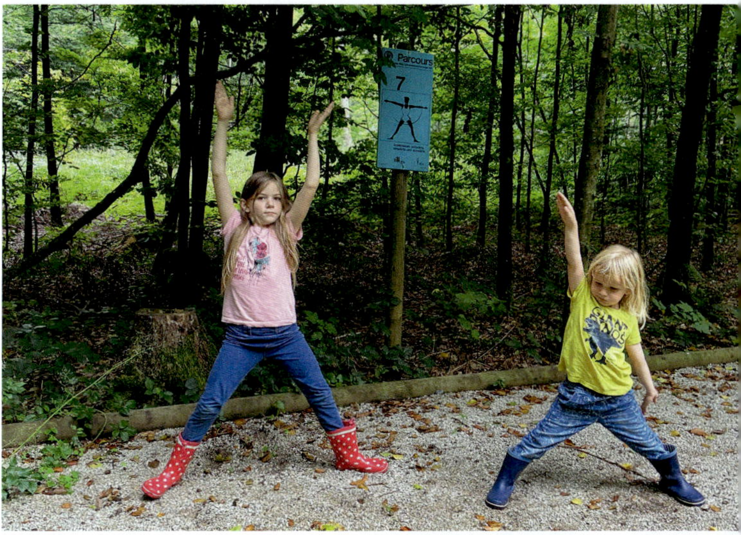

Tour 42:
Hoch über dem Altmühltal

70 m

STRECKE 4 km

1 h 15

ab 4

Auf dem Trimmpfad von Hirschberg

Die kurzweilige Tour beginnt auf dem Bergplateau in Hirschberg, oberhalb von Beilngries im Altmühltal. Über breite, ebene Waldwege geht es auf den Vita-Parcours, der mit seinen 20 Stationen jede Menge Bewegung und Abwechslung verspricht. Anschließend statten wir dem imposanten Schloss von Hirschberg einen Besuch ab und genießen die Aussicht über das liebliche Tal. Der Weg ist barrierefrei und leicht mit Kinderwagen oder Laufrad befahrbar.

Wanderung: Vom Parkplatz am Funkturm laufen wir zunächst in Richtung Wald. An der **Landstraße** ① geht es links an der Straße entlang. Nach knapp 100 Metern biegen wir an der kleinen

TOUREN-STECKBRIEF

Anfahrt: Von der A9, Ausfahrt Altmühltal geht es durch Kinding nach Beilngries. Dort bis zur Stadtmitte fahren und im Kreisverkehr den Abzweig Richtung Hirschberg nehmen. Dem Straßenverlauf den Berg hinauf durch die lange Kurve folgen. Bei Hirschberg links abbiegen Richtung Haunstetten und noch vor der Kapelle links Richtung Sportplatz fahren. Der Parkplatz befindet sich beim Funkturm auf der rechten Seite bei **GPS N 49°02′06.1″, E 11°27′10.2″**.

Anspruch und Charakter: Leichte Wanderung auf breiten Wegen am Vita-Parcours und durch den Ort zum Schloss.
Markierung: Die blauen Schilder des Vita-Parcours auf der Waldrunde.
Highlights: 20 Aktivstationen, Schloss, Spielplatz und Ausblick.
Einkehr: Gasthof zum Hirschen in Hirschberg, weitere Gastwirtschaften in Beilngries.
In der Nähe: Kratzmühlsee, Dino-Minigolf, Altmühltaler Abenteuerpark.

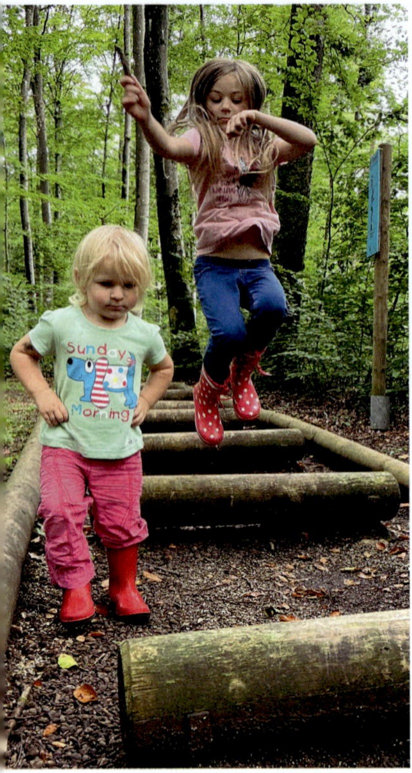

Wegkapelle wieder rechts auf einen breiten Waldweg ab. Diesem folgen wir bis zu einem Wanderparkplatz. Hier beginnt der **Vita-Parcours** (2), der an einer insgesamt 2,5 Kilometer langen Runde durch den Wald liegt.

Die naturnah gestalteten Stationen sind sehr einfach und leicht verständlich gehalten. Meist gibt es eine mit Holzstämmen eingefasste Übungsfläche und eine bildhafte Anleitung zum Nachahmen. Jeder kann nach seinen eigenen Möglichkeiten die vorgeschlagenen Übungen ausprobieren. Die einzelnen Stationen liegen in der Regel nur 200 Meter auseinander, sodass der Anreiz, die nächste Station zu erreichen, ein idealer Motivator zum Laufen ist – auch schon für die Kleinsten. Auf dem ersten Teilstück kommen wir an Stationen vorbei mit Dehnübungen, Hürdenlauf, einem Reck sowie einer Station mit Ringen.

Bald erreichen wir eine **Waldkreuzung** (3), an der wir nach links abbiegen. Wir folgen dem breiten Forstweg, bis wir an der nächsten **Abzweigung** (4) links das kleine blauen Hinweisschild des

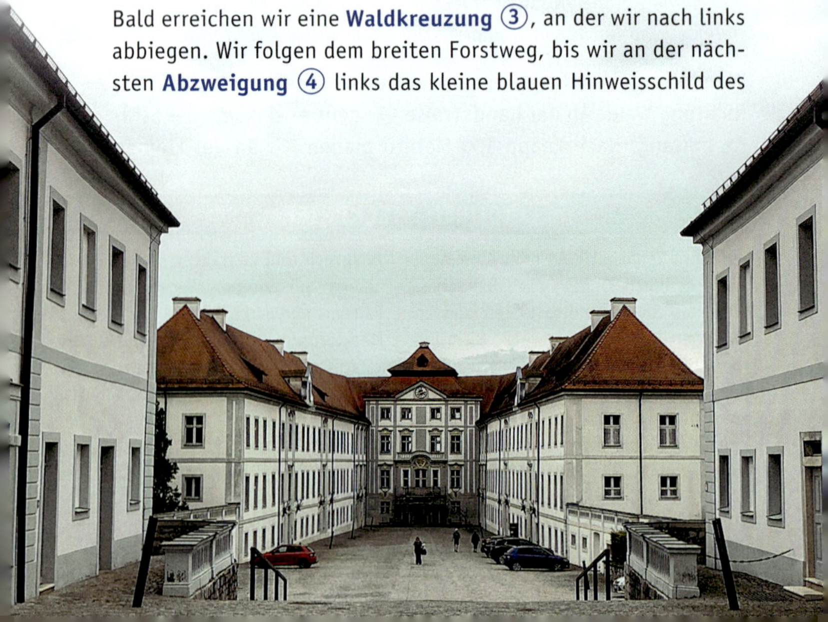

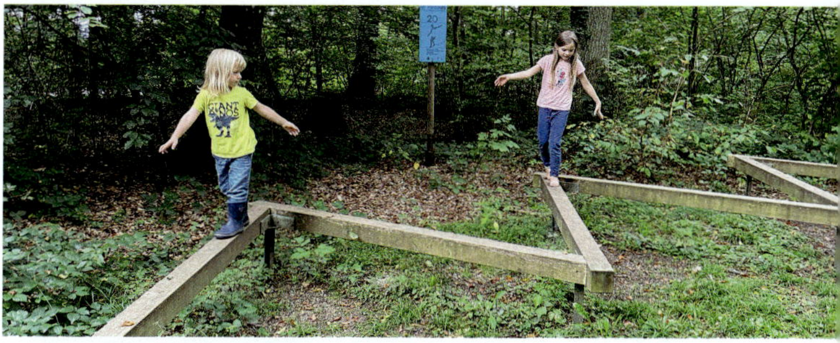

Vita-Parcours entdecken. Hier folgen wir dem Pfad und treffen auf die Stationen 11 bis 20. Es warten ein Reck, verschiedene Balancierübungen sowie eine »Kraftstation« mit Rundhölzern auf uns. Am Ende des Parcours treffen wir wieder auf den **Waldparkplatz** ② und laufen von dort in Richtung Parkplatz zurück.

Noch bevor wir den Parkplatz erreichen, sehen wir vor einem **Sportplatz** einen Schotterweg und biegen hier nach links ab. Wir laufen durch das Wohngebiet bis zur **Kreuzung an der Fürstenstraße** ⑤. Hier biegen wir rechts ab und folgen nun der schnurgeraden Fürstenstraße direkt zum imposanten **Schloss Hirschberg** ⑥, welches mit seinen 50 Metern Länge direkt an der Felsnase über Beilngries thront.

Vom Schloss aus geht es ein Stück zurück und anschließend nach links den Berg hinauf, wo wir auf der linken Seite einen kleinen **Spielplatz** ⑦ besuchen. Anschließend folgen wir dem Straßenverlauf weiter und machen kurz vor dem Parkplatz noch einmal Halt beim **Aussichtspunkt**, von dem wir das gesamte Tal und die Stadt Beilngries überblicken können.

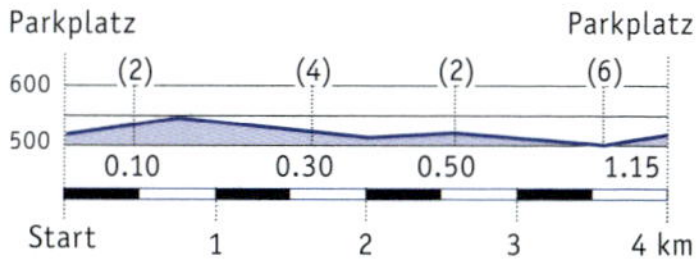

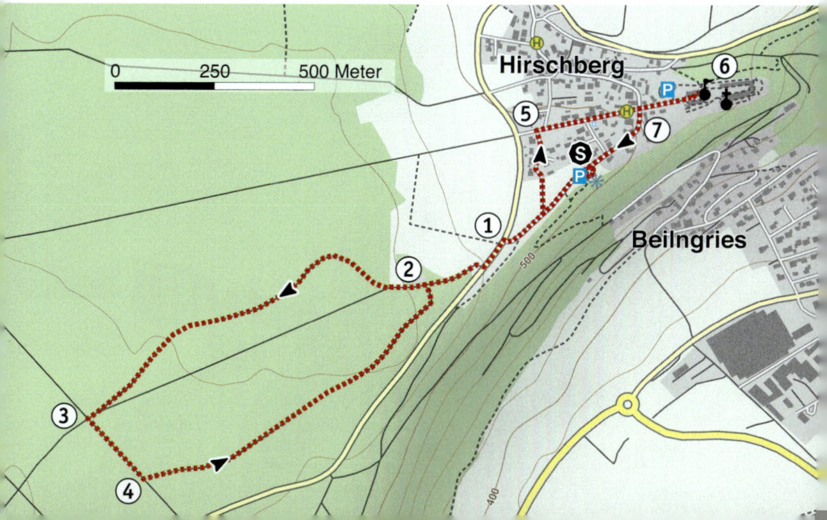

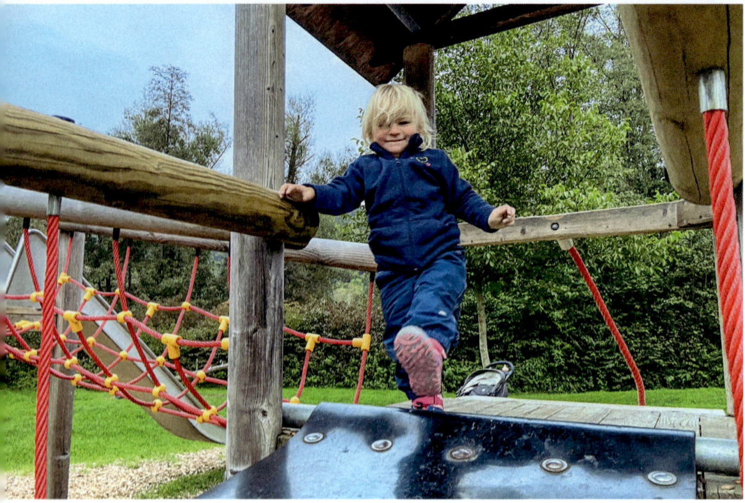

eben

STRECKE 2 km

1 h

ab 4

Tour 43: Rund um den Kratzmühlsee

Erholung, Spaziergang und Badespaß

Das Naherholungsgebiet Kratzmühlsee im oberbayrischen Landkreis Eichstätt ist bei Familien ein beliebtes Ausflugsziel. Zwischen Kinding und Beilngries im malerischen Altmühltal gelegen, laden der See und seine Ufer Groß und Klein zu Erholung und Aktivität gleichermaßen ein. Der Zugang zum See und zum Freizeitgelände ist kostenlos.

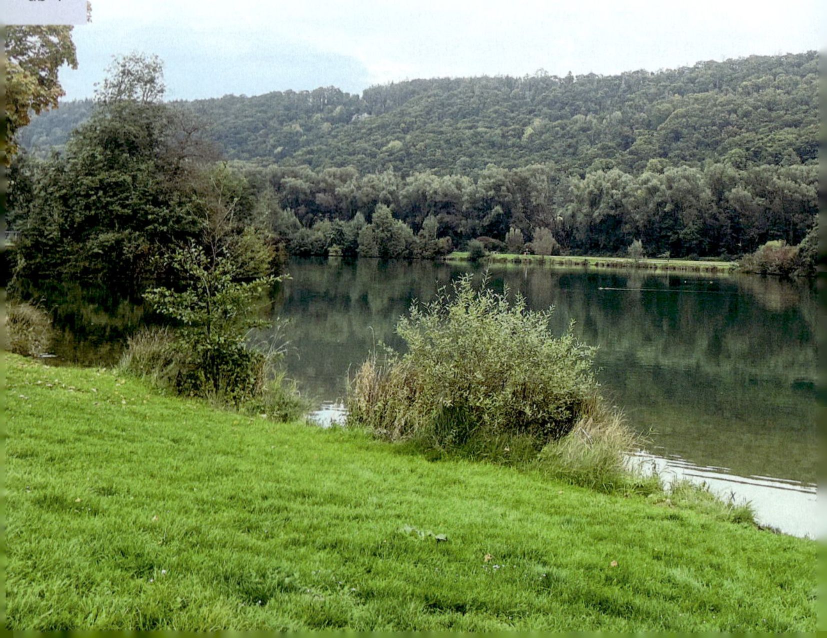

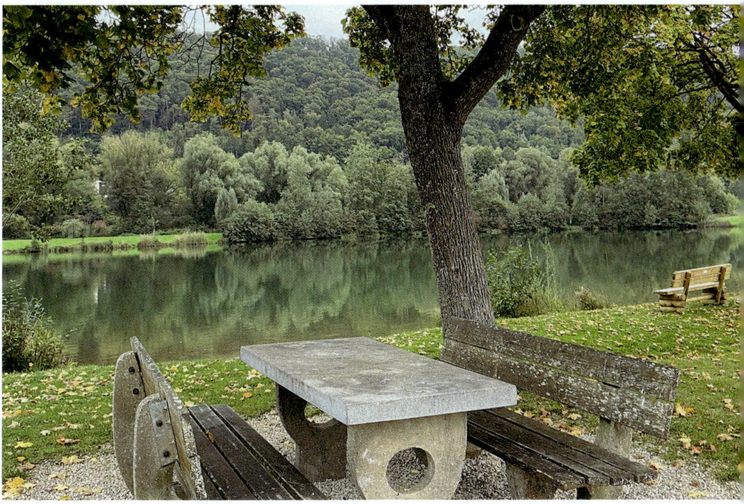

Spaziergang: Im Sommer ist der Kratzmühlsee ist ein Badesee. Für kleine Wasserratten gibt es eine spezielle Badezone für Nichtschwimmer. Rings um den See befindet sich eine saubere Liegewiese mit schattenspendenden Bäumen und einigen Umkleiden. Die Grillplätze und Picknickstellen sind ideal für gemütliche Sommerabende am Seeufer.

Aber auch wenn die Temperaturen nicht zum Baden verlocken, ist der See ein gutes Ausflugsziel. Ein knapp zwei Kilometer langer Fußweg führt einmal rund um den See. Auf dem Weg kommt man am Beach-Volleyballfeld und an einer von Hecken umgebenen Grillstelle mit mehreren Grillplätzen vorbei. Am gegenüberliegenden Ufer warten einen kleiner Spielplatz und einige Rastbänke. Ein Holzsteg bringt uns auf eine kleine Insel, von der man die Tierwelt auf dem See und im Schilf beobachten kann.

Kürzer ist der Weg zum Seerestaurant mit Aussichtsterrasse – es liegt nur wenige Schritte vom Parkplatz entfernt. Daneben befindet sich auch die Abenteuergolf-Anlage. Hier können wir zwischen Dinosauriern Minigolf spielen.

TOUREN-STECKBRIEF

Anfahrt: Von der A9, Ausfahrt Kinding geht es durch Kinding und weiter in Richtung Beilngries. Vor Pfraundorf befindet sich auf der rechten Seite der See. Es gibt zwei gebührenpflichtige Parkplätze in unmittelbarer Nähe bei **GPS N 49°00'00.2", E 11°26'36.1"** und beim Seerestaurant bei **GPS N 49°00'16.1", E 11°26'51.3"**. Vom Campingplatz Kratzmühle sind es nur wenige Gehminuten zum See.

Anspruch und Charakter: Ebener Fußweg um den See.

Highlights: Zwei Spielplätze, Volleyballplatz, Grillplätze, Abenteuergolf, Badebereich.

Einkehr: Wirtshaus zur Kratzmühle am Campingplatz, Seerestaurant Kratzmühle.

In der Nähe: Wasserspielplatz Enkering.

Flora und Fauna im Altmühltal

Die abwechslungsreiche Landschaft des Altmühltales mit trockenen Karstböden, ausgedehnten Wäldern und dem fruchtbaren Flusstal bietet auch einen Lebensraum für ganz unterschiedliche Tier- und Pflanzenarten. Einige von ihnen sind sehr selten, wie zum Beispiel der Uhu, Wanderfalken und Neuntöter. Daneben gibt es aber auch viele gut bekannte Vertreter der heimischen Tierwelt wie Feldhasen, Füchse und diverse Schlangenarten.

Wenn wir Tiere beobachten wollen, müssen wir vorsichtig vorgehen. Alle Wildtiere reagieren sensibel auf Störungen durch Menschen. Daher gilt Rücksichtnahme beim Betreten ihrer Lebensräume.

Trocken- oder Magerrasen

Auf den kargen und nährstoffarmen Böden der Karstregionen, wie sie zum Beispiel im Naturschutzgebiet Gungolding zu finden sind, gedeiht Trocken- oder Magerrasen. Hier wachsen zähe Pflanzen wie die Silberdistel, Wacholder, Thymian oder auch der Enzian, die sonst eher auf den kargen Böden im Mittelmeer- oder Alpenraum vorkommen. Auch viele Orchideenarten mögen den mageren, kalkhaltigen Boden. Die Pflanzen haben sich gut an die widrigen Bedingungen angepasst und sind wahre Spezialisten.

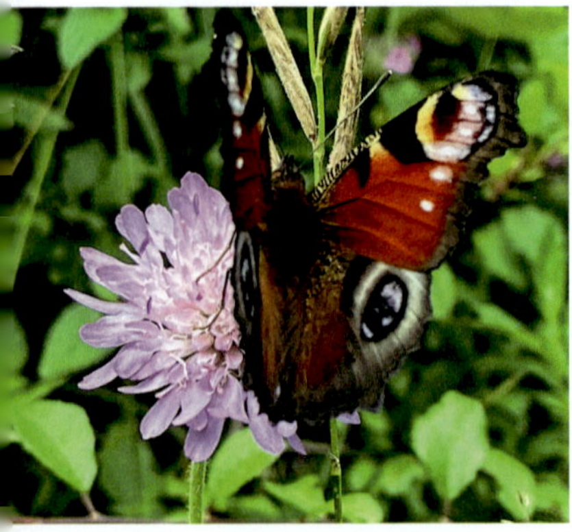

In den Wiesen finden unzählige Insekten Nahrung, darunter auch Schmetterlinge wie der Apollofalter, der Bläuling oder auch der Zitronenfalter. Im Sommer schwirrt und summt so eine Magerwiese vor Leben.

Wald und Wiese

Die Wälder im Altmühltal sind aufgrund des außergewöhnlichen Felsreliefs unterteilt in buchenreiche Mischwälder und Schlucht- oder Hangwälder. Je nach Standort und Beschaffenheit findet man dort die unterschiedlichsten Pflanzen. Die dichten Buchenwälder in den Tälern beispielsweise sind ein idealer Ort für Symbiosen mit Waldmeister oder Orchideen. An Hangwäldern ist der Boden oft karger. In den engen Schluchten herrscht dagegen ein sehr feuchtes Klima, in dem sich Farn und Moose wohlfühlen. Schluchtwälder sind ein idealer Lebensraum für Würmer, Schnecken und Insekten.

Bei den Wanderungen durch die Wälder finden wir zudem

auch Beeren wie die Walderdbeere, Himbeere oder Brombeere. Auch viele Wildkräuter wie Giersch, Holunder, Veilchen und Gundermann sind im Wald und auf den Wiesen im Altmühltal zu finden.

In den Wald- und Wiesengebieten leben Wildtiere wie Reh, Hirsch, Fuchs und Hase. Aber auch kleineres Getier können wir beim genauen Hinsehen entdecken. Im feuchten Unterholz oder auf Wiesen in Flussnähe sind zum Beispiel Laub- oder Grasfrosch, die Erdkröte und Feuersalamander zuhause.

Forst- und Landwirtschaft beeinflussen deutlich das Erscheinungsbild der Wälder und Wiesen der Region, haben aber auch einen wichtigen Anteil beim Erhalt einer abwechslungsreichen Kulturlandschaft. Neben den dichten Wäldern sind auch die Waldränder und landwirtschaftliche Strukturen wie Hecken und Wacholderheiden wichtiger Lebensraum für Tiere. Teilweise werden im Altmühltal auch vierbeinige Landschaftspfleger wie Ziegen und Schafe eingesetzt, die dabei helfen, ihren eigenen Lebensraum intakt zu halten.

Fluss und See

Ein bedeutender Lebensraum im Altmühltal sind außerdem Gewässer wie die Altmühl, aber auch kleinere Seen und Tümpel. Am Ufer der Gewässer und den sumpfigen Gewässer-

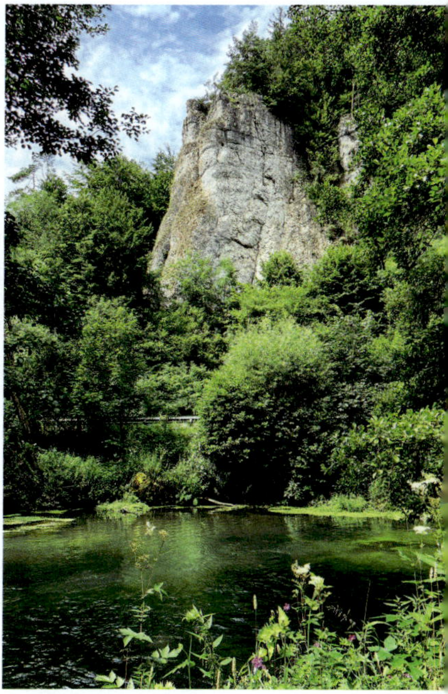

Naturidyll am Flussufer

rändern fühlen sich feuchtigkeitsliebende Arten wie Rohrkolben, Schilf und Mädesüß wohl. Diese Pflanzen sind häufig auch in Feuchtwiesen zu finden.

Am Ufer bieten vorrangig Erlen und Weiden den Wasservögeln, Bibern und vielen Insekten einen idealen Lebensraum. So dient die gesamte Ufervegetation gleichermaßen als Schutzraum für Tiere und als natürliche Uferbefestigung.

Auf und im Wasser finden wir eine enorme Artenvielfalt. Wir treffen auf unseren Touren unter anderem auf Schwäne, Haubentaucher und Wildenten, aber auch Fische wie Wels, Barbe und Zander sowie unauffällige Tierchen wie den Wasserläufer und verschiedene Libellen.

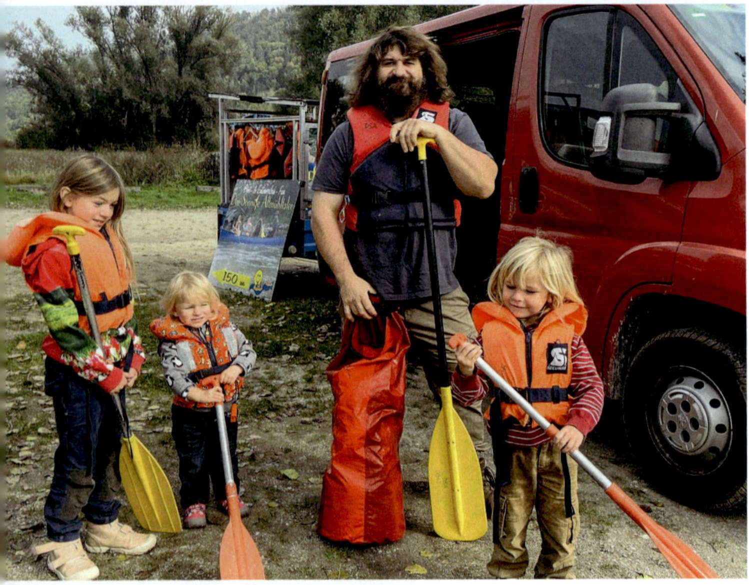

STRECKE
8,5 km

3 h

ab 4

Tour 44: Flussfahrt auf der Altmühl

Familienausflug mit dem Kanu

Als langsamster Fluss Bayerns ist die Altmühl das ideale Gewässer, um mit Kindern ins Kanufahren einzusteigen. Eine ideale Tour ist dabei die Strecke von Ilbling zur Kratzmühle, welche gut innerhalb von zwei Stunden zu fahren und landschaftlich reizvoll ist.

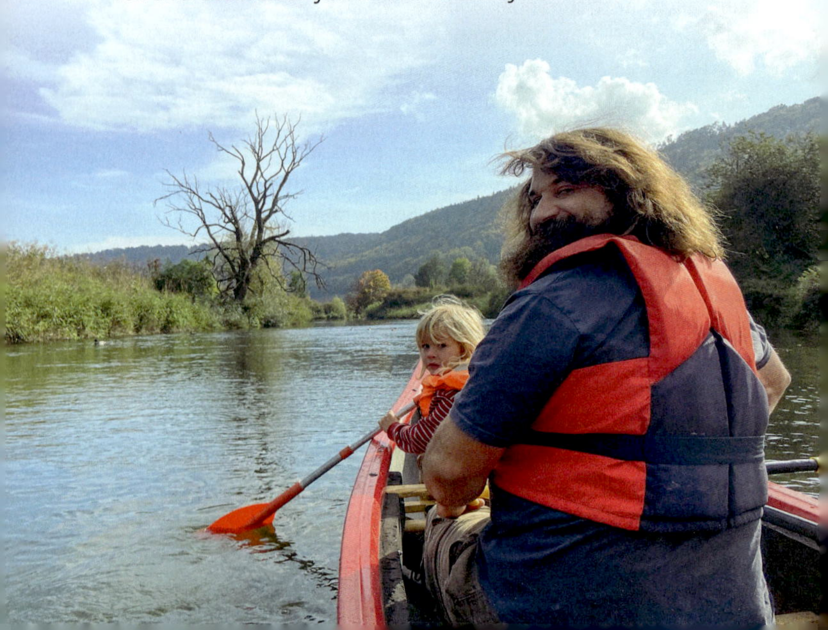

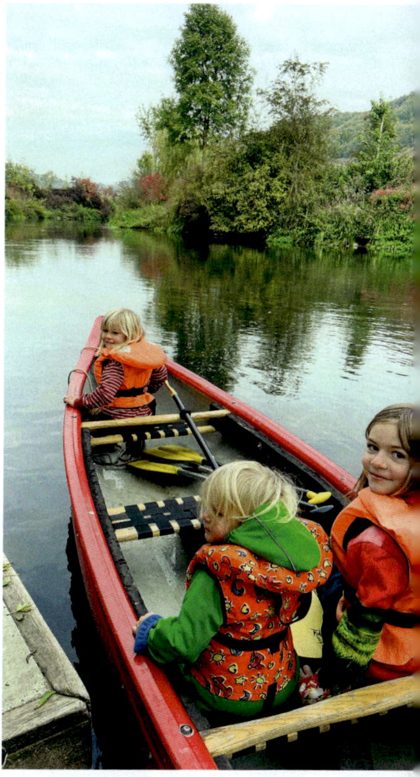

Kanutour: Am betonierten **Einstieg in Ilbling** kommen wir leicht ins Wasser und beginnen unsere Tour auf der Altmühl. Im Spätsommer ist der Wasserstand des Flusses an einigen Stellen sehr niedrig, sodass wir durchwegs Sand- und Kieselbänke kreuzen und diese vorsichtig umfahren, um nicht aufzusitzen. Links und rechts der Altmühl zweigen immer wieder sogenannte Altwasser ab, in denen eine üppige Pflanzen- und Tierwelt ihren Lebensraum hat und die man deshalb nicht befahren darf.

Wir unterqueren eine **Eisenbahnbrücke** ① und kurz darauf auch die Autobahnbrücke. Anschließend paddeln wir ein ganzes Stück ohne Kurven auf der breiten, gemächlichen Altmühl entlang und sehen kurz vor Kinding auf der linken Seite den **Zufluss der Schwarzach**, die hier in die Altmühl mündet. Wenige Meter darauf erreichen wir auf der linken Seite den **Rastplatz Kinding** ②. Wer mag, kann hier über den betonierten Ausstieg leicht ans Ufer kommen

TOUREN-STECKBRIEF

Anfahrt: Von der A9, Abfahrt Altmühltal geht es durch Kinding in Richtung Beilngries. Der Treffpunkt für den Kanuverleih befindet sich am Parkplatz vor der Kratzmühle bei **GPS N 49°00'15.1", E 11°27'00.9"**.
Der Einstieg in Ilbling wird erreicht, wenn man im Kreisverkehr am Ortseingang von Kinding Richtung Ilbling abbiegt. Der Einstieg befindet sich am Ortsausgang beim Bootsrastplatz **GPS N 48°58'51.9", E 11°23'08.4"**.

Kanuverleih: Der »Sonnige Altmühltaler« ist eine der Kanustationen an dieser Strecke und bietet Kanus sowie Ausrüstung und Shuttleservice für die gesamte Familie an. Schwimmwesten gibt es für Kinder ab zwei Jahren. Treffpunkt ist an der Kratzmühle. Der Transfer bringt die Paddler dann zum Einstieg in Ilbling.
Preise pro Person inkl. Transfer €18, Kinder 6–14 Jahre €11, Kinder 1–5 Jahre €3. Tel. 0170 3421923.
www.der-sonnige-altmuehltaler.de

Anspruch und Charakter: Einfache, leicht zu fahrende Kanutour auf dem langsamsten Fluss Bayerns.

Highlights: Zwei Picknickplätze, Wassertretanlage, Dinogolf am Kratzmühlsee.

Einkehr: Gasthöfe in Kinding, Unteremmendorf und Kratzmühle.

In der Nähe: Spielplatz Kipfenberg, Kratzmühlsee, Dinopark Altmühltal.

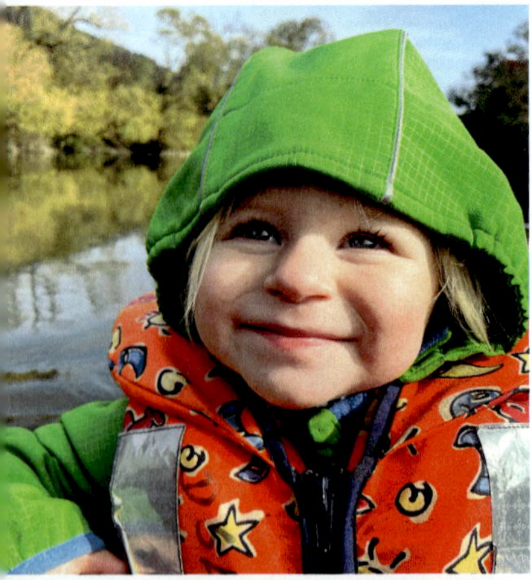

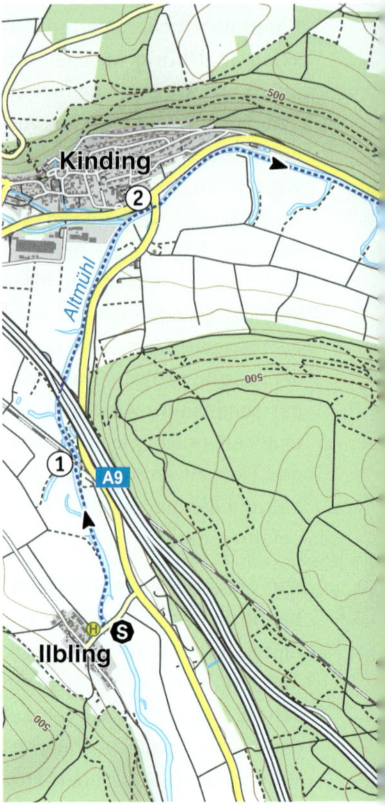

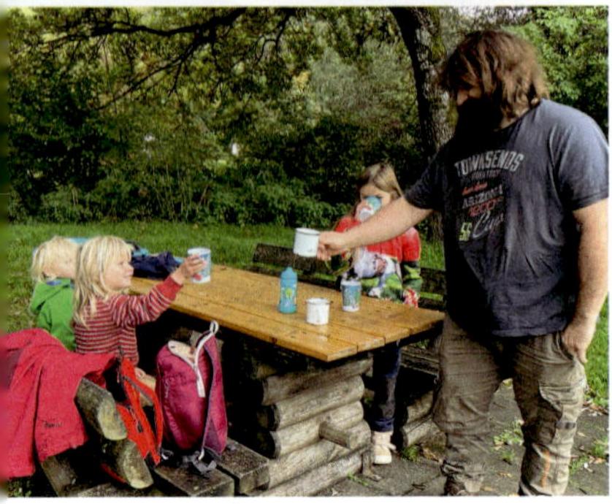

und eine erste Pause einlegen.Eine Einkehr in den nahe liegenden Gasthäusern oder ein Abstecher zur Wassertretanlage sind hier ebenfalls möglich.

Bis zum nächsten Rastplatz sind es etwa 45 Minuten Paddelzeit. Durch eine langgezogene Rechtskurve schwimmt unser Boot parallel zur Landstraße und wir blicken dabei auf die Berge links

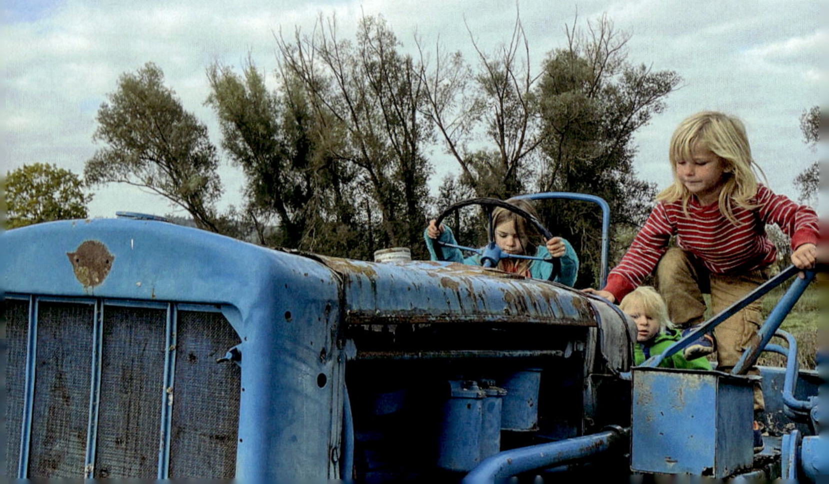

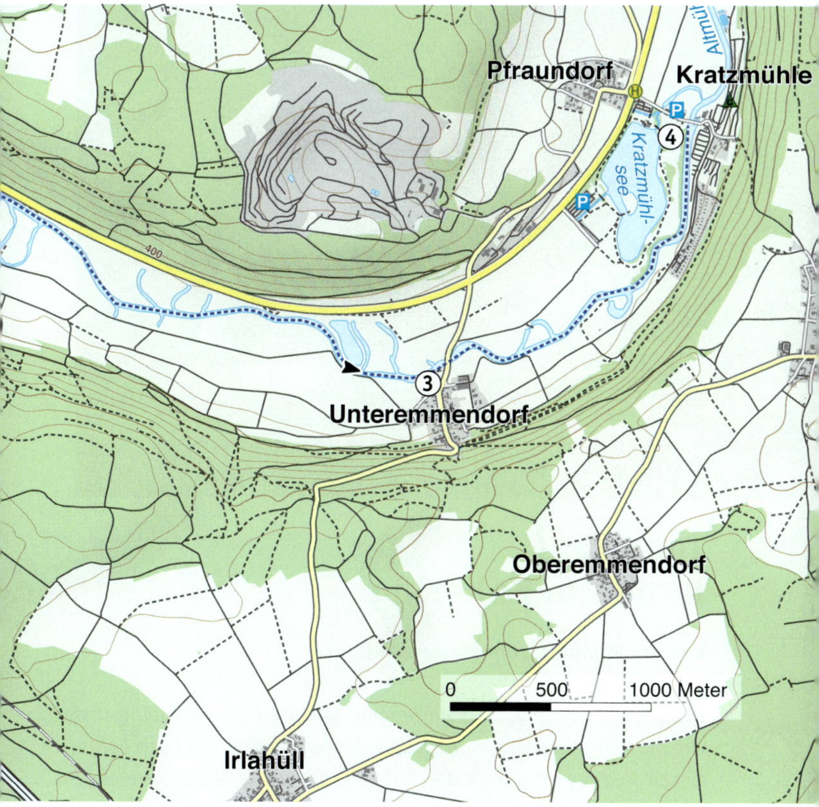

und rechts des Flusstales. Im Uferbereich entdecken wir von Zeit zu Zeit Enten, Haubentaucher und andere Wasservögel, die in den dürren Ästen und dichtem Gras ein Versteck finden.

Der Ausstieg des nächsten **Rastplatzes in Unteremmendorf** ③ befindet sich auf der rechten Seite. Wir finden hier eine Rastbank mit Tisch unter den Bäumen für unsere Pause. Alternativ erreicht man in wenigen Gehminuten die Ortschaft mit dem Landgasthof Häckl.

Von Unteremmendorf begeben wir uns nun auf den letzten Abschnitt unserer Tour. Hohe Bäume an den Ufern, die teilweise weit in das Wasser ragen, machen diesen Abschnitt trotz der langsamen Fließgeschwindigkeit der Altmühl aufregend. Auf der rechten Seite sehen wir nun schon den **Campingplatz Kratzmühle** und paddeln auf nahezu stehendem Wasser weiter in Richtung Wehr. Die **Wehranlage Kratzmühle** ④ ist bereits aus der Entfernung gut zu erkennen. Wir halten uns links und gehen am Ausstieg bequem an Land. Hier befinden sich noch ein Rastplatz und die Möglichkeit zur Einkehr im Seerestaurant oder im Gasthaus Kratzmühle.

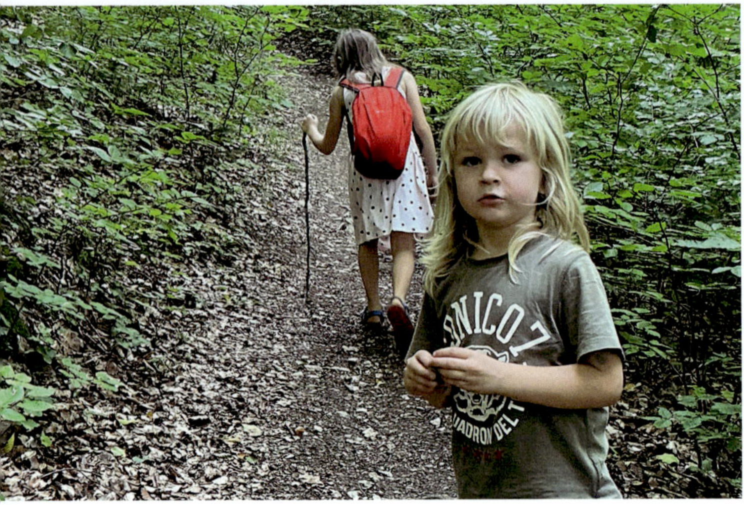

110 m

STRECKE 5,6 km

2 h 15

ab 6

Tour 45: Rund um Enkering

Von der Rumburg zum Wasserspielplatz

Die Tour führt zunächst steil bergauf zur Burgruine Rumburg und von dort durch den Wald. Nach dem Abstieg geht es über den befestigten Radweg zurück in den Ort, wo der große Wasserspielplatz wartet. Eine spannende Tour mit perfekter Abkühlung an heißen Tagen.

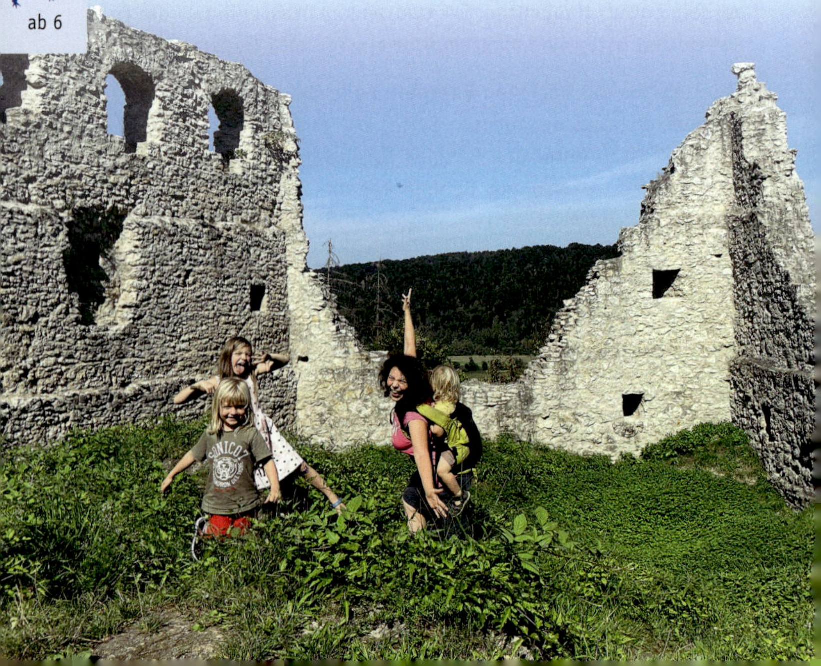

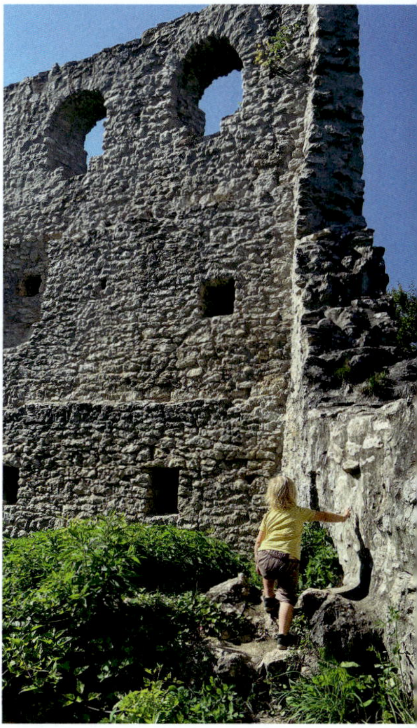

Wanderung: Vom Schotterparkplatz unterhalb des Friedhofes laufen wir an diesem vorbei. An der ersten **Kreuzung** ① biegen wir rechts ab und folgen gleich wieder links und noch einmal links dem Wanderschild in Richtung »Burgruine Rumburg«.

Auf dem Schotterweg wandern wir in den Wald hinein und erreichen 100 Meter weiter eine Kreuzung, an der wir rechts abbiegen und der Markierung »Schwarzachtal Wanderweg – Nummer 19« folgen. Von hier steigen wir steil hinauf und laufen dabei durch den dicht gewachsenen Laubwald. Die **Burgruine** ② liegt tief im Wald versteckt. Wir erreichen sie, indem wir auf den Pfad nach links abbiegen und steil hinauf kraxeln. Mitten zwischen den Bäumen entdecken wir dann die massiven Wände der ehemaligen Burg Rumburg. Durch den Torbogen geht es in den Innenhof, der ein Rastplatz mit wunderbarer Aussicht ist. Durch den zugewachsenen Innenhof verlaufen kleine Pfade und man kann durch die Fenster und Schießscharten ins Tal blicken. Kleine Entdecker freuen sich über die verzweigten Wege rund um die Mauern.

Nach einer Pause laufen wir vom Torbogen nach links weiter den Berg hinauf und erreichen bald eine Wiese auf dem Hochplateau. Dort biegen wir nach links ab und folgen dem Wiesenweg am

TOUREN-STECKBRIEF

Anfahrt: Von der A 9, Ausfahrt Altmühltal nach rechts abbiegen in Richtung Enkering / Eichstätt. Die erste Abzweigung wieder rechts (Richtung Enkering / Berletzhausen) und gleich wieder links nach Enkering fahren. In der Kurve befindet sich der neue Friedhof, der Parkplatz liegt auf der rechten Seite bei **GPS N 48°59'48.8", E 11°21'33.2"**.

Anspruch und Charakter: Abwechslungsreiche Wanderung auf einem steilen, anstrengenden Aufstieg zur Burgruine, anschließend geht es auf einem Radweg gemütlich zurück zum Wasserspielplatz. Ausreichend Zeit für den Spielplatz einplanen und Wechsel- bzw. Badekleidung nicht vergessen!

Highlights: Burgruine, großer Wasserspielplatz.

Einkehr: Gasthof zum Bräu, Hotel zum alten Wirt, Hotel Heckl, regionale Produkte gibt es im Hofladen Schmiedbauernhof.

In der Nähe: Kanutouren auf der Altmühl, Dinosauriermuseum Altmühltal.

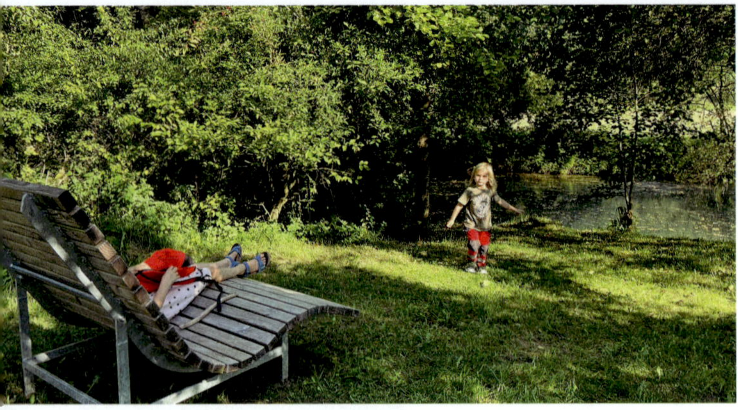

Hoch über dem Anlautertal
Von der Burgruine hat man einen wunderbaren Ausblick über das Anlautertal und sieht hinüber zum Schellenberg. Dort befindet sich ebenfalls ein Aussichtspunkt. Auf dem Rundweg dort kann man am Ringwall der Schellenburg entlang laufen.

Waldrand entlang. An einigen Brombeerbüschen geht es vorbei, dann mündet der Weg auf einen Waldweg, der uns zu einer **Kreuzung** ③ bringt. Links geht es hier wieder zurück ins Tal, wir halten uns rechts und laufen jetzt auf dem Weg mit der Markierung »Burgenweg Anlautertal - Nummer 18«. Auf dem leicht abfallenden Weg kommen wir zügig voran und erreichen bald die nächste **Kreuzung** ④.

Hier biegen wir nach links ab und steigen nun steil auf dem Schotterweg hinab ins Tal. Auch an der kurz darauf folgenden Kreuzung wählen wir den Weg, der geradeaus abwärts führt. Schon bald erreichen wir die **Schlösselmühle** ⑤ mit einer kleinen Wegkapelle. An der Kreuzung biegen wir links ab und folgen von hier aus dem befestigten Rad- und Fußweg in Richtung Enkering.

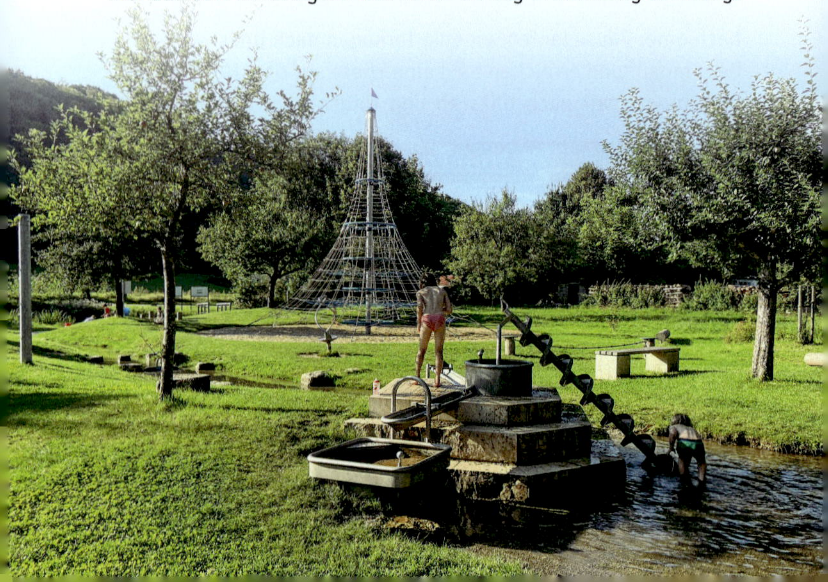

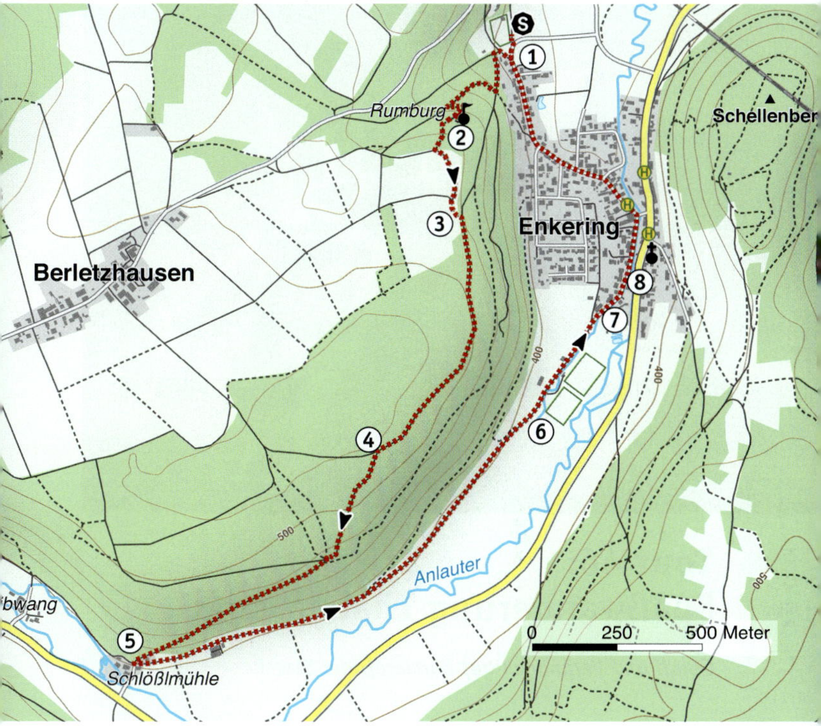

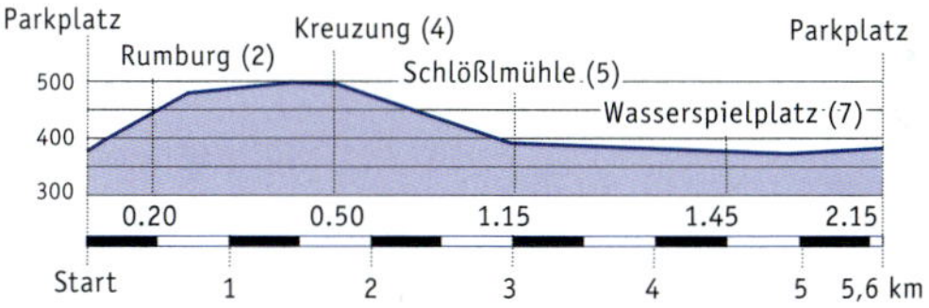

Gemütlich spazieren wir durch das Tal, zunächst an einem Kuhstall und dann an den Kuhweiden vorbei. Käse und Milch dieser Kühe können im Dorfladen Enkering erworben werden. Auf der rechten Seite sehen wir nun die **Solache-Quelle** ⑥ mit einer Holzliege, die im Schatten der Obstbäume steht und zu einer Rast am türkisblauen Wasser einlädt.

Wir folgen weiter dem Weg durch das Anlautertal, bis wir am Ortseingang von Enkering auf den großen **Wasserspielplatz** ⑦ treffen. Über eine Holzbrücke erreichen wir das weitläufige Gelände mit Bachlauf, Staustufen, Wasserschraube, Kletterpyramide und vielem mehr.

Nach einer ausgiebigen Rast zum Spielen wandern wir weiter in Richtung Dorfmitte. Auf der rechten Seite sehen wir einen **idyllischen Rastplatz** ⑧, der ringsherum von Wasser umgeben ist. Im Ortskern von Enkering laufen wir auch am Gasthaus vorbei. Hier halten wir uns links und sehen den **Hofladen**, in dem regionale Produkte verkauft werden. Dann folgen wir einfach immer der Rumburgstraße, bis wir wieder am Parkplatz ankommen.

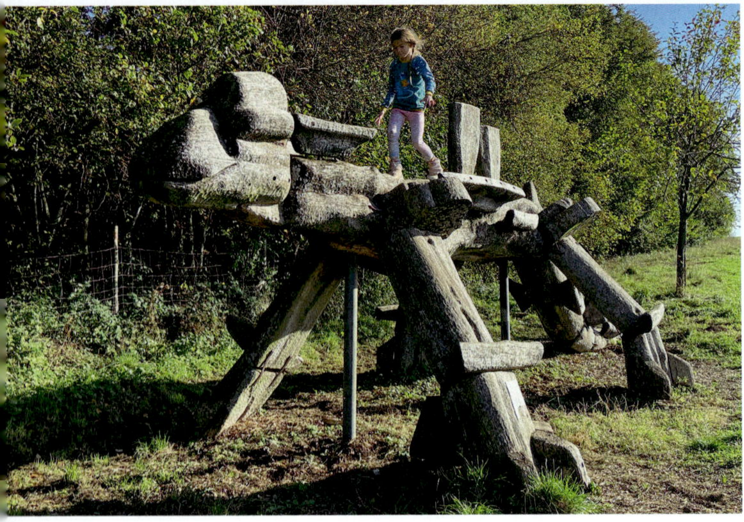

40 m

STRECKE 4,1 km

1 h 15

ab 4

Tour 46: Spaßwanderung Thalmässing

Gaudi und Vergnügen auf barrierefreier Strecke

»Beweech dein Oarsch und lach di krumm!«, so heißt es auf Fränkisch, wenn man diese Tour zur »fränkischen Gesundheitsförderung« beginnt. Übersetzt heißt das: »Beweg deinen Hintern und lach dich krumm!« Das Motto des Spaßwanderweges bei Thalmässing ist Programm. Am Weg finden wir viele lustige, überraschende und spannende Stationen, die auch die Kleinsten zum Wandern motivieren. Hier beschreiben wir die familientaugliche, kurze Strecke.

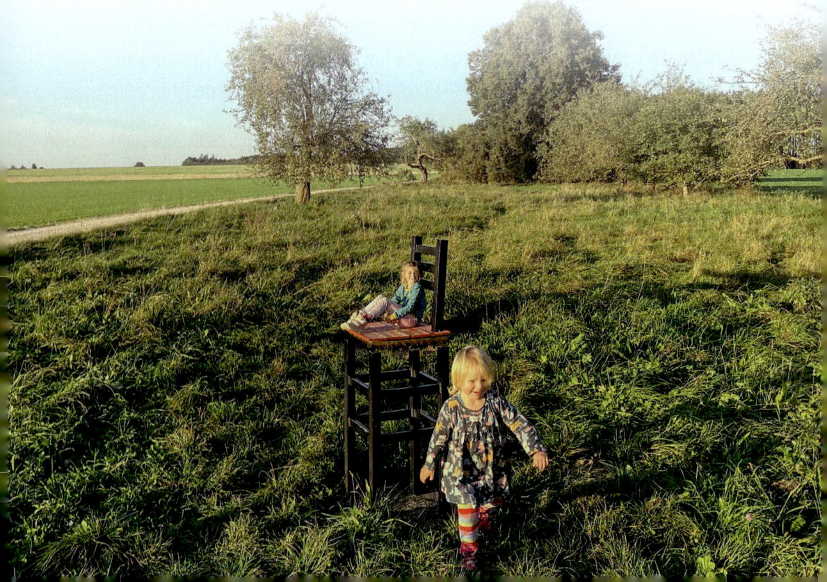

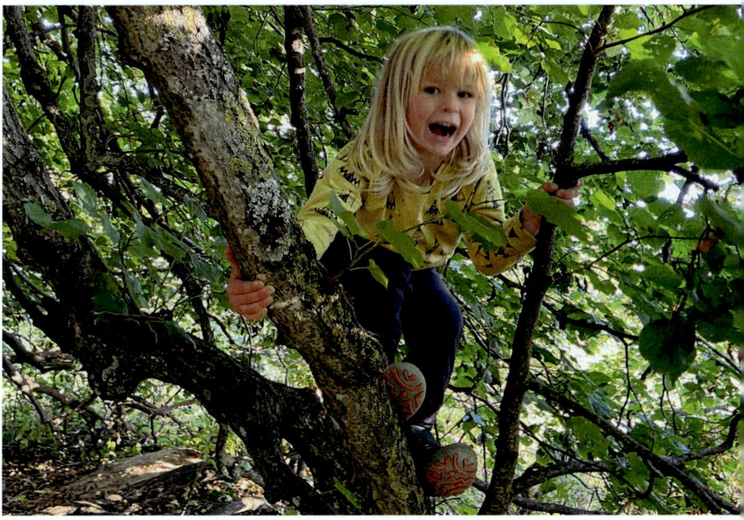

Wanderung: Vom Parkplatz neben dem Friedhof in Ruppmannsburg laufen zur Hauptstraße zurück und überqueren diese schräg nach links. Dort sehen wir den **Start des Spaßwanderweges** ①.

Kurz darauf entdecken wir bereits die erste Station mit konvexen und konkaven Spiegeln auf der rechten Seite. Von nun folgen wir dem breiten Schotterweg zwischen die Felder. Während wir gemütlich auf dem Weg den Ausblick über die Gegend genießen, treffen wir in regelmäßigen Abständen auf kleine Schilder mit Witzen und Rätseln. Dann erreichen wir eine große Kreuzung am Waldrand mit einer vier-stämmigen Fichte und einem **Rastplatz** ②. Hier steht auch eine Übersichtskarte mit den Varianten des Weges. Wir bleiben hier geradeaus auf dem Weg und biegen aber an der nächsten Kreuzung nach rechts ab.

Hier laufen wir ein Stück durch den Wald und erreichen bald darauf die gigantische **begehbare Linde** ③ auf der linken Seite.

TOUREN-STECKBRIEF

Anfahrt: Von der A9, Ausfahrt Gering oder Hilpoltstein Richtung Thalmässing fahren. Vom Marktplatz in Thalmässing geht es auf der Hauptstraße am Milchwerk vorbei Richtung Waizenhofen und Landersdorf. Wir fahren durch den Wald hinauf und in der scharfen Linkskurve an der Tierpension rechts nach Ruppmannsburg. Ein erster Parkplatz liegt am Waldrand auf der linken Seite. Für diese Tour parken wir jedoch am besten noch ein Stück weiter in Ruppmannsburg und biegen dazu am Ortseingang rechts ab. Der Parkplatz befindet sich direkt neben dem Friedhof bei **GPS N 49°04'13.5", E 11°11'24.2"**.

Anspruch und Charakter: Einfache, barrierefreie Wanderung. Die lustigen und abwechslungsreichen Stationen sorgen für Spaß unterwegs.

Markierung: Lila Markierungen des Spaßwanderwegs.

Highlights: Viele lustige Stationen, begehbare Bäume, Rastplätze.

Einkehr: Ruppmannsburger Hof.

In der Nähe: Geschichtsdorf Landersdorf.

Der Eingang unter den Baum führt durch die bis zum Boden herabhängenden Äste. Unter der Baumkrone fühlt man sich wie in einem großen Zelt. Die großen Äste eignen sich auch prima zum Klettern.

An der nächsten Kreuzung treffen wir auf den **Beuchet-Stuhl** ④ , der durch eine optische Täuschung Besucher schrumpfen lässt. Hier befindet sich auch ein Rastplatz.

An der Kreuzung mit Stuhl biegen wir rechts ab und wandern weiter gemütlich über die Felder. Dabei kommen wir an einem Pferdestall vorbei und treffen bald auf eine schmale **Straße** ⑤, der wir rechts nach Ruppmannsburg folgen. In der Ortsmitte spazieren wir an Kirche und Gasthaus vorbei und biegen in der Linkskurve nach rechts ab. Am letzten Haus in der Straße befindet sich noch eine Station, die ein Experiment und eine optische Täuschung bereithält.

Ein Weg – drei verschiedene Routen
Es gibt mehrere Strecken in verschiedenen Längen zur Auswahl auf dem Spaßwanderweg. Das Wegenetz umfasst die blaue Strecke mit zehn Kilometern Länge, die sechs Kilometer lange rote Strecke und eine barrierefreie Strecke mit vier Kilometern, die lila markiert ist.

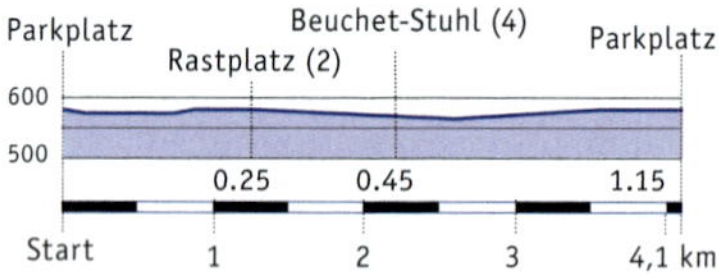

An der **Kreuzung** ⑥ am Ortsrand biegen wir rechts ab und laufen bis zur Station Wetterstein in der nächsten Kurve. Rechts der Station beginnt ein schmaler Hohlweg, dem wir zurück zum Parkplatz folgen.

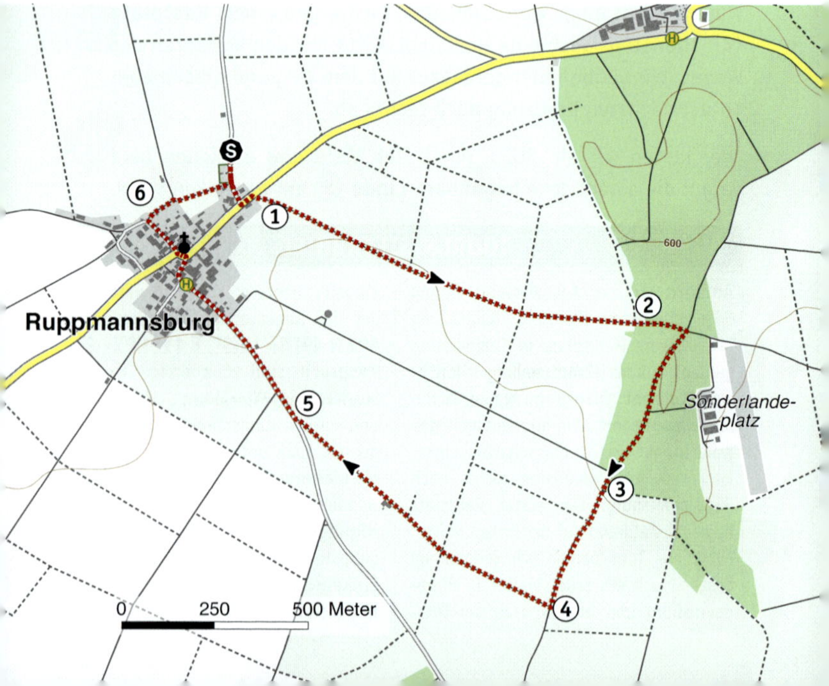

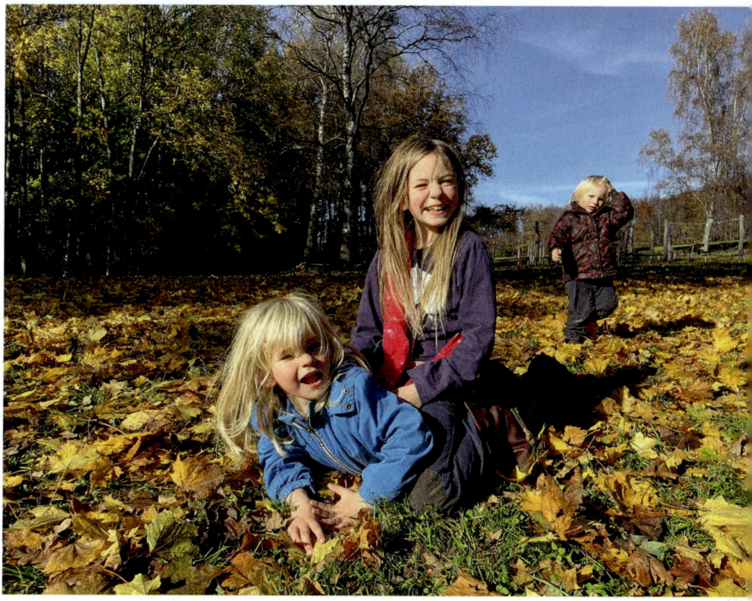

Tour 47:
Panoramaweg und Ritterspielplatz

50 m

STRECKE 2,8 km

1 h

ab 4

Weitsicht über Schloßberg und Heideck

Diese Runde ist eine kurzweilige Familientour mit Niedrigseilgarten, Ritterspielplatz und Ausblick vom Burgstall. Vom Weg bietet sich zu allen Seiten ein wunderbares Panorama. Die Strecke verläuft meist auf leicht begehbaren Waldwegen ohne große Steigung.

Wanderung: Schon am Parkplatz finden wir den ersten Rastplatz und eine große Übersichtskarte über die Wanderwege in der Region. Von hier aus laufen wir in den lichten Wald hinein und steigen den Hang hinauf, bis wir die erste **Kreuzung** ① erreichen. Hier sehen wir den Wegweiser mit dem kleinen Ritter und biegen nach links ab.

TOUREN-STECKBRIEF

Anfahrt: Von der B 2 Weißenburg – Roth / Nürnberg geht es nach rechts in Richtung Heideck. Wir fahren durch den Wald hindurch und biegen nach rechts ab nach Mannholz. Dort links abbiegen und die kleine Straße über Haag nach Schloßberg fahren. In Schloßberg die erste Straße nach links und dem Wegweiser zum Wanderparkplatz folgen. Er befindet sich am oberen Ortsrand bei **GPS N 49°06'38.2", E 11°06'09.7".**

Anspruch und Charakter: Einfache Wanderung über ebene Waldwege mit herrlichem Panorama und viel Spielspaß unterwegs.

Highlights: Niedrigseilgarten, Ritterspielplatz, Rastplätze mit Ausblick, Burgstall.

Einkehr: Gastwirtschaften in Heideck.

In der Nähe: Sommerrodelbahn und Minigolfplatz in Pleinfeld.

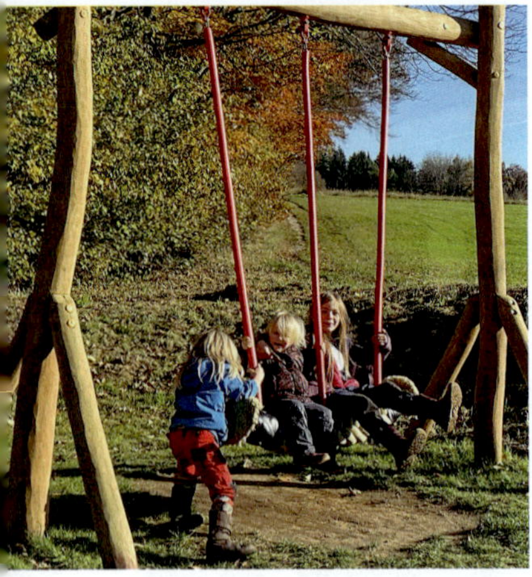

Auf dem ebenen, breiten Waldweg laufen wir aus dem Wald hinaus und erreichen kurz darauf den **Niedrigseilgarten** ②. Auf dem weitläufigen Gelände finden große und kleine Entdecker einen großen Parcours zum Balancieren, Klettern und Hangeln. Ein überdachter Rastplatz lädt auch bei wechselhaftem Wetter zur Pause ein. Von der Aussichtsplattform an der Hangkante können wir ins Tal sehen.

Der weitere Weg verläuft auf dem Hochplateau an einer Wiese entlang und wir erreichen erneut eine Stelle mit herrlichem **Ausblick** ③. Hier steht ein Insektenhotel und in der Nähe im Wald finden wir eine Station, an der wir uns im Weitsprung üben und mit verschiedenen Tieren vergleichen können.

Am nächsten Abzweig halten wir uns links und blei Geschichtsdorf ben auf dem Hochplateau. Wir sind jetzt auf einem schmalen Pfad unterwegs, passieren einen Pavillon auf der linken Seite und erreichen kurz darauf den großen **Ritterspielplatz** ④. Hier können Kinder nach Herzenslust auf der Ritterburg toben und finden außerdem eine Schaukel, eine Drachenwippe, ein Ritterkarussell und vieles mehr. Die Eltern können währenddessen an der großen Rittertafel Rast machen.

Auf dem breiten Schotterweg geht es dann am Waldrand entlang und zu einem urigen **Rastplatz** ⑤ mit schönem Ausblick nach Heideck. An der nächsten **Kreuzung** ⑥ könnte man geradeaus den Berg hinab direkt zum Parkplatz zurück laufen. Wir bleiben

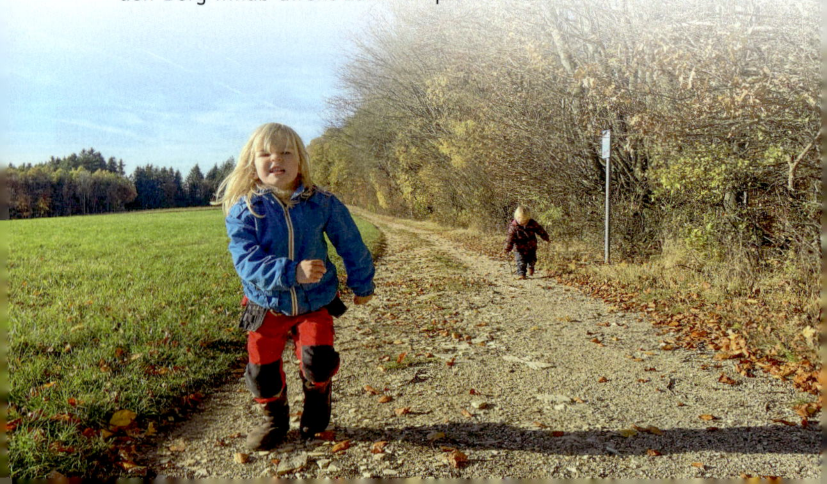

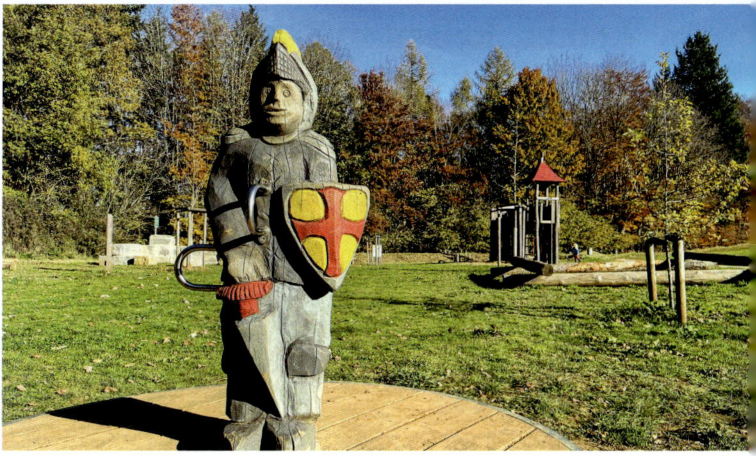

auf dem Höhenkamm und wandern links in Richtung Burgstall. Dabei kommen wir an einem **Funkturm** vorbei und finden kurz darauf an einer Lichtung einen schönen, schattigen **Picknickplatz ⑦**.

Links neben dem Picknickplatz laufen wir den schmalen Pfad in die Schlucht hinab und folgen hier der Markierung **»Heidecker Burgenweg/Schloßberg Rundweg«**. In der Schlucht halten wir uns links und erklimmen am Ende auf der rechten Seite die letzte Steigung hinauf zum **Burgstall ⑧**. Auf der Informationstafel erfahren wir Spannendes über die ehemalige Burganlage.

Mit Blick auf den Kirchturm wandern wir noch einmal hinauf auf den **Aussichtspunkt ⑨** am Wasserturm. Dort kann man mit bester Aussicht neben den knorrigen Bäumen Rast machen. Der Weg führt nun kurvig hinab in den Ort, wo wir auf die Schlossbergstraße treffen. Wir biegen rechts ab und folgen der Straße zurück zum Parkplatz.

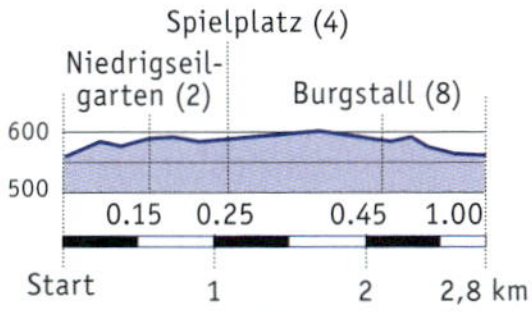

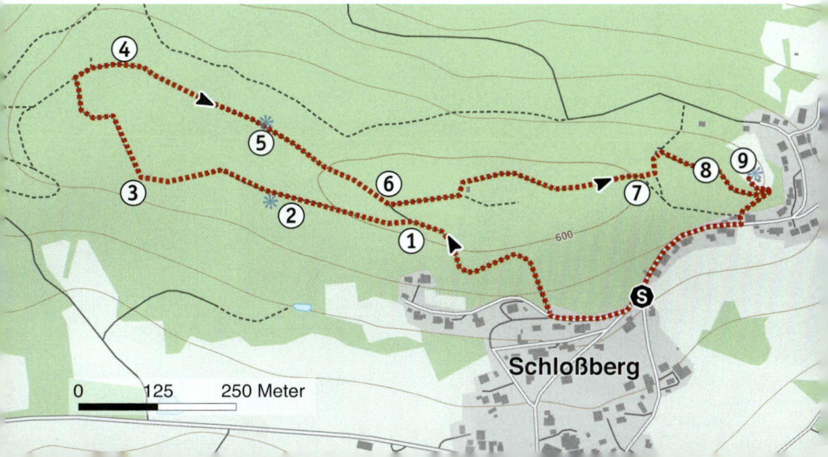

Römer, Kelten und die Steinzeit
Ein Blick in die Geschichte

Fundstücke belegen, dass das Altmühltal mit seinen vielen Höhlen schon in der Steinzeit von Menschen bewohnt war. Später haben hier die Kelten und die Römer ihre Spuren hinterlassen. Der Limes, der große Grenzwall der Römer, führte auch durch die Fränkische Alb. Verschiedene Museen und Lehrpfade zu diesem Thema entführen uns kurzzeitig in die Zeit unserer Vorfahren.

Steinzeit

Die Höhlen und Felsvorsprünge in der Fränkischen Alb wurden bereits vor über 70.000 Jahren von Neandertalern als Behausung genutzt. Einige Fundstücke aus der Fränkischen Schweiz gehören mit zu den ältesten Zeugnissen der Menschheit. So wurden zum Beispiel Steinwerkzeug bei Pottenstein gefunden und Faustkeile bei Hollfeld, die im archäologischen Museum in Bayreuth ausgestellt sind.

Mittel- und Jungsteinzeit

Während der Mittelsteinzeit durchwanderten Menschen die Flusstäler und Jurahochebenen, stets auf der Suche nach Nahrung wie Beeren, Kräutern und Wildtieren. In der Jungsteinzeit wurden die Menschen dann sesshaft und die aufkommende Landwirtschaft begann die nomadische Jäger- und Sammlerkultur abzulösen. Dieser Vorgang wird als »neolithische Revolution« bezeichnet. Um Landwirtschaft zu betreiben, brauchte es eine Siedlung nahe am Wasser und so mieden die Bauern die kargen Jurahochebenen und ließen sich in Flusstälern nieder.

Vermutlich sind so die ersten Siedlungen in den Flusstälern der Fränkischen Alb entstanden, auf deren Platz heute Städte wie

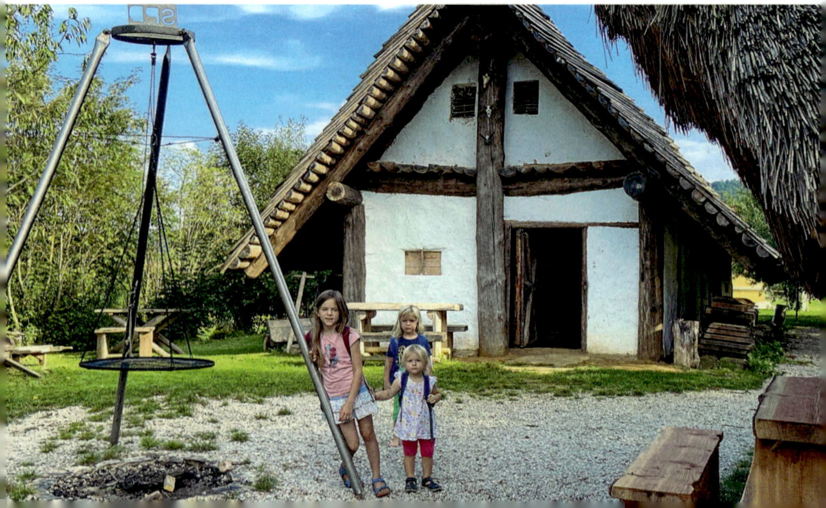

Dietfurt, Hersbruck und Ebermannstadt zu finden sind. Nachgewiesen wurden auch Siedlungen um Landersdorf bei Thalmässing, wo wir heute im Geschichtsdorf [› Seite 225] die rekonstruierten Bauwerke dieser Zeit sehen können.

Bronzezeit

Die Bronzezeit läutete ein ganz neues Kapitel in der Menschheitsgeschichte ein. Durch den neuen Werkstoff, der bereits gegen Ende der Steinzeit entdeckt, aber erst später verbreitet wurde, entstanden ganz neue Möglichkeiten für die Herstellung von Werkzeugen, Schmuck und Waffen. Auch der Hausbau wurde aufwändiger.

Eisenzeit und die Kelten

Etwa 1000 v. Chr. begann die sogenannte Eisenzeit und Eisen als Werkstoff löste durch seine vielseitige Verwendbarkeit zunehmend die Bronze ab. Ausgehend von den ersten Eisenfunden bei Hallstatt in Österreich wird diese Zeit auch Hallstattzeit genannt. Möglicherweise gab es durch die geographische Ausbreitung der »Hallstatter« von den Alpen bis nach Mitteldeutschland eine größere Ansiedlung auch in der Fränkischen Alb.

Zu dieser Zeit kamen auch die Kelten in die Region und bauen größere Siedlungen, vor allem auf den Hochebenen. Diese Siedlungen zeugten von einer fortschrittlichen Bautechnik, denn die Kelten bauten ihre Hütten

Die Museen um Weißenburg
Das Römermuseum und das Limes-Informationszentrum geben auch Kindern einen guten Einblick in die Geschichte. Außerdem sind in Weißenburg römische Thermen und das römische Kastell Biriaca zu sehen.
www.museen-weissenburg.de

bereits aus Flechtwerk mit Lehmputz. Den Aufbau dieser Häuser können wir im detailreich rekonstruierten Erlebnisdorf Alcmona bei Dietfurt bewundern. Alcmona ist der keltische Name für die Altmühl und bedeutet »stilles Wasser«. [› Tour 40]

Die Römer

Als die Kelten das Gebiet der Fränkischen Alb um 300 n. Chr. verließen, waren vor allem die Landstriche im Norden der Region nur sehr dünn besiedelt. Zeitgleich hielten die Römer Einzug und begannen ihre Siedlungen aufzubauen. Noch heute können wir in der Fränkischen Alb einige Relikte ihrer Wehr- und Befestigungsanlagen sowie des Grenzwalles Limes erkennen. In den Museen bei Weißenburg können Fundstücke und rekonstruierte Bauten bewundert werden.

Für Kinder spannender ist der rekonstruierte Limesturm in Erkertshofen. Von hier führt ein Lehrpfad zu den Grundmauerresten zweier echter Limestürme. Auch auf dem Römer-Erlebnispfad bei Burgsalach [› Tour 48] vermitteln 20 Stationen spielerisch Wissenswertes rund um das Leben und Wirken der Römer.

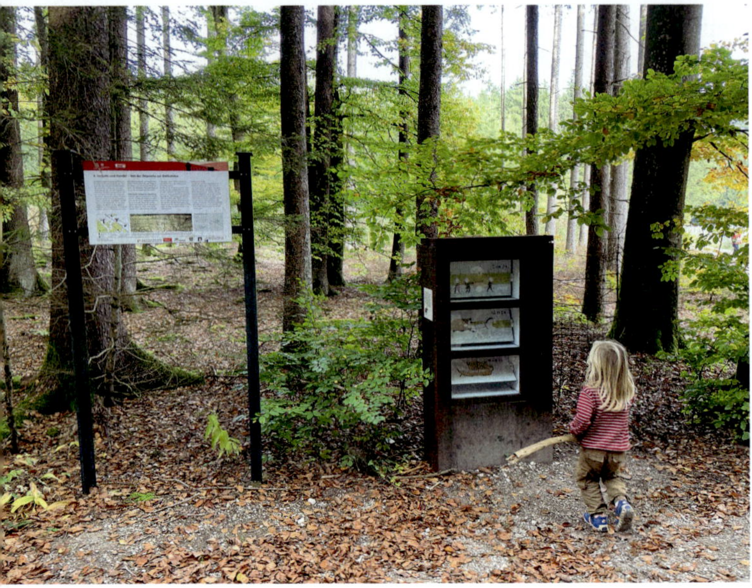

80 m

STRECKE 7,7 km

2 h 30

ab 6

Tour 48: Auf den Spuren der Römer

Am Limes entlang in Burgsalach

Wer sich auf die Spuren der Römer in der Fränkischen Alb begeben möchte, ist hier in Burgsalach genau richtig. Auf dem Römer-Erlebnispfad erfahren Besucher an insgesamt 15 Stationen Wissenswertes zum Leben und Wirken der Römer in dieser Gegend. Der Wanderweg verläuft zum Teil entlang des Weltkulturerbes Limes und kann in seiner Länge zwischen 5,8 und 12,7 Kilometern flexibel gestaltet werden. Der kleine Römerfloh Pulex begleitet uns als Maskottchen und zeigt uns den Weg.

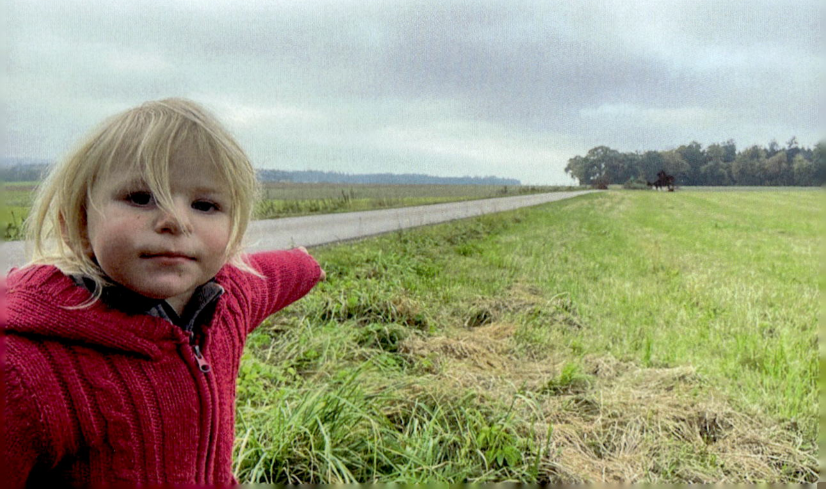

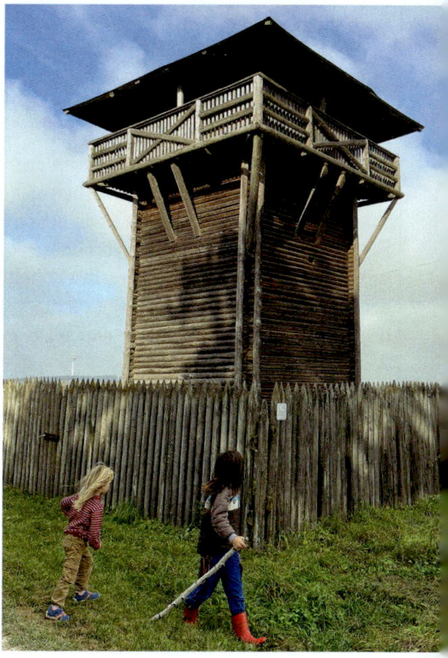

Vom Parkplatz am Sportplatz laufen wir zunächst auf einem breiten Weg am Waldrand entlang und erreichen schon nach kurzer Zeit die erste **Station Zeitreise**. Von hier aus sehen wir bereits den großen römischen **Wachturm** ① auf der linken Seite, der auf dem historischen Fundament eines alten römischen Wachturms steht.

Gut 500 Meter weiter steht an einer **Kreuzung** ② das **Kastellspiel** – ein Kugelspiel, ähnlich einem Flipper.

An der Kreuzung biegen wir nach rechts ab und wandern von nun an durch einen Nadelwald. Fast zwei Kilometer verläuft der breite Forstweg durch den Nadelwald, bis wir an der nächsten Kreuzung die **Station Handel und Verkehr** ③ entdecken. Über eine Kurbel können die Schautafeln im Kasten gedreht werden.

Wir biegen hier noch einmal rechts ab und gelangen im weiteren Wegverlauf zur Station »Alle Wege…«, an der einige Verkehrsschilder auf der rechten Seite den Weg »nach Rom« markieren. An der nächsten **Kreuzung** ④ sehen wir die Hinweisschilder nach links und laufen über einen Wiesenweg weiter. Wer mag, kann an dieser Stelle die Tour abkürzen und bleibt geradeaus auf dem Forstweg, der direkt zurück zum Parkplatz führt.

TOUREN-STECKBRIEF

Anfahrt: Von der B 2 in Weißenburg auf die B 13 Richtung Eichstätt fahren. Links abbiegen Richtung Burgsalach. In der Ortsmitte von Burgsalach vor dem Brothof Strauß rechts abbiegen und den Hinweisschildern »Sportplatz / Römer-Erlebnispfad« folgen. Der kostenfreie Parkplatz befindet sich links neben dem Sportplatz am Waldrand bei **GPS N 49°01'33.4", E 11°05'29.1"**.

Anspruch und Charakter: Leichte, barrierefreie Wanderung mit interessanten Aktivstationen rund um die Römer, die beliebig abgekürzt oder verlängert werden kann. Die Tour verläuft ebenmäßig auf breiten Wegen, teils durch den Wald. Der Römer-Erlebnispfad kann ganzjährig kostenfrei besucht werden. Der Weg eignet sich auch gut zum Befahren mit Kinderfahrrad oder Laufrad.

Markierung: Schilder »Römer-Erlebnispfad«.

Highlights: Spannende Spielstationen, Relikte aus der Römerzeit, Rastplätze, Spielplatz.

Einkehr: Im Ort gibt es einen kleinen Dorfladen und eine Metzgerei. Gaststätten und Restaurants gibt es im nahe gelegenen Weißenburg.

In der Nähe: Museen in Weißenburg.

Noch mehr Römer

In der Römerstadt Weißenburg, welche zum UNESCO-Weltkulturerbe zählt, kommen Römerfans besonders auf ihre Kosten. Im Römermuseum wird neben dem gegenseitigen Kulturaustausch zwischen Römern und Germanen auch das alltägliche Leben der Soldaten im Kastell und das der Händler und Familienangehörigen im Lagerdorf präsentiert. Einige Wanderwege führen direkt auf der Römerstraße und auf dem Limes entlang und zeigen Fundorte römischer Relikte. Ein besonderes Highlight ist die erst 1977 entdeckte große Thermenanlage, die einen Einblick in die antike Bade- und Baukultur gewährt.

Geöffnet März bis November
€4, Kinder €2,50, Familien €8.
Weitere Informationen zum Lehrpfad und rund um die Römer in Weißenburg, gibt es hier www.weissenburg.de/roemer.

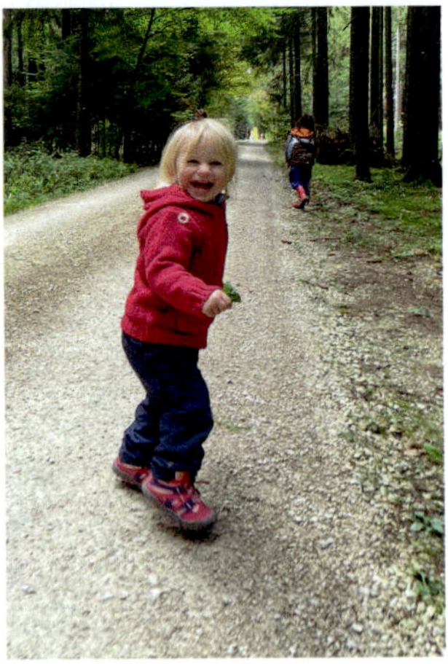

Wir verlassen über den Wiesenweg den Wald und treffen 300 Meter weiter auf einen Schotterweg mit der nächsten Station. Der »**Kastellschieber**« erklärt den Aufbau eines römischen Kastells.

Die Römerstatue auf der rechten Seite weist uns den Weg zum Burgus. Wir folgen der asphaltierten Straße und biegen an der **Kreuzung** ⑤, an der sich auch ein **Rastplatz** befindet, nach rechts ab. Hier laufen wir ein kleines Stück in den Wald hinein zum **Burgus von Burgsalach**. Wir sehen hier die Reste eines römischen Kastells und erfahren mehr über den ursprünglichen Aufbau und Nutzen der Anlage. An dieser Kreuzung verläuft die längere Wegvariante weiter geradeaus. Wir biegen jedoch rechts ab und verkürzen die Strecke an dieser Stelle.

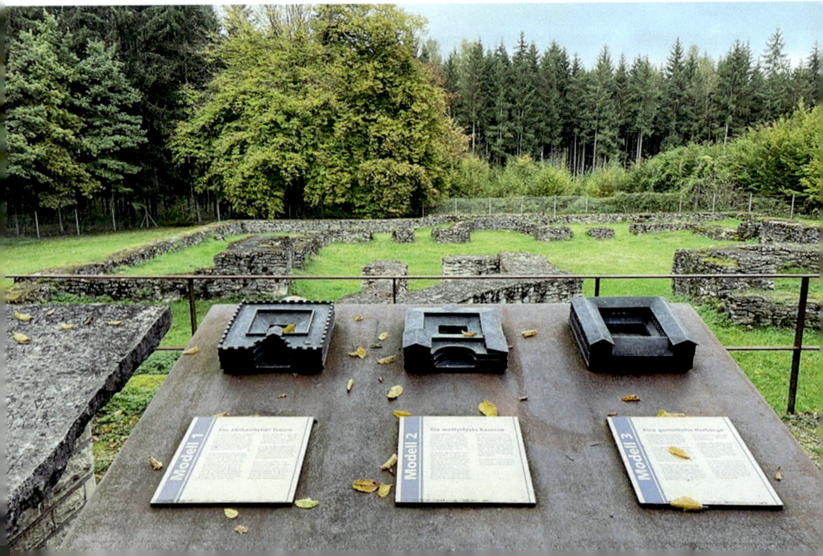

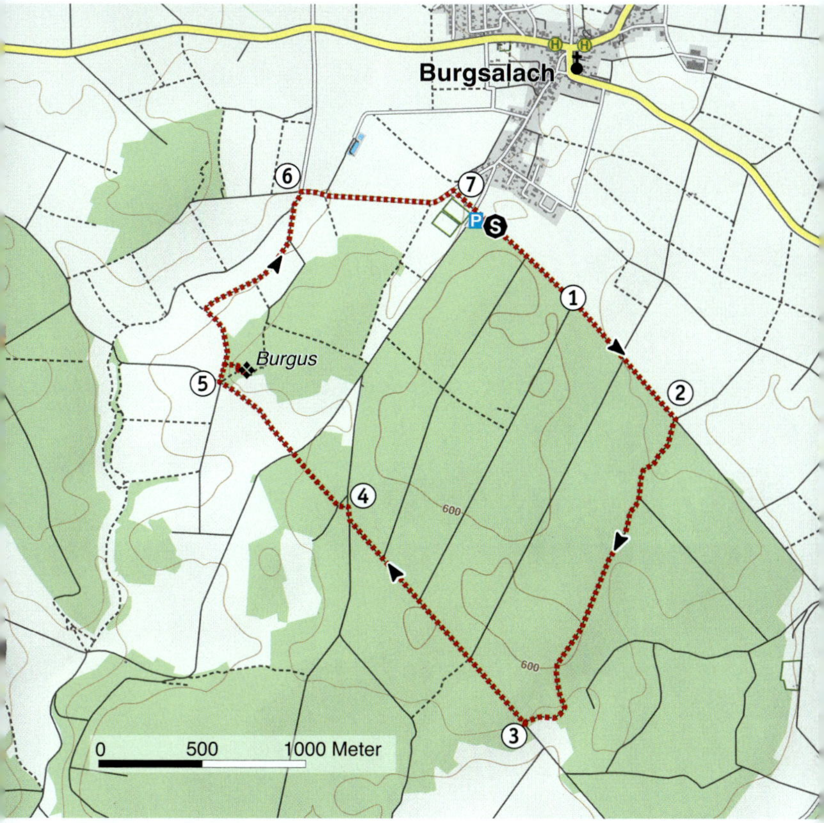

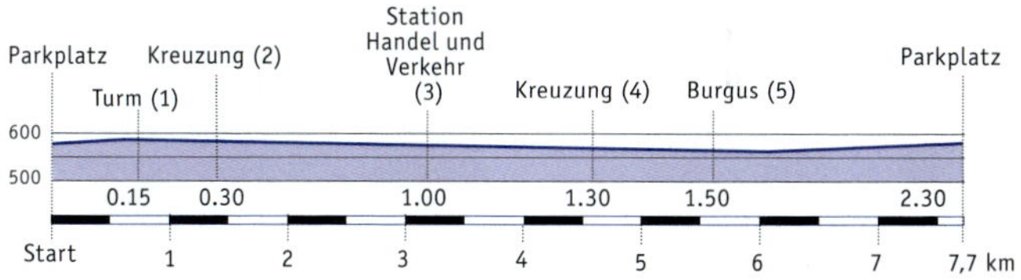

Einen kostenlosen **Flyer zum Download** mit Infos zum Weg gibt es bei www.altmuehl-franken.de in der Rubrik »Römer-Erlebnispfad«.
Eine **Führung** auf dem Weg kann über das Informationszentrum Naturpark Altmühltal der Stadt Treuchtlingen unter der Telefonnummer 09142 9600-64 gebucht werden.

Auf dem geteerten Fahrweg laufen wir zwischen Feldern hindurch und durch eine Rechtskurve. An der folgenden **Kreuzung ⑥** biegen wir dann rechts ab. Auf der Burgusstraße wandern wir gemütlich mit leichter Steigung zum **Sportplatz.** Dort biegen wir rechts ab und sehen neben dem Sportheim im Schatten der Bäume einen **Spiel- und Rastplatz ⑦**. Ein Stück daneben finden wir eine Hütte mit überdachtem Picknickplatz und weitere Tische und Bänke, die zur Rast einladen. Hier haben wir auch schon den Parkplatz erreicht.

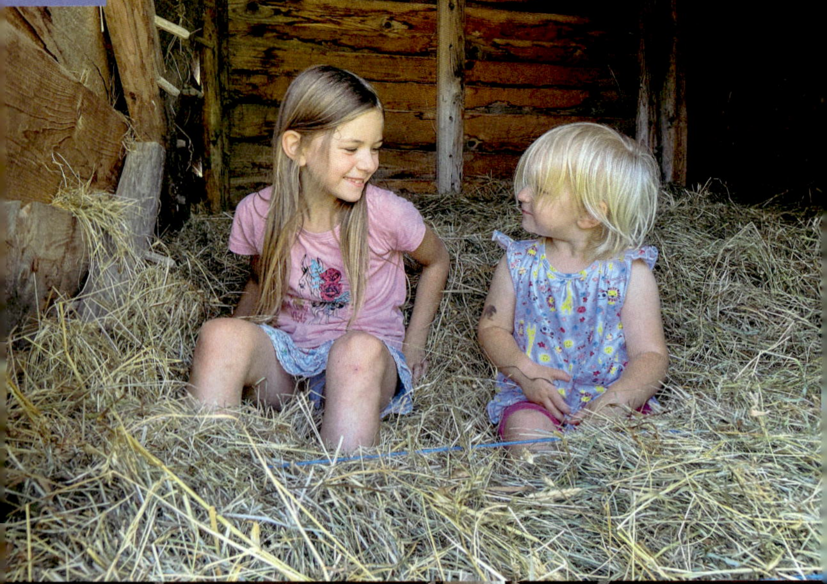

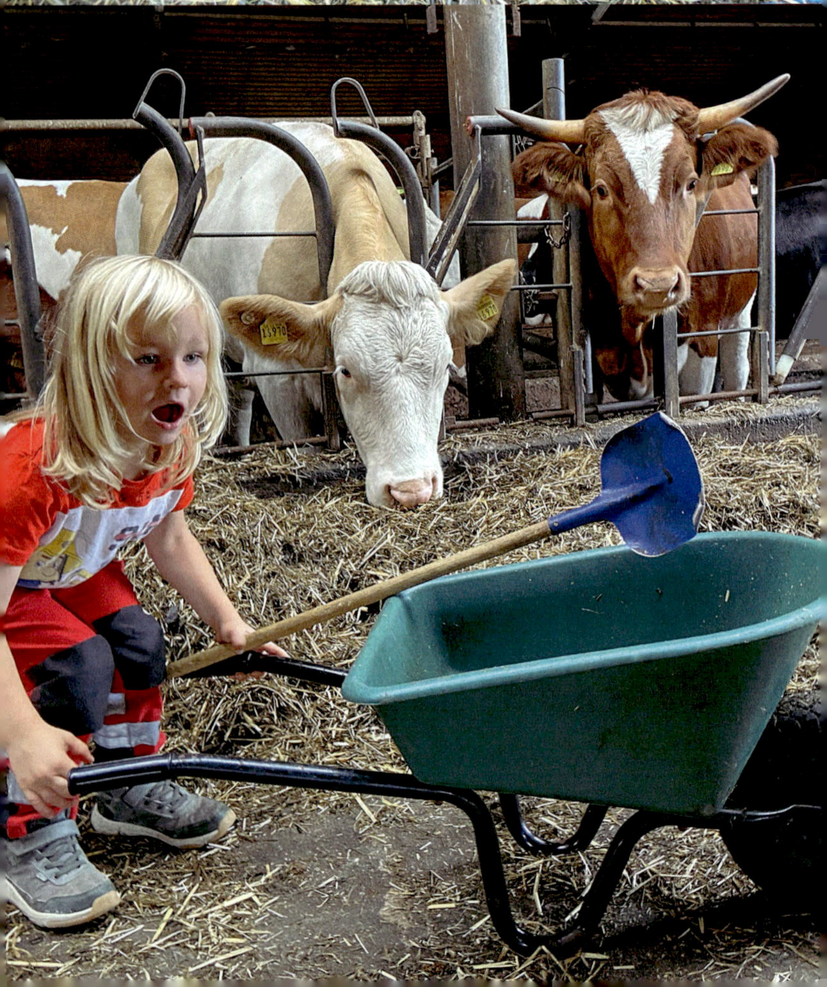

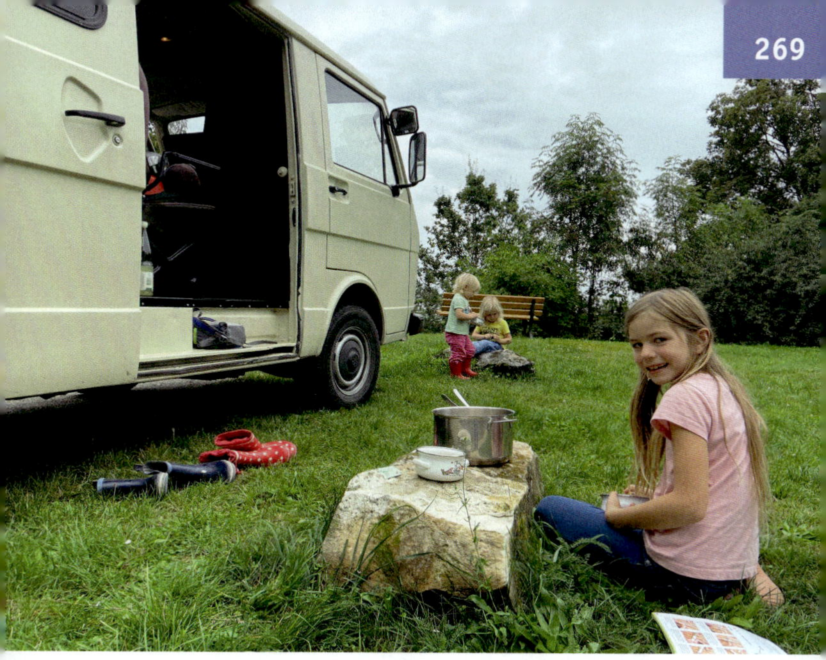

Unterkunft und Übernachtung

Für eine entspannte Reise mit Kindern brauchen Familien eine Unterkunft, in der Kinder nicht nur geduldet, sondern mit Freude empfangen werden. Einige Hotels haben sich gezielt für Familien eingerichtet und bieten neben ansprechenden Zimmern und Apartments auch Angebote für Familien. Häufig gibt es extra für Kinder ein Buffet oder auch einen Spielbereich innen wie außen.

Auch Jugendherbergen sind besonders für den Besuch von Familien geeignet und kommen besonders aufgrund der günstigen Preise in Frage. Meistens liegen sie zudem zentral in der Region und bieten so einen guten Startpunkt für Ausflüge.

Wer es gerne naturnah mag und mit Tier und Mensch in Kontakt kommen und unter Umständen auch gleich mithelfen will, ist auf einem Bauernhof genau richtig. Viele Höfe in der Fränkischen Alb bieten Unterkünfte wie Zimmer oder Ferienwohnungen extra für Familien an. Und wer ganz spontan oder besonders nahe an der Natur unterwegs sein möchte, nutzt einen der idyllisch gelegenen Campingplätze der Region.

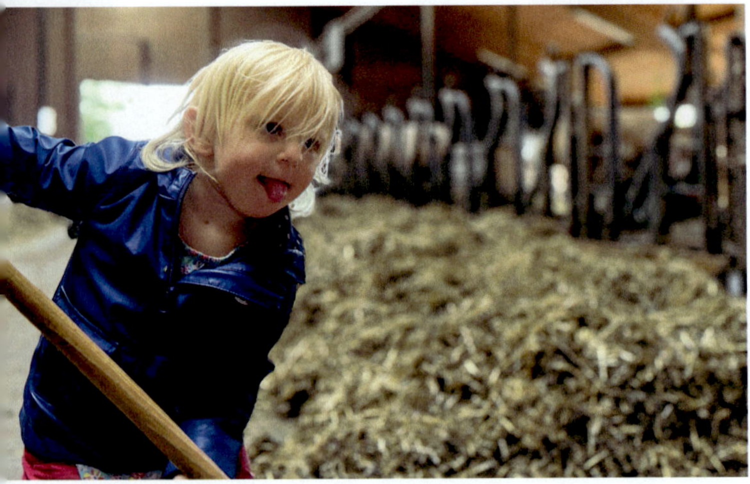

Ferien auf dem Bauernhof

Ein Urlaub auf dem Bauernhof ist gerade mit kleineren Kindern eine gute Idee. Neben der Flexibilität einer Ferienwohnung mit Selbstversorgung, gibt es meist familiären Anschluss und vor allem: Tiere! Auf vielen Höfen können Kinder im Stall helfen, Milch holen oder Eier suchen, kleine Katzen bewundern oder mit den Ziegen um die Wette springen. Auch Reiterhöfe, die Pferde Spaziergängen Reitstunden und mehr anbieten, sind bei Familien oft sehr beliebt. Die Höfe sind meist auf Familien eingestellt und bieten neben einer Menge Platz vor allem eine entspannte Atmosphäre, in der sich die ganze Familie wohlfühlen kann.

Bauernhofhotels

Familienhotel Friedrichshof

25 Quadratkilometer großer Ferienpark in ruhiger Alleinlage mitten in der Fränkischen Schweiz in der Nähe von Obertrubach. Schwimmbad, Kindercrosstrecke, Quad- und Traktorfahren, Spielstraße mit Fahrzeugen, Massage und Kosmetik für Groß und Klein. Neben Eseln, Ziegen und Hasen leben auch drei Haflinger, eine Konikstute und vier Ponys auf dem Hof. Man kann hier auch richtige Reiterferien machen.

Angebote für Kurzurlaub und Ferien ab €238 (zwei Übernachtungen) für Familien im Appartement.
Tel. 09245 98200.
www.der-friedrichshof.de

Eibtaler Hof

Der Bio- und Erlebnisbauernhof am Ortsrand von Spies, bei Betzenstein, hat sich dem naturnahen Urlaub mit Komfort für Familien verschrieben. Es gibt eine große Palette an Angeboten, wie Spielstraßen, geführte Quadtouren, Ponykutschfahrten, Reiten, einen Abenteuerspielplatz mit Flying Fox, Bio-Badeteich und Wellness. Kinder können auf dem Bauernhof mithelfen und Tiere füttern, Eier sammeln und Stall ausmisten. In der hauseigenen Kletterhalle lässt sich auch ein Kletterurlaub verbringen.

Die Preise liegen bei €900–1600 pro Woche inklusive Vollpension. Gekocht wird mit Bio-Lebensmitteln.
www.eibtalerhof.de

Ferienwohnungen auf dem Bauernhof

Ferienhof Schauinsland
Auf dem Hof im oberfränkischen Leutenbach können Kinder mit im Stall helfen, morgens die Frühstückseier suchen und mit den Tretfahrzeugen fahren. Außerdem wird Reiten und Traktorfahren angeboten. Besonders schön ist es in der Region zur Zeit der Kirschblüte.
Übernachtung in der Ferienwohnung €50. www.ferienhof-schauinsland.de

Ferienhof Hohe
Auf dem bio-dynamischen Bauernhof der Familie Hohe in Hiltpoltstein können Familien in das Landleben eintauchen. Neben einem hofeigenen Streichelzoo gibt es auch einen Pool und einen Pavillon mit Feuerstelle.
Tel. 09192 993685.
www.ferienhof-hohe.de

Ennerla-Hof
Auf dem Hof in Kleinlesau bei Pottenstein stehen drei Ferienwohnungen und ein Apartment zur Verfügung. Besonders beliebt bei den kleinen Gästen sind das Mitfahren auf dem Traktor und das Füttern der Tiere (Kälber, Hühner, Ponys, Hasen). Im Garten stehen außerdem ein Spielplatz, Kinderfahrzeuge sowie ein Grillplatz zur Verfügung.
Tel. 09243 305. ennerla-hof.de

Rennerhof
In Siebeneichen bei Sulzbach-Rosenberg werden vor allem Getreide und Raps angebaut. Neben einem Spielplatz und vielen Angeboten für Kinder lässt vor allem der hauseigene Streichelzoo die Kinderherzen höher schlagen. Hausgäste können außerdem mit Ponys wandern und sich aus dem Naschgarten bedienen.
Tel. 09661 7929.
www.rennerhof-siebeneichen.de

Bauernhof Hänfling
Auf dem voll bewirtschafteten Bauernhof wird Familien so einiges geboten: Neben einer Spielscheune und Streichelzoo sind auch Ponyreiten und die Mithilfe im Kuhstall inklusive Melken möglich. An der hofeigenen Milchtankstelle können die frische Rohmilch gezapft und leckerer Käse probiert werden. Der Hof liegt am Ortsrand von Weissenohe-Dorfhaus und ist idealer Ausgangspunkt für Wanderungen.
Tel. 09192 7402. www.haenfling.de

Res'n Bauernhof
Der Hof liegt im Erlebnis- und Erholungsparadies Neutras mitten im Naturpark Fränkische Schweiz. Hier finden Familien alles, was einen Urlaub mit Kindern auf dem Land perfekt macht: viele Tiere, Traktorfahrten, Ponyreiten, Grillabende, einen Abenteuerspielplatz und vieles mehr. Auf dem Hof werden Galloway-Rinder und Schweine gehalten. Das Fleisch kommt im hofeigenen Restaurant auf den Tisch.
Tel. 09154 919710. resnhof.de

Ferienhof Schmidtner
Auf dem Ferienhof im Naturpark Altmühltal werden vier Ferienwohnungen und zwei Ferienhäuser vermietet. Hier erleben Familien einen richtigen Urlaub auf dem Bauernhof mit vielen Tieren (Pferde, Schafe, Hasen und Katzen) und einem hofeigenen Fischweiher zum Angeln. Neben einem schönen Garten mit Grill stehen auch ein Whirlpool und eine Sauna zur Verfügung.
Tel. 08461 1437.
www.schmidtner-biberbach.de

Riedenburger Erlebnisbauernhof
Auf dem Hof der Familie Böhm stehen mehrere Ferienwohnungen zur Verfügung. Neben dem hofeigenen Bauernhofmuseum gibt es auch eine Spielscheune, Tretfahrzeuge und natürlich die vielen Tiere zum Streicheln. Das Highlight: Jede Familie hat ein eigenes Hühnernest, aus dem man sich täglich seine frischen Frühstückseier holen kann!
Tel. 09442 2057. www.ferienhof.net

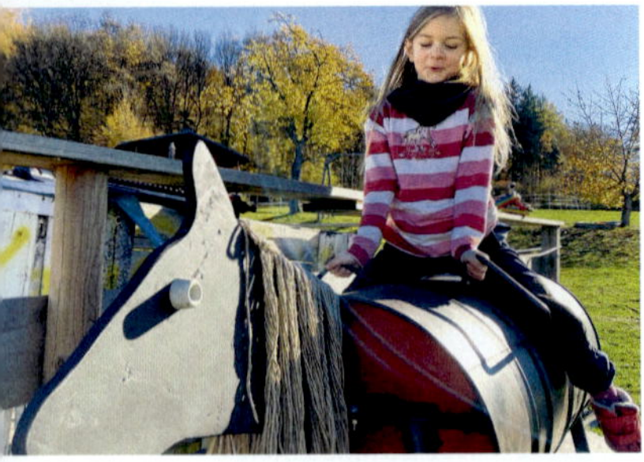

Weitere Adressen für Urlaub auf dem Bauernhof

Privates Portal mit deutschlandweiter Suche nach aktiven Bauernhöfen mit Urlaubsangebot: www.bauernhofurlaub.de

Eine Übersicht über Bauern- und Reiterhöfe findet man auf der Seite: www.landreise.de

Familienfreundliche Unterkünfte in der Fränkischen Alb

Die hier genannten Hotels und Ferienhöfe sind nur eine kleine Auswahl der Gastgeber in der Region. Da die Fränkische Alb touristisch sehr gut erschlossen ist, gibt es ein breit gefächertes Angebot für Urlauber. Auf den folgenden Seiten findet man Gastgeberverzeichnisse in unterschiedlichen Kategorien. Bei der Detailsuche nach Unterkünften ist es hilfreich, nach den Regionen Fränkische Schweiz, Altmühltal oder Oberpfalz zu suchen. Ebenso lässt sich häufig die Option »familienfreundlich« auswählen, was die Suche deutlich erleichtert. Die Seiten der Tourismuszentralen führen zudem auch eine Sortierung nach Art der Unterkünfte wie »Bauernhof« oder »Historisch Übernachten« und Ähnliches.

Tourismuszentrale Fränkische Schweiz
www.fraenkische-schweiz.com

Naturpark Altmühltal
www.naturpark-altmuehltal.de

Oberpfälzer Juratäler
www.tourismus-landkreis-neumarkt.de

Landkreis Amberg und Sulzbacher Land
amberg-sulzbacher-land.de

Tourismus Altmühl, Donau und Hallertau
www.herzstueck.bayern

Tourismusverband Ostbayern
www.ostbayern-tourismus.de

Touristikverband Parsberg/ Lupburg im Bayrischen Jura:
www.tourismus-parsberg.de

Südliche Fränkische Alb/ Fränkisches Seenland
www.fraenkisches-seenland.de

Außergewöhnlich Übernachten

Fernab von Massentourismus und anderen Gästen können Urlauber auf dem Hausboot einen abenteuerlich-entspannten Urlaub erleben. Auf dem Main-Donau-Kanal zwischen Nürnberg und Regensburg kann man vom Wasser aus allerhand Sehenswürdigkeiten ansteuern und auf den schaukelnden Wellen einschlafen. Infos gibt es unter www.greenpartment.de/houseboathotels.

Übernachten wie ein Hirte im Schäferwagen ist für Familien mit bis zu zwei Kindern möglich im Schäferwagendorf Hammermühle. Die Wagen sind mit allem ausgestattet, was es für einen Urlaub braucht und haben auch eine eigene Küche.
Infos gibt es unter www.zeltplatz-hammermuehle.de/schaeferwagen-dorf.
Hammermühle 5, 91804 Altendorf,
Tel. 09145 8364515.

Jugendherbergen

Nicht nur Schülergruppen, auch Familien finden hier eher einfache, aber trotzdem ansprechende Unterkünfte. In einer Jugendherberge haben Kinder viel Platz und keiner murrt, wenn die Junioren sich ordentlich austoben. Meist trifft man auch auf andere Familien. Meldet man sich rechtzeitig an, kann man in allen Herbergen ein eigenes Familienzimmer bekommen – meistens sogar mit Dusche und WC. In den als Familienherbergen zertifizierten Häusern gibt es außerdem Spielzimmer und Spielbereiche für Kinder in den Außenanlagen. Man kann Spiele leihen und eine Tischtennisplatte oder ein Kicker zählt in Jugendherbergen beinahe zur Grundausstattung.

Zur Übernachtung in einer Jugendherberge braucht man einen gültigen Jugendherbergsausweis. Eine Mitgliedschaft für Familien kostet 22,50 Euro im Jahr. Eltern zahlen dann nur den Juniorpreis (ab etwa € 19,90 pro Person). Man kann nur Übernachtung mit Frühstück oder auch Vollpension zu sehr günstigen Preisen buchen. Die bayerischen Jugendherbergen haben sich darüber hinaus zum Ziel gesetzt, ihre Verpflegung weitgehend auf Bio-Produkte umzustellen. www.jugendherberge.de

Jugendherberge Pottenstein
Zwischen Teufelshöhle und Kletterfels liegt die Jugendherberge auf dem Höhenzug über dem malerischen Felsendorf im Herzen der Fränkischen Schweiz. Zwölf Drei- und Vier-Bett-Zimmer stehen hier auch für Familien zur Verfügung. Auf dem großen Außengelände findet man eine Märchenhöhle sowie Lagerfeuerplatz, Beachvolleyballfeld und Spielplatz. Für Abwechslung an Regentagen sorgen die hauseigene Kletterhalle sowie das Kinderspielhaus. Neben organisierten Touren für Familien kann man sich hier auch mit Bausteinen wie Fledermausführungen, Nachtwanderungen und Stockbrot zubereiten ein eigenes Programm zusammenstellen.
Jugendherbergsstr. 20, 91278 Pottenstein, Tel. 09243 92910.

Jugendherberge Hartenstein
Einfache Herberge am Ortsrand direkt am Wald in schöner Lage. Das Haus verfügt über 13 Vierbettzimmer, Spielplatz, Tischkicker, Grillplatz. Besonders interessant sind die angebotenen »Reisebausteine für Familien« wie unterschiedliche erlebnispädagogische Ausflüge mit Eseln (zum Beispiel Picknick mit Eseln) und organisierte Kanutouren in der Umgebung.
Salzlecke 10, 91235 Hartenstein, Tel. 09152 1296.

Umwelt-Jugendherberge Eichstätt
Bio, Umwelt und Natur sind hier die Leitmotive. Acht Drei- bis Fünf-Bett-Zimmer stehen auch Familien zur Verfügung. Ein Highlight ist der große Außenbereich mit einem keltischen Langhaus, Feuerstelle und Spielwiese. Steinalt sind die Funde in den Steinbrüchen rund um Eichstätt. Es werden auch organisierte mehrtägige Familientouren angeboten, wie Dinosaurierjagd im Altmühltal mit Fossiliensuche und Museumsbesuch und Familienkanutouren auf der Altmühl.
Reichenaustraße 15, 85072 Eichstätt, Tel. 08421 980410.

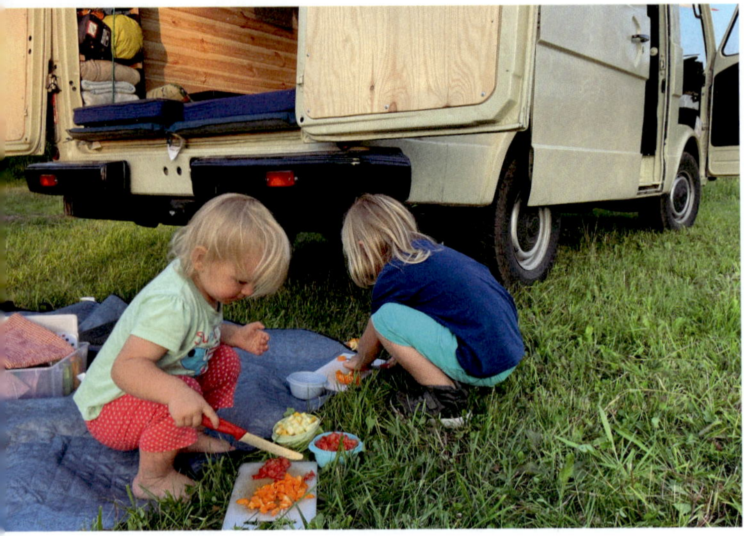

Camping mit Zelt und Wohnmobil

Die Fränkische Alb ist auf den ersten Blick nicht die campingfreundlichste Urlaubsregion Deutschlands. Dennoch lässt es sich auf über 30 Camping- und Stellplätzen in den Wanderregionen wunderbar übernachten. Das Reizvolle an den Campingplätzen der Region ist sicherlich, dass sie sich allesamt entweder in unmittelbarer Nähe von spannenden Wanderstrecken oder landschaftlich herausragenden Stellen in Flusstälern, auf Bergrücken oder an Steilwänden befinden. Übernachten in dieser Kulisse ist also per se schon ein Abenteuer und lässt Familien tief in die Natur eintauchen. Die Touren im Buch liegen häufig in unmittelbarer Nähe der Campingplätze, sodass diese ein idealer Ausgangspunkt für Entdeckungstouren sind.

Die Campingplätze sind nicht selten in familiärer Führung und strahlen daher eine besondere Herzlichkeit aus, was vor allem bei Familien mit Kindern ankommt. Gerade kleinere Kinder fühlen sich auf den kleineren, überschaubaren Campingplätzen schnell wohl und finden sich leicht zurecht. Die Ausstattung und der sanitäre Standard sind je nach Platz und Besitzer unterschiedlich, jedoch durchwegs sauber und empfehlenswert. Viele Plätze haben sich vor allem für den Besuch von Familien eingerichtet und bieten neben den üblichen Sanitäranlagen auch Wickelplatz, Kinderdusche und weitere Ausstattung an. Viele Campingplätze der Region haben außerdem einen eigenen Spielplatz oder liegen in unmittelbarer Nähe zu einem Schwimmbad. Manch großer Platz hat sogar eigene Freizeiteinrichtungen wie Minigolf, Angelteich, Bolzplatz und mehr, sodass dem Rundum-Sorglos-Urlaub für Familien nichts im Wege steht. Im Kiosk am Platz oder im eigenen Restaurant vor Ort wird außerdem für das leibliche Wohl gesorgt. Wer sich gern selbst versorgen möchte, kann an vielen Orten einen Brötchenservice nutzen.

Die lockere, gelassene Atmosphäre auf Campingplätzen ist nicht nur für kleine Besucher entspannt, sondern lässt auch die Eltern leicht im Urlaubsfeeling ankommen. Im eigenen Wohnwagen oder Camperbus ist das gewohnte Umfeld gleich mit dabei. Für etwas mehr Aufregung sorgt eine Übernachtung im Zelt. Besonders kleinere Abenteurer lieben dieses besondere Erlebnis, das lange in Erinnerung bleiben wird.

Wer keinen eigenen Wohnwagen oder Campingbus besitzt und das Abenteuer im Zelt meiden möchte, findet auf einigen Campingplätzen die Möglichkeit zum Mieten eines Wohnwagens, eines Schlaffasses oder einer Blockhütte. Somit ist das Abenteuer gegeben und dennoch ein schützender Raum mit Komfort wie einer festen Küche und eigenem Badezimmer geboten. Die Preise für die Übernachtung in einer Blockhütte oder einem Schlaffass sind günstiger als für eine Ferienwohnung und liegen bei etwa 55 Euro für eine Familie. Eine Übernachtung im Zelt kostet für Familien (zwei Erwachsene und zwei Kinder bis 14 Jahre) zwischen 20 und 45 Euro. Die Preise für Übernachtung und Stellplatz sind bei den jeweiligen Plätzen angegeben und beziehen sich auf eine Übernachtung. Hinzu kommen Kosten für Strom, unter Umständen Duschmarken und je nach Ort auch noch Kurtaxe und Umweltabgabe. Bei einem längeren Urlaub oder außerhalb der Saison gibt es häufig Rabatte oder Sonderangebote. Einige Stellplätze für Wohnmobile sind sogar kostenfrei nutzbar.

Fränkische Schweiz

1 Campingplatz Steinerner Beutel

GPS N 49°51'01.3", E 11°20'28.3"
Familiärer Campingplatz am Ortsrand von Waischenfeld im Wiesental. Idyllische Lage im Tal mit sonnigen Stellplätzen. Der Zugang zum Freibad ist im Preis enthalten. Brötchen- und Frühstücksservice.
Ganzjährig geöffnet.
Erwachsene €6,80, Jugend 15 bis 17 Jahre €4,80, Kinder bis 14 Jahre. €4,30, Platz €6,30.
Tel. 09202 359.
campingplatz-waischenfeld.de

2 Wohnmobilstellplatz Heiligenstadt

GPS N 49°52'00.1", E 11°10'07.0"
Schattiger Stellplatz am Rande des Hellmuth-Breckner-Parkplatzes am Ortsrand von Heiligenstadt. In unmittelbarer Nähe befinden sich der Naturbadesee und ein kleiner Spielplatz. Guter Ausgangspunkt für Erkundungen in der nördlichen Fränkischen Schweiz und zum Schloss Greifenstein.
Ganzjährig geöffnet.
Kostenfrei nutzbar.
www.markt-heiligenstadt.de

3 Camping auf dem Kormershof

GPS N 49°44'21.7", E 11°20'44.3"
Ein kleiner, idyllisch gelegener Platz für Zelte in Allersdorf bei Gößweinstein. Auf der Wiese etwa 300 Meter hinter dem Haus kann man sein Zelt zwischen den urigen Obstbäumen in absoluter Ruhe aufschlagen. Brötchenservice, Feuerstelle.
Geöffnet Mai bis Oktober.
Erwachsene € 10, Kinder 7 bis 12 Jahre € 7, Kinder 2 bis 6 Jahre € 5, Zelt € 3, PKW € 4. Tel. 09242 1041.
www.kormershof.de

4 Campingplatz Pfaffenstein

GPS N 49°46'48.8", E 11°18'38.9"
Auf dem Höhenzug über den fränkischen Tälern oberhalb von Behringersmühle in ruhiger und idyllischer Lage. Zur Verfügung stehen zwei große Wiesen zum Zelten sowie Stellplätze für Wohnwagen und Wohnmobile mit Stromanschluss. Feuerstelle, Kühlstätte für Getränke im Felsenkeller. Frühstück kann auf Wunsch im Gasthaus gebucht werden. Biergarten mit fränkischen Spezialitäten.
Geöffnet März bis Oktober.
Erwachsene € 9, Kinder bis € 4, Zelt € 2, inklusive Kurtaxe und WLAN, Tel. 09242 359.
www.zum-pfaffenstein.de

5 Campingplatz Jurahöhe

GPS N 49°47'52.8", E 11°22'30.5"
Der sonnige Platz liegt am Waldrand in unmittelbarer Wanderumgebung im Ortsteil von Pottenstein. Er verfügt über 24 Dauerstellplätze, 60 Urlaubsplätze und zwölf Wohnmobilplätze, jeweils mit eigener Wasser- und Stromversorgung. Den Abend kann man an einer der beiden Feuerstellen ausklingen lassen oder sich eine eigene Feuerschale ausleihen. Kostenfreies WLAN auf dem gesamten Platz. Kiosk, Brötchenservice, Eier aus eigener Haltung, Gaststätte.
Geöffnet April bis Oktober.
Erwachsene € 5,30, Kinder 3 bis 14 Jahre € 3,20, Zelt € 4,80, Wohnmobil € 6,20, keine Kartenzahlung!
Tel. 09243 9173.
www.campingplatz-jurahoehe.de

6 Feriencampingplatz Bärenschlucht

GPS N 49°46'42.3", E 11°23'08.8"
Am Rande der Bärenschlucht bei Pottenstein. Auf einer Fläche von fünf Hektar liegt der Ferienpark mit vielen schattigen und sonnigen Stellplätzen im Flusstal vor einer steilen Felswand. Neue Sanitäranlagen mit barrierefreiem Zugang. Auch Übernachtungen in Blockhütten und Schlaffässern. Spielplatz, Biergarten und Gastwirtschaft.
Ganzjährig geöffnet.
Erwachsene € 5,90, Kinder 4 bis 14 Jahre € 3,50, Zelt € 5,20.
Tel. 09243 206.
www.baerenschlucht-camping.de

7 Wohnmobilpark Pottenstein

GPS N 49°45'46.3", E 11°24'29.9"
Kleiner Stellplatz für etwa 25 Wohnmobile im Gewerbegebiet Pottenstein. Befestigte Plätze zwischen Büschen und Bäumen.
Ganzjährig geöffnet.
Stellplatz € 10, zahlbar am Parkscheinautomat. Stromanschluss sowie Ver- und Entsorgung sind vorhanden.
Tel. 09242 1788.
www.pottenstein.de

8 Campingplatz Fränkische Schweiz

GPS N 49°46'59.5", E 11°22'00.2"
Kleiner Campingplatz mit ECO-Camping-Auszeichnung im engen Püttlachtal, unweit des Felsenstädtchens Pottenstein. Der Campingplatz liegt direkt am Fluss Püttlach und vor massiven Jurafelsen. Viele Stellplätze unter schattigen Bäumen. Wanderungen und Kanufahrten sind unweit des Campingplatzes möglich. Spielplatz, Imbiss, Brötchenservice.
Geöffnet April bis Anfang Oktober.
Erwachsene € 17,90, Jugend 15 bis 16 Jahre € 9,10, Teens 11 bis 14 Jahre € 5,20, Kinder 3 bis 10 Jahre € 3,90, Dusche € 0,50.
Tel. 09242 1788.
campingplatz-fraenkische-schweiz.de

9 Campingplatz Bieger
GPS N 49°47'23.7", E 11°12'21.6"
Im Ebermannstädter Weiler Rothenbühl liegt der kleine, gemütliche Campingplatz. Es stehen 23 Plätze für Wohnmobile, Caravans und Bullis direkt an der Wiesent zur Verfügung. Mit dem Kanu kann man direkt vom Campingplatz losfahren.
Geöffnet Ostern bis Oktober.
Erwachsene €6,40, Kinder bis 14 Jahre €3,70. Platz je nach Größe €4,70–6,70. Tel. 09194 9534.
www.campingplatz-bieger.de

10 Stellplatz Ebermannstadt, Oberes Tor
GPS N 49°46'58.8", E 11°11'18.8"
Wohnmobilstellplatz »P2« am Rande des öffentlichen Parkplatzes. Umsäumt von Bäumen und Büschen kann man hier ruhig und gleichzeitig zentral übernachten. Eine Ver- und Entsorgungsstation befindet sich bei der Feuerwehr in der Straße »Kalkwerk«.
Ganzjährig geöffnet. Kostenlos.
www.ebermannstadt.de

11 Stellplatz Wiesenttal
GPS N 49°48'27.5", E 11°13'00.7"
Geschotterter Platz für acht Mobile am Ortsrand von Streitberg, direkt am Museumsbahnhof. Idealer Ausgangspunkt für Wander- und Radtouren durch das Wiesenttal oder zur Fahrt mit der historischen Dampflok.
Ganzjährig nutzbar.
Stellplatz €4 inklusive Ver- und Entsorgung, zahlbar am Münzautomaten, Tel. 09196 929931.
www.wiesenttal.de

12 Campingplatz »Oma Eichler«
GPS N 49°41'01.3", E 11°18'00.5"
Im romantischen Trubachtal gelegen. Der Platz, der von vielen Kletternden besucht wird, bietet Raum für etwa 100 Zelte und Campingbusse. Für große Reisemobile ist die Wiese direkt an der Trubach nicht geeignet. Auch Ferienwohnung und Schlaflager stehen zur Verfügung. Frühstück sowie hausgebackenen Kuchen gibt es für Gäste im Gasthaus. Kiosk.
Geöffnet April bis Oktober.
Erwachsene und Kinder ab 6 Jahre €9, Kinder unter 5 Jahre €1.
Tel. 09245-383. www.gasthof-eichler.de

13 Camping Betzenstein
GPS N 49°41'08.7", E 11°24'10.1"
Der naturbelassene Platz vor den Toren Betzensteins liegt am Waldrand in sonniger, terrassenförmiger Hanglage. Für Zelte steht eine separate Wiese mit rustikalen Holzunterständen und Feuerstellen zur Verfügung. Kleine Gaststätte und Kiosk.
Geöffnet April bis Oktober.
Erwachsene €5,50, Jugend €4, Kinder 3 bis 14 Jahre €3, Platz €4, PKW €2,50, Dusche €1.
Tel. 09244 7305.
campingplatz-betzenstein.de/campingneu

Hersbrucker Alb

14 Wohnmobilstellplatz Velden
GPS N 49°37'04.1", E 11°30'48.0"
Hinter dem Kindergarten am Ortsrand von Velden liegt der große Schotterparkplatz, der als Stellplatz für Wohnmobile dient. Guter Ausgangspunkt für Ausflüge und Wanderungen.
Ganzjährig geöffnet.
Kostenfrei nutzbar. Die Ver- und Entsorgungsstation ist von April bis Oktober in Betrieb.
Tel. 09152 929123.
E-Mail tourist-info@velden.de

15 Zeltplatz Naturbad Königstein
GPS N 49°36'09.6", E 11°38'09.1"
Auf der großen Liege- und Nutzwiese des Naturbades Königstein ist übernachten im Zelt oder Camper möglich. Dabei dürfen die Sanitäranlagen des Bades mitgenutzt werden. Der Zugang zum Bad ist im Übernachtungspreis enthalten.
Preis pro Nacht im Zelt, je nach Gästezahl €12–18. Platz €18–20.
Tel. 09665-91310.
www.marktwerke-koenigstein.de

16 Wohnmobilstellplatz an der Therme, Hersbruck
GPS N 49°30'40.7", E 11°26'33.8"
Der Stellplatz befindet sich direkt neben der Fackelmann-Therme auf dem

Schotterparkplatz. Die Anreise ist täglich ab 12 Uhr, die Abreise bis 11 Uhr möglich.
Stellplatz €10, Anmeldung am Empfang der Therme.
Tel. 09151 83930.
www.fackelmanntherme.de

17 Frankenalb-Camping

GPS N 49°31'31.1", E 11°34'55.0"
Kleiner familienfreundlicher Platz am Ortsrand von Etzelwang. Unparzellierte, sowohl sonnige als auch schattige Plätze, auch direkt am Etzelbach, der durch das Gelände fließt. Sanitäranlagen etwas älter, aber sauber. Eine Bahnlinie führt direkt am Platz vorbei, am besten sucht man seinen Platz weit davon entfernt. Idealer Ausgangspunkt für Wander- und Radtouren. Direkt nebenan befindet sich das Freibad mit Abenteuerspielplatz, der Eintritt ist inklusive.
Geöffnet April bis Oktober.
Erwachsene €4,70, Kinder 10 bis 17 Jahre €3,50, Kinder 2 bis 9 Jahre Platz ab €4, PKW €2. Nur Barzahlung.
Tel. 09663-91900.
www.frankenalb-camping.de

18 Pegnitz Camping

GPS N 49°31'07.5", E 11°29'31.1"
Naturnaher, unparzellierter Platz direkt an der Pegnitz. Moderne, barrierefreie Sanitäranlagen, guter Ausgangspunkt für zahlreiche Wanderwege, den vorbeiführenden Pegnitztal-Radweg und eine Kanufahrt direkt ab der platzeigenen Ausstiegsstelle. Liegt direkt an der Bahnstrecke.
Geöffnet April bis Oktober.
Tel. 09154 1500,
E-Mail camping.mueller@t-online.de, Eschenbacher Weg 4, Pommelsbrunn.

19 Campingplatz Heiligenmühle

GPS N 49°26'33.3", E 11°18'09.4"
Kleiner Platz außerhalb der Ortschaft Leinburg, direkt am Wald und absolut ruhig gelegen. Ideal für Familien, die nicht den großen Rummel suchen.
Geöffnet Ostern bis Oktober.
Erwachsene €7, Kinder 4 bis 14 Jahre €3,50, Platz €8, Tel. 09120 222.
www.campingplatz-heiligenmühle.de

20 Zelten am Freibad Hirschbad

GPS N 49°33'4.2", E 11°31'18.8"
Auf der Zeltwiese des Freibads im Hirschbachtal kann man zelten. Verpflegung durch das Badcafé ist nach Absprache möglich.
Erwachsene ab 16 Jahre €10, Kinder 6 bis 15 Jahre €7. Infos und Buchung unter zeltplatz.freibad@gemeinde-hirschbach.de.
www.freibad-hirschbach.de

Mittlere Fränkische Alb

21 Wohnmobilstellplatz Altdorf bei Nürnberg

GPS N 49°22'46.2", E 11°21'29.3"
Vier Stellplätze mit Ver- und Entsorgungsstation. Der Platz liegt in der Nähe des Sportgeländes am Stadtrand und trotzdem zentral.
Ganzjährig geöffnet.
Kostenlos nutzbar und jederzeit anfahrbar, Parkdauer maximal drei Tage. Weidentalstraße, Altdorf bei Nürnberg.

22 Campingplatz am Hauenstein

GPS N 49°12'59.1", E 11°40'06.1"
Direkt neben dem Naturbadesee in Velburg, Ideal als Ausgangspunkt für Erkundungstouren und für einen Zwischenstopp durch die Fränkische Alb. Für kleine Besucher gibt es einen Spielplatz. Große Zeltwiese, Kiosk, Restaurant, Brötchenservice.
Geöffnet März bis Oktober.
Erwachsene €7,60, Kinder 4 bis 12 Jahre €5,60, Kleinkinder 2 bis 3 Jahre €2. Zeltplatz €4,
Tel. 09182 454.
www.campingamhauenstein.de

23 Campingplatz Berg

GPS N 49°19'45.7", E 11°25'43.7"
Der gemütliche Campingplatz mit freundlicher Atmosphäre liegt etwa 400 Meter außerhalb der Ortschaft Berg im Grünen. Für Zeltgäste gibt es eine eigene Wiese mit großzügigen Parzellen. Es stehen neu gestaltete Waschräume mit Wickelplatz für die Kleinsten zur Verfügung. Kleiner Spielplatz und Brötchenservice.
Geöffnet April bis Mitte November.

Erwachsene €6, Kinder 4 bis 14 Jahre €3. Zelt €6, PKW €1,50, Tel. 09189 1581. www.camping-in-berg.de

24 Natur-Campingplatz Sippelmühle

GPS N 49°10'53.9", E 11°32'17.4"
Ruhiger Platz im Tal der weißen Laaber. Idealer Ausgangspunkt für Ausflüge und Wanderungen im Naturschutzgebiet. Terrassenförmig angelegte schattige Plätze unter Bäumen mitten in der Natur. Naturbadeweiher mit sandigem und flachem Uferbereich. Brötchenservice am Samstag. Urbayrischer Landgasthof mit Biergarten direkt auf dem Gelände. In der Nähe befinden sich ein Naturfreibad und ein Baggersee. Eingeschränkter Telefonempfang!
Ganzjährig geöffnet.
Erwachsene und Jugendliche ab 14 Jahren €7,50, Kinder 3 bis 13 Jahre €5. Zeltplatz €10, PKW €1. Tel. 09184 1646. www.sippelmuehle.de

Südliche Fränkische Alb/ Weißenburger Alb

25 Campingplatz Landgasthof Kastlhof

GPS N 48°56'27.6", E 11°45'21.9"
Kleiner, familiärer Campingplatz mit 30 Stellplätzen, die sich auf mehreren Flächen verteilen. Direkt am Ludwig-Donau-Main-Kanal gelegen. Auf dem idyllischen Anwesen inmitten der Natur befindet sich auch der Gasthof mit Pension und Matratzenlager. Brötchenservice. Nicht geeignet für große Fahrzeuge.
Geöffnet Ostern bis Oktober.
Erwachsene €10, Jugend €8, Kinder 5 bis 12 Jahre €4, Tel. 09447 698, www.kastlhof.de

26 Wohnmobilstellplatz Riedenburg

GPS N 48°57'53.5", E 11°40'54.2"
Eingebettet in die malerische Landschaft des Altmühltals liegt der Wohnmobilstellplatz mit etwa 60 Plätzen direkt am Main-Donau-Kanal.
Ganzjährig geöffnet.
Stellplatz €8. Strom- und Wasseranschluss vorhanden, Tel. 09442 91810. riedenburg.de

27 Wohnmobilstellplatz Dietfurt

GPS N 49°01'38.9", E 11°34'57.8"
In unmittelbarer Nähe zum Schiffsanleger des Main-Donau-Kanals gelegen. Geschotterte, mit Hecken abgegrenzte Fläche für etwa zehn Mobile. Die Innenstadt ist in nur wenigen Gehminuten erreichbar.
Ganzjährig geöffnet.
Kostenfrei für eine Übernachtung. Telefon Touristinfo 08464 640019. www.dietfurt.de

28 Campingplatz Naturama Beilngries

GPS N 49°01'34.9", E 11°28'12.4"
2,4 Hektar großer Platz, teilweise unter Bäumen und direkt an der Altmühl gelegen. Familienzeltwiese und Spielplatz. Sanitäranlagen für die Größe des Platzes etwas knapp. Großes Angebot an Freizeitaktivitäten wie Beachvolleyball, Tennis, Minigolf, großer Naturbadeteich, Kanuverleih. Schlaffässer, Schäferwagendorf und Tiny-House-Hotel.
Geöffnet April bis November.
Erwachsene €8–9,50, Kinder 4 bis 13 Jahre €4,50. Familienstellplatz ohne Auto €6–7. Standardplatz €9,50–13, PKW €5. Aufschlag für Plätze am Wasser. Tel. 08461 606730. naturama-beilngries.de

29 Wohnmobilstellplatz Berching

GPS N 49°06'41.5", E 11°26'20.9"
Direkt an der Schiffsanlegestelle des Main-Donau-Kanals gelegen. Auf einer ebenen, befestigten Fläche von etwa 3.000 Quadratmetern finden hier etwa 15 Mobile Platz zum Übernachten. In die historische Altstadt sind es nur 200 Meter Fußweg und ein großer Spielplatz mit Wasserstrecke und Ritterburg befindet sich gleich nebenan. Ein Kiosk ist vorhanden.
Ganzjährig geöffnet.
Stellplatz €7. Ver- und Entsorgung auf der gegenüberliegenden

Straßenseite auf dem Volksfestplatz. Tel. 08462 20513. www.berching.de.

30 Campingplatz Kratzmühle

GPS N 49°00'13.5", E 11°27'07.9"
Großer Platz zwischen Fluss und Wald im Talbett der Altmühl und direkt neben dem Freizeitgelände Kratzmühlsee. Viele Stellplätze liegen in direkter Flussnähe und man kann mit dem Kanu direkt vom Stellplatz aus lospaddeln. Kanuverleih, Fahrradverleih, Spielplatz mit Mingolfanlage, Bolzplatz und Tischkicker. Mini-Markt, Gaststätte mit Biergarten. Gratis-WLAN auf dem ganzen Platz.
Ganzjährig geöffnet.
Platz inkl. 2 Pers. und Strom €25,50–31,50, weitere Person €7–8,50 , Kinder 1 bis 13 Jahre €3,50–4,50. Tel. 08461 64170. kratzmuehle.de

31 Waldcamping Brombach

GPS N 49°06'45.2", E 10°58'02.9"
Großer, modern ausgestatteter Platz mitten im Wald in der Nähe des Brombachsees. Mit Familienzeltwiese, kleinem Laden, Imbiss und Bäckerwagen im Sommer. Umfangreiches Familienprogramm in der Hauptsaison. Abenteuer- und Kleinkinderspielplatz, kostenloses Ponyreiten, Niedrigseilgarten, Sportplätze. Auch diverse Mietunterkünfte vom Tiny House über Safarizelt bis zum beheizbaren Holzhaus.
Ganzjährig geöffnet.
Platz inkl. 2 Pers. und Strom €25–37, weitere Person €9,50, Jugend 15 bis 17 Jahre €8,50, Kinder 5 bis 14 Jahre €5,50, Tel. 09144 608090. www.waldcamping-brombach.de

32 Wohnmobilstellplatz Weißenburg

GPS N 49°01'28.0", E 10°58'23.4"
Sechs Stellplätze mit Stromanschluss auf einem großen Parkplatz neben dem Limesbad in Weißenburg. Nur wenige Gehminuten von der Altstadt entfernt. Öffentliches WLAN.
Ganzjährig geöffnet.
Kostenfrei nutzbar. Strom und Ver- und Entsorgung vorhanden. www.weissenburg.de

33 Naturcamp Kauerlach

GPS N 49°09'03.4", E 11°18'57.6"
Schöne Lage im Naturschutzgebiet zwischen Weiher und Teich, an denen man gut die vielen Wasservögel beobachten kann. Die 200 Stellplätze verteilen sich um die Gewässer. Einige Parzellen sind in unmittelbarer Wassernähe. Auch die Unterkunft in einer der rustikalen Blockhütten ist möglich. Für das leibliche Wohl sorgt der Chef selbst im familiengeführten Wirtshaus am Platz. Es gibt einen Spielplatz, eine Feuerstelle und einen Pool.
Ganzjährig geöffnet.
Erwachsene und Jugend ab 14 Jahre €7, Kinder 4 bis 13 Jahre €4, Platz €10, PKW €4, Dusche €0,70, Tel. 09179-965091. www.naturcamp-kauerlach.de

34 Campingplatz Breitenbrunn

GPS N 49°04'41.2", E 11°37'22.4"
Am Ortsrand von Breitenbrunn im Altmühltal. Der parzellierte Platz ist von Wald umgeben, die Laaber fließt direkt hindurch. Es gibt sonnige wie schattige Plätze. Eine Blockhütte steht ebenfalls zum Übernachten zur Verfügung. Kleiner Spielplatz, direkter Zugang zum Freibad. WLAN ist auf dem ganzen Platz verfügbar. Im Gasthaus am Flussufer kann man auf der Sonnenterrasse essen oder auch nur seine Brötchen fürs Frühstück abholen.
Ganzjährig geöffnet.
Erwachsene €5,50, Kinder 3 bis 14 Jahre €4,50, Zelt € 5,50, PKW €2,50, Tel. 09495 337. www.juracamping-breitenbrunn.de

Abenteuerpark Betzenstein 33
Alpaka- und Lama- Wanderungen 128
Altdorf 127
Altmühl 248
Altmühltal 234, 241, 246
Amberg 204
Andreaskirche 139
Ankatal 138
Archäologie Museum 225

Bamberg 31
Bayerisches Limes
Informationszentrum 225
Binghöhle 37
Boulderia Neunkirchen 34
Burg Egloffstein 72, 76
Burg Hiltpoltstein 101
Burgruine Rumburg 252
Burgruine Wolfstein 212
Burgthann 193

Cabriosol Pegnitz 31

Dinosauriermuseum Altmühltal ...226
Dürrnberghöhlen 153

Easthawk Ranch 37
Eibgrat 104
Erlebnisbauernhof Scheferhof 36
Erlebnisfarm Bräunertshof 184
Erlebnispark Schloss Thurn 33
Erlebniswelt Pottenstein 32
Erlebniswelt Wasserstraße 225
Erstes Bayrisches Schulmuseum ..183

Fackelmann Therme Hersbruck 127
Falknerei Burg Rabenstein 35
Felsendorf Tüchersfeld 64
Fledermausturm 207
Fränkische Schweiz Museum 32
Fränkische-Schweiz-Museum 66
Fränkisches Felsendorf 66

Geschichtsdorf Landersdorf 225

Hiltpoltstein 98
Hirtenmuseum Hersbruck 127
Hochseilgarten Velburg 185

Jagdfalkenhof Schloss Rosenburg .226
Juramar Pottenstein 31

Kamelwanderung im Pegnitztal...129
Kanuverleih 70, 185, 227
Kletterwald Pottenstein 34
Kletterwald Veilbronn 34
Kratzmühlsee 244

Landl-Museum 218
Lauterachtal 205
Limes 225, 262, 264
Lochautal 42

Mathelbachquelle 50
Maximiliansgrotte 130
Modellbahnmuseum Muggendorf .. 32
Mühle Dietfurt 225

Naturerlebnispfad
Naturpark Altmühltal 8
Naturpark Fränkische Schweiz 8
Naturpark Hirschwald 8
Neumarkt 214

Obertrubach 90, 93
Osterhöhle 127

Pegnitztal 134, 142
Pegnitzufer 138
Planetarium und Sternwarte 183
Plech 107, 111
Püttlachtal 64

Rinntal 177

Schwarzachklamm 186
Sittenbachtal 160
Sophienhöhle 37
Steinzeitdorf Alcmona 229
Sternenhof Gößweinstein 36
Stettenbachschlucht 86
Sulzbürg 216

Tetzelschloss 161
Teufelsbadstube 86
Teufelshöhle 37
Teufelskirche 193
Therme Obernsees 31
Tierauffangstation »Das Nest«... 184
Todsfelder Tal 77
Treidelschiff 184
Tropfsteinhöhlen in Franken 151
Trubachtal 72
Turmuhrenmuseum Gräfenberg 32

Velburg 219
Veldensteiner Forst 115, 121
Vils 200

Waldhaus Hirschwald 184
Waldhaus Schönberg 128
Waldseilpark Rummelsberg 185
Wengleinpark 158
Wiesent 69
Wiesenttal 42, 56
Wildpark Hundshaupten 35
Wildpferde im Tennenloher Forst.. 35
Wolfsschlucht 195, 197

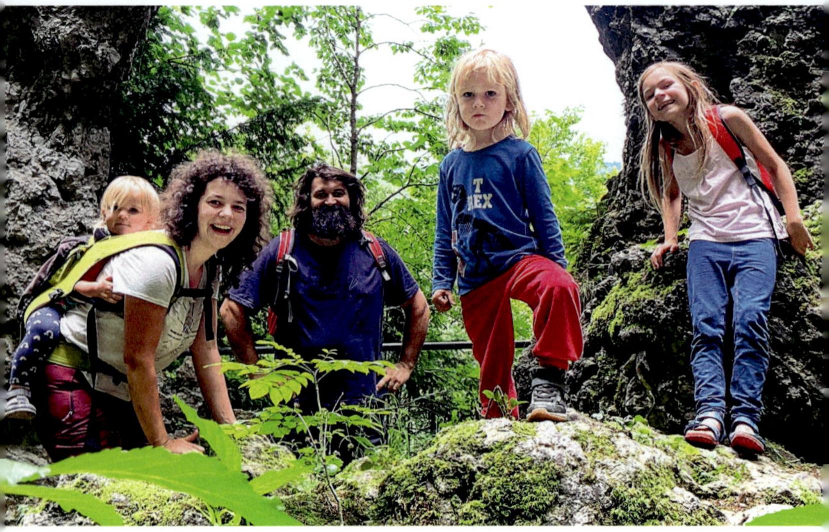

Hallo! Wir sind Lisa, Manfred, Lena, Max und Mia.

In der Welt zu Hause, aber in Franken daheim – so lässt sich wohl unsere Familiensituation am besten beschreiben. Nachdem wir in den letzten zehn Jahren immer wieder mehrere Monate in Deutschland, Schweden und darüber hinaus unterwegs waren und auch einige Zeit in Schweden gelebt haben, lernten wir unsere fränkische Heimat jetzt richtig zu schätzen.

Bereits in Schweden entstand die Idee für unsere Webseite mit Ausflugs- und Reisetipps für Familien. Seit 2019 teilen wir unsere tiefe Verbundenheit zu der urtümlichen fränkischen Landschaft und unsere Ideen für Ausfüge und Familienerlebnisse auf unserer Webseite familienzeit-entdecken.de.

Dabei sind Mia, Max und Lena die beste Motivation für immer neue Entdeckungsreisen vor unserer Haustür. Als Mama bin ich über die Maßen stolz auf meine drei wunderbaren Kinder, die jede Tour mit Leib und Seele mitgestaltet haben. Wir möchten noch mehr Familien inspirieren, viel gemeinsame Zeit mit ihren Kindern zu verbringen und sie draußen in der Natur zu genießen. Das ist die Motivation, aus der dieses Buch entstanden ist.

Ich hoffe, ihr habt beim Lesen und Erleben der Touren mindestens genauso viel Spaß wie wir beim Erkunden unserer einzigartigen Heimat.

Druckerzeugnis
www.natureoffice.com/DE-928-26XDATR
klimaneutral
durch CO2-Ausgleich

Gedruckt auf Papier aus nachhaltiger Waldwirtschaft.

1. Auflage, Mai 2022

Naturzeit Reiseverlag e.K.
82288 Kottgeisering
www.naturzeit-verlag.de
info@naturzeit-verlag.de

Vertrieb: Geo Center, 70794 Filderstadt

Satz und Gestaltung: designbuero Holtkamp

Lektorat: Stefanie Holtkamp, Lena Marie Hahn

Druck: Druckerei Louis Hofmann, 96242 Sonnefeld, www.lh-druckerei.de
Karten: Jonathan Holtkamp
Kartenbasis: Geoinformationen © OpenStreetMap (ODbL) - Mitwirkende (www.openstreetmap.org/copyright), CC-BY-SA
Geländemodell: © European Union, EU-DEM v1.1 by Copernicus Land Monitoring Service 2016, European Environment Agency (EEA)

GPS-Daten: GPX522FA350

Bildnachweis:

Bildagentur iStock: Seite 210, 211 (Fledermaus) © JAH

Bildagentur Adobe Stock: Seite 148 (Ammonit) © Foto Ruhrgebiet, Seite 118 (Damhirsch) © Erni, Icons Tourensteckbrief © Leremy, Icon Kinderwagen ©Dejan Jovanovic

Touristinformation Velbert: Seite 219, 221.

Alle weiteren Fotos: Lisa Edelhäußer

Illlustrationen: Stefanie Holtkamp

ISBN 978-3-944378-35-0

Mehr Natur, mehr Abenteuer, mehr Erholung …

Weitere Ziele für erlebnisreiche Familienferien zwischen Wasser, Wald, Bergen und Meer gibt es in diesen Bänden der Buchreihe *Naturzeit mit Kindern*.

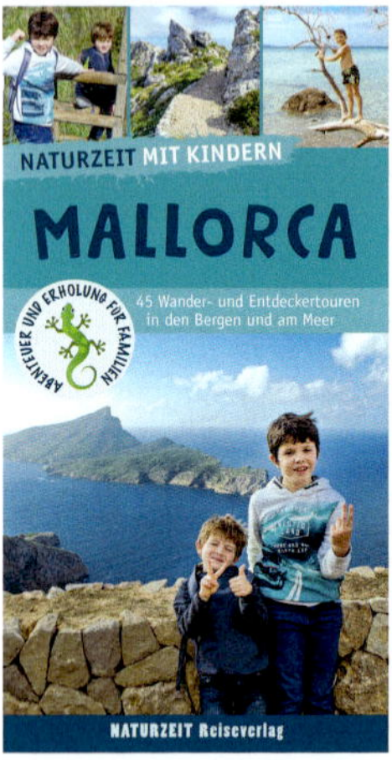

Damaris Weiss

Naturzeit mit Kindern: Mallorca

Harsche Klippen, duftende Pinienwälder, malerische Dörfer und weite Strände – Mallorca hat tolle Plätze für jeden Geschmack. Familien können hier Sonne und Sand am Mittelmeer genießen, aber auch mit unseren Wanderabenteuern die stilleren Winkel der Insel erkunden. Unsere Streifzüge führen am Meer entlang, vorbei an Piratenwachtürmen und mittelalterlichen Burgen, zu magischen Quellen und skurril geformten Felsen, hinab in Höhlen und in die Berge.

1. Auflage 2021, 264 Seiten, **€ 18,00**
ISBN 978-3-944378-30-5

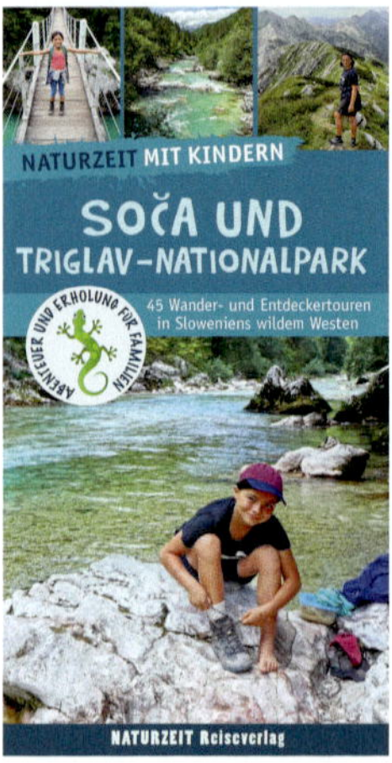

Eva Wieners

Naturzeit mit Kindern: Soca und Triglav-Nationalpark

Das türkisblaue Wasser der Soča, glasklare Bergseen, Wasserfälle, Almen mit Kühen und Schafen und raue Karstlandschaften in den Bergen – der Triglav-Nationalpark hat viele Facetten. Schwankende Flussbrücken, kleine Kletterpassagen und schmale Bergsteige machen das Wandern in den Bergen Sloweniens auch für Kinder spannend. Eine Pause an einem der zahlreichen Bäche bietet die Gelegenheit zum Planschen und Füße kühlen. Einige Flüsse und die Seen im Nationalpark kann man aber auch mit Raft, Kajak oder SUP erkunden.

1. Auflage 2022, 288 Seiten, **€ 18,00**
ISBN 978-3944378-34-3

Alle weiteren Titel der Reihe und eine Leseprobe zu jedem Buch unter
www.naturzeit-verlag.de

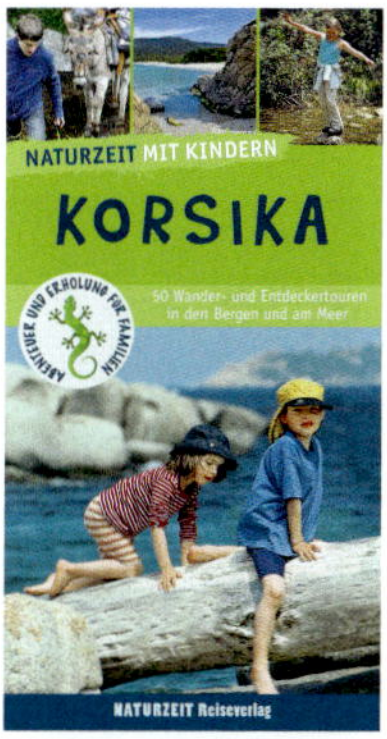

ISBN 978-3-944378-39-8
7. Auflage 2022, **€ 20,00**

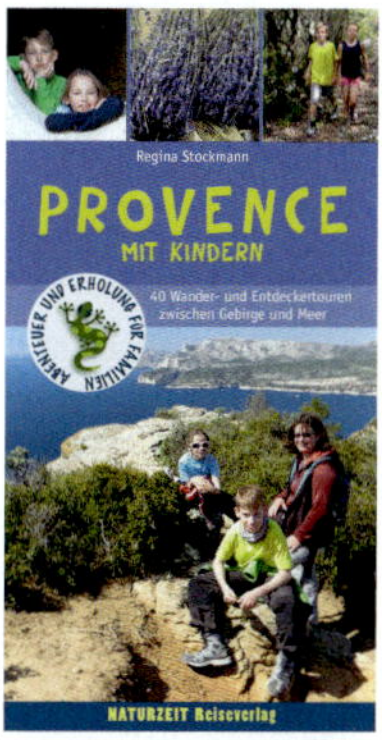

ISBN 978-3-944378-11-4
Auflage 2020, **€ 16,90**

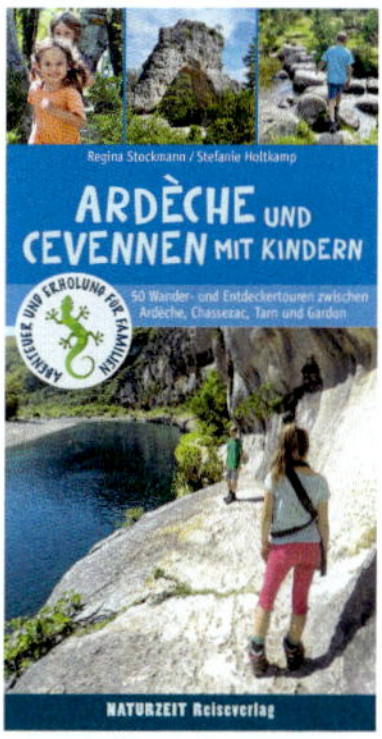

ISBN 978-3-944378-19-0
1. Auflage 2019, **€ 17,90**

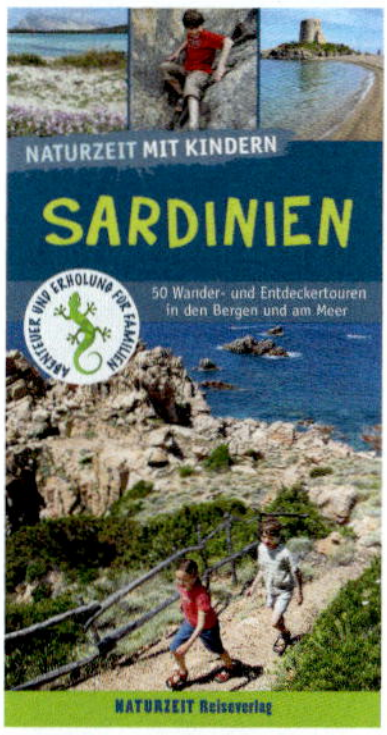

ISBN 978-3-944378-40-4
4. Auflage 2022, **€ 22,00**

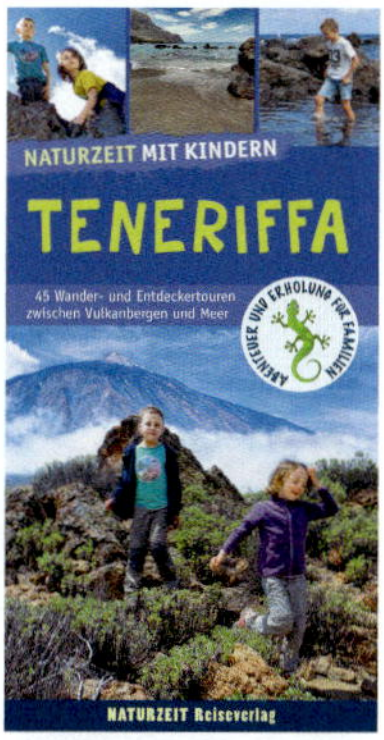

ISBN 978-3-944378-32-9
1. Auflage 2022, **€ 20,00**

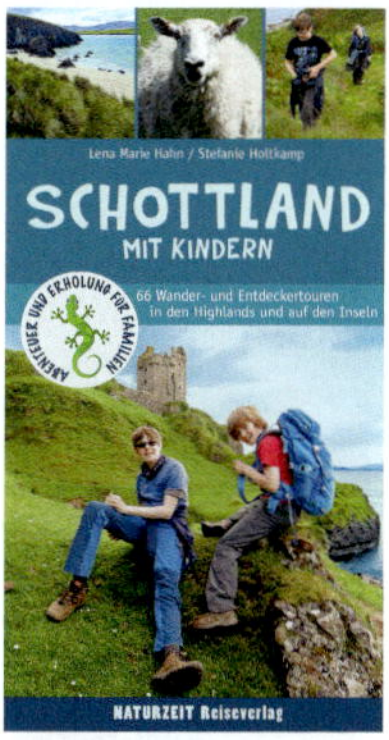

ISBN 978-3-944378-20-6
1. Auflage 2019, **€ 19,90**

Regina Stockmann, Stefanie Holtkamp,
Johanna Kraus

Trekkingträume für Familien

Vom Mikroabenteuer zur Trekkingtour

Gemeinsam raus in die Natur. Weit weg vom Lärm der Zivilisation, der Alltagshektik und vom Überfluss. Sich nur noch um elementare Dinge kümmern und ein bisschen langsamer leben. Draußen sein, kleine Abenteuer erleben, Neues entdecken, in die Sterne gucken, näher zusammenrücken und als Familie ganz viel Zeit miteinander verbringen.

Für Outdoor-Anfänger und erfahrene Outdoor-Fans, die vor der Herausforderung stehen, ihr liebstes Hobby mit ihren Kindern zu teilen.

1. Auflage 2020, 384 Seiten, **€ 19,90**
ISBN 978-3944378-25-1

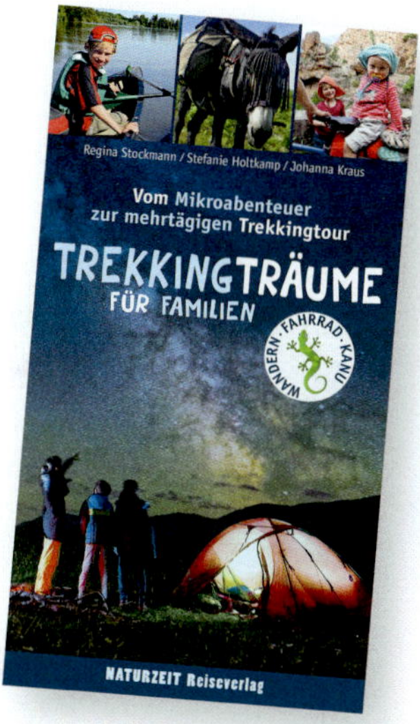

NATURZEIT MIT KINDERN IN DEUTSCHLAND UND ÖSTERREICH

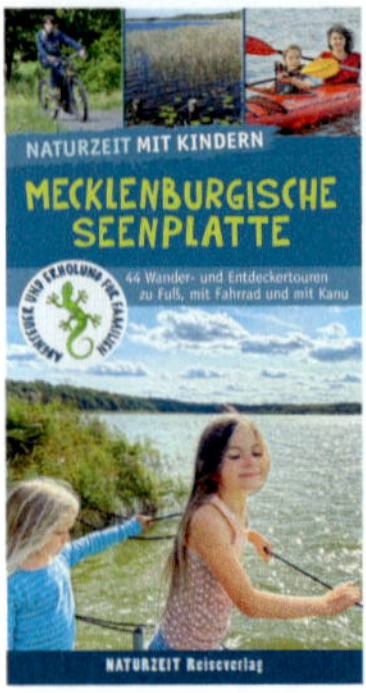

ISBN 978-3-944378-31-2
3. Auflage 2021, **€ 18,00**

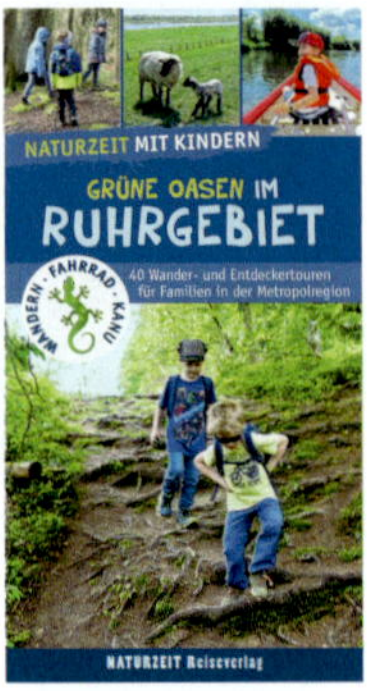

ISBN 978-3-944378-28-2
1. Auflage 2021, **€ 18,00**

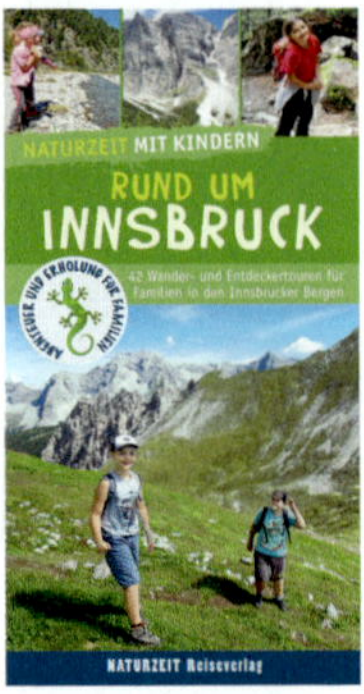

ISBN 978-3-944378-29-9
1. Auflage 2021, **€ 18,00**

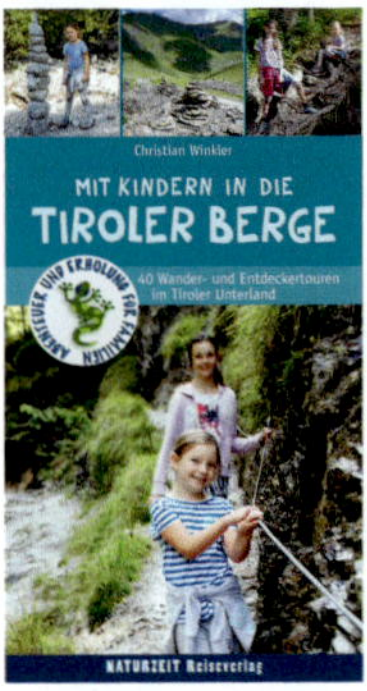

ISBN 978-3-944378-14-5
2. Auflage 2020, **€ 15,90**

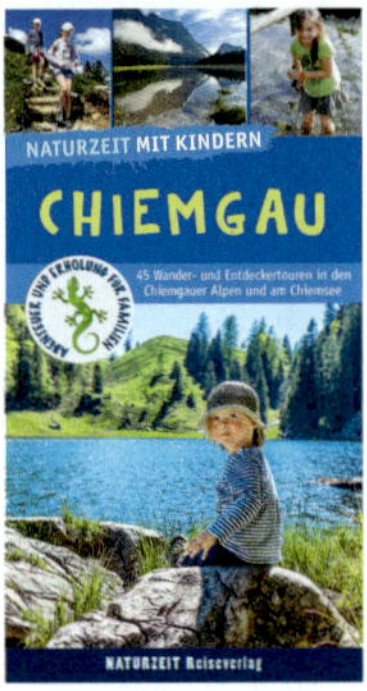

ISBN 978-3-944378-37-4
3. Auflage 2022, **€ 17,00**

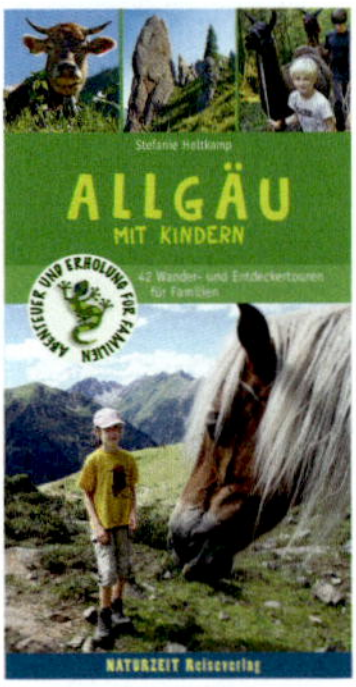

ISBN 978-3-944378-13-8.
1. Auflage 2017, **€ 15,90**

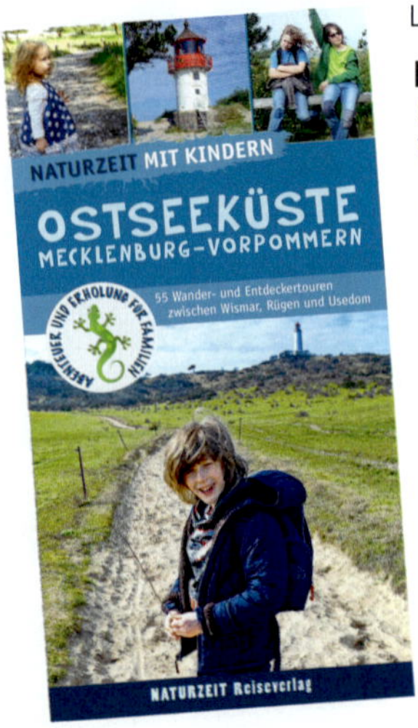

Lena Marie Hahn / Stefanie Holtkamp

Naturzeit mit Kindern: Ostseeküste Mecklenburg-Vorpommern

Mit Ostsee und Bodden, Küstenwäldern, einsamen Flusstälern, schönen Altstädten und stiller Natur bietet die Küste zwischen der alten Hansestadt Wismar und dem Stettiner Haff jede Menge Abwechslung. Es gibt hier schicke Seebäder mit buntem Strandleben, aber auch viele Kilometer Ostseesand abseits des Trubels, eindrucksvolle Steilküsten und uralte Buchenwälder, die zu ausführlichen Streifzügen durch die Natur einladen.

2. Auflage Mai 2022, 300 Seiten, **€ 19,00**
ISBN 978-3-944378-36-7

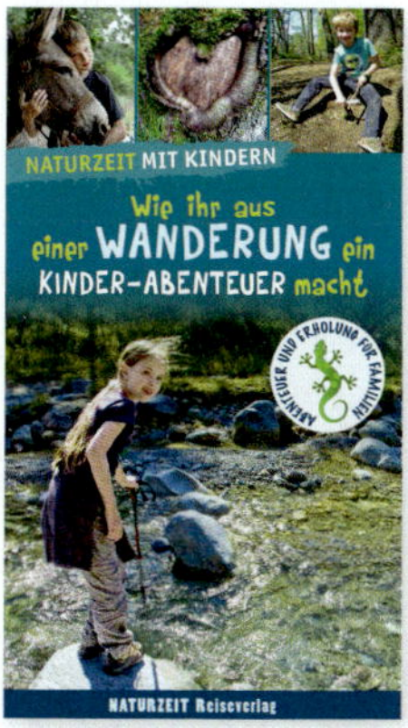

Stefanie Holtkamp

Naturzeit mit Kindern: Wie ihr aus einer Wanderung ein Kinder-Abenteuer macht

eBook im pdf-Format,
optimiert für Handy und Tablet
ISBN 978-3-944378-99-2
Mai 2021, €7,99

Ihr wollt hinaus in die Natur und eure Kids sollen mit?

Wenn ihr eure Kinder fürs Wandern begeistern wollt, geht mit ihnen Felsen klettern, durchs Wasser waten, balancieren, kleine Schätze finden und Tiere beobachten. So wird die Natur für Kids zum Spielplatz und eure Wanderung zum spannenden Mikroabenteuer, das die ganze Familie stärkt und zu einem guten Team zusammenschweißt. Geht gemeinsam hinaus, erforscht die Welt und erlebt Abenteuer!

- **Basis-Know-How zum Wandern mit Kindern:** Was geht auch mit den Kleinsten, wie motiviert ihr große Kids, Gehzeiten und Höhenmeter, die richtigen Wege, Ausrüstung für Wanderfamilien, Orientierung im Gelände.
- Ideen für Kinder-Wanderabenteuer.
- Wanderspiele und Spiele im Wald und am Wasser.
- Kleine Auszeit: Tipps für ein Familien-Wochenende in der Natur.
- Naturwissen für Wander-Kids.

www.wandern-mit-kindern.info

ist die Website zur Buchreihe »Naturzeit mit Kindern«. Hier gibt es viele Infos und Tipps für alle, die gerne mit Kindern in der Natur unterwegs sind, und aktuelle Ergänzungen zu unseren Büchern, bevor diese Berücksichtigung in der nächsten Auflage finden.

Campingplatz geschlossen? Wegbeschreibung nicht mehr aktuell? Etwas Neues entdeckt? Wir freuen uns sehr, wenn ihr uns über positive und negative Erfahrungen berichtet und stellen diese gerne allen Lesern zur Verfügung. Bitte schreibt uns unter **info@naturzeit-verlag.de**

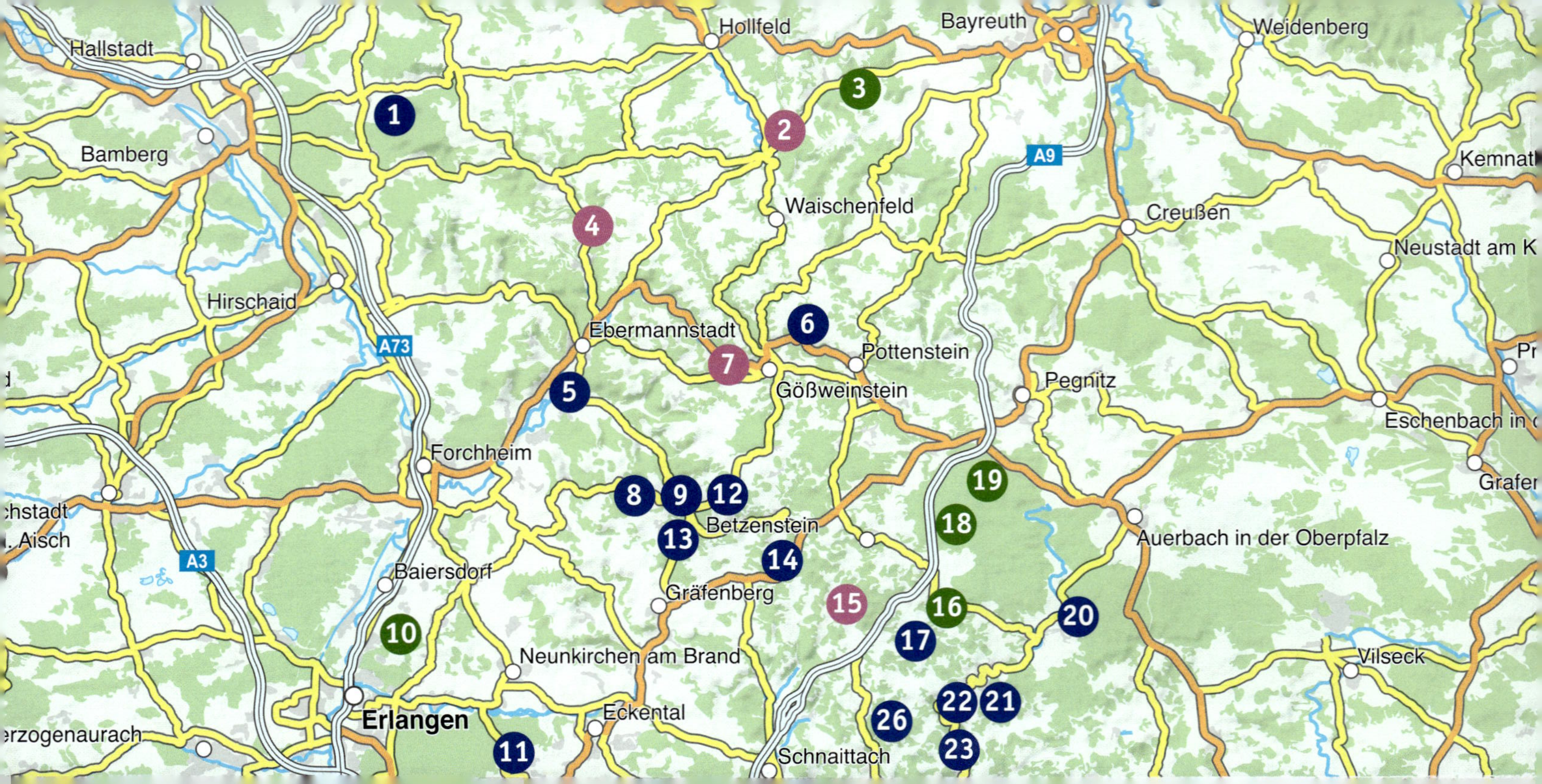
Hallstadt
Hollfeld
Bayreuth
Weidenberg
Bamberg
Kemnat
Waischenfeld
Creußen
Neustadt am K
Hirschaid
A73
A9
Ebermannstadt
Pottenstein
Gößweinstein
Pegnitz
Eschenbach in
Forchheim
Grafen
Betzenstein
Auerbach in der Oberpfalz
chstadt
. Aisch
A3
Baiersdorf
Gräfenberg
Neunkirchen am Brand
Vilseck
Eckental
Erlangen
erzogenaurach
Schnaittach
1
2
3
4
5
6
7
8
9
10
11
12
13
14
15
16
17
18
19
20
21
22
23
26